西北史地丛书【第二辑】

甘青藏边区考察记

马鹤天 | 著

中国国际广播出版社

图书在版编目（CIP）数据

甘青藏边区考察记/马鹤天著. —北京：中国国际广播出版社，2016.1（2023.4重印）

（西北史地丛书第二辑）

ISBN 978-7-5078-3774-2

Ⅰ.①甘…　Ⅱ.①马…　Ⅲ.①区域地理－西北地区　Ⅳ.①K924

中国版本图书馆CIP数据核字（2014）第277059号

甘青藏边区考察记

著　　者	马鹤天
责任编辑	杜春梅
版式设计	国广设计室
责任校对	徐秀英

出版发行	中国国际广播出版社有限公司　[010-89508207（传真）]
社　　址	北京市丰台区榴乡路88号石榴中心2号楼1701
	邮编：100079
印　　刷	天津丰富彩艺印刷有限公司

开　　本	710×1000　1/16
字　　数	400千字
印　　张	30
版　　次	2016年1月　北京第一版
印　　次	2023年4月　第二次印刷
定　　价	88.00元

版权所有　盗版必究

"西北史地丛书"第二辑出版说明

20世纪二三十年代，内忧外患不断。未雨绸缪，从政府到民间，都把西北看作未来抗击外辱的大后方，"开发西北"的呼声日渐高涨，有志之士纷纷利用各自的资源，前往西北进行多学科的考察。据统计，在此期间，约有一百多位来自各个领域的专家学者留下了百余部考察西北的著作。这些著作涉及政治、经济、民族、宗教、矿产资源、风土人情等多个方面，这些考察成果，为开发西北提供了宝贵的知识储备。

当前，西部大开发正如火如荼地展开，近百年前中华民族先贤们留下的智力遗产有了发光发热的阵地。为此，我社组织有关专家，精心遴选了部分价值较高的作品，加以整理，以横排简体形式予以出版，希望为西部大开发贡献绵薄之力。

本丛书依据我社所选的原著版本进行整理、编辑，对原版中明显错讹处（文字、标点、印刷问题），径予改正，不再出注；对原版中只有句读、没有标点的，则按当代标点符号使用规范予以标点。

由于时代的原因，原作品中不可避免地夹杂有较多对西北少数民族的不尊重词汇和评价。本社在整理过程中，对其中少量无关宏旨的内容做了删除，并用"……"替代；对于如"回乱"、"回匪"、"回逆"等词汇，做了修改，酌情改为"回事"、"回变"、"回患"、"回兵"等。虽对"缠回"、"缠头回"、"缠民"、"回子"等不便修改的历史称谓，予以保留，请读者朋友们在阅读使用时留意鉴别。疏漏之处，还请读者不吝指正。

中国国际广播出版社
2015年12月

雷 序

老友马鹤天勤于奔走边疆，东北西北，游历几遍，先后著《内外蒙古考察记》、《西北考察记》及《东北考察记》。兹又撰《甘青藏边区考察记》，描述甘青藏各边区之气候、山川、人文以及风俗、习惯等，甚为详尽，并曾过我为若干次边疆之讨论，而各抒所见。书成，嘱为之序。

立国于现代，应有其边缘疆界，自无待言。惟国人之所谓边疆者，究何所指？指与他国接壤间之边缘欤？则东西南北疆若干岛屿，若干陆地，有被强占者，有租借者，有遗忘者，有界址未清者，有任其荒弃者，有住民不尊重国权，服从政令，管理不及者，甚至于地非边隅，亦跻于边疆之列者，凡此我辈应有以自省，并应有以补救之。

英国属地遍世界，本国及属领共三千二百一十六万方公里，人口四万万五千六百万，皆比我国为大且多。法国本国及属地共一千三百二十万方公里，人口一万万，苏俄则领土跨欧亚二大陆，为二千一百八十三万方公里，人口一万万七千万，土地皆比我国为大，人口比我国较少，至于气候之不同，人民之复杂，语言风俗习惯之差异，则远过于我国。之数国者，其边疆均无大问题，庶政且日有进步，若是者，国力为之欤？政治制度为之欤？抑或地方行政制度及治理技术各有其恰当之处，随地随人随事随时之不同而使用之欤？我辈亦应有以自省，并应有以改善之。

闭门造车，不能出而合辙，故先行就地考察，诚属必要。然在一千一百余万方公里，地形、山川、气候不同之国土上，欲造成单式之车辆，适用单一式之轨辙以通行，实属不可能。由是欲在宗教、语言、风俗、习惯、生活方式等等不同之四万万五千六百万国民间，造成单一式之地方行政制度，以及经济制度、教育制度等等，以强制共同遵行，亦尚须加以研究。此为余对于边疆问题之意见，特揭而出之，以就教于贤达。是为序。

民国三十三年九月
雷殷

黄 序

中华民族的发展，最初以河南、河北、山西、山东几个地方为核心，渐渐地向四面辐射出去，辐射到东北、蒙古、新疆、西康、西藏、云南等一些边疆地方，这些地方与核心区相距遥远，而其自然环境亦有所不同，因此渐渐地又形成了各自文化的差异，尤其在语言生活方面，核心区的宗族和辐射到边地的各宗族，在悠久的历史中，既然形成了几个不同的文化体系，而在不同的文化体系中，比较上又以核心区宗族的文化为高，因此核心区的宗族，视那时的边疆地方为"要荒"，视那时的边疆宗族为"蛮夷戎狄"，这是在周代以前中原宗族的一种观念。不过古代中原宗族这种观念的发生，是起之于文化不同的观点，而不是种族不同的含义，这在历史上称边疆各族为"四裔"就可以看出。所谓"四裔"，是四边的各族无一非炎黄的后裔，那时的边人也知道他们是与核心区的中原宗族同源同祖，驹支对答晋大夫范宣子的问称："诸戎是四岳之裔胄"，他的认识何尝不清楚。总裁说："我国人民有宗族之分支，无种族之区别"，对于中华民族的构成，真是一语破的。

康藏宗族是炎帝的后裔，在秦厉公时，她的始祖无弋援剑及其子孙，由陕西迁到青海、西康、西藏一带地方，历史的记载，斑斑可考。到了唐代有文成、金城两公主的下嫁，汉藏两族更成了婚姻系属的舅甥关系，西藏文明的破晓，就由于随着这段因缘而来的中原文化的输入使然。汉藏两族的渊源，既这样密切，在悠长的几千年岁月中，应该发展到同文同轨的浑然一体，何以至今，内地与西藏，事多特殊，文化各异，往来不密，交接不繁，如同对于一位远亲，关于他的一切情况，诸般隔阂。这是因为中国地域的辽大，一向中原的弟兄姊妹们，生怕跋山涉水，去看看我们的同胞，去访访我们的亲戚，历代政府，对于这位远亲，来时宾客相待，去后就不加多问，因此一天天的生疏隔膜起来，造成了"本是同根生"而"相闻不相识"的境地。

近百年来，帝国主义者向着我们的边疆各地，进攻发展，内地的同胞，每一度惊醒后，不久又沉沉欲睡，求如马伏波、班定远其人其志，固不可得，即求如唐玄奘、徐霞客其人其志，亦不多见，先民之远征雄飞的民族性，自宋代以还，逐渐消沉，入民国后已萎靡至顶点，检讨往史，令人羞愧！

马鹤天先生，以致力边疆事业，为其平生抱负，一般人热腾腾地在内地通都大邑翻觔斗兜圈子的时候，而他发愤急起，不避艰险，先到西北，继入蒙古，又赴东北，更走康藏，伟大的中国边疆，几乎都留下他的足印。《外蒙古考察记》的问世，风行全国，提示了国人对于朔方不少的认识。现在又把他的《甘青藏边区考察记》整理问世，我得先读一遍，感觉他这部记载，实在是甘青藏边区情形的实录，是《外蒙古考察记》的姊妹篇。全书的价值，用不着我来多赘，而我所希望者，其有志于边疆的青年，应该明瞭康藏情形的国人，以及政府施政专家研究，都需要手此一册，而鹤天先生的唐玄奘、徐霞客的这种精神，尤值得有志青年的效法！

沛县黄奋生序于中国边疆学会
三十三年五月三十一日

自 序

我当民国十二三年在北平时,即感觉中国边疆问题的重要,决意研究边疆,考察边疆,并致力边疆工作。但最初仅注意到西北边疆。当时曾结合同志,组织中华西北协会,发行《西北月刊》,研究西北边疆问题。民国十四年,经察、绥、宁夏到兰州,实地考察西北。十五年,赴外蒙古,由张掖经额济纳北上,途中整整三个月,才到库伦,并北经买卖城到苏联属的布里雅蒙古。十六年经阿拉善返兰州。十七年赴西宁,祭青海。连年考察西北,并先后主编《甘肃白话日报》,创办甘肃教育馆,任甘肃教育厅长,致力于西北教育文化工作。

十七年夏到南京,又注意到中国整个的边疆。觉东北、西南的边疆,和西北同样重要,因又与同志组织新亚细亚学会,发行《新亚细亚月刊》和丛书,以研究中国整个边疆为目的,并想考察东北、西南各边疆。十八年夏,赴东北辽吉黑三省考察,但终以未到西南边疆的西藏为憾。

二十四年,黄慕松氏长蒙藏委员会,欲派大员驻藏,征我同意,喜得考察西藏的机会,欣然慨允。因入藏尚有问题,适班禅回藏,即以护送班禅回藏专使行署的参赞名义前往。是年冬,由南京经西安至兰州。二十五年春到拉卜楞,即夏河县,为甘边藏民聚居之地。在那里候班禅来,送班禅去,经夏到秋了。行署因诚专使辞职,我奉命暂代专使,又返兰州,候新任赵专使友琴。二十六年初到西宁,候夏至草长,始赴玉树,长途四十多日,才到结古。其地为甘边玉树等二十五族的中心。在那里和班禅同居了几个月,俟秋高马壮，才启行入藏。到了拉休寺，可说是刚接近西藏的边境。不意抗战发生，中央电令暂缓入藏，因重回玉树。又不意班禅因病圆寂，入藏由暂缓而中止，游历拉萨之志未遂，但却得了考察西康的机会。

二十七年初，护送班禅灵柩，到康北边区的甘孜县。因候戴院长致祭，并研究灵柩回藏问题，在孔撒女士司旧署，由春到夏，又住了几个月。我因欢迎戴院长，先赴康定，并专到磨西面考察倮倮民族生活。继随戴先生复返甘孜，已由夏到秋了。候戴先生东返，各事结束，始经康定到成都，转行都重庆。任务才算终了，及由秋而冬矣。计自民国二十四年冬，至二十七年冬，整整三年。由陕甘到青康川，由西北到西南，绕了一个大圈子。虽始终未能到前后藏，但所经所留的甘青藏康各边区，都是藏民聚居之地，而同行同居的班禅行辕人士，又都是从前后藏而来的人。关于西藏的一切，非见即闻，尤以在拉休寺接近藏边地方，所得的西藏情形为多。考察西藏的目的，也算达到。

在这三年悠久的岁月中，在万里长途的边区内，除西安、兰州为人所熟悉，并两次由甘青返京时间外，凡在藏民聚居的各地，以及边境途中，每日都有记载。所见所闻所参考，无论是政治的、经济的、文化的、社会的，不管重要的、琐屑的，一一都写在我的日记本上。积五十余万字，全部拟分为五编出版。第一编甘边拉卜楞，第二编青边玉树，第三编藏边拉休寺，第四编康边甘孜，第五编川边磨西面，并有附录。因字数过多，附录删去，将第五编并入第四编，总名为《甘青藏康边区考察记》。前岁来渝时，即和商务印书馆接洽出版。对这实际调查的材料，固很欢迎。但以抗战期间，印刷困难，要我减少字数。经一再缩减，仍在四十万字左右。本年来渝，又与王云五先生接洽。以抗战虽终，印刷仍是困难，嘱再缩减，以三十万字上下为限。不得已将一二三编缩减为三十余万字，分为三册，先行出版，改名为《甘青藏边区考察记》。第四编属于康边者，将来另印一册，名为《西康边区考察记》。又有照片三百余幅，目下摘要插入，将来另印单本。

我前赴外蒙和西北、东北各边省考察时，都有记述，曾印有《内外蒙古考察记》、《西北考察记》、《东北考察记》等，均以故在二三年后出版，即以为憾。这次因抗战迟至八年，才决定付印，而全稿尚未能同时出版，更是歉憾。

这次经过地域更广，考察时期更长，材料自比较丰富。凡关于甘、青、康、藏各省区的历史地理，藏、回、土、猓各民族的政教习俗，无不包罗，或足供研究边疆者的参考。但沿途无论行留，大半在冰天雪地内，帐幕草原中，仓卒记录，只求事实真确，无暇计及文字工拙。至每日题目，出以对句，不过勉强成偶，以求增加兴趣和注意，亦非如旧日文人之咬文嚼字，讲求对仗。几年以来，在边地从事蒙旗工作，终日忙碌。虽原稿一再整理，而文字仍未修饰。谬误的地方，尚希读者原谅和指正。

又游归后，曾撰有《康藏行》，以五言韵语，记游行概要，特附录于后，以补序文之不足。

中华民国三十五年五月五日
马鹤天序于行都蒙藏委员会

康藏行

奉命赴西藏，送佛归故乡，兼负驻藏责，代表我中央。劳役未敢辞，素志在边疆，游蒙瞬十载，入藏愿始偿。

准备衣食住，整理远行装：衣须备重裘，高原多雪霜，饮食中途无，携酒并裹粮；千里绝人烟，住必有帐房；食具备皿釜，寝具备几床；图书亦所需，满笥又盈箱。冬日别首都，妻儿手牵裳。此行何日返，我亦不能详。始行乘火车，疾驰如转丸，卧铺尚未暖，忽报抵长安。同人多南籍，已作西北观，不知此初步，道长且阻难。西京留月余，郊游古迹看，秦冢骊山麓，周陵毕原巅，唐墓谒昭陵，汉坟拜天山。汉唐勤远略，卫霍绩开边；我志在绝塞，我愿追前贤。长安非久居，束装出秦关。陇海未至陇，火车不再前；改乘小汽车，五日抵皋兰。兰州旧游地，一别近十年，僚属半健在，故友日盘桓，成绩愧众誉，曩业幸留残，男生已入仕，稚女初嫁男（民国十六年余任甘肃教育厅长，创办甘肃大学及幼儿园。此次至兰，大学生已任公务员，而幼稚女士王某适出阁）。体育场如故，教馆增莽权，剧员名已驰，电影今蝉联（余在甘肃创办教育馆、体育场并戏剧训练班等，体育馆仍旧，教育馆增王莽时权为珍品，戏剧训练班旦角梁凤华，须生董执中，已著名，后余至沪，又购电影机片运兰，今其机尚存）。

送佛佛何在，尚在青海驿，塔寺暂驻锡，我去请佛示。问佛何时行，佛欲移拉寺；专署先佛往，迎候班佛至。行具多驮轿，轿在两骡背；非敢图安适，边民观瞻系。道经导河县，穆教此地贵，寺院名清真，学校习回字，青年蓄长须，面罩遮佳丽,贵族此间集,往来跨名骥(回俗壮年男子即留须,少年妇女用面罩,河州回教最盛,且为各要人家乡,今改导河县,有已任、现任主席者六人)。一出土门关,风光乃大异,宗教重喇嘛,人属吐蕃裔,土屋均平顶。一举兼数利,人可资瞭望,犬可使守卫,积薪又曝豆,兼碾青稞穗,屋顶亦花园,莳草兼植卉。一周抵拉市,仍系旧游地,文化已渐进,夏河如斯逝。黄氏一门盛,欢迎敦旧谊,教育推余创,盛誉殊滋愧(余民国十六年主甘教育时,曾至拉卜楞倡设蒙藏小学校,黄正清为保安司令兼藏校校长,其三弟为嘉木样活佛,二弟为拉卜楞寺襄佐,又有一弟为某寺活佛,一门鼎盛。此次黄司令特别欢迎,极推余创办教育之功)。适逢四月八,圣节众来会,蒙藏妇女集,转经群结队,歌声入云霄,善舞恃长袂,装束抑何奇,满背垂银币,高帽有红缨,长袍带必备,靴尖绣彩云,带上钩匙佩,耳环大于镯,镶嵌杂珠翠,颈间珊珠围,发上琥珀坠(阴历四月八为最大佛节,整个四月为诵经日。青海及岷、洮一带之蒙、藏土民并夏河附近藏民妇女,咸结队来拜佛转经轮,且行且诵经,声如歌咏。转后至空场歌舞,均艳服盛装,或毡帽周垂红缨,或满头珠珊琥珀,或臀有木板,背有锦带,上缀银元琥珀宝石至数十枚)。万马迎佛来,犹见古旌帜,兵民腰剑横,贵族龙袍衣(迎班禅时,藏民以万人计,乘马至数十里外,有各种旧日旗帜。黄正清之父,穿黄缎蟒袍如戏装)。放头求摩顶,赤绳以羊易,法会开时轮,坛城宝石绘(班禅许民众见面膜拜,谓之放头,赠以红绳,藏民视为珍物,谓可避祸免灾,未得者每欲以数羊易之。班禅在拉卜楞开时轮金刚法会,以宝石绘制坛城)。班禅诵金刚,万人齐拜跪,法水求普施,各具升天意。

　　班禅行有期,诚使忽告退,赵使尚未来,奉命代专使。玉树未前进,兰垣又返旆,迁延复迁延,途中忽一岁。新年赴青海,行具卡车奔,天山道阻险,铁链绕车轮。西宁已三至,一览无余存,附近多古寺,尚多未问津,广惠与却藏,周游访金人,名刹塔尔寺,再游不厌频(广惠、却藏二寺中多印度铜佛,即古史之所谓金人)。寺屋有金瓦,佛相多金身,日叩千万首,五体印深痕(塔尔寺为黄教祖师宗喀巴降生地,有二殿,上有金瓦,俗名大小金瓦寺，终年有无数信徒去拜佛，殿前有一木板，因其上经五体投地之千万人叩首，每年易数次，尚印痕深二寸许）。适逢元宵节，酥灯精绝伦，蒙藏民众集，妇女盛如云（塔寺用酥油制佛像，人物精巧绝伦，每年元宵陈列，灯火万盏，观者数万人）。民族博览会，服装斗艳新。土妇装束异，满身珠玉珍，新娘戴银凤，寡妇着黑裙，船履兼凤舄，古装可辨分（卓尼土司所辖之土民妇女，皆缠足凤鞋，新娘头戴银凤，寡妇必着黑裙。李土司所辖土妇，履尖翻如舟。据云，原系汉民，明季由安徽一带移来者）。

送佛急前进，须待草青葱，行具恃牛马，大队如兴戎。端阳离西宁，风光渐不同，千里无人烟，如见古鸿蒙。高原气候异，六月冰未融，千里无棵树，牛粪炊火红（途中以牛粪为燃料，牧民皆然）。适值梅雨期，十日九不空，朝朝逢雹雨，夜夜帐迎风，雨湿无干粪，三日腹未充，醉草马不食，牛马亦遭凶。夜住星宿岛，马撞自由钟，全体夜动员，到处觅蹄纵（渡黄河后宿小星宿海岛上时，马六十余匹，夜全惊逸，全署人员竟夜追觅）。黄河无舟楫，远道皮筏供，通天河水涨，一周候渡通（黄河渡口无人烟，亦无舟楫，玉树马司令派人由数百里外负送牛皮筏，候十余日，几至绝粮，余等始至，又十日至通天河岸，因水涨皮筏不敢渡，仅木舟一，被水冲去，候七日始渡竟）。四旬历艰苦，始见结古埔，藏民万人集，郊迎礼盛隆。玉树树如玉，全市两杨柳，鸡豚未一睹，但见牛羊狗，不知豚肉味，两经三月久，蔬菜无人植，马草亦入口（玉树全市仅有两柳树。藏民习惯仅食牛羊肉，不种蔬菜，不养豚，各机关长官又多回教徒，故玉树无市猪肉者，蔬菜亦极缺乏。余等居半年，未食青菜，仅食圆根一种，藏民多以饲马，认为马草）。辛苦甘备尝，但冀送佛走，几经电往来，交涉感棘手。班佛大无畏，入藏志早决，先至拉休寺，经向众生说。行署追踪往，不畏长途雪。抗战忽开始，劝佛暂休歇；拉休两月留，玉树重返折。佛心滋痛楚，佛身二竖结；宗教例忌医，诵经推良药，佛竟西天去，一别成永诀（班禅病时不用药，惟由各寺诵经，诵经费共以十万元计）。

青边转康边，护灵甘孜发，防腐尸涂盐，最珍尸水血（班禅死后防腐，以盐水涂尸身，流出之水血和泥制护身佛，藏民视为珍物）。急不暇择日，元旦途中游。莽莽草原中，万千是羊牛，康境首石渠，民帐隘且湫，市中无一廛，衙外尽野畴，土屋惟县署，机关一网收，木牌垒垒悬，党政兵学邮（石渠全县仅一县署为土屋，党部学校邮局团队以及各会全在内，木牌以十余计）。房顶兼养豕，屋后居狱囚。长途计半月，雅砻渡皮舟，致祭候特使，甘孜半载留，驻节土司宅，雕龙丹漆油。康旧土司制，赵氏始改流，根基未及固，死灰燃边陬，德格有广土，孔撒尊如侯，康南天高远，旧章多率由（西康土司赵尔丰时已取消，但势力多仍存。德格原为康北最大土司，属地亘数县。孔撒为甘孜大土司，现由女子继承。余等居其宅，画栋雕梁如王府，至康南各土司更多，死灰复燃，一切仍旧）。土地仍私有，人民代耕耰，有事民皆兵，自备马与矛。民苦力役征，乌拉不胜愁，商业择富户，赔累自为谋（康藏土地皆土司私有物。土司自拥地由人民代耕，分给人民种者支差，以支差拉差为最苦。土司多营商业，择属民之富者强令代营，三年为期，赔须代垫，利则归土司）。大员如莅境，献物狐豹貅，献一取民二，反有利可求。婚费按户派，嫁须添衾禂，边留土皇帝，殊为民国羞！

康民善歌舞，男女分队列，女皆盛服饰，满头珊玉碧，歌喉殊婉转，进退咸中节，文成公主风，从来如此说（藏民盛行跳锅装之风，男女分队，且歌且舞。歌词舞姿均甚文雅，相传为文成公主遗风）。舞装皆长袖，犹是旧时迹，歌意甚幽雅，藏民非愚劣。甘孜度新岁，歌舞连日接，各队分期至，为取汉使悦。汉使何所赐，银币白如雪，旨酒玉喉润，长帛项中结。名僧有郎札，道高行亦洁，时召男女集，编歌教不辍，甘孜歌舞盛，赖有此贤哲。逸事多神奇，人亡名不灭（甘孜前有高僧郎札，日以编歌教民妇歌舞，传说多神奇，汉人庙中亦为之塑像，敬之如神）。忽传特使至，中央来一电。特使久信佛，喇嘛群欢盼，我赴康定迎，公私均所愿，千里去迎宾，内地殊罕见（中央派戴院长季陶为致祭班禅特使，余赴康定迎迓）。半月抵康定，古之旄牛县，汉时传说多，将军曾打箭（康定古旄牛县，俗传孔明曾遣郭达将军打箭于其地，故名打箭炉）。拔海二千六，高度冠禹甸，冬寒不可当，檐前垂冰线（康定海拔二千六百公尺，高度为全国各省会第一。从前冬季房檐前冰垂成线，今无矣）。卅年繁生聚，气候今大变，地势狭而长，市廛两岸建，河水阻交通，中赖长虹练，汉藏人杂居，习惯渐改善。泸定迎特使，绕道磨西面，为考倮罗俗，险道如蜀栈，大木塞山径，榛莽遍地蔓。倮罗凉山多，黑贵白者贱（由康定赴磨西面，经一山，草木塞途极难行，倮罗分黑、白二种，黑倮罗为贵族，白为奴隶，大、小凉山最多），主奴分阶级，婚姻严界限。白奴不堪苦，曾与黑酋战，牺牲千余人，完成归汉念。耋年领袖存，不愧族之彦，结庐峻岭巅，山居成习惯，每日赤足奔，行步依然健（磨西面白倮罗系由凉山革命而逐出者，今其领袖尚存，年八十余矣，因倮俗男女皆赤足习居山上，该领袖今尚居山顶，子孙在山下，每日赤足上下，步履甚健）。头结天菩萨，肩披衣如扇。妇女重贞操，德比古良媛；结婚逃母家，生子始相恋。已否生子女，帽巾可分辨。妇装类汉俗，裙幅多褶裥，袖领巧刺花，五彩殊美艳（倮俗，结婚数日后，女仍逃回母家，如生子始久居夫家。有子女之妇，其帽巾四角垂下，未产子之妇，其头巾前以发辫束之。男子以布缠头顶成尖状，名曰天菩萨。男女皆披斗蓬，形如扇。倮妇着白褶裙，穿背心，领上袖头挑花精美，类汉人装）。宗教信巫者，文字类古篆。葬亦用坟墓，食多玉黍面，饮酒竹管吸，群围大罐咽。狩猎先占卜，刊木吉凶验（倮俗饮酒时，群围酒罐，用竹管数根，若干人同时吸饮。出猎时先占卜，卜法以刀在木棍上乱刊，视单双数定吉凶）。水利初步成，稻田四野遍；川人经营勤，倮民尚待劝。何地传麻疯，耶教设医院；鸡子不敢食，惧染终身患（磨西面天主教堂设麻疯院，其地鸡子无人敢食）。

转道赴泸定，特使再远迎。竹索成软桥，生平第一经。道旁大渡河，险途胆战兢。泸定铁索桥，巨观更有名，铁索十三条，重量三万斤，长逾三十丈，宽度九尺云，旁加铁扶栏，中有木板横，木板虽动摇，人畜俱可行。泸定气候暖，西康府库称，农有稻棉麦，果有柑枇橙，林有桑漆蜡，富源举难胜，教育亦第一，土司久澄清。迎使返康定，人众马群鸣。仍沿大渡河，危险如履冰。一带古战地，野有岳公营。遍山仙人掌，满掌红花呈，高逾六七尺，夹道万树青，闽粤无此盛，南人亦震惊（由泸定赴康定途中，道旁有岳钟琪营址遗迹，又仙人掌遍山，大如树，开花结果）。特使抵康定，各寺礼佛诚，献帛兼献花，并点千百灯。

各界宴特使，秦晋会馆宏，三绝众艳道，画塑铸工精（康定秦晋会馆中有三绝，为壁画、塑像及铁狮铁柱等铸工）。特使赴甘孜，余又随远程。骡马数百骑，大轿十余乘。折多名山险，高度五千盈，空气骤稍薄，兵夫数丧生（折多山高五千余公尺，有肺病及心脏病者每不支，此次死兵士、轿夫各二人）。沿途盛迎送，边民见汉旗，官僧忙接待，民避力役征。特使重赐赠，僧俗各称情；沿途施藏币，民众尽欢腾。两旬抵甘孜，万人空巷动，十里连列队，军民僧俗众。寺中备行馆，缎补壁无缝。佛面成金面，特使香花供（戴院长行馆以黄缎张壁，班禅遗体以黄金封面）。祭品金银鼎，致祭礼隆重。喇嘛盈千百，连日藏经诵；特使情意浓，拜师哭之恸。喇嘛按名赐，布施捐廉俸，指腹已为僧，婴孩亦受赠。大礼告厥成，特使郊远送。

专署亦结束，归期月余晚。各地重迎送，泰宁新道选。走马公园中，风景内地鲜，林密山水绿，峰回路亦转，异果藏密林，奇花夹道掩，菌蕈大如瓜，乔木山谷满。攀逾海子山，雨骤兼风惨，温度降零下，重裘不觉暖；骡马滞途中，道无折多坦。温泉随处有，沙金遍地产（此次至泰宁转新道，途中风景如公园，惟道险，海子山较折多山尤稍高，值大风雨，夏秋之交，温度降至零下，由海子山至康定一段，有温泉两处，沙金四五处）。林矿任采取，风月无人管。重抵打箭炉，仍居旧行馆；馆形冷水浇，鬼神传说诞。刘氏来炉城，同人告东返（专使行署在康定行馆，系赵尔丰时迎宾馆，后临康定河，俗传为冷水浇背，居者不利。又谓中有鬼狐，某君夜由屋内移寝室外，不知也。某疯自道杀人事。余第一次至康定即居其中，二次又留居月余，俟刘委员文辉来，始东返）。行具四人轿，妙语不断喊。车马飞机轿，此行无一免（四川轿夫，遇险道桥水，均有韵语前喊后应。余此行由南京经陕甘青康藏返川，凡火车、汽车、驮轿、肩舆、骡马、飞机等行具，先后并用矣）。一站瓦斯沟，涛声山岳撼。再渡泸定桥，仙果试尝啖。化林多古迹，轿夫勤指点。名山飞越岭，石径陡而险。人家均肩负，或架或木板。茶荷二百钧，任重而道远（四川茶夫普通每人负茶十包，上下每包十八斤，多者可至十三包，每人负二百余斤矣）。崎岖大相岭，古之九折阪。八日抵雅安，心胸始舒展。一日抵成都，汽车缩地短。

月余返行都,任务始告藏。解装观日历,三年光荏苒;长途计万里,边疆半周览。东南起江南,西北甘青陕,西南川康藏,拉萨惜未践。风光殊外蒙,一尘身未染。蒙藏两壮游,盛誉吾岂敢!

目 录

第一编　甘边拉卜楞

一　由兰州至拉卜楞……………………………………002

二　留居拉卜楞……………………………………………014

三　由拉卜楞返兰州……………………………………107

第二编　青边玉树

四　由兰州至西宁…………………………………………120

五　留居西宁………………………………………………125

六　由西宁至玉树…………………………………………214

七　留居玉树………………………………………………258

第三编　藏边拉休寺

八　由玉树至拉休寺………………………………………314

九　留居拉休寺……………………………………………317

十　由拉休寺返玉树………………………………………403

十一　重留玉树……………………………………………406

第一编　甘边拉卜楞

（自民国二十五年五月十八日至九月七日）

一　由兰州至拉卜楞

五月十八日　长途万里开步　夏日重裘犹寒

余奉派护送班禅回藏,并预定留藏。自二十四年十一月一日由南京出发,因种种准备,在西安、兰州,迁延滞留已阅时半载矣。本日早六时,专使行署全体同人,离兰州,赴拉卜楞,可谓为万里长征之开始。余与诚专使允乘特制之轿式架窝,同人等乘马。随行有仪仗队一中队,运物之骡马百数十匹,同出西关,齐集卧桥,依次出发,绵亘数里,如行军。约三里许,因经小桥,余架窝一骡失足,翻倒于地,余幸未受伤,而窗玻璃等已为玉碎。余改乘马,十里至西津村,有明肃王墓,高二丈余,周围短墙,广数亩。三十里至江家湾,由此登山,道曲折如回肠,十里至尖山顶,麦禾甚茂,芸苔花盛开,风景颇佳。又三十里至何家山,鸟道纡回,忽上忽下。架窝绕他道行,不意至山顶时,大风忽起,骤寒如冬。余大衣在架窝中,因异道不能取,冷不可当。旋合途,衣裘犹不胜寒。据测何家山高出海面二千七百三十公尺,故遇大风雨,气候激变,高原气候皆然也。

未几,入小峡山谷中,始稍温暖。沟中路颇曲折,夹道峻壁,地势雄胜,惟系石山,无一草木,时有细水环流,尚饶风趣。三十里至墁坪镇,据云此二十里山峡,向为土匪出没之所,余至峡中时,大队已前行,仅偕史秘书及卫士一人,颇有戒心,因策马疾驰,至墁坪附近,始追及同人,已下午六时矣。

其地属洮沙县,县长派雷科长率学校员生数十人迎于道左,旋导入一客店中,实民家也。据雷科长谈,洮沙与康乐原均由导河县分出,洮沙土质较沃,而面积甚小。人民过去全恃种鸦片为生,约占全农田十分之七八,每年收入在百万元以上。现在政府积极禁烟,人民生活极感困难云云。似畏惧禁烟者,异矣。本日共行八十里。

十九日　墁坪镇秘书坠马　洮河岸水磨在舟

早六时半,第一批先出发。因行二十里,即抵洮河岸,仅一渡船,余等一行百数十骑,非半日不能全渡,故分批就道。余后行因出外一览。墁坪镇在山中,背依层峦,有如屏障。奇峰突立,色赤如赭,镇外巷隅,有杨柳数株点缀其间,颇饶风味。住民数十家,多贫苦,妇女无不纤足跷履,行步维艰,足征旧日恶习之深。

余等第二批八时许行,沿路尚平坦,不意李秘书肃忽坠马,伤脑甚重,经医治两小时,继续前进抵洮河岸,余与专使先渡。河流甚急,宽约七八丈,上架铁索一条,系一滑车于舟之尾端,人在舟中曳之而过。近岸处,有一水磨,在固定之舟中,上架木棚,下设轮轴,轮在舟外,藉水力旋转。轴由舟之一面,通至彼面。舟中又有一轮,随之而转,其轮齿与水磨上所附之齿相配合,而磨石即转,每日可出面粉二石,约千斤。时当正午,炎暑逼人,因候骡马行李渡河,乃入田中浓阴处小憩。其地临洮河,灌溉便利,故麦禾盛茂,树林阴翳,而杏树成林,风景颇佳。行李全渡后复乘架窝行,夹道杨柳依依,里许,至唐汪川。镇中人烟稠密,惟客店甚少,因民国十七八年变乱时,房屋全被焚毁,现在修复者不过十之三四。行署同人,借民宅十余处寄宿。余与史秘书居汪一四麻家一屋,随役宿室外廊下。室中满堆山芋切块,备曝干后作饲羊食料。院中余屋,系马厩羊圈,夜间羊鸣咩咩,不绝于耳。

二十日　唐家集变唐汪川　回教徒非回民族

本日未行,出外眺望,四围皆山,远者似石岩,草木全无。较近者,为白土峰，略有青草。最近者为红土崖，亦牛山濯濯。或断壁矗立，宛如刀削，或层檐圆柱，大类西式楼阁，西北各地此种奇状屡见，颇为美观。闻山后三十里有一庙及大森林，惜未能往览。返寓后，有一唐姓老秀才来访，年六十余，道貌岸然，头戴黑布角巾帽，发辫藏帽内。据谈：唐汪川原名唐家集，当时仅有唐姓一族，原籍四川柳树庄人，在元忽必烈时为参将。其时此地为藏民所居，元军逐之，唐参将遂流落此间，子孙繁衍，日益众多，现传至十四代。因历代兵乱，每被残杀，人口渐少，未死者为避免祸患计，多加入回教，自称回民。现在本镇之唐姓，固十之八九为回民，而在下川之同一唐族，则大半为汉民。其同祖分支尚依然可分行辈。汪姓始于何时不可考，但在唐姓之后。因户口渐多，遂改名唐汪川。现在镇中汪姓约三百余家，反较唐姓为多。大街以上各巷，均为唐姓，以下各巷，均为汪姓，共千余家。汪姓亦半回半汉，其行辈一如唐姓。由此谈话，可知甘肃回民，大半仅宗教不同，并非民族有别。所谓回民，不过奉回教耳。汪姓之名多奇怪，如余等所寄宿之二家，一名"一四麻"，一名"一个"，不知何所取意。

所谓"川"者，因地临洮河，且在山峡中，又利用洮水开渠灌溉也。据老者云："其渠系清乾隆初年所开，当未开渠前，此间为沙漠地，自开渠后，人烟渐盛，土地日辟。现全川长约七八里，人民千余家，渠水可灌田二千八百晌（每晌二亩半），因系公家所开之渠，故俗名'皇渠'，但因人稠地狭，依然富民少而贫民多。"

此镇因密迩河渠，故饮料多用川水，以牛马驮之。但唐姓之街，有井数口，想因唐姓先代，居此时尚未开渠也。井甚浅，上有覆屋，旁有大木桶，一人在内以羊皮桶汲水，倾入大木桶内。此桶有孔通墙外，宛如自来水之流出，挑水者，由外以桶盛之，惟水味较渠水稍咸耳。

连日天晴，此镇复在山凹中，颇觉燥热，气候略同兰州。本日李秘书，仍昏迷如故。不意石庶务由前站回唐汪川，途中又堕马受伤，当派卫兵以行军床舁回，未出甘境，不幸之事迭出，同人中对入藏前途多有难于上青天之感。

二十一日　回教一斑　农林概况

本日仍未行，上午参观各礼拜寺及小学校。镇内汪、唐两姓，各有礼拜寺二处，余各参观一处。汪姓之礼拜堂甫修成，大门及两廊尚破烂，有阿訇一人，阿文小学生二三十人。唐姓礼拜寺，原建筑甚壮丽，现则大半破坏，然就其残余砖墙，尚能窥见当时雕刻之精美。新建屋数间，有阿訇一人，阿文小学生男女五六十人，分坐左右，手执木牌或阿文教本，有研究经典之大学生十五人。回民男女界限甚严，虽小学生同校同室，而座位必分左右，不稍紊乱。街上妇女亦极少见，间有赴田间工作者，多戴大风帽，少女、幼妇绿色，老妪黑色，盖回俗习惯妇女之发，不让他人见也。

继参观小学校，原校因变乱焚毁，现借用民房，入内仅破屋二间，为二教室，学生三十余人，分二班教授，一二年级为一班，三年级为一班。教员一人，月薪十五元。经费全年共二百五十元，由洮河渡船上每日抽洋五角，全年可抽一百五十元，一至冬季河冻，人畜踏冰而过，不用渡船，即无钱可抽。余由牲畜税及粮店抽拨。教本系用新出版之教科书，但各家庭中对儿童之读物，仍多用旧书，五花八门，无奇不有。余见主人家几上所置者，有光绪年间出版之《修身国文教科书》，以及《七言杂字》、《千字文》、《四书》、《五经》等，其教材可见一斑。据唐老秀才云：现在学校教员，几不识若干字，兰州各学校招生，国文佳者多为外县各乡之学生，言之似甚认学校中新教材不如乡间家庭之旧教材为佳。可知社会上一般人之思想矣。继参观原校址，正建新屋，建筑费仅百五十元，拟建大房九间，土工全由村民轮流工作，材料则需费甚微。据云原校舍系马云亭将军捐资所建，颇为宏壮。十七年变乱，全被焚毁，甚可惜也。道经附近各民宅，亦大半破屋残壁，于雕砖遗迹中尚能窥见当时精彩之建筑。有一较广砖地，仅余石阶，据云原系当铺，亦变乱时被焚毁者。并据一老者云：当时人民不从匪则为匪杀，从匪则省兵来时亦被杀，且真正为匪者，多远飏，而老弱妇孺及不甘为匪者，多留居，又不免认为匪眷而被杀，闻之令人酸鼻。此后如能提倡教育，使人民知识增进，思想改变，并由教育上泯除民族界限，则同室操戈自相残杀之事，或不至再见。回民多不愿子弟读汉书，而愿习回文为阿訇，故小学校中仅回民九人，而各礼拜寺内之阿文学生，则有百余人，多于学校学生数倍，可知此地教育之力不及宗教之力厚且大也。又宗教之力，不仅在寺内，各家男妇，无不信仰，每日在家举行礼拜。余所寄居之宅，炕上西墙，粘有阿文红纸条，即系每日五次面向礼拜之所，正面墙上，并悬有汉文印字红纸一张，内记回教要则，阅之可见回教之一斑……

下午无事，偕史、董、庄诸同人，出东门，沿皇渠散步。首至一地，有水车一座，正用骡曳车汲水，因地较渠身高约八九尺，非用水车不能灌溉也。地约六七亩，遍植桃杏，牡丹数株，花大如碗，桃花虽谢，尚留残花三五，摇曳枝头，风景颇佳。因在花下撮一影纪念。据主人云：此处土地，前每垧价约值二十元，现在约五十元，每亩种麦可收三斗，杏桃干每斤可售洋五角，鲜杏每百个仅售洋三角。继转北沿渠行，两岸杨柳成行，苍翠可爱。麦禾豆苗，一望青青。杏树林立其中，垂实累累。远望山麓，枣林密布，皆此地特产也。继至一礼拜寺，前有丛柏数株，枝高而叶茂，极为美观。寺内有阿訇墓五，用石子与石灰砌成，状似棺形，但长不过三四尺，下有台，前砌一方砖，上刻回文。棺上及左右，堆许多小奇石，与南京雨花台所售者无异，想系亲友所供献。寺旁有水渠，清洁可爱，余等数日未沐浴，因脱袜履濯足其中，复赤足坐杏树阴下乘凉，亦殊有趣。红日西斜，始偕行返寓，绕经回教墓地，大数亩，有墓数十，各在地面成棺式，其质因贫富而异，有全用石雕成者，有全用砖瓦者，有用石子砌成，如寺中所见者。但上皆有奇石，墓隙枸杞丛生，中有一砖屋，内砌石棺，棺左右奇石尤多，此墓必系有名之阿訇或某显官者也。

二十二日　羊练如兵　水贵于油

本日定九时离唐汪川，六时起床。七时闻羊角哨声，询之主人，据云：系集合各家之羊。因全镇有羊五百余头，合雇牧羊者一人，每晨吹哨，各家有羊者均送至其地，即无人赶送，羊亦可自行集合。每日下午五六时亦吹哨，各家闻声来收羊,或羊自行回家。每羊全年仅出钱四五百文,但供给其饮食。并云,此地羊甚小,每年每羊仅剪毛一斤余,所值无几,故各家养羊均甚少。因此地有水灌田,以农业果品为主要生产,畜牧不过副产耳。果品中杏最有名,实大于桃,味甘如蜜,除卖鲜杏外,多作为杏干,整年可售。惜交通不便,售价甚廉,将来如能制为罐头,其利当可倍蓰。闻此间果品可运至拉卜楞,如余在拉能留两月,尚可一尝异味也。

九时就道,即上牛心山,因坡度太陡,架窝另走一路,尚宽坦,但曲折甚多。在山坡中回望唐汪川,河流如带,绿柳成林,田园茂盛,人烟稠密,有长道如马路,山腰鸟瞰,较之平原游览,别有风趣。山行二十里,约十二时,至大湾头,其地无水,由唐汪川或称钧湾以牲口驮运,均距离二十里,且系山道,故水贵如油。余等少饮,已告绝粮矣。有人家三十余户,皆系回民,但能操似蒙古语之土语,其地因水缺雨量少,故土地硗薄,人民贫苦,数元甚至数角,即可买地一晌,所谓河州东乡回民之好乱多盗者,实因生活困难,铤而走险,非其本性然也。但自此前进后,虽仍在山中,渐如平原,人家较密,农田亦多,惟田在半山坡中,层次相连,远望如鳞。各村杨柳依依,杏花甫落,榆钱正绽,气候较唐汪川相差甚远。其山沟之村庄,由上俯视,但见短墙矮人,如在飞机中下瞰,可知其山之高度矣。沿途村中妇孺,多在屋顶探望,十里至仓房,又十里至称钧湾,再二十里至锁南坝宿。是日共行六十里。

二十三日　河州沿革　临夏现况

本日因雨,十二时始行,仍在山中,但平坦如平原。其地为红土,与青绿之麦田相映,颇为美观。沿途人家甚多,全为回民,夹道狼毒草无数,花正盛开,虽小而美丽。二十里至柳树湾,一片绿柳,湾而成行。复前行,一大坡长三四里,殊陡峻,余等步行而下,俯视平原,树林阴翳,村落密布,麦禾盛茂,大夏河湾曲如带,至临夏县城分歧为二。下山后,至大夏河岸,有桥曰中山桥,桥下大石嶙峋,水流急湍,浪翻如白雪,颇为壮观。由此至县城仅数里。夹道杨柳成行,水渠沿流,路颇泥泞。至距城里许处,王行政督察专员及各机关代表，迎于道左。抵城门，民众观者甚众，两水从门左右流出。入城后，满街悬国旗，商民观者如堵。行辕设县商会内，原为王庄毅公祠。王专员送酒席二桌，中有鸭甚肥美，询知此地产鸭，每只仅值洋五角，毋怪途中数遇担鸭者，运至兰州销售也。

临夏县原名导河，旧即河州，古为西羌地。秦属陇西郡，汉置枹罕县，属金城郡。后汉属陇西郡。前汉张轨，分置晋兴郡。咸康初，张骏以郡治河州。义熙中，为西秦国都。宋属吐谷浑，后魏复置河州，周置枹罕郡。唐复为河州、安乡郡治，后陷于吐蕃。宋熙宁六年收复，仍为河州，并置枹罕县，为州治。金贞祐四年，置平西郡节度。元为河州路，省枹罕县入之，初属巩昌路，至元六年，置吐蕃宣慰使，治于此。明洪武三年置河州卫，五年又设河州府。十二年省为河州卫。成化十二年，分置河州，隶临洮府。清雍正四年，并卫入州，属兰州府。民国初，改导河县。十七年，复改为临夏县。本年设第五行政督察区，置专员一人，兼临夏县长，并督察永靖、宁定、夏河、和政等四县。

临夏为甘、宁、青回教领袖聚居之地，民国以来有声望者颇多，计有简任官数十人，曾任及现任主席者亦六七人，如马福祥及其子侄鸿逵、鸿宾等系韩家集人，马麒、马麟及其子侄步青、步芳等，系乩藏人，皆属今临夏，足征人材之盛。惟河州夙称难治，其东乡民性尤强悍好乱，故俗有"三十年一小乱，六十年一大乱"之谚，实则河州东乡一带，土瘠民贫，以生计问题，不免铤而走险耳。故有人主张将东乡之民迁于沃壤之地，俾其生计有着，性情自变，其言似有相当理由。惟余以为生计、教育，宜兼筹并顾，一方生活安裕，一方知识增进，方为治本之法。望回教领袖与地方当局，注意及之！

又所谓河州回民，原不尽为回族，如唐家集情形，可见一斑。更以相邻之循化民族情形例之，汉、回、番、撒，已难分辨。循化自元、明以来，为河州边外地，清乾隆二十七年，移河州同知治循化，除营汛士兵外，其居民大半番、回族也。《循化厅志》载："雍正九年，回民韩哈控营诉状，自称从哈密来三百六十一年，考之，即明太祖洪武四年。越三十四年，都指挥使刘钊奏调中左千户一所，贵德居住，共分十屯，而保安有四屯兵，皆拨自内地。

有曰吴屯者，江南人也，亦有河州人，历年既久，一切同土人，而人亦以番民视之。独撒拉回民日繁衍，今各屯工有所谓番庄者，盖均昔之番族而化于回者。三百余年耳，江南、河州之人则化于番，而番则化于撒拉。再数百年孰复知其为汉为番为回耶。"

临夏全县人口，据民国十七年调查，共三〇七五五户，一六一五二〇人，回民占全县人口半数以上，以马姓为最多，藏族原有五十五族，今仅存三族，即何、韩、王三土司。

晚，地方法院院长程泮林君来谈，据云：临夏在十七年前，全城商号有二千余家，现仅存二三百家，山、陕商号前三十余家，约六百人，现仅四五家，约百人。又山、陕帮商号，在从前家数虽不甚多，而资本甚大，握商界之牛耳。如晋帮自立和，资本四五十万元，敬信义，资本五六十万元，陕帮德和生，资本六十万元以上，现均倒闭。仅元发明号尚能维持，为目下第一商号，内皆山西河东人。其各号倒闭之原因：一因十七年变乱时，损失不赀，一因变乱后经商会议决，凡商号欠账，每两银准还一元，后又规定每元仅还五角，吃亏甚巨。此地借贷利息以每月五分为最普通，近年有因债务纠纷，致滋诉讼者。法院按中央规定，利息不得过百分之二十判断，近已稍好，但许多人以为不合地方实情，颇滋异议。盖高利贷为司空见惯，认识当然异也。又据云十七年变乱时，生命财产，损失甚大，其状况之惨，为民国以来所仅见。惟近来一般民众，均渐觉悟，回汉感情，益觉融洽，前途当渐有良好现象也。

现城内机关，有行政督察专员公署，地方法院，及临夏区警备司令部，司令为马为良。又有青海第一百师军队一团。有县党部，内有无线电话，出版有《新闻日刊》，即以电话通消息，现已出至六十八期。学校有中山学校，联合中学，男女小学，清真小学等。

二十四日　夏河流域宜农林　土门关外似江南

早雨，十时始行，王专员等在城外设宴欢送。远望一旧屋，甚壮丽，据云，系山陕会馆，因山陕商号，在河州经济上旧日甚占势力，故会馆建筑甚壮丽也。一路沿水渠行，马莲草夹道成行，花正盛开，叶花均如兰，故俗名野兰，颇为美观。渠堰杨柳依依，青翠可爱。四十里至双城集，据云原有新、旧二城，不知筑于何时，因某次由旧城墙中掘得宋钱，或以为宋时所筑，今城基尚存。又从前其地每数日一集，故地方尚繁盛。自民十七变乱后，地方破坏，集亦停止。现仅有居民百余户，房屋多破烂，余等至其地休息，无客店，当至临夏税务局分卡内，亦仅一室一炕一灶，盖寝室厨房而兼办公室者也。据云每月收税不过二十元左右，仅敷一人生活，此卡似无设立之必要。

卡旁有私立鸿逵小学校，余因往参观，有新建屋十余间，学生八十余人，初小四年级，分二班教授，教室二，尚系新式，教员四人，二人为山东人，招待甚殷。据云此校为韩家集分校，韩家集在双城西十里，原校系马云亭先生所创办，现有学生二百余人，教职员二十余人，分校计共六处。此处系马鸿逵主席所创办，故以其名名之。成立仅数年，学生回、汉子弟均有。每周除阿文二节（每节半小时）外，其余学科，均按教部定章，用新教科书。经费每月七十元，制服书籍费在外，全由马少云主席捐拨。旁有礼拜寺，建筑为当地冠，惜各民房皆颓垣败壁，破毁不堪耳。

下午三时行，仍沿大夏河，夹道杂木丛生，野花盛开，丛林中有土名果树者，花白如雪。草花中有俗名野芍药者，花叶均似芍药，正值盛开，多而艳。十余里至坡底头，见一大围墙，占地数百亩，其中楼屋矗立，知系巨室，询之为马良臣宅，即青海前主席马阁臣之婿，曾在凉州任司令者也。其地藏民已多，群出外来观，装束颇奇。此一带回、汉民亦染藏风，劳动皆系妇女，即缠足青年妇女，亦出外担水，十一二龄幼女，可赶驴、牛。又藏民男女，靴上多红花，此地亦多不缠足之妇女，但多着红袜，可知习惯移人之易也。二十里至土门关，左右峻岭耸峙，夏河中流，地颇险要，原为汉番交界之地。据《循化县志》载：循化与河州，共有二十四关，关内为河州，关外为循化，诸关皆在循化东河及东南境。积石、老鸦、槐树、沙门、土门，为五大关，皆为入腹地之门户。余有五台、乩藏、红崖、大山峡等关，今则关内属临夏县，关外属夏河县矣。其地有回、汉、藏居民数十家，客店数家，屋顶皆用石片当瓦，大尺许，厚寸许，或积之为墙，夏河上横长桥一，土人名曰落碗桥（译音）。

过土门关，即入山峡中，仍沿河行。山河之间有隙地，皆种青稞、豌豆等。田边多插木，以棘或柳条围绕成墙，盖防牛马之入内践食田苗也。再前行，山益深，林益密，山坡松林密布，河岸绿柳成林，道旁奇花野草，红黄相间，时有野鸟飞鸣其间，河流急湍，声如音韵，山径崎岖，几疑无路。有桥横陈，蹊径别辟，山色水声，鸟语花香，风景之佳，不减江南，直如重游黄山，不知身在西北荒野区也。河中有运木料者，将木料排列为舟，一连四节，二人在前后以楫运行之，凡十余起，夏河上流产松之多，于此可见。十里至晒经滩，俗传唐僧取经时，曾晒经于此，恐系附会，因当时非经此道也。旁有寺，喇嘛数十人，全至路旁围观。又十里至清水，沿河所种豌豆、青稞等甚茂，夏河流域之宜农宜林，于此可见，惜无人特别提倡。本日由临夏至此，共行八十里，时已下午八时，昏黑不辨物，即分宿各店，余居在楼上，楼下即为马厩，已如藏式矣。

二十五日　始经险道　渐见藏俗

晨，小雪霏霏，店主人持来青稞圆饼，取而视之，圆径尺许，厚五六寸，食之尚可口。询当地情形，据云：此地居民，汉人约百余家，藏民三十余家，回民二十余家。有小学校一处，学生二十余人。八时许，雪止就道，风景如前，惟远望山上积雪未消，草已青青，青山白雪，相映成趣。一路仍沿大夏河，在山峡中行，惟路益崎岖，忽上忽下，忽左忽右，颇险峻，惟较十年前经过时尚稍宽坦。路旁一石，上刻夏河县长邓隆创建，盖此道曾经故友邓德舆君改建者。但架窝仍不易行，余多乘马，或步行。嗣经一石洞，余乘马过，庄学本君适在前，为摄一影。未几径益险陂，陡而湾急，架窝由卫士数人昇之而下。两岸均石山，此岸不能开凿，时改由彼岸筑桥渡之。桥长而板荡，数骡行其上，时湾曲有声，须徐徐分渡，而风景之佳，有如天然公园。三十里至桥沟，藏民更多，汉民约三十余家，有小学校一处。山面有许多小道，极险陡，据云系采樵或伐木料者，将所斫之薪或木料，由山上放下，人不易行也。自此前行，山峡渐宽，惟见芨芨草遍地丛生，枯茎未折，新叶始生。但人家聚居处，多植青稞豌豆，藏妇多除草田间。未几至一大寺，土名喳喳滩寺（音），田禾甚多。十里至红墙，有汉民、回民各数家，当至一家楼上休息，据云系由河州避难而来，所种之田，系租自寺中，每斗地每年可收青稞三四斗，纳租青稞面二十斤（每斗可得面六十斤）。其后院植韭菜等甚茂，可知此地亦宜蔬菜。再前行，山势更开，时有参天老杨，矗立道旁。未几至一桥，有许多藏民男女，架帐房饮食其地，询之始知为派来修桥者。有头目前来谈话，半用藏语，多不解。将至沙沟寺，远望寺屋栉比。黄司令派副官等欢迎道左，即下榻寺中，其地名索索坝。是日共行六十里。

二十六日　沙沟寺新丽建筑　拉卜楞盛大欢迎

晨游览沙沟寺，该寺倚山面河，形势风景，均极佳胜，有楼三层，建筑县新，据云该寺创建在三百年前，拉卜楞第一世活佛嘉样嘉巴，即生于此寺附近。寺院房屋以前与宁海军冲突时，全毁于火。现有殿屋，为数年前新建，故甚新丽。继参观内部，不仅铜像及各种设备，整齐清洁，而活佛之居室及会客室，亦无不华丽。窗上大半用玻璃，其活佛为一有思想有能力者，惜羽化已数月矣。据云铜像、玻璃、缎垫等，皆前活佛自北平定制者，恐所费甚巨。院中植有牡丹、梨树、榆梅、丁香等。榆梅甫谢，梨花正开，丁香欲吐，牡丹含苞，其地气候，较临夏县更寒也。

八时就道，沿岸杂木丛生，山林中亦密茂，风景一如前日。二十里至山塘，已十一时，略休息茶点。十二时复前行，仍沿夏河，渡桥数次，水清见底，较深处作绿色，大石磊磊，浪翻如白雪，由桥上俯视，颇为美观。老杨参天耸峙，大数围，野杏树沿途密生，水磨亦多，距拉寺不远矣。未几，保安司令部参谋张建中君，携嘉木样呼图克图名片，并有拉卜楞保安司令部队兵数百人，下马在道左整列欢迎，各队兵均衣藏服，荷有叉之长枪，或持丈二之长矛，有古代风。余等过后，立即上马，疾驰如飞。未几至马莲滩，黄司令子才率各机关代表，张帐房，备茶点欢迎，队兵数百人，整队鹄立。余与专使下驷轿入帐，黄君为余旧友，相见甚欢。又行里许，有小学生百数十人，携军乐整列迎于道左，余等过时，鸣乐示敬。据云学生曾至远郊欢迎，因雨雪返回，天晴复来，故未能远迎也。旋经过上下"他哇"（藏语街市之意），汉、回、藏民男女数千人，在道旁围观如堵，或在屋顶上密集俯视，奇装异服，色色俱备。四时许入居预定之寓所火日藏仓内（即拉卜楞寺十八囊谦之一）。六时，黄司令在司令部设宴，为余与专使洗尘，宴甚丰，不觉为边地也。

二　留居拉卜楞

二十七日　嘉佛喜科学　黄氏成贵族

早，拉卜楞寺大襄佐黄正本君来访，系代表嘉木样禅师送哈达。大襄佐为拉寺最高之职员，代嘉木样主持一切，如一机关之秘书长、总务长然。午，余访嘉木样禅师，至其私邸，由其父黄位中君招待陪见，禅师拱坐床上。余送哈达后，坐高椅上，其父侍立一旁，禅师除问途中辛苦外，均由其父代为问答。据其父谈，活佛亦决定明年赴藏一行，盖历代嘉木样，均须到拉萨考试经典，布施各寺也。现嘉木样为第五世，年廿二岁，貌魁梧，闻平日喜研究机械科学及摄影等，如钟表留声机等，每拆卸机件，探讨其制造原理，但其父恐有碍研究经典之时间，每阻止之。院中畜有小猴、小犬各一，可知其性情喜活泼也。余辞出时，嘉木样仅在床上起立，其父代送至大门外，似近傲慢。但据云此尚为特殊致敬，平日无论何人拜见，未尝起立。其父身材高大，貌尤魁伟，骤视之如老农，细察之实具有刚毅果决之性情，故其面容凛然可畏。继至拉卜楞保安司令部，访黄司令子才，该部与嘉木样私邸仅隔一林，步行由后花园入，园内虽无花卉，有大树数十株，流水一渠，注入鱼池，青草遍地，平铺如茵，颇为幽静。司令部建筑系口字形，四面楼屋数十间，院中空场甚大，室在楼上，一切设备皆汉式。黄君名正清，年三十二岁，身材高大如其父，但态度极为和蔼。十年前在兰州初遇时，始习汉语，一切未脱藏习，今则不特汉语娴熟，且汉文亦佳，每日阅报读汉文书籍，学识见解均异常进步。十年以来，深得藏民信仰，实为边地不易得之人才也。其父黄位中君，共生子女七人，长即正清，次正本，即大襄佐，三为旺母仓活佛，四即嘉木样，幼子仅十五龄，为喇嘛。女二，长名阿俊，嫁果洛族康色土司，次名阿西，嫁果洛族康格土司，均聪明有干才，通汉语汉文，且能音乐。黄氏可谓一门鼎盛矣。

二十八日　邮电困难　神树密茂

上午书函电数件，寄蒋院长、戴院长、黄委员长等，报告抵拉经过情形。旋夏河邮政局长金泽君及无线电台台长段复兴君来访，谈及此间邮电交通情形。据云夏河邮政为二等局，每日递信一次，因函件甚少，平时每日不过一二十封，故职员除局长外，仅局员一人。但此地产皮毛甚多，商人为免运输困难与税卡麻烦计，货物多改由邮寄，邮包日益增加，亦甚忙碌。信件四五日可抵兰州。至电报仅军政部第三十八军军用无线电台一处，有一百瓦特机一具，与南京军政部、中央党部、班禅驻京办事处三电台，及兰州绥靖公署、新一军二电台，青海第一百师电台通报；可通拉萨，但须转接。除台长外，有职员四人，均系晋籍，由太原无线电学校毕业。西陲宣化使署电台，晋人亦多，盖近年中国无线电发达，尤以边疆为多，需用人材甚夥，东南人不适西北生活，太原无线电毕业者，多山西及甘、青人，甚合此需要也。保安司令部有电话，用干电池直接通寺院、县署及藏校等十处。

下午出外游览，至大夏河旁，道经一林，广约数亩，松杨参天，有墙围之。据云，为神树，禁止砍伐。尚有数处，均相距不远。又河之南山一峰甚秀，恰当寺之正面，松林密茂。此外则无一木。据云此为神山，从前亦无树木，第一世嘉木样时，将其所剃之短发散布山上，始生松林，佛地多神话，诚异闻也。余觉有一部分森林禁止砍伐，留为一地之风景甚善。惟神树既能生长，则附近各处，当然皆可植树。神山既有密松，则各山同可造林，乃各寺内外无一树木，而其余各山亦童山濯濯，人工未加，地力未尽，甚可惜也。并闻较远各山，亦多森林，故从前寺院建筑，多取材于松木，即在寺区建筑民房者，亦每采伐，近年因砍伐无度，不再补植，致林木殆尽，殊可慨也。

二十九日　司令部已近代化　保安队有古代风

下午黄司令子才，在其司令部设宴，为余与专使洗尘。该部门首，悬有长木牌二，一为拉卜楞保安司令部，一为剿匪军第三路独立支队司令部。黄君兼任两司令，其组织有参谋、秘书、副官等处，及手枪连，士兵约百余人，每月经费由甘肃绥署发给六百元，职员薪水最高者月仅三四十元，不足时由黄君自行设法。保安队士兵即民兵，有事时由各户抽征，现分为三团，第一团长为黄正本，即其弟，第二团长为黄祥，本地人，藏民甚信仰之，第三团团长为杨步云。据云枪支有三千余，除最近由中央发给新式枪支数百支外，多系自备武器，有土枪、长矛、利剑、木棍等，颇有古代武士之风，即马匹、粮食、衣服、帐蓬等衣食住行之四大需要，亦系自备，虽不免种种缺点，但藏民马术、枪法均甚精……客室壁间，满悬关于天文、理化、博物标本图，及中央各要人并其家庭像。此外尚有电话及无线电收音机各一具。收音机美国制，系向教会美国人购得者。席间杯、箸皆银制，菜多海味，亦边地不易得者。黄君曾至京、沪，并在兰州居留甚久，故室内有此近代之设备。

三十日　仇货沓来拉市　日人潜入青藏

近年来，日本货物，在东南略形减少，而在西北则大事倾销，不意边陲僻壤藏民聚居之拉卜楞，日货亦络绎而来。本日游览市上，见各商店、各货摊陈列之洋磁碗磁盘、电木电玉碗盘，妇女化妆品，小儿玩具等，应有尽有，均为日货，其价值较之京沪，无甚轩轾。闻日本有工厂，专制假珊瑚、假玉器等，运售于察、绥、康、藏、甘、青、宁等处之蒙藏民众，近来走私日炽，价值日廉，帝国主义之经济侵略可畏也。

同时日本政治侦探，年来秘密往来于西北各地者，亦踵相接。绥远、宁夏无论矣，甘肃西路，亦时有所闻。最近闻有日人乔装蒙古喇嘛，至青海循化一带。又有自西藏来者，谓拉萨某寺有一青年，自称为江苏籍，实为日人，似负有重要使命。日本之对西藏，固早有野心，每假藉本愿寺以为护符，读青木文教《西藏游记》，知先后秘密赴藏者，如矢岛泰次郎，曾乔装为西藏妇人，青木文教曾乔装为蒙古喇嘛，均于中国革命时入藏，鼓动达赖并参与藏军，达赖之派遣日本留学生，日本之供给达赖枪支者，皆此辈之力。且当时藏兵驱逐川军，达赖反抗中央，宣言独立，虽系英人之鼓励，而日人暗中怂恿之力亦不少。盖日本野心，不仅攫取"满"蒙，对于回、藏民众，亦时思加以诱惑也。

三十一日　神山　球场

本日为星期日，偕史秘书渡夏河，登游松林茂密之南山。河上有桥，用许多木橼堆积而成，与土门关一带者同式，即两端用短木橼层层堆积，愈上愈长，下面成斜形，上面平压以石土，中用长木排列之，上加木板而成。亦颇平稳，人畜均可通行。渡河后即登山，径小而陡，初多杂木，继为松林，余等至山腹而止。下望拉卜楞全市，房宇栉比，楼塔高耸，寺中金瓦，被日光映射，灿烂夺目。闻山中产鹿、獐等颇多，但拉寺以此为神山，不许行猎。前在库伦时，其南山亦为神山，不许行猎，但有界限，鹿等亦似有知，不出其界限，此山亦然。又藏人视鱼为神物，故夏河中禁止捕鱼。余等初至时，卫士曾钓鱼数尾食之，味甚佳，后闻此情，即禁止再捕。

下山后，至体育场一游，场在夏河县政府对面，广约十亩，有木栏围之，内有篮球、足球等设备，仪仗队等，有在其中戏球者，藏民亦多在其中草地上坐谈。周围有树，一面临水，亦颇清幽。其地最好辟为公园，多植花木，建亭台，一部为运动场，一部为游览场，或露天讲演集会场，使藏民得有正当娱乐及增加知识之机会，其效当更大也。场西为圣召会，会外植木成林，围以木棚，风景亦佳。又其地与两小学均甚近，星期日学生亦不少，似宜再辟一部为儿童运动场。

六月一日　藏式宴会　嘉佛略史

上午天气甚冷，仅华氏四十八度，下午二时，嘉木样禅师在寓设宴，为余暨行署同人洗尘。请客方法，不用知单，仅于上午派人持哈达口头通知，余等按时前往，其父与其兄弟（兄即大襄佐，弟即十八囊谦之一）代迎于门。旋入餐室，系一长方屋，满铺地毯，依左右墙有坐垫两行，每人前有一小几，高尺许，上陈瓜子、葡萄干及糖果等碟，并有馒头一盘，余等均盘足而坐，禅师由其兄陪进室内，并由其兄代为致意。略云此间地方偏僻，所备食物过于简单，请原谅云云。旋即退出，由其兄招待，侍立门隅，时以手作势，连呼慢慢的吃而已。其进食次序，首为牛奶茶，无酒，继为蕨麻（一名人参果，俗传为唐僧取经时之长生果，为青、康一带特产，色紫，小如豆）及大米饭各一盘，上各有酥佐及糖少许，用小勺食。次陈箸，进羊肉包一盘。再次为大块羊肉一大盘，高尺许，有一块带皮毛为尾，放盘时将尾面后，不得面前，此即西北有名之手抓羊肉，但为余等特别备小刀，割而食之，有肉有骨，有肥有瘦，余等随意择食。康、藏人食法，每取一块带肉之骨，用刀割之罄尽，再取他骨，余等无此经验也。食后特别为余等备擦手。食羊肉时，大襄佐进前，将馒头取置于前，余等合肉啖之，此为最佳之一菜。肉干无油，故虽用手，亦不觉污。最后为酸牛奶，如内地之豆腐脑，白而嫩，惟味酸，上有糖少许，初食似难下咽，继觉别有风味，最后且觉甘美矣。宴会至此告终，一切有类西餐。饭后禅师请余至其室略谈，并至外室正坐，同人依次谒见，每人赠与红巾一条，谓能却病避刀枪。未几出室外与禅师合摄一影，本日已领略西藏风味矣。

查第一世嘉木样，名嘉荣加巴（音转为嘉木样），姓华舒，青海人，生于清顺治五年，十三岁为僧，康熙七年，至拉萨研究经典，二十八岁赴印度，五十五岁入后藏，六十二岁东返至拉卜楞。次年建寺（一七〇九年），即今日之拉卜楞寺。同行有哦旺札喜等十八人，即今日之十八囊谦。康熙六十一年，寿七十二岁终。二世为嘉迷翁卜，在位六十四年，为全盛时代。三世为江迷将周，亦六十四年。四世为嘉松木盾汪秀。五世即现在之禅师，名嘉荣盾秘嘉贞，数年前由国府封为辅国阐化禅师。据此，可知拉卜楞已有二百数十年之历史矣。

二日　藏民小学概况　藏生国文一斑

下午参观藏民文化促进会所办之小学校，校址在县署之东，面积甚大，已有房屋数十间，并正建筑大礼堂，藏妇十余人，作背土砖等工作。校内现有学生六十余人，分三班教授，初小一二年级四十余人为一班，高小一二年级共仅四人为一班。但四人为纯粹藏民，参观时正值作文，据云每周二次，阅其文尚通顺且有思想，其程度不减内地。初小各年级生，汉、回、藏民均有，纯粹藏生仅十三人。据云藏民均不愿子弟读书，每年招生时，由黄司令强迫附近十三庄保送入校，后特加优待，不仅食宿、衣服、书籍、用具等全由校备，并免其家庭之负担，如各种赋税及其家属之差役等，即此来者亦甚少，可知积习之难移也。但藏生汉语大半甚好，仅初小一年级，有数生不大了解耳。然进步亦甚速，盖一校内汉、藏儿童聚居，观摩较易。余主张西北各民族聚居之地，小学校以同校为最宜，一则语言可以统一。二则感情融洽，民族界限易泯。三则习惯易改，如藏民不洁之习惯等，均可由此改良。此校即有此优点。教职员五人，临夏籍三人，西宁籍二人。藏民一人，即本校毕业者，担任体育。余参观时，小学各年级合上体育，大致尚可，此地教员人材，固不易得也。教科书采商务印书馆本，用汉语教授，有时用藏语翻译，学科大致按部章，惟初三年级以上，每周有藏文二小时。女生四人，全为汉民。校长为黄子才君，亦即藏民文化促进会理事长，理事九人，每月开会一次。十年前余任甘肃教育厅长时，因祭海并划界事道经此地，积极提倡藏民教育，并劝黄君子才努力促成，曾开谈话会数次，藏民文化促进会，即由此而设。惟前因此地学生甚少，仅成立一校，去年分立，一由县政府主办，一由促进会主办，余甚望拉卜楞市外藏民聚居之地，多办数校，其影响当更大也。

学校经费，大部由本地皮毛税中筹收，年约四千五百元。此外省府年助三千六百元，共八千一百元。临时费由黄司令措筹。校址甚大，现正建筑大门、会议室、礼堂等，闻建筑费约二万元，大门系砖砌洋式，不日即可竣工。

藏生甚聪颖，其国文颇佳。兹附录最高年级生所作国文二篇如下，可知其学生国文程度，亦可略知拉卜楞风俗之一斑。

谈谈拉卜楞的风俗

拉卜楞虽僻处万山之中，交通不可谓不便，惟人民的习惯风俗，和内地各省不同。拉卜楞的风俗，吃的炒面酥油、牛羊肉，并且吃生的。穿的是羊裘，四季不换，男女都不穿裤子。在比较从前进步些的，冬天穿羊裘，夏天穿布衣，男子完全穿裤子，女人也有穿的。可是住的是帐幕，街衢的人民住房屋，到草地四季住在帐房里，并迁移不定，没有什么交通的利器，富家人往来骑马，穷人骑牛或步行。此地风俗比较内地高出万万的，就是妇女不缠足，男女善于骑马，很有尚武的精神。不良的风俗，信奉喇嘛，迷信很深。一家有两三儿子，不教入校求学，送到寺院当和尚……不讲究卫生，不识字……这是今天谈的拉卜楞风俗之大概状况。

拉卜楞妇女的装饰

拉卜楞位在甘肃的西南部，此地妇女的装束和内地的妇女装饰，完全不同。还是不改古时的旧装。她们在冬天头戴狐皮帽，身着羊裘，面子用缎子。比较穷些的，在冬天穿的大羊裘，可是很粗，有的面子用布，有的没有面子。并且在衣边上镶着水獭皮一条，有七八寸阔。脚上没有穿袜子，靴鞋做法不同，形状也不同，原料、颜色也不同。首饰也有数种，如耳坠、手镯等金银之物，脖颈戴二三十个大珊瑚，如胡桃那样大。在脊背上用布大约长一尺半，阔三寸，有的排列琥珀十几个，有的银打成的圆片，和她相连的布，差不多三尺长，一尺阔，在其中列着银盾九个，银元四十块，有的黄铜做成银元形。各妇女身上，如珊瑚、琥珀、衣服、水獭等等计算下来，差不多有四五百元……将来我们要改革装饰，所以要改良的意见，因为蒋委员长前年提倡新生活。说的简约，一切话我们更照做，这个话看来，非改良不可。

三日　圣诞佛节　奇装异服

四月为释迦牟尼诞生之月，且有种种纪念日，如丁巳年四月八日，为觉玛纳列佛母降生释迦佛之日。戊子四月八日，为释迦佛出家受戒之日。甲子年四月十五日，为释迦佛于玛迦达金刚座菩提树下金刚跏趺而坐，现前圆满正觉之日。庚午年四月十五日，为释迦佛在杂精两村间，现身调伏大转法轮之日。纪念重重，故藏人视四月为神圣节，为修善月，或名万倍功德月。因无论出家在家，凡在此月中诵经转轮者，有千万倍之功德。本日为旧历四月十五日之前一日，藏民妇女，均斋戒沐浴，盛装艳服，成群结队，而转寺院周围之古拉（即经轮）。儿童亦着新衣随行，如内地之过新年然。拉市附近乡村，以及青海各地之蒙、藏民众，亦多不远数百里而来。其装饰衣服之奇异，无异开人种或古装展览会。余偕同人出而参观，见各妇女竞艳争妍。或绿衣红裳，或紫衣赤带。或白羊皮帽，缘翻高数寸，而顶斜尖；或笠形毡帽，中高尺许，而有红缨。闻高帽者，多系蒙民，旧归河南亲王管辖者，均自远方来。每队在二三十人以上，双排或四排整列成行，儿童在前，年长妇女在后，缓步而前，且行且歌，步伐一致，其歌悦耳，实则为诵六字真言，并非歌也。至转古拉处，则列成一排，且行且转古拉。古拉多为皮制或木制，内有经卷，外书六字真言，其形如桶，上下有轴，大者三四尺，小者一二尺，围寺院之墙而设，约数千个，周围数里。遇塔处则必向之转一周，前后拥挤，络绎不绝。最后至寺东塔旁广场中休息，每队一团，成圈而坐，背向外。余等藉此得观各种之奇异装饰，各种发辫，以百数十计。拉市普通装饰，顶辫由脑后至臀部有袋，宽寸许，上缀真假琥珀、玛瑙或银碗，至臀部以下，有大布块，宽尺许，垂及踝间，上有银碗或银元、铜元成行，约五六十个。闻西康里塘之装饰，头上有银碗三个，下垂布条，富者上缀金珠等，上下回之，不戴帽，未嫁之女系两辫。青海循化、同仁一带，土民、藏民之装饰，或仅有二辫套。套用红布制，宽二寸许，上有花纹，并缀银器，藏名加消布。或仅一辫套，上有一银碗，穿裤。一辫着裤者，即吴屯人，系明时由江南迁来，渐渐番化，人亦以番民称之。普通藏妇均不穿裤。腰中束红带，上多系黄花包，或银花锤。又有系针袋者，上有绣花，藏名罗布藏力，其装针之包，又别名卡不喜布，内实以毛，以便插针，其形状与内地妇女所用者相似。胁下多戴银钩或铜钩，上镶红珊瑚，藏名要宗本，原为榨取牛奶时钩小木桶之用，今成装饰品矣。银耳环甚大，上镶红珊瑚，藏名那隆。有大如手镯者，或以发系耳旁，并非穿耳，因其过重也。胸前多戴银盒或铜盒，内装佛像、护身符等，藏民认为有此者枪炮不能入，故异常重视之。手腕上多缠红珠串，足着皮靴或绒靴，藏名汗木。

下午多在体育场或司令部后之柳林中歌舞，欢乐竟日。又闻十四、十五两日，仅食一次，喇嘛皆不语，默念藏经。故此两日又名为哑巴节。

四日　寺院壮丽　佛像庄严

本日为佛诞节之正日，蒙、藏妇女，仍盛妆结队转古拉，一如昨日。各寺院一律燃灯，若干喇嘛，在念哑巴经。余与史秘书等乘此机参观各寺，大襄佐派杨喇嘛引导，渠为汉人，在寺已四十余年，现为保安司令部军法处长。兹将所见各寺情形，分述如下：

火日藏仓　经堂在楼上，有铜佛数尊，数十喇嘛正跪坐其中，默诵经文。

小金瓦寺　以屋上有小顶系金龙，故名。中供杜结钦巴即千手千眼观音。寺对面有旧楼，为河南亲王旧府，现藏藏经木版。

加那化仓　清嘉庆时赐名为悟真寺，有汉、满、蒙、藏文匾，系咸丰十年西宁办事大臣福济书。中供祖噶佛，为骑虎之狰狞像，高七八尺。左右为骑象与狮之铜像，闻系释迦佛之守门者。或云为宗喀巴圆寂后之化身。两壁框内，有高尺许之小铜像，每面四十八尊。屋顶为绿琉璃瓦，建筑极精致，全拉卜楞寺均系黄白色，而此屋瓦独呈碧绿，大为美观。

慈寿寺　有道光时匾，雕刻甚精，大门亦雕刻彩绘，极美丽。内供如来佛铜像，两旁壁龛内，有小佛千尊，系如来护法。又正佛左右有弥勒佛铜像各一尊，高五六尺。后又有高三四尺之铜像三四十尊。

普祥寺　中供弥勒佛，左右小龛内，有释迦千尊。

慈显寺　中供觉悟佛，据云系唐时奉命赴唐来迎文成公主者。

贡巴汤仓　内有贡巴塔，铜制，连下层共高三四丈，下层为佛殿，其中周围大小佛像甚多。积经数架，约数千部，闻有用金写者。最上第三层，始为圆形铜塔，中供一佛，据云为佛之最古者，释迦前身，即系此佛之弟子。塔外周围有八大凸佛，像铜制，镏金，高约八尺。火日藏仓活佛，引导余等，令从右转塔一周，下层外廊周围有铜古拉数百，亦令转一周。院中有旃檀树，高丈余，树皮上有藏文字母，甚清晰，喇嘛认为神奇，当然为人造者，但剥外皮后，内皮仍显，亦甚奇也。因在树下摄一影。

曾康（即威武殿）　中供考马尔佛，系武护法。门外悬有刀矢等武器，并以哈达围绕之。廊下垂有熊皮，内装草如生，当系表示如熊如罴之意。杨喇嘛谓武佛殿内不许兵士入内，当令卫士止步。余等入内，见护法佛面目狰狞，但全身用哈达绕裹，仅得瞻仰威容而已。

寿安寺　有清嘉庆时匾额。中供桑差佛，系前北京三大呼图克图之一，铜像外涂金，高三四丈，铜座亦高丈余，上镶许多宝石。两旁藏经甚多。

满巴札仓　为五大札仓之一，即医学院。佛殿甚大，内供药王，藏民病者多在此祈祷。内有喇嘛，为藏民画符治病，又有吐结钦巴等铜像甚多。

丁颗尔札仓　亦五大札仓之一，内供时轮金刚佛。因此札仓专研究时轮金刚法会者（时轮金刚为欢喜佛）。

大经堂　即铁桑郎瓦札仓，亦五大札仓之一，即佛学院。上有金顶，殿前有清乾隆赐慧觉寺匾额，实当时为西藏慧觉寺所赐者，误送于此，而此寺之匾，送于拉萨，即因之未更易。现又有戴传贤先生所赠"重兴正法"及宋子文先生所赠"法法如是"各一匾。此殿依山而筑，阶数十级，堂数十间，长十三间，内铺垫成行，可容三四千人。满壁彩画佛像，正面有铜佛数十尊，有大象牙一对，长约四尺，直径约六寸。殿后里屋有历代嘉木样肉身塔四座，愈近世者愈高大，而宝石亦愈多。殿旁屋有大铜锅五，直径约九尺，深六七尺，为全体喇嘛念经熬茶之用。

寿禧寺　有大铜像高数丈，又有高丈许之立铜像。

瑟克襄巴　系第二世嘉木样建筑，供有八大菩萨铜像，寺外有辩论经典处。

综观全寺建筑，或则金顶辉煌，瓦皆镏金，或则高楼层窗，有类西式楼屋。墙皆砌石为之，石之大小方圆不一，然能方整直立。据云藏民建筑时，并不用绳墨，洵绝技也。殿内各像，或则金像庄严，价值巨万，或则巨像累累，以数千计。他如塑像、画像、以及壁画，无不精妙。盖建筑、绘画、铸像皆受印度、西藏及唐代以来之影响，固非内地所能及也。

拉卜楞寺宗教力量所及之寺，在此地者有五大札仓，十八囊谦，以及各小寺。此外在青海、西康、蒙古、西藏等地，共有一百零八寺，均归此寺管辖，兹分别录之如下：

五大札仓为铁桑郎瓦札仓，丁颗尔札仓，结多札仓（欢喜金刚学院），纠巴札仓（密宗），满巴札仓。

十八囊谦：（1）贡汤仓。（2）桑差仓。（3）火尔藏仓。（4）德瓦仓。（以上为四赛池，赛池者，金床之意，因第一世均曾在拉萨坐金床。）（5）国门仓。（6）花来娃仓。（7）阿哇格郎仓。（8）交阿仓。（9）得汤仓。（10）阿莽强仓。（11）丙仓。（12）襄佐仓（以上为八大堪布）。（13）旺母仓。（14）扫札仓。（15）年札仓。（16）家下郎仓。（17）祇贡巴仓。（18）昂桑仓（以上为精深密宗所转生者）。

一百零八寺，在夏河县境内者，有曼祇寺，九加寺，葛伯寺，他日瓦则寺，朵清则寺，阿曲乎寺，卧穹寺，卜拉寺，他瓦寺，杂由寺，黄达寺，日葛寺，加杰寺，札喜寺，曼隆寺，刚札寺，白石崖寺，甘家寺，朵麻寺，拉旦寺，杂杂寺，晒经寺，陌务寺，热投寺，又仓寺，日郎寺，麻日可寺，刚拭寺，其曷日寺，花瓦寺，唐突寺，人多麻寺，只朵寺，只曾寺，高来寺，江可寺，上撒麻寺，下撒麻寺，襄拉寺，仓哥寺，协五寺，热贡寺，江冒寺，老瓦寺，南半寺，木多寺、瓦来阿日高寺，唐撒寺，杰仓寺，西仓旧寺，西仓新寺，斜九寺，韦香寺，杂务寺，可强寺，达寸寺，科才寺等。在西固县境内者，有藏宁寺，五贝寺，四卜和寺，五赛寺等。在临潭县境内者，有扯人沟寺。在临夏县境内者，有包黑寺，刘家寺，当郎寺等。在青海省境内者，有果麦寺，拉盖寺，金科寺，朵四香寺，色强寺，项来强寺，朵多寺等。在四川松潘境内者，有协徐寺，层寺寺，其札寺，国门寺，曾大寺，年赛寺，卡秀寺，四瓦寺，康撒寺，康根寺，白衣寺等。在北平者有甘鹭寺。在五台者有甘觉寺。在西康境内者，有理化寺，甘普寺，朵旦寺，拭朵寺，桑伯寺，热瓦寺，阿杰寺，麻唐寺，羊丁寺，科来寺等。在西藏境内者，有甘伯寺，只红葛莽寺，赛吉寺，阿秀寺，项东寺等。在蒙旗境内者，有阿拉佛庆寺，太麦朵庆寺，佐汉卿寺，乔老泰寺，阿子泰寺，巴羊阿则寺，陶宝钱宝寺等。

五日　夏河沿革　康藏歌舞

小雨由夜至晨，近午始晴，十一时乘马访夏河县县长。县政府在中山街之东边门，临大夏河，有木联为"用夏变夷，大启山林成乐土。以河为界，新开旷宇胜桃源"。内为拉市口字式建筑，中有大空场。过中山堂，仍口字形，四面为楼。楼上为县长居室，十年前曾开会欢宴其间，今犹如故。县长范又希君，湖南人，曾在南昌行营工作，去年七月来此。谈次谓藏民性情最好，诚实勇敢，如能训导得宜，足以捍卫边疆。惟因习惯与知识关系，只知有嘉木样活佛与黄司令，不知有县政府，故县府政治力量设施，不易及于藏民。除由县东北至土门关尚可达及外，西南与西北，有事时，非黄司令派人同行，即不能前往。幸黄司令事事合作，处处协助，县政始得推行，否则无法云云。余谈及教育为此间要政，彼亦谓然。惟谓经费困难，教员每年每人仅二三十元，学生非特别优待不肯入学，亦多有因贫穷实不能读书者。现经费已增加二千余元，但仍不足，县教育行政，直接归教育局办，局长由省教育厅委派，种种不便。现拟裁局改科，不日当可实现。但县府仅此一局，府中原仅二科，职员共六人。公安亦无专局，仅有警士五人，有枪七支；内仅一支能用，子弹仅十七粒耳。

经费自本月起，每月一千一百一十五元，前按二等县，每月仅七百九十元。全年赋税除临夏、临潭、循化各拨一部共六百余元，作为县府经费外，余由牲畜屠宰税下拨支，但尚须拨财厅四千余元作押，实际仅七千余元，迄今尚欠五个月无着落，可知县府经费之困难矣。

按夏河县，古为徼外地。汉置白石县，前秦改为永固县。后凉废永固县，复为白石县。南凉废白石县，复为永固县。清属循化厅。民国十五年，设设治局，十七年改县。境界迄今尚未确定，因划县时，不过将临夏、临潭、循化各一部，划归管辖，并未详分界限。故面积亦无确数，或云二千余方里，或云三千余方里。惟知东至土门关一百四十里，接临夏界。南至陌务寺一带亦一百四十里，接临潭界。西南至大湖滩一带二百五十里，西至关秀一带二百二十里，北至什济寺九十里，至白石崖五十五里，至观音沟八十里，接青海界。南与川边接界。

下午三时，黄司令约余便餐，饭后至其后花园帐棚中观西康歌舞。因是日开西康同乡娱乐会，特在花园草地搭帐蓬六座。余被招待于一大帐蓬内，有如大厅，下铺坐垫四行，前置小几，余盘膝而坐。未几西康跳舞在帐前开始，首由妇女六人，手各相携成圈形，低头曲腰，两足相叉，左右移动，且行且歌，声颇入耳。次有男子数人，亦如式而歌。后男女两队同歌，向一面移动，环而行之。其歌意据云多问答赞美之词，如谓今日为最不易得之时机，吉日良辰，天气清明，日月共现，明洁如雪，然实非雪，乃长官惠临之光云云。次拉市歌舞，妇女三人成环形，足如前左右移动，头腰亦弯曲，但手上下舞动，并不相携，袒臂之一手，将未穿之袖握之，两手上下互舞，歌声亦较前音略长，颇为悦耳，极类蒙古歌。园外水滨有一木屋，内用水力转"古拉"，亦宗教仪式随科学而进化者也。

六日　六月薄雪　四壁图画

自晨至夕，小雨连绵，对面山顶，薄雪笼罩如浓霜，白云上下与雪相映，益增景色。天气骤严寒如冬日，衣裳犹觉不支，手冻几不能执笔。拉市在海拔二千九百公尺以上，故盛夏六月，已寒冷如此，将来途中秋后，登五千公尺以上之高山，更不知如何难堪也。余所居之室，全为木制，四面均系木墙，上为木板顶，下为地板，大类日本式房屋，故寒气易入。

下午至本寓（即火尔藏仓）活佛处，见案上置有国文教科书，询之，略识汉字，亦喜习汉语，与余谈，即用汉语。其室内四壁，皆有人物彩画。关于孝者，有闵损感父，伯俞泣杖等画；关于忠者，有关羽、周仓等像；其余有琴棋书画，山水花鸟等。凡寺院建筑，室内外皆满绘彩画，如能利用各喇嘛研究汉语之热心，与各寺院满绘彩画之习惯，施以短期教育与社会教育，其影响当更大也。望宗教领袖与行政当局，注意及之！

七日　行辕如皇宫　寺屋类阿房

本日天晴，但山中积雪未消，似尚有深数寸者。十一时许，天气甚暖，特往班禅行辕参观，由大襄佐引导。首至新建之西楼，系第五世嘉木样所建者。正面室五间，中一间有外门，正中有黄缎垫座，及方高红缎靠垫，两面各隔二间，有里门。右面为寝室，床上黄缎厚垫，地下毛织五色龙地毯，隔间之墙内为木架，上陈各式钟表数十座及各种古磁瓶器数十件，俱精美。左面二间，为接见高级喇嘛堪布之所，正面床上有黄缎垫，备作班禅大师座位，地下地毯上有垫数方，备各喇嘛或堪布座。出门右方转楼，为班禅办公室，有高桌大椅，并有一床，备便坐。右转楼有门通楼下，过道右室，亦备有黄垫高座，及地下垫座，备接见各职员或内室会议之用。各室床上一隅，均有高尺许之铜佛、铜塔数十座，陈于特制之佛龛内。天棚均为木板方框，内绘五彩龙形，如北平宫殿中之油漆彩绘。门皆有黄绫棉帘，窗皆有色玻璃及黄绸窗帘。室外有廊，可散步远眺山河，房檐有黄布垂之。室内外画栋雕梁，五色灿烂，一切设备，俨若皇宫。楼下为厨房（分西餐、中餐、藏餐三种）及藏储衣物之所。

次至邻院二楼，高如三楼，因第一层在高五六尺之台上。原有三阶，现将中阶除去，以便谒见者由右阶上左阶下，除去中间之处，用砖雕龙形，并施彩色，上阶后有高尺许宽一二尺之木台，长与室等，上铺垫。室长七间，内为大客厅，上垂各式旧宫灯数十对，下铺织龙满间地毯，毯上有栽绒垫两行，可容五六十人，备蒙、藏人坐。倚墙有茶几高椅一二十对，备汉人坐。墙上满悬五色画佛，梁上亦悬画佛三十余幅，据云为第一世嘉木样前身，在印度、西藏之各代。最上端为班禅座位，高台黄缎垫，富丽堂皇。三楼上有经室二，各有黄缎长垫，栽绒地毯，备班禅大师休息或午寝。一室内有许多小铜佛，中有四代嘉木样之像，各高尺许，似为金质。

次至邻院为经堂，备各高级随员诵经之所。有高三四尺之纯金像三尊，为本寺金像之最大者。一为释迦佛，一为宗喀巴，一为第一世嘉木样。其余铜像大小数百尊。围经堂外之四周，有红铜"古拉"百数十个，高二尺许，圆径尺许。楼外为露天辩论经典之所。前楼上各室为秘书处，有中文、藏文秘书办公室，楼下一室为总务处，旺处长客室、寝室亦精致。又邻秘书处有一室，完全藏式，墙上用藏织花布围之，顶上有黄缎盖三四个，地下铺地毯坐垫，备高级职员开会及休息之用。

次出旁门，另至一院，有一大殿，长五大间，沿壁皆小佛龛，内有高一二尺之铜佛及塔，以数百计。据云来自印度，但有许多空龛，系变乱时遗失。佛台下放有许多行李，系班禅大师用物。大襄佐启其包，见有金色辉煌、锦绣华美之马鞍全套。又有高二尺许之镀金铜香炉一对，据云系垂于马鞍之左右者，完全为前代帝王之仪式用具。台上有高尺许之全金色塑佛，据云系第一世嘉木样，状甚肥胖，共计一百零八个。又有高二尺许之释迦像，据云拟塑十万尊备用。又有一经堂，三面壁上皆佛龛，除释迦牟尼、宗喀巴为高四尺许之大像外，余均高尺许之观音铜像，整一千座，此殿与襄佐仓相连。又参观班禅大师随员及襄佐所用之厨房，均甚大，有铜锅十余口，大小不一，并分中式与藏式厨房，均烧木柴，不用粪。

次经数屋顶，下独木梯并楼梯数次，始至襄佐仓。拉寺建筑，曲折复杂，真所谓五步一楼，十步一阁，恍如阿房宫也。"独木梯"者，用一长木以锯锯若齿状而成，每齿可容半足，康、藏一带多用之，甚简便，当系西方之最古梯形。襄佐仓，即大襄佐之公署也。大襄佐导余等至其办公室中休息，亦即客厅，一面有床，床上有黄缎长垫及靠垫，前有长几。墙有暗木架，内置经典，均用红黄绸缎袱包裹之。旁有佛龛，有像数尊。左右壁一面为窗，有色玻璃，一面为大柜及高架。柜红色金花，油漆一新，架上陈各种银器、漆器、磁器、玻璃器，均珍贵品。天棚亦为方框，绘五彩龙花。地铺栽绒毯，有垫座，前有小几，上陈各种点心，招待余等。门窗上皆彩绘人物花卉，华美异常，孰谓边地无文化耶！床上几前，堆现洋数百，旁置算盘，壁上挂藏文账簿数册，可知其职权之一斑。坐谈半小时，得悉此寺原有喇嘛三四千人，与宁海军冲突时，减至一千七百人，近年始渐渐增加，现约二千五百余人。内蒙古僧亦不少，本寺喇嘛亦多赴西藏或蒙古。本寺所属寺院，有一百零八个，青康、蒙、藏各地皆有，但历代嘉木样仅知研究经典，不注意经济问题，故拉市无正式收入。如塔尔寺有地六万亩，每年收入不少，拉卜楞附近之地，或为各囊谦所有，或为人民私有，其由人民献于嘉木样佛者甚少数也。至此寺喇嘛生活亦苦，仅恃为人诵经或每隔十五年康、青各寺来施舍一次，或各富室来施与，并无一定收入，亦不如塔尔寺各喇嘛之半营商业，故此间喇嘛大半贫穷，每夜念经，无资购油，甚至以香火头为灯，可知其苦况云云。但据寺外一般人所述，拉卜楞寺之富裕，不亚于塔尔寺，各喇嘛之经济，亦不如所谈之清苦也。

八日　拉卜楞寺组织　河南亲王官衔

上午十二时，大襄佐宴余及刘秘书长等，席设于其办公室，用藏式，即坐地下，余与刘秘书长为黄缎垫红边，余系普通栽绒垫，每人面前置小几，上陈瓜子、方块糖、葡萄干等。第一菜仍为蕨麻与大米两盘，据云康、藏俗，凡喜庆事皆如此，因蕨麻一名长寿果，取其吉祥也。惟以后次序，与嘉木样禅师当日稍异。次为手抓羊肉一大盘，观大襄佐与刘秘书长等食法，一手取带肉之骨，一手以刀削而食之，一骨尽后再取一骨，余等则任意在盘中割食。再次为肉包与内地同，再次为牛肉粉条，均每人一份。最后为酸奶子，即告终。初入席时，见有数藏民谒见大襄佐，即在大殿廊下接见，大襄佐高座，各人民跪而陈述，闻系某族代表来参加欢迎班禅大师者。席间又有数人请大襄佐谈话，屡离席外出，可知大襄佐在寺中地位之重要与忙碌矣。

查拉卜楞寺管理各事之职员如下：

襄佐　掌理总务，并司出纳，如各机关之总务司长。

吉瓦　属于襄佐，掌理寺院财政，如各机关之会计。

列里瓦　属于襄佐，带兵兼管民事司法。

古错　属于襄佐，掌理外事，并代表嘉木样对外交涉，管理嘉佛所属人民。

辖俄　属于大经堂，管理僧人与僧官，行时有一人负长五六尺之铁棒前行，故俗名"铁棒喇嘛"。

嗡宰　属于大经堂，管理经典，指导念经，俗谓之经头官。

下午访黄河南亲王，府院亦宏壮，但经过楼下时，见零物杂乱、狼藉，呈衰落之象。其客室在楼上，为蒙藏式，亲王亦衣藏服，惟面貌清秀，不类蒙人，且读汉文，识余名片中之马天二字，现年二十岁，尚无稚气。询其封爵历史，已数典忘祖，谓原有记载，前变乱时遗失，故不明了。濒行与余一名片，其名为滚噶环觉，字瑞天。官衔有四：一为黄河南亲王，一为青海同德、同仁两县保安司令，一为青海南部边区警备司令第二旅一团团长，一为蒙古政务委员会高等顾问，籍贯书青海，可知其与青海之关系较为密切。

查黄河南亲王，原辖地为青海和硕特部之前首旗，和硕特部为顾实汗第十子达什巴图尔之后，清康熙三十七年，封达巴图尔为和硕亲王，共领二十一旗，前首旗为顾实汗第五子伊勒都齐之裔。伊勒都齐有子二，次子之第三子察汗丹津，清康熙四十年封为多罗贝勒，五十七年晋封多罗郡王。雍正元年以平西藏军功晋封和硕亲王，三年授札萨克。十三年以从孙旺舒克袭。乾隆十四年，长子旺丹尔济帕纳木袭。三十六年以旺舒克从子札萨克台吉纳罕达尔去降袭多罗郡王，诏世袭罔替。嘉庆十二年，子达什忠鼐袭。道光十三年子达什旺札勒袭，三十年子春津袭。光绪十三年族侄巴勒珠尔拉布坦袭。次更噶化木却力袭，年代未详。民国二年袁世凯时，晋封为多罗亲王。其原定牧地，南当黄河之曲，东至拉卜楞希拉得希沙，南至和托果尔希星克，西至巴尔博鄂巴乌拉，北至额尔德尼布乌鲁勒下达巴（接贵德界）。现驻牧地在贵德县黄河南，东界甘肃，南界四川，居民约三千余户。但自青海改省，同德改县，其一切政权，均归省县，亲王虚有其名矣。

九日　喇嘛抵掌　藏妇袒胸

午间闻喧嚣声，询知为喇嘛辩论经典，当偕史秘书往观。会场在广约十余亩之大园内，园中杨、柏矗立，大者数围，北面张一大幕，可容千余人。幕上蓝花，周围垂黄红布缘，中悬彩幡数十，华美庄严，下有数柱支之。分座位为四区，纵横有路，上面有屋有台，设高座及数垫，有高僧数人在台上，下有喇嘛千余人，就地对坐，各披红氆氇斗蓬。余等在时，全体口中喃喃，似高僧领导诵经，约数十分钟，宣告终止，群争奔出，其声若雷，如学校学生之下课然。群将斗蓬、高帽放于地上，奔至帐外林间，分数区坐，五六人或十余人一团，或互相戏谑，或互相辩论，或出园外依墙整列成行，面向外而蹲，状似休息。但见足间各有水流出，始知小便，百数十人，湿痕成纹，亦颇有趣。未几复集帐下如前坐，但非诵经，一人起立站正中，面台上，口中滔滔不绝，手之舞之，频自击掌有声，群相呼噪，或鼓掌，或举手，亦有时发出嗤声，如演说场之情状。闻系讨论经典，有质疑，有辩难，小喇嘛多在帐边，每不注意辩难，或彼此挤压，或互掷石子，或谈笑戏谑，如学校中之小学生然。台上有一着五彩绣履衣金丝边坎肩者，每出而巡视一周，始稍安静。一人演说毕，另一人起立，群大鼓掌，但其人殆讷于言，群复鼓掌，台上数人如教师，如评判员，有肩用厚垫张成方形，如戏剧中判官者，有时嘉木样活佛亦至场，时许多藏民，在帐外面台上叩头。此系全体大辩论，有时在外分若干小组辩论，其式亦同，即一人起立向坐者辩难，或数人起立，争质问之，或抱坐者之头，强聒其耳，非常有趣。盖寺院对佛学之研究辩论，一如学校之上课考试，颇为严格，惜予不解藏语，但观其动作耳。

出园复与史秘书游河边，见许多藏妇坐地上，大半袒胸，两乳长垂，即青年妇女亦然。

十日　南山景色　夏河形势

　　正午，诚专使约游拉卜楞之南山，偕大师行辕陈科长文鉴至大夏河边。渡桥登山，由松林中直上，并无路径。攀缘而上，愈行林益密，景亦益奇。下瞰拉古，全寺在望，仰视万松如盖，荫蔽天日，根下有绿苔，光滑失足。穿林披荆，时而松枝摩顶，时而乱棘牵衣，时而杂木塞途，曲折纡回，终达绝顶。有碉堡为"夏字三十二"，足见夏河周围碉堡之多也。环望各山，西北群峰积雪未消，青白如昼，以望远镜俯观寺院，僧屋栉比，民居星罗。夏河如带，由西而来。沿岸农田翠色欲流，村庄三五，分布山麓。西望丛林中红墙高楼，即嘉木样佛避暑之所。嗣围坐山巅，纵谈一切。至下午五时，始循西面小道而下，惟多石片，革履甚滑。将至山麓，有草原，马、驴数十，放牧其间，喇嘛数人饮茶草地上，点缀风景。比至山麓，已五时半矣。

　　山上四望，各峰比肩，且多平坦，所谓夏河高原也。夏河绕流其间为一大峡谷，围山之中，时有大草滩，乃为局部盆地。由山上平视俯瞰，可得夏河一带之形势。地理专家张其昀先生论夏河地形一段，记述甚详，兹录之如下：

　　　　夏河县治，海拔约二千九百公尺，吾人若自河谷升至山巅，则四望廓然，恍如平原，有坦坦荡荡之观，纵马长驱之乐。虽亦有低缓丘陵，形如海浪，其高岗皆在同一水平线上，海拔约三千五百公尺，此即高原之形势也。高原倾斜极缓，又称侵蚀平原，在地文上亦达老年时期。高原因大夏河之中贯，垂直侵蚀之力，甚为深刻，造成风景壮美之河谷。在谷中旅行，但觉急水高山，地形残破，岩壑雄奇，初不知其上有完整之高原。大夏河河谷极窄，冲积地宽者仅六七百公尺，狭处则两崖紧凑，仅容一河。自土门关至拉卜楞，一路皆是幽谷。大夏河上游，峡谷交错，与岩石性质有关。如砂岩、页岩，较易侵蚀，谷势稍为开朗，如拉卜楞附近是。若遇坚硬之石灰岩、花岗岩，则束水成峡，湍流奔泻，极为险峻。如山堂与沙沟寺间花岗岩所成之峡谷，水涨时几无路可通。山谷多有森林，满目葱茏，与清流相映，风光至佳。大夏河上游，并无广大之平川，惟在溪涧入正流处，因支流速度骤减，沙砾沉积，往往成为冲积层。当地所见之少数平川（或称坝子），多由冲积层连缀而成，其地势略为倾斜，不甚平坦，与一般平原稍异。拉卜楞寺，即位于此类冲积层上。本寺建筑成长方形，东西长而南北狭，地势使然也。沿大夏河西岸之山坡，常见较高而平之台地，地文学上称为阶级地。当地或称为"坪"，或称为"原"。考其成因为旧时河岸之遗迹，高出近代河床约三十至五十公尺。台地上为黄土所覆，厚达二十余公尺，下部为砾石层所成。此种地形，在拉卜楞附近无线电台之后，发育甚完好。其上或为村落，或为耕地。高原之上，常有局部盆地，纵横数里。当地名之曰"滩"，又称"甸子"，如甘家滩、三科乎滩等是。丘陵环列，谷广坡平，流泉萦绕，水草鲜美，为藏民天然牧场，农垦当亦有望。其中排水不良之处，则成洳湿洼地，淤泥没足。甘家滩在拉卜楞西北五十里，捏贡川（大夏河支流）纵贯其间，乾隆年间兵部曾议屯垦，有案可稽。高原牧草，草本植物，年生年腐，有机质堆积较富，故土壤色泽较深，土壤学家称此区为黑钙土区域，其肥沃可与俄国有名黑土带相比，极适农业，但地势在三千公尺以上，气候寒冷，作物生长时期甚短，农业大受限制。高原民族，仍以游牧为生计，即欲实行农垦，亦仅能种植早熟之青稞。夏河高原，为青海大草原之东端，高原之边缘，成为峻阪，自下仰望，则雪岭峻峨，如插翠屏，即白石山脉是也。白石山脉，在临夏、循化二县间，称大再加山（海拔三六〇〇公尺），为甘、青二省省界。南下至土门关附近，折而东行，入和政、宁定、临潭诸县境，绵延四百余里，随地异名，有大峙、莲花诸名。主峰在和政西南五十里，海拔约四千公尺（和政海拔二〇〇〇公尺），岩石突兀，亦称露骨山。自和政上升，攀援峻坂，山径崎岖，但越岭西南行，则下降极缓，是即高原草地。西倾山之名，见于《禹贡》，藏名叠桑巴山，在夏河西南百余里，海拔五千余公尺。山坡牧草茂盛，山巅积雪皑皑，洮河源出其东，大夏河源出其北。西倾西连积石（大积石山海拔六千余公尺），东连岷山、秦岭、伏牛诸脉，自西至东，横贯中国，称为东昆仑山脉，即江、河二大流域之分水岭。在民族上观之，白石山亦极重要，此为汉、藏民族之界线。白石山上之草原，至今仍为藏民区域，地形影响于人文，其著例也。

十一日　圣召会参观　果洛族奇谈

下午偕史、董二君，渡夏河，至耶稣教圣召会参观。该会有洋式楼屋三面，建筑已十余年矣。楼下有堂，内设黑板、椅座，讲桌上有新、旧约书，皆藏文译本，可知其努力于宣传工作。但迄今拉市正式教民仅五人，且非藏族，盖藏民信仰佛教甚深，不易感受也。时仅有一汉人，看守房屋，据云系临潭人，入教已十余年。此地牧师，原为美国人辛振华（译音），居拉十余年，努力传教，始终不懈。且于每年夏季，携帐蓬，裹糌粮，赴藏民聚居之草地，一方宣传宗教，一方调查藏民心理及生活习惯。在草地居留至少两月，多至半年，近则黑错等地，远则果洛诸族，需廿余日始达。渠每偕出，果洛族有三酋长，二皆黄正清司令之妹夫。此外尚有一女酋，赘其酋长之弟为夫，现已死去。果洛族有二千余户，食生肉，辛牧师至时，亦每以生肉招待之，必勉食少许，否则彼辈不快也。兄弟数人共一妻，甚少争执。但其人性慓悍，遇非其族类者，辄杀伤之，故非习其语言，不敢经临其境。其语言与拉卜楞藏语同，盖青海、康北各番地，视拉卜楞如京城，视拉语如京语，因之通行各地。辛教士善拉语，故对之相当招待。辛教士前年死于华家岭，新易夫妇二人，亦美籍……继送余等至门外，有隙地二亩许，据云此地每年向拉卜楞寺纳税六元，楼房每间（以四柱为一间）铜元七十五枚，全市皆然，许住不许私有，但可典卖。人民所种田地，亦多属庙产，或各囊谦所有，每斗地（约七八亩）每年出租一升，县府加抽若干。附近十三庄藏民，共约一万七千余人（喇嘛在外），抽壮丁可得三百余人。市内仅五千余人，藏民占十分之七，回民占十分之二，汉民仅占十分之一耳。归至河岸，遇二藏民学生，询之，尚知为中国人，但不知何省何县，盖知有拉卜楞，而不知有甘肃省夏河县也。

十二日　拉寺朝市　松潘险道

晨起，赴朝市购物，市在夏河岸寺院前，自日出起，至日中止，终年不断。衣食住行之用品，无不备具，衣类有红蓝绸布、羊皮、獭皮、牛皮、氆氇等，食类有青稞麦面、牛油牛奶、腊肉青菜等，并有帐房内应用各物及骡马等。他如装饰品，有藏妇用之假珊瑚、玛瑙、珠玉，及喇嘛用之念珠、哈达、铜器等，五光十色，应有尽有。各商人或列高架，或陈地上，布帛用品，多为汉商，骡马多为回商，牛奶、柴草等，多为藏妇。牛奶盛木桶内，柴草以牦牛驮。余购装饰品及宗教品数件，拟将来送新亚细亚学会陈列。市民每日所需，均由朝市购买，故各种民族，男妇老幼均有，拥挤不堪。余民国十六年来此时，曾在此市场为藏民讲演，今日一切未见若何进步，似效果甚微也。

归途，遇一山西荣河县人，在电台服役者。据云前在保安司令部服务时，曾赴松潘，为中央军送粮一次。以牛马驮面，去时行二十余日，返时绕道行数月，始归至夏河。在草地中所用帐房，每夜帐上潮湿，第二日牛马均不胜驮载。煮饭以粪为薪，每湿不能用，须先以牛皮风箱吹之。火柴因受潮湿，不能着火，须用火镰棉花取火。一雨数日，全恃毡衣，遇河川不能渡时，惟用牦牛浮过，有时牛亦被水冲去，不知去向。草地中草深数尺，朝行多露，非有长统番靴，不易行走。来时至川甘边境，有大松林，深邃密茂，仅容一骑，晚间无地可架帐蓬。每日行百数十里，始觅得一隙地，行三日余始出。此深林似长二百余里也。松潘一带，路径甚狭，且多在山腹中，下临深渊，牛马至此，须任其缓行，稍一冲撞，即堕入深沟，粉尸万段矣。因绕道时久，粮食告罄，途中无法补充，煮牛食之。某次肉尚未熟，忽报匪至，仅距二十里，急倾锅而行，时天色已晚，莫辨途径，以洋十元雇一喇嘛引道，途中又无粮可食，乃以洋四元由藏民帐蓬中买炒面十斤，暂维现状。后遇某活佛来拉卜楞寺朝嘉木样，愿同行，乃给洋五百元，请供给一行三十人沿途食粮，始得回拉云云。可知草地行路困难之一斑。开发边疆，交通诚为第一也。

十三日　迎活佛草滩盛况　献财物民众热情

行署同人，因接班禅大师日内来拉电，定本日赴甘家滩欢迎。甘家滩距拉市三十里，其地无居民，亦无寺院，嘉木样佛及黄子才司令，前数日即在其地为班禅大师布置行辕。专使行署清晨派员携带帐蓬及厨房用具先行。上午十时，余及行署同人、仪仗队等数十人出发，余乘驮轿，余数十人乘马，由山沟前往。沿途道皆新修，两旁用小石子，排列成界。每数十丈或数百丈，有土砌香炉一对。道中藏民男女，扶老携幼者，络绎不绝，盖皆欲瞻仰活佛圣面，或求一摩其顶者。十余里过山，即现平原大滩，所谓夏河高原中之盆地也。沿途不见居民，惟道旁帐蓬遗址甚多，盖夏日多迁居山上，远望仅发见黑帐蓬数架耳。下午一时至其地，见帐蓬数百座，绵亘里许。稍息，即参观为班禅大师及其随员特备之居所。班禅居室，为一大蒙古包。外蒙虎皮，内张绸缎，上有金项，中设宝座；地下铺一华美绒毯，据云约值万金。包之周围，有围墙、大门、照壁，皆以布制。围墙有廊檐，大门有覆屋，亦有金顶，俨如宫殿。又围墙内另有大帐蓬一架，为大师会客室。此帐外有蓝布花，内有红布里，大可容五六十人，中设高座，下铺毯垫，顶垂彩幡，极为华美。通住室之路径，草地上以红布铺之。两旁帐蓬数十座，系为各堪布随员备者，内各设有小几高垫。其余卫兵帐房数十座，合拉卜楞欢迎人员及保安队之帐蓬，共三百余座。

下午三时许，班禅由甘坪寺来，前面旗帜队、音乐队等数十人，各乘骏马，衣华服。又有大师之马数匹，各披彩绸。次随行人员，各顶红帽、黄马褂。次大师坐椅轿，轿夫黄衣裤。次欢迎人员，喇嘛等数百人，多红顶黄大褂。此外民众及保安队，合计在万人以上，为甘家滩空前未有之盛况。余等在下轿处欢迎。班禅下轿后，余等递以哈达，旋入客室，班禅高坐，余等在左右席地坐，森且堪布、旺堪布左右站立。班禅赐奶茶米饭后，各散去，不便谈一语。旋刘秘书长、旺堪布来余帐蓬访谈，知大师沿途劳苦，精神尚佳。

是日民众近万人，各携财物，求班禅放头。四时许，堪布令各民众在空场草地上坐成一大圈，先由数人收取礼物，民众男妇老幼或送羊皮，或脱簪珥，或出面饼，或送现洋、铜元等，均以布袋盛之。继班禅乘椅轿出，音乐队前导，首在帐外与层跪之喇嘛数百人，以手摩顶。继至广场与围坐之俗人，用代手之"咒满"（译音）拂顶，绕行一周，六千余人之顶遍拂，皆大欢喜。

余与同人登山腹瞭望，日甫衔山，天空红若朝霞，白帐房星罗棋布，有如群羊鹄立，人声鼎沸，马鸣萧萧，阒其无人之草滩，骤成叫嚣繁闹之都市，入夜各帐蓬烛光点点，光耀万千，真不易得之情景也。

十四日　藏民试枪马　万人瞻活佛

昨午天气炎热，为抵夏河以来所未有，入晚重衾犹寒，清晨草地上，朝露如雨，驮轿油布，积水可流，寒气袭人，高原气候变化之剧烈，由此可见。突闻马蹄得得，自远而近，声如骤雨，出而视之，有千余人驰至，或荷土枪，或持长矛，或挟木棍，腰各横剑，疾驰如飞，令人有骑匪袭来之感。询之，始知为某地藏民，闻班禅大师驻此，数百里连夜赶来，人马喧嚣，又增一番热闹也。

八时许，班禅出发，民众待放头者，又四千余人，整列道左，班禅乘轿，且行且摩顶。余等随后出发，前面仪仗，首骑马执旗者二十四人，长旗、方旗（各如戏台上兵旗）各十二。次为身披锦绣之马，满身绮丽，上负大师用之香炉衣衾等物。除香炉外，多系告朔之饩羊，并非实物。次音乐队十余人，亦均乘马。次为随行之高级职员，多衣紫袍黄马褂，头戴如清时凉帽之尖顶圆帽，后垂红缨，足着长靴。次为班禅乘坐之大轿，八人抬之，皆衣黄短衣。后为各寺之活佛及高级喇嘛数百人，皆乘肥马，头戴金盆顶帽（金色盆式上有顶，故余名之）。其顶本色者为活佛，因无阶级可分，其余有红顶、白顶等，皆按级分别，身着紫袍黄马褂，上披红绸，非常华丽。此外卫队护兵民团保安队数千人，左右围绕，前后奔驰，或横列并行，宽广数十丈，长延数里，浩浩荡荡，有如行军。其帽皆白羊毛翻缘，一望雪白，衣或红、或紫、或蓝，皆皮袍，因时虽六月，高原气候冷暖无定也。足着皮靴或赤足，上身亦有裸者，体黑如铁。保安队更乘此机，显其健儿之身手，或纵马登山，疾驰如矢，或驰马鸣枪，连发数响，或舞丈余之矛，呼声如雷，足征藏民之强悍勇敢与驰马技术之精，如能稍加训练，即可为边防劲旅。余等乘驮轿在后，见一队十余人，披长发，戴如戏剧中旗兵之帽，上有羽毛，后或垂红缨，身衣大红袍，骏马轻裘，异常美丽，似为女性，询之为红教徒，且果为女子也。大师轿前有孔雀翎遮日伞，藏民望见即跪地叩首，有见余驮轿经过亦跪地叩首者，盖误为班禅驮轿也。道旁预砌之香炉，班禅过时皆燃松枝柏叶，香烟缭绕，音乐沿途吹奏，想见从前帝王出巡之盛况。

出山口，为马莲滩，于此备有华美之帐蓬，班禅少休息后，即入拉市。拉卜楞寺喇嘛二千余人，披红、黄袈裟，戴刀形僧帽，手持鲜花，或燃香，鹄立道旁。最前者多白发苍苍六十岁以上之老僧，最后者为十二三岁之小喇嘛。喇嘛中有音乐队，或为长七八尺之铜大号，或径二三尺之大圆鼓，或为大钹，粗音细乐，一齐吹奏。道旁香炉中之香烟，直上云霄，商民或以火盆代香炉，燃松柏叶，或以敬神之香炉燃插藏香，汉、回民众及蒙、藏族妇孺，满立屋顶或街旁，计欢迎及参观者，约在二万人左右。班禅本日亦衣最贵重之法衣，异常庄严，对欢迎之僧众，笑容可掬。街上满贴标语，小学学生亦手执小旗，上书欢迎标语，整列市外。中山街口，札有牌坊，一面书"西天生佛"，一面书"普渡众生"。藏民欢天喜地，无不以一瞻班禅尊容为毕生无上荣幸也。班禅至行辕下轿，黄司令及其父捧香，面班禅后退迎入，拉卜楞空前未有之欢迎盛事，至此告成。

十五日　青海兵演马术　绿瓦寺有雕画

班禅由塔尔寺来拉时，青海马主席派骑兵六十名护送至拉。今日上午九时，在夏河岸表演马术，余偕同人往视，见马驰如飞，人在马上或放大枪，或舞长矛，均极精熟。乘者或身卧马背，或身倾一面，两手及头至地可拾遗物。或右足亦至左边，全身倾于一面，复反正。又或数马赛驰，或人牵马与马竞走。种种技术，令人惊奇。此种骑术，如能作普遍之训练，诚边疆之长城也。

下午赴绿瓦寺游览，该寺建筑甚壮丽，地址亦甚宽敞。内大经堂上用绿玻璃瓦覆之，故俗名"绿瓦寺"（藏名加拉化仓）。内计二院，一正殿，为活佛居室，画栋雕梁，华丽无比。老活佛已圆寂数年，闻未来活佛，已在东内蒙转生，觅得后，其父母不愿其为僧，尚无法解决也。一千佛殿内，有铜佛千尊，佛各一龛，柱及梁均雕刻龙形，张牙舞爪，跃跃欲降。两院之隔墙，以砖砌成，上雕花卉人物，真所谓峻宇高墙、画栋雕梁也。

十六日　喇嘛齐摩顶　民族多融洽

本日拉卜楞寺，全体喇嘛行谒见班禅大师礼。其次序首为嘉木样禅师，独献"满札"（藏语译音，有一盘，中作五山形，实以青稞，表示将世界献与大师之意，盘银制，用金玉作山形。此盘人人可用，每次出银币十三元），行三叩首礼，班禅赠以红绸条。次十八囊谦中曾坐金床之活佛四人，共献一"满札"。次十八囊谦中曾任堪布之活佛八人，共献一"满札"。次十八囊谦中之普通活佛六人，共献一"满札"。次大经堂代表全寺献一"满札"。次五大札仓各献一"满札"，礼各如前。凡献"满札"者均得在大师客室内谒见，班禅亲赠红绸条。次全体喇嘛二千余人，在院中随意献物，班禅为之依次摩顶，侍立之堪布，代赠红绸条，达数小时始毕。闻昨日班禅为乍根尼马（距夏河六七站）之果洛族，及夏河境内之欧拉族，以及本市附近兵民摩顶，均在寺外环跪，共约四五千人，大师之劳可知矣。

下午黄司令子才来访，谈及本市汉、回、藏民杂居，感情不易融洽，对待时感困难。黄谓本人（黄自指）为西康籍，对此间民众，向少关系，十余年来，对各族民众，一视同仁，不分畛域，故尚得各民族谅解。虽曾发生回、藏民冲突，及河州变乱，而感情仍极融洽。又平日对各民族，皆设法解除其痛苦，不偏不倚，且毫无个人权利思想。十余年来，未置一产一业，即前与青海军冲突后，所遗留之许多房屋，或拨入学校，或归为公屋，本人未占一屋，故与各民族无不融洽。余谓在边疆民族复杂之地，融洽各民族感情，固为必要，但尤应泯除各民族界限，使民族文化渐趋平等，生活渐趋一致，如普设学校，讲求卫生，改良生活，增进常识，使知世界情形、国家现状，同为国家一份子，利害相同，祸福与共，久之自忘其个人之利益与民族之差别。况实际上中国境内各民族，经数千年之接触激荡已融成一体，难为分别。黄继谓本人实欲帮助县府，努力一切，惟夏河界限，迄未划清，一切进行，不免困难，迭与省当局谈及，因关系过于复杂，恐发生问题，迁延未决。因之无论调查户口，抽调民兵，训练民众，均无法办理云云。余意以拉卜楞之历史与现状观之，建设开发之责，嘉木样与夏河县长，应共同担负，因县长有职责而无权力，嘉木样有权力而无职责。惟嘉木样向来不问政治，一切多所隔膜，如黄司令能利用其权力而与县府合作，则夏河之建设甚易。闻县长云：黄司令遇事协助，可知黄司令在夏河之得人望也。

十七日　拉市商业概况　夏河金融情形

自班禅大师抵拉卜楞后，各地蒙、藏民众，不远千里而来朝谒，拉市人口，骤增万余，各商号及小摊贩，无不利市三倍。兹将拉卜楞商业概况略述如次：

拉卜楞当甘、青、川、康四省交通之要冲，且有宗教上著名之拉卜楞寺，故久为汉、藏贸易之中心。民国十六年设县治后，地方益加繁荣，商业亦较发达。惟西至青海，南至川康，皆为人烟寥落之荒野草地，东去洮（临潭）河（临夏），道路困难，商旅不便，往往因供求不应，货物价格，涨落无定。如交通便利，商业前途，当更有长足之发展。

拉市输出货物，以皮毛为大宗，而资本较大者，亦为皮商。此种皮商，多系平、津一带之富商，每年九月挟款运货而来，翌年四月运载皮货而返，恰如候鸟，故称候商，亦曰行商。此外有山西、陕西及本省资本较小之皮商，多收买黑皮、羔皮，运往天水、长安、大同等地。近年西康一带之猞猁、水獭、狐豹等类兽皮，由拉卜楞出口者亦不少。本地小资本商家，就地加工，制成熟皮短衣，运往上海、汉口者，共三十余家。

次为毛商，因夏河境内多畜牧，每年毛产额平均在二百三十万斤以上，故毛商甚多，十之八为临夏回商。毛之交易在每年春秋二期，故此期内拉市比较热闹。惟所产羊毛，纤维较粗，且尘芥多而色黄褐，因之价值稍低，每百斤平均十四元上下。甘、青分省后，毗连青海各地之皮毛，青省为税收计，禁止由拉出口，但商民为减少成本计，仍多由拉购运，故输出皮毛额，未大减少。

次为畜产、药材等。畜产不外马牛羊及牛油、羊肠等副产物。药材以鹿茸、麝香为主。兹据保安司令部丁明德君去年之调查，拉卜楞每年输出主要货物平均额，如下表[①]：

货物名称	单位	数量	平均价（元）	总价（元）
羊毛	斤	1200000	0.14	168000.00
狐皮	张	4000	14.00	28800.00
白羔皮	张	64500	1.00	64500.00
羔叉皮	张	12000	1.80	21600.00
猞猁皮	张	800	18.00	14940.00
狼皮	张	1200	12.00	14400.00
羊皮	张	25000	0.60	15000.00
獭皮	张	2850	0.30	8550.00
黑羔皮	张	3530	2.15	7598.50
獾皮	张	1300	2.70	3510.00
狗皮	张	1350	3.00	4050.00
熟羔皮衣	张	965	11.50	11097.50
马	匹	1500	35.00	52500.00
牛	头	1300	15.00	19500.00
羊	头	1500	2.50	3750.00
羊肠子	根	32000	0.26	8320.00

① 表格中部分数字疑有误。——编者注。

续表

麻菇	斤	72000	0.50	3600.00
酥油	斤	19200	0.25	4800.00
鹿茸	架	33	60.00	1980.00
麝香	颗	720	10.00	7200.00
羊油	斤	21000	0.15	3150.00
牛油	斤	7500	0.15	1125.00
蕨麻	斤	350	1.80	630.00

除以上所列主要货物外，如畜产品（包括家畜、野牲之皮骨毛等）药材等物，最低额年可收入五万五千余元。

至输入货物，以茶为大宗。因藏民嗜茶，需要甚夥。茶之来源有二：一为府茶，即普通之官茶，来自湖南安化，故名湖茶，因湖南人读湖为府音，遂相沿名为府茶。又以结成长方块，其形似砖，故一名砖茶。一为松茶，来自四川松潘，产于灌县附近，系大叶散茶，每包六十斤，在松潘仅售十三四元，至拉卜楞，每包即售四五十元。此外哈达、糖等，亦均来自四川。川货自松潘经西仓（在洮河上流）而至拉卜楞，每年商人结队而来，马站十日，牛驮二十日。

次为面粉。因拉市牧多农少，所产青稞、豌豆、蚕豆等食粮，仅足半年之食。其他须仰给于临夏、临潭、岷县、循化、保安一带，交通不便，全恃骡马驮运，故价值较邻县为高。平均每年输入面粉约二十万五千六百元。

次为青盐。藏民茶中必加以盐，但夏河境内不产盐，须仰给于青海池盐。从前运户赶牛至海上尽量运销，不取税值，至拉后每驮仅收一元。自分省后，青海榷运局每驮取价六元，夏河榷运局又征税三元八角，运售者遂逐年减少。此外输入货物有布匹、烟酒等。兹据丁明德君去年之调查，拉卜楞每年输入主要货物平均额，如下表：

货物名称	单位	数量	平均价（元）	总价（元）
松茶	包	1600	48.00	76800.00
茧绸	匹	6000	7.00	42000.00
府茶	块	11500	2.80	32200.00
黄茋	斤	56000	0.20	11200.00
市布	板	280	12.00	3360.00
纸张	合	24000	0.80	19200.00
各种彩缎	匹	250	50.00	12500.00
瓷器	担	32	320.00	10240.00
官布	板	120	17.00	2040.00
棉花	斤	7200	0.65	4680.00
斜布	板	500	11.00	5500.00
色粗布	匹	1800	2.10	3780.00
青盐	斤	135000	0.12	16200.00
青油	斤	62000	0.20	12400.00
酒	斤	7650	0.50	3825.00
糖类	斤	9200	0.55	5060.00
面粉	斤	200000	0.07	14000.00
挂面	斤	5600	0.20	1120.00
纸烟	条	2300	2.80	6440.00
铜器	担	35	36.00	1260.00

以上所列皆就最大者而言，其他输入之零星杂货、玩具、药品、菜果等项，

不下十万元。

拉市虽商号林立，但资本大者甚少。据调查资本在十万元以上者，仅德商普伦洋行及魁元永皮庄、德合成三家。而魁元永又因受经济恐慌，业已收庄，德合成亦勉强支持，生意萧条，是十万元以上者，仅外商一家耳。资本在一万元以上者，亦不过二十家。此外毛商多系临夏回民官绅之资本，多财善贾，获利较多。其他津、川杂货商及本地小杂货商，共二百数十家。

此外商店，以肉架为最多。因夏河牧民，九倍于农民，肉类为主要食品，故街上肉店林立，屠户占全体商户百分之十三强。业此者，皆临夏回民，资本借于寺中喇嘛，未设县前，获利甚厚，故多娶有藏妇。近因物价持平，利益大减，多已倒闭。兹据丁明德君将屠户每羊一头所获之利，作今昔比较表于下：

屠户一羊获利今昔比较表

名称	昔日买价	昔日卖价	（元）	所得利益	现在买价	现在卖价	（元）	所得利益
羊	2.30元弱	羊肉	2.15	1.95元	2.90元强	羊肉	1.75	0.90元
		羊皮	0.55			羊皮	0.65	
		羊油	0.20			羊油	0.15	
		羔叉皮	0.55			羔叉皮	0.80	
		羊肠	0.55			羊肠	0.26	
		杂髓	0.55			杂髓	0.24	

拉市无银行，亦无钱庄典当各业，金融活动，全赖硬质周转。一般小商，视市面活动时，每以重利向寺中喇嘛借贷，月利往往五分至十分，喇嘛只贪重利，不顾借贷者之经济如何，结果破产或他逃，双方受害。余等至拉市后，法币始渐通行，但暗中与现洋价值，相差约十分之一。又因无银行钱庄，余等所携之十五元、十元票，无法兑换，行使亦感困难。某次在朝市上买毡一条，

价洋二元五角，不能找钱，而又仅有一条，不得已，由其家中取来自用之一条合之，始足五元。

拉卜楞产羊毛，而无另售羊毛之所。有制毡房，而无售毡之商店。产各种兽皮，而无硝皮、售皮之商店。藏民所衣之羊皮袍与羊皮或狐皮帽，用酥油以手足揉之使软。又羊皮，尚有一家勉强可硝，而狐、熊等皮，则毫不能硝熟。询之谓无石硝，购各种兽皮，须觅诸民家或喇嘛，盖其地犹半在日中为市、以物易物之时代，距近代式的商业尚远也。

十八日　见班禅大师仪式　考河南亲王家世

上午带藏文秘书一人，赴西陲宣化使署，晋谒班禅大师。先至旺堪布处，因大师正会嘉木样禅师也。旺寓为半藏式，炕上有佛龛，内奉小铜佛数十尊。一面为木架，上陈大小钟四座，磁碗、磁瓶等玩物数十件，皆精致。窗前有茶几、高椅，备接待汉人者。嗣班禅请见，即至小客室，有茶几、高椅。大师高椅居中，余入后，起立前迎，握手甚欢。余献哈达即还之。大师本日衣佛衣、白履，依然和蔼之面容，与庄严之态度。谈数十分钟辞出，送至室门，握手而别。盖大师居内地久，知礼节，随会见人之地位而别其仪式也。大师送至室门时，又命刘秘书长代表送至院门外。喇嘛数百人立院中候见，或持氆氇，或携红花，皆送大师之礼品，大师即赴大客厅中会见。

下午二时，赴河南亲王宴。首至楼下大客室，为十年前宴余之所。继至楼上小客室，为蒙藏式，盘足而坐，小几上有铜转轮，但无佛像。墙上贴有前清光绪及其二后像，可知从前皇帝之威力。拉卜楞一带寺院墙上多画清时大吏，朝珠顶帽，手持元宝，或怪貌异服，以车马载送宝物，想皆前清时含有深意之画也。

三时许入宴，亦在楼上，完全汉式。客有策觉林佛、旺堪布、康处长、刘秘书长等，亲王内服红绸里衣，外黑缎袍，袒右臂。但藏客方面，皆长袍马褂，或背心，无袒臂者。席间劝酒甚殷。据刘秘书家驹云：西藏宴客，亦用海菜，及四川酒，虽多坐地下，但用高垫。碗箸甚精贵，菜及用具皆汉式。西藏习惯，饭后劝酒更殷，每用大碗，或向客头浇之，并劝饭。故至藏后，吃饭先半饱，酒最好丝毫不饮，以免为难云。

室内壁上，满悬结婚时亲友所送之幛联，多红绸黑绒字。亲王年仅二十二岁，去年始结婚也。夫人为青海可可蒙王女，貌秀美，不似蒙藏女子。余十年前来拉时，亲王尚幼，由其母招待，闻其母为第四世嘉木样之外甥女。初嘉木样以其胞姊之长女滇吉环仲，妻第十世亲王环觉饶登，曾受清光、宣两朝册封，美而无子，因复以其姊勒亲沙错媵之，即今亲王之母，性贤淑，通藏文，并知音律，识大体，王幼时一切事件，由其母处理，均甚得体。又生一女，今年亦十八九岁矣。闻亲王亦爱音乐，时常与其母、妹、诸姑及侍从喇嘛等合奏藏曲，金丝管弦均优，兼擅弹唱，极家庭之乐趣。王甚俭朴，惟其夫人出时，赤金项锁，琥珀玛瑙，满垂胸前，闻价值在万元以上，当系蒙习使然耳。

顾实丹珍法王后裔表

```
格根顾实汗 ── 乌鲁特齐册仁 ── 大吉阿学图济郎
              （伊勤都齐）      （博硕克图济囊）

├ 墨根洛颜册登    拉交       甲沙卞干然登      土沙拉且根噶生根
  （墨尔根诺颜） （拉察布）   （察罕喇布坦）    （多尔济色布腾）

  甲沙台吉共布多吉  ── 共布册登 ── 云当札喜
  （罗布藏丹津）

  大青巴特尔花巴    ── 公喇尔黑得清    ── 公札喜朗加
  （岱青巴图尔）      （阿喇布坦札木素）    （达什纳木札勒）

  甲沙鲁奔  ── 邦几多吉册登 ── 甲沙札喜登朱 ── 台吉共布汪甲
  （隆贲）

  亲厌环觉饶登 ── 亲厌更噶环觉

  火修亲王下纳丹珍 ── 新王丹珍汪修      亲王旺登多济帕朗
  （察罕丹津）      （旺舒克）          （旺丹多尔齐帕拉木旺舒克）

  昂翁达几    ── 郡王札喜穹力 ── 郡王札喜邦几 ── 郡王缺几
  （纳罕多尔济）
```

宴客室内，除幛联外，又有惹人注目之物数件。一为报单，有二，即前清科举得中或得某官职时之报单，详视之，同为民国二年袁世凯加封亲王者。上书"捷报贵府……今由蒙藏事务局奉大总统命加封亲王爵……民国二年十二月"。一为门额上张一公文，约数千字，第一行大字为"蒙藏事务局为"数字，后虽观察不清，知为加封时公文。一为册封，亦悬壁上，为长册，分红、黄、蓝、白、黑五段，备书汉、满、蒙、回、藏文。但仅书汉、蒙二种，文在红、蓝二段内，盖王为蒙人也。其世袭后裔，据其家谱，列表如上。

但据《蒙古游牧记》所载，则现任亲王更噶环觉，应为察罕丹津之裔，即纳罕多尔济之后裔，而按亲王家谱，则又列于岱青巴图尔一系，未知孰是。兹再依据《蒙古游牧记》，将其世系略述，并列表如下。

黄河南亲王，原为和硕特前首旗札萨克（即旗长），实元太祖之弟哈布图哈萨尔之苗裔，而顾实汗之子孙也。清初，顾实汗遣其第五子伊勒都齐牧前首旗，受封多罗郡王，即和硕特前首旗之一世祖。其后牧民繁盛，势力强大，传至三世博硕克图济农，遂分其长子岱青巴图尔领南右翼中旗，次子黑尔根

和硕特前旗世系表

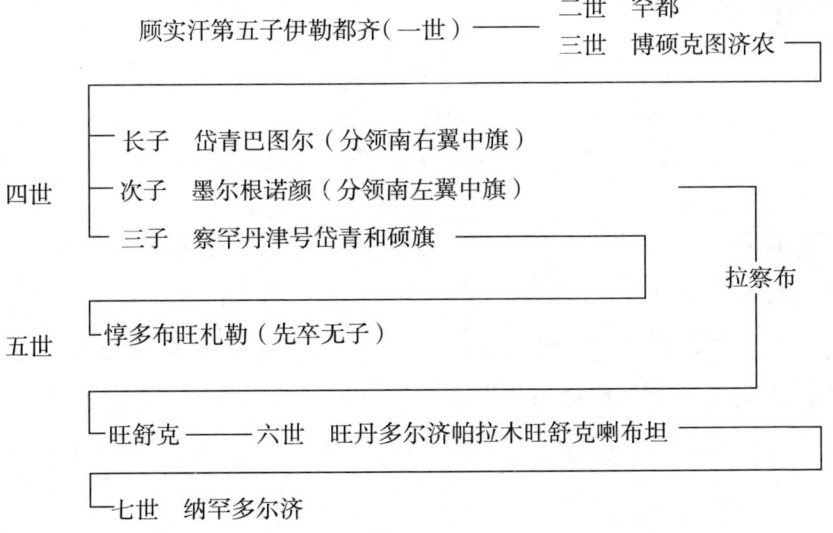

和硕特南右翼中旗世系表

```
顾实汗第五子伊勒都齐——博硕克图济农─────────┐
一世 ┬ 长子 岱青巴图尔──二世 长子阿喇布坦札木素
     │ 惇多布鄂木布──三世 达什纳木札勒
     └ 四世 礼达尔（乾隆四十年为郭洛克番所戕）──五世 隆贡
```

诺颜领南左翼中旗，而留三子察罕丹津袭前首旗，号岱青和硕旗。由是前首旗遂衍而为三：曰和硕特前首旗，曰和硕特南右翼中旗，曰和硕特南左翼中旗，皆受前首旗多罗郡王之节制。康熙五十七年，前首旗多罗郡王博硕克图济农赴京觐见，晋封亲王，赐黄河南亲王册印。同时南右翼中旗札萨克二世阿喇布坦札木素，亦受封辅国公，而南左翼中旗札萨克二世拉察布，已先于康熙五十年封辅国公，此为三旗最盛时代。嗣因西北藏族日强，蒙族渐次衰落，直到今日，仅前首旗能保旧业。然其文字言语，及一切习惯，均已藏化，其南右翼中、左翼中两旗，则远不及前代矣。

和硕特南左翼中旗世系表

```
顾实汗第五子伊勒都齐──博硕克图济农───一世 次子墨尔根诺颜──二世 拉察布
三世 ┬ 长子 察罕喇布坦──四世 多尔济色布腾（乾隆四年卒无子）
     │ 次子 旺舒克喇布坦──六世 ┬ 纳罕多尔济（乾隆卅六年诏袭其从兄前首旗职
     │                          │   以弟罗卜藏丹莊袭所遗札萨克一等台吉）
     └ 三子 旺舒克              └ 罗卜藏丹莊
```

和硕特前首旗为黄河南亲王之本旗，即由亲王兼领札萨克。凡牧民二千二百余户，分为十一部落，素称十一枝箭。各部落设"藏格"一员，"堪德"一员。"藏格"译言村正或参领，"堪德"译言村副或佐领，均由亲王委派。南右翼中旗，藏语曰"妥歌"旗，牧民二百余户，其札萨克洛登，现年五十余岁。南左翼中旗，藏语曰"达筝"旗，牧民四百户，札萨克朗吉现，现年四十余岁。

南右翼中旗与南左翼中旗，原自前首旗分出，且两札萨克所受之辅国公职，亦次于亲王二等，故世受黄河南亲王节制。然关于军政重要事宜，则仍由亲王召集两札萨克会议决定行之。其组织可列表如下：

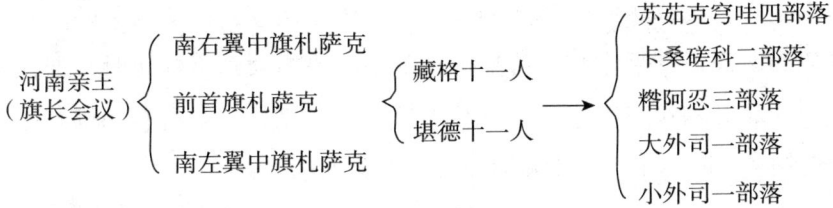

至和硕特前首旗界址，按《游牧记》如前所述。惟按实地考察，则和硕特前首旗，实在土尔扈特南前旗之东北，而散居于支渠两岸。亚新地学社分省图及青海省全图，均将和硕特前首旗置于土尔扈特南前旗之南，不免错误。

十九日　班禅巡视各佛殿　拉寺分设五札仓

本日班禅大师巡视拉卜楞各寺院，街上及寺院门口，凡大师经过之地，无不用红白粉画云形或花形、十字形，表示大师驾云而行。各道旁泥香炉，亦均燃松枝。各寺喇嘛，在巷口持香以待，各民众在寺区外，聚而待圣驾者数百人。各寺堂内，均打扫清洁，悬垂经幡。大师乘椅轿，音乐前导，堪布后随，颇为庄严。至经堂时，诵经约半小时以上。至佛殿仅巡视参拜而已。穷一日之力始毕事，毫无倦容，大师之精神可知也。兹将拉卜楞寺经堂及佛殿之概况，略述如次。

经堂藏名"札仓"，拉卜楞共有五札仓。（一）铁桑浪瓦札仓，义为佛学院，专攻佛经教理，规模最大，即在大经堂内。（二）丁颗尔札仓，为佛事院。（三）结多札仓，为法事院。两院性质略相同，皆专门训练各种仪注，如筑坛、演神、法乐、塑像以及诵赞、绘图等事。（四）纠巴札仓为密宗院。（五）满巴札仓为医学院，专攻按脉治病等事。五大札仓，如大学之五院，而大经堂则其本部也。普通经堂内部，皆分前、后两殿，后殿与正殿仅隔一壁，如里外间，后殿地较高而面积较狭，左右有两门相通。大抵分为二部，一部供已往圣哲高僧肉身之宝塔，或大佛。一部供本寺护法神将，为武护法殿，神像狰狞，挂弓悬剑。正殿堂宇宽敞，陈设华丽，为本院全体喇嘛诵经之所（铁桑浪瓦札仓有喇嘛一千二百人，结多札仓四百余人，余均三百余人。终年有喇嘛常川诵经，仅许本院喇嘛入内诵经）。中设两座，前座为本院方丈（藏名磋经堪布）而设，后座则专待嘉木样降临。班禅大师至各院时，即在此座诵经。下为高五六尺之宝座，顶有黄缎蟒龙绣花之幕，左右有铜佛若干尊。大师诵经约半小时以上。院中备有茶点，略进而出。

佛殿藏名"顶项"，为各大活佛诵经之所（逢节日诵经，随主人之意，可请他处喇嘛随便入内诵经）。正殿供各种铜像，每有大铜佛，高达丈余，如红佛殿所供释迦如来佛，高至十五公尺，尤为全寺最高之铜像。左右铜佛，大小以千百计，其数不一。佛殿系某一活佛捐资兴筑，为私人性质，故建筑之优劣，与佛像之大小多寡，当视主持该殿活佛地位之高下与财富之盈绌而定。拉卜楞佛殿十六，而规模以寿禧寺如来佛及悟真寺为最大。寿禧寺在各佛殿中，地位最高，其建筑非常壮丽。殿计六层，高达二十公尺以上。大殿中供弥陀佛，高约五公尺，旁有八佛侍之。大佛前另供如来佛、长寿佛等六像。如来佛寺，藏名"久康"，为嘉木样经堂。共计四层，经堂在三层，供如来佛，两旁小佛三百座，陈设华丽。外廊有红铜经轮三百五十个。悟真寺即加那化仓，经堂在正殿，绿琉璃瓦与金瓶等相映，金碧辉煌，雕刻绘画，为全寺第一。内供宗喀巴化身，以一身化为五神，两旁小佛百座，异常华丽。此外普祥寺亦壮丽。又千手观音殿，原为黄河亲王经堂，成立于拉卜楞寺未建以前，历史最久。

二十日　黄教六大寺　喇嘛二万人

上午西藏三大寺代表来访，各赠哈达，余亦还之。别蚌寺代表为堪布，藏名昂旺堪却，色拉寺代表亦为堪布，藏名罗桑贡觉，噶登寺代表藏名德注嘉错，地位较低。皆衣黄缎袍，红皮靴，腰束红带，头着类前清之顶帽，惟无红缨。据云系各寺特派来欢迎班禅者，途中行五月余，始抵此。藏政府所派欢迎代表，因病滞途中，现当至玉树。嗣并略谈西藏情形，及三大寺概况而别。

按三大寺为西藏著名之大寺，噶登寺系宗喀巴所亲建，清末时有喇嘛三千三百名，现已增至四千余人。别蚌寺系宗喀巴弟子降养札西所建，原有喇嘛七千七百名，现已增至八千余人。色拉寺系降经取吉所建，原有喇嘛五千五百人，现增至六千余人，与后藏根登珠巴所建之札什伦布寺，及嘉木样所建之拉卜楞寺，并宗喀巴降生地之塔尔寺，为黄教有名之六大寺。且各寺内部之组织规模，除扎什伦布外，以拉卜楞寺为第一。而喇嘛研究经典之勤苦，与学行之高尚，亦每为各寺所不及。拉卜楞寺第一世嘉木样，曾就学于别蚌寺郭慕札仓，苦学二十余年，得格西学位，学问为全札仓冠，故藏人称之为郭慕格西。后在别蚌寺附近之庚丕山洞修行，故藏人又多称为庚丕喇嘛，后为郭慕札仓堪布。十八囊谦中德瓦仓第一世活佛，原为别蚌寺郭慕札仓之德瓦（财务司），以此得名，阿哇格郎仓上辈活佛，亦曾被选为别蚌寺郭慕札仓之堪布。拉卜楞寺与西藏三大寺关系之深，于此可见。

拉卜楞寺组织，与三大寺大致相同，且较完密。惟不同者三大寺以喇嘛籍贯为组织单位，而拉卜楞寺之分院分系，纯以学术区别。又拉寺研究经典，甚有名，多积学能辩之士，较塔尔寺高出数倍，但较三大寺尚逊一筹。如本寺与三大寺同分十三至十五学校，功课略同，但本寺之头等"格西"，仅当三大寺之三等。旧例凡本寺喇嘛在三大寺取得"格西"地位者，无不尊重其资格。反之，在本寺毕业之"格西"，在西藏不能承认之。盖三大寺为全藏最高学府，人材荟萃，道高学深之士较众，聚集辩论竞争之机会亦多，造诣自较精深。故嘉木样亦欲至拉萨三大寺研究考试也。

二十一日　行署欢宴贵宾　卫士表演国术

本日行署宴三大寺代表及西陲宣化使署高级职员，借行署寓所火日藏仓大殿，即本囊谦活佛之经堂。内正面倚壁有两间，全为佛龛，高丈许，分数百框，内各有铜佛一尊，外有玻璃，边为透雕盘龙，漆成金色。佛龛下为高四五尺、宽尺许之香案，上陈法器、玉器、磁器、孔雀扇等物，右面有活佛座位，似久不用。下午一时，到者有宣传处长旺堆诺布，秘书长刘家驹，藏文秘书主任赵大卓尼，及森且堪布、大夫堪布、康处长福安等。康通英文有辩才，大师甚倚重之，在印度任大师办事处长九年，曾来中央四次，故他人多衣紫袍或黄袍、黄褂，而渠独蓝袍黑马褂。席间谈英对印度、不丹、哲孟雄、尼泊尔事甚详。森且堪布、旺堪布，为大师最亲信之高级人员，每日不离左右，均略能汉语。旺堪布尤较熟练，因渠对外交际多，练习机会较多也。三大寺代表到二人，噶登寺代表德注嘉错未至，因渠系甘肃临潭人，年六十余，而老母尚存，赴藏数十年未归，业已归里省母也。席间两代表及火日藏仓活佛，因系喇嘛，毫不饮酒，其余赵大卓尼等各藏客，均善饮酒。

饭后至前院观行署卫兵表演国术。因西藏惯例，凡宴客时必有歌舞等余兴，行署卫士及输送队中有能拳术者，因令其表演助兴。惟本日因客来迟，宴后天已晚，略为表演，并在大门外表演铁杆及木马，有卫士数人颇精熟，观者甚为赞许。

火日藏仓，地址尚广，前为僧徒经堂，余住正院，大殿前右厢房，对面数屋为本囊谦活佛所居。十八囊谦之房屋，布置大致相同，即后院曲榭回廊，名曰精舍，为活佛个人之经堂及住室。前院为高两层以上之简单屋，大概下层为库房，二三层为僧徒经堂。本仓前院为行署各职员居室，二门外为大空场，有马槽，行署骡马数十头，养于其地。一面尚有空场，可操演，即表演拳术之所。大门外备有铁杆及木马等。

二十二日　边陲娱乐渐增　内地僧尼何多

拉卜楞地处边陲，改县未久，故无戏剧等娱乐场所。但因出产皮毛，商买云集，杂耍亦有时一至。十年前至拉时，曾在税局观魔术戏法一次，数日前有玩"西湖景"者，两架同来，询之均山东人，系兰州五泉山四月八佛会时至甘，经临夏至此。其片多十余年前之旧片，如北平街市，津、沪妇女装束等。昨又有武术团来，亦山东人，男女团员十余人，即在中山街口设场，以布围之，中立数丈之高竿，有刀矛剑棍等武器，观者较"西湖景"为多，因藏民喜武术，而喇嘛忌妇女。近日来拉者多佛教徒，"西湖景"中多妇女或男女之片，不能观也。

　　到拉卜楞后，见寺院建筑之壮丽，喇嘛之众多，与研究经典之精勤，及班禅大师到后民众欢迎之热烈，与信仰之坚笃，足知佛教势力在边疆之伟大。但佛教在中国之势力，不仅边疆为然，内地亦盛，不仅文化未进之蒙、藏民众，即受相当或高等教育之汉人亦多。据最近中国佛教会调查统计，全国僧尼，除皖、赣、湘、豫、川五省外，共七十三万人，在家居士尚有三百六十九万余人，为正式者五倍，而最多之四川尚不在内。从前有人统计四川僧尼（合带发修行者在内），有四十万人，若再加皖、赣、湘、豫四省之正式、非正式者，当共在七八百万人以上，较蒙、藏全部人数尚多数倍，可知中国虽信教自由，实际可谓佛教国也。

二十三日　行署同人献满打　拉寺喇嘛跳神鬼

　　上午偕高参军及行署同人谒班禅大师，大师先赠余及高参军哈达各一幅，红油布各一条。继全体同人向之行三鞠躬礼，由余代表献"满打"。继同人依次进前，大师各与以哈达及小红布条，余代表寒暄数语而退。此种小红布条，谓能辟邪除魔，同人多系之项间或腕上。蒙、藏民众，信仰甚深者视之尤珍贵，如以一条与之，可换羊一头或数头。

　　下午拉卜楞寺跳神，求大师指正，并约专使与余参观。会场在大经堂大门外，大师与余等则坐于楼上，围观者约万人。跳神音乐队，共约数十人，分执大号、小号、立鼓、铜铍等。大号有二，长丈许，陈列架上。又有迎护法神之仪式队，其中吹小号者、提香炉者、捧香者各二人。又有负铁棒者，长五尺许，俗名铁棒喇嘛，司纠仪。此外有戴大黄方板帽之喇嘛一人，帽为扁平方形，大小形状均如方桌面，每边三尺余，正中有凸形可容头，望之如前清戴枷者，洵世界最大最奇之帽也。据云系管财政者。

　　未几由仪式队引戴狰狞假面具之一法神出，头上有小人头骨形五，后垂"哈达"甚多，每次有人增之，如挂红然，闻大师亦赐一幅。法神身衣龙袍，上系骨珠，手持法器，足着白底绣靴，跳跃登场，手之舞之，足之蹈之。另一假面具者为其侍役，时为之整理衣冠。

次衣红黄绿蓝黑紫彩袍者各二人出场，其假面具亦为红黄绿黑紫各色，貌甚狰狞，上亦有人头骨或三或五，一手持短剑，一手持人头盖骨，随鼓钹之节奏，连环而舞，并诵经。据云经内之义，首献护法神各物，述其从前护法之功。次请其继续护法。最后谓如不护法，将惩处之云云。舞若干时而回。

次牛头护法神夫妇二人出，此为黄教五大护法神之一，藏名"贡巴"，衣五彩龙袍，上系珠络甚多，男持法器，女持剑。舞若干时后，其部下法将十二人全出，即红绿蓝黄各面具者，随音乐之节奏而共舞，嗣将酥油作成之妖魔，置于地上，法神一人用锥刺其心，并用刀断其手足。最后将供护法之酥油物，一并送至河中，旗帜鼓乐并枪刀随之，盖所谓除魔也。

闻尚有所谓跳财神，系一种游戏，戴白假面具、持棍，且歌且舞，歌意为"余为西方财神，管领金山、银海若干万座，将觅有福之人散给"云云，余早归，未及睹也。

二十四日　寄函必封哈达　嗜茶因食乳酪

早偕高参军、格秘书，赴西陲宣化使署，访策觉林旺堪布等。继至秘书处与刘秘书长、赵秘书等晤谈。赵为后藏人，藏文甚佳，故为秘书处藏文主任。时正书藏文函件，状甚忙碌。室无几案，席地而坐，左手持纸，右手执笔，即在膝上书写。其笔用竹签削成，形如筷子，尖端似方头钢笔尖，用瘫时再削之，振笔疾书，与钢笔同，似无不便。惟吸墨太少，故仍用内地制之墨盒，时时以笔蘸墨。凡用藏文之地，如康、青、蒙、藏，均用竹笔，但其地均不产竹，故藏民如获竹片，甚珍贵之。盛绳祖《藏卫志略》云："西藏不产竹，其识字头人、番民所用竹签，倍极珍惜，有自内地携竹箭至藏者，辄不惜多方购得之。"至西藏无竹而用竹笔者，恐系印度古制，因藏文书法，创于印度也。信纸为粉莲纸，长二尺许，闻尺寸有一定，如内地之公文纸，不拘文字多寡，纸大小皆然。藏文系蟹行文字，据云无论信札、呈文，不特纸有定式，即书法款式，亦皆一定。纸为长方形，书时左方与上方均留空地，然后向右横书。首行书具札者姓名，次行留空三行，写受札者名称，其下接写札文。札文既竟，接续写某某敬具，或敬上及月日等字，不另行，亦不空字，印章盖于月日上。此种款式，与中国魏晋隋唐时之款式相同，足证西藏受中国历代之文化甚深也。书竟，将纸折叠，卷为一卷，即以上方之空纸，包于外方，以火漆封固，加盖铁章，或于折纸外，另加信封，或不用火漆，仅书字以代，殊无一定。但信内必装入一哈达或他物，不能空函也。

秘书处因有藏人，亦用奶茶，内有牛奶、牛油及盐，但汉人较多，不喜饮之，故每日仅两壶。闻藏人每日一人有饮至六七十碗者，据云于身体大有补益。但清《续文献通考》云："有唐之世，回纥入贡，以马易茶，盖西北人嗜茶有自来矣。西北人嗜乳酪，乳酪滞膈，而茶性通利，能荡涤之，故虽不用于三代，而用于唐，不独中国用之，而外国亦莫不用焉。宋人始以置茶马司也。"据此藏人之嗜茶，因食乳酪，非为滋补也。

二十五日　白骨为墙黄金为瓦　外不见木内不见石

下午偕史秘书出游，由寺区至市区，沿夏河滨，见有许多骨墙，系用牛羊之白骨堆成，或张牙凹目，或出头伸腿，不忍卒睹，以佛教慈悲之心，而有此刺目之景象，诚怪事也。

藏人寺院与喇嘛住宅之建筑，其墙全用石块，无论外部内部，均极壮丽。兹将拉卜楞寺院之建筑略述如下：

拉卜楞寺院墙垣，多用青灰色石，黄砂岩之石块。因附近山上，随处皆为砂岩，取之甚易。其质坚实，最宜筑墙，故四五层之高楼，均甚坚固。墙之表面，多刷红色或黄色泥土，红墙最多，有一定规律。如五大札仓内有黄财神（藏人名纳赛）者，始刷黄墙。如囊谦本人曾在西藏任堪布者，始可刷黄墙，其余一律红色。至佛殿（藏名拉顶）全为红色，不能紊乱。又墙之上部，每有棕色杂草（藏名便码）一层，厚约二尺，上嵌各种铜质花纹，颇为美观。至屋顶则多用灰黑色之板岩薄片当瓦，自土门关以来皆然；因附近山上多产此种板岩也。故拉卜楞除少数之金瓦寺外，多为板岩铺成之平顶房屋。所谓金瓦屋顶，全用铜瓦，外施赤金，日光映照，备极灿烂。拉卜楞共有金瓦屋顶七所，即嘉木样经堂之如来佛寺，供宗喀巴化身之悟真寺，佛殿中地位最高之寿禧寺，最古经堂之千手观音殿，以及五大札仓之佛学院与法学院，并全寺喇嘛冬季集合之讲经堂七处，较之塔尔寺金瓦尚多。

至内部建筑，多用木料，小自户限、栅栏，大如栋梁、门柱，无不皆然。经堂佛殿所用大柱，往往高达四五丈，雕饰藻绘，备极壮丽。各囊谦更多画栋雕梁，穷极工巧。拉卜楞附近不产砖瓦，故内部墙壁，用砖砌者甚少。仅嘉木样住邸有砖短墙，及悟真寺有砖隔墙，且均雕刻精巧，他所罕见。重要之台阶，用花岗岩石条，如各经堂及嘉木样公府，因拉卜楞附近，不产此石，须由东北六十里之沙沟寺运来，故用者甚少。普通喇嘛住宅及次要台阶，每用本地所产之石英砂岩及板岩铺成。寺中庭院空地，则用河中石砾铺嵌成各种花纹，或用砂岩石块砌铺。至嘉木样之公府及大经堂，则以花岗岩石条铺地，庄严整洁，尤不易得。

拉卜楞寺院建筑，外部以石为主（如墙垣、院地、台阶等），内部以木料为主，故该地有"寺院外不见木、内不见石"之谚。

二十六日　班禅最尊　活佛何多

本日正午，行署宴班禅大师及策觉林、嘉木样等，因不便在他处设宴，即将备就肴菜，送由大师厨房代办。人数虽少，分为两席，因各禅师、活佛，均不能与班禅同席，故班禅单设一桌在楼上，由专使陪，其余一桌在楼下，由余作陪，亦仅策觉林、嘉木样及旺母三活佛而已。策觉林佛，系班禅之胞弟，为西藏策觉林寺方丈，地位甚高，前年由西藏经印度来内地，至阿拉善随大师。旺母佛为嘉木样之胞弟，即哇母仓方丈，十八囊谦之一也。按所谓活佛，藏语曰"追比古"，蒙语曰"呼毕勒罕"，乃转世之意也。拉卜楞寺活佛大小有六十余人，以十八囊谦为贵，而嘉木样为最尊。塔尔寺有活佛四十余人，合青、康、藏各寺，共四千人以上。活佛除继续转世者外，尚有普通喇嘛，因道学兼优，或考取格西地位，出任高级方丈等职务，或系深山苦修，因而新转世者。故其数日增，旧活佛断绝不出者，不过百分之三四耳。

席中因三客皆系活佛，故不备酒。但策觉林有饮冷水习惯，席间索饮冷水三次，每次一碗，嘉木样之弟亦饮一碗。三人皆肥胖，身体健壮，询其平日饮食，谓西餐居多；西餐者，西藏餐，非西洋餐也。班禅大师有汉、藏厨师，身体亦健，故疾病甚少。仅携有藏医一人，所谓大夫堪布，并无中西医随行。宣化使署职员、卫士数百人，而无一医生，可知藏人注重身体抵抗，而不注重医药也。

按蒙、藏全体活佛中，以达赖、班禅、哲布尊丹巴为最高，今外蒙哲布尊丹巴已不转世，前藏第十三世达赖新圆寂，仅有后藏第九世班禅生存，故蒙、藏人特别尊之。班禅大师简名罗桑，生于后藏，中央册封为护国宣化广慧大师名号，并委为西陲宣化使，现为黄教法王地位最尊者，故活佛中无人能陪其饮宴，彼宴客，亦不易亲陪也。

二十七日　六月飞雪　百兽类人

昨晚竟夜大雨，本日虽晴，气候甚寒。室内华氏五十二度，易裘犹寒。黄司令来谈，据云：恐二三十里外或山上已雨雪，因夏河气候，六月每雨雪也。某年盛夏，渠往山上，去时天气甚热，咸衣夹袍，至山腹遇雨，即觉寒冷。比达山巅，大雪纷纷，手足冰冻，急取火暖之，始得支持。故在青、康草地旅行，无论何时，必备棉衣或皮衣，因天气变化无常，一日之间，每有冬夏之别。午后始稍和暖，温度升至华氏五十七度。

下午二时，班禅大师宴行署同人及黄司令等。余按时而往，正值放头，因大师拟明日赴沙沟寺，恐远来之藏民久候，故赶于下午放头。时男女数千人围集门外，十之九为贫民，多衣无面羊皮袍，妇女每裸上身，两乳累累下垂，怀抱小儿者亦不少。拥挤杂沓，途为之塞。卫兵以鞭挥之，余始得入。席设嘉木样经堂之楼下，正面有嘉木样之高座，屋顶满张绣缎，柱上亦绕红绸，许多幢幡，垂于空际，四周悬挂画佛，颇为壮丽。据云此室为嘉木样举行典礼或宴会宾客之所，可容十余席。本日六席，班禅因放头未到场，令策觉林佛、刘秘书长家驹等代陪，菜同内地，惟无酒。余与黄司令同桌，席间畅谈一切，述及西康情形，谓德格为康藏宗教中心，亦可谓文化中心，因许多佛经刻版存于其地，积屋数大间，一部经典有需十余年甚至数十年始能刻成者。盖每日刻一页，数千页者，即需十余年，故印出后价值亦巨，每部有值数千元者。西藏许多经典，亦由德格印刷。甘肃境内临潭等寺，亦藏大部藏经，十七年变乱时全毁，殊可惜也。

又谈及草地中各种野兽情形，令人惊异，记之如次：

（一）野牛　大者重千斤，角长四五尺，成群时以枪击之，虽受伤亦随群前奔，伤重即毙。途中如系单独一二头，不可轻击，因受伤后，必以死力向人进攻，故猎者至少须二人，且须密切照应，一前一后。一人放枪后，野牛必向前追去，他一人即由其后放枪，牛必反追，他一人又从后放枪，如此往反射轰，往往须四五十枪始倒地。因牛力甚大，如被追及，难免遭害，倘非相互照应，一人惧逃，他一人即不免矣。故猎者遇野牛时，往往若干人，同时追击。

（二）番犬　大而且猛，藏人家家养之。彼前在玉树以六十元代价购得一头，面貌狞恶，令人望而生畏。凡番犬性皆凶暴，见生人必猛扑，当者不可以枪刀伤之，否则其主人必出而大起交涉。最妙之法，为马缰绳之一端，系一木棒，时而绕之，彼即惊逃。又遇番犬来扑时，人如伏地，彼即不前，因知畏彼而不为主人害也。

（三）番马　久行番地之番马，能御番犬以卫主人，遇其来扑时，先示镇静，俟其进前，猛以足蹴，犬多畏之。又如遇沮洳地，番马行走自如，如遇内地无经验之马，一觉泥动，即畏而不前，或跳跃奔驰，甚危险也。

（四）豹　拉卜楞南山中即有，人不伤彼，彼亦不伤人。某次一猎者携枪遇一豹，但子弹仅余二粒，不敢发，恐两弹不中，触其怒而危险也。惟执枪相持，五步之内，彼不放枪，豹亦不扑彼，相持三小时之久，豹始逃去，彼亦携枪而归，亦异事也。

（五）熊　某人行猎十余年，某次击一熊，负伤而逃，彼蹈血迹追踪而往。不意熊绕其后，一跃而扑其背，用爪破其头皮，反垂面上。彼左臂动，则以爪扑其左臂，右臂动则扑右臂，彼不动熊亦不动，忽忆腰间有小刀，徐取而猛刺之，熊始毙命。

（六）虎　来时有风，林为之震，但人如不加攻击，虎亦不伤人。又性畏骡马，遇人骑骡马，彼即骨软，小便不止，腿战栗而不能疾趋，诚异闻也。

（七）貂　貂性最慈，如见人赤体卧雪中，必群来伏人身上救之，故捕貂者，每饮酒醉卧雪中，俟群貂伏其身时，徐以绳缚各貂之足，然后一一毙之。貂救人而人毙貂，诚以怨报德也。又人家如有丧事，貂即不入其门，故貂为吉兽，前清时吊丧者，不能衣貂皮。

（八）金丝猴　西康甚多，甘南、川北亦有，毛长数尺，而美观。患腿痛者以为套裤，衣久可愈。其价甚昂，每对套裤约值五六十元，每褥值百元以上。猴本通人性，而金丝猴为猴类中之最聪明者，故其性尤近人，一切动作与人无异。遇此猴时，如以枪击之，未发弹，彼即知不免。如有乳猴，必以爪示意，请许其与乳猴一诀别，然后就死。某次一猎者遇母金丝猴，以枪拟之，猴指其腹表示有孕，并两眼垂泪，猎者怜而释之。约一年后又往，竟复遇之，时猴携有乳猴，急趋树下，取树叶将乳挤于叶中，放于乳猴之旁，然后趋猎者前，示来就死。其诚信仁慈，可谓过于人类。但据云金丝猴遇其他猴类时，又极残暴，其他猴类遇之，即群下跪，听其择肥而食，不敢反抗。现此种猴日渐减少，势将绝种，故价益昂。年老者毛长而黄金色，价最昂，少者毛仅三四寸而黑色，价亦较廉。

二十八日　清流可濯足　山水禁渔猎

本日为星期日，身体稍感不适，高参军、史秘书约出外游览。首至大夏河滨，并坐大石上静观流水，清澈湍激，遇大石翻浪作白色，殊为壮观。时有藏妇濯足其中，并为小儿沐浴。此间妇女有进步，渐知卫生，若他地藏民妇女，尚不知沐浴，每晨仅用碗盛水，略洗面手而已。

夏河临山麓，杂木丛生，野草覆地，时值各花盛开，或黄或白，或红或紫，风景绝佳，不觉心旷神怡。继登山，草益茂，林益密，牛羊骡马牧放其间，点缀风景，益觉有趣。惟山凹到处便溺，使山明水秀之区，成为藏垢纳污之所，殊令人生不快之感。

夏河中有鱼，南山上有兽，均禁捕猎，拉卜楞为佛教圣地，戒杀生也。据云蒙、藏人所以食牛羊而不食鱼类者，因信仰佛教，切戒杀生。惟其地仅恃畜牧为惟一生业，不食肉类，即不能生活，故不得已，惟有少杀生命，因杀一牛羊，可供若干次之食用，而鱼虾之类一人一餐即伤无数生命，故切戒之。至野兽因猎者志在牟利，与其生活无关，故亦禁之。但距寺较远区之藏民，以猎为生者亦不少。

惟藏人信佛教深者，旅行时绝不打猎。彼谓途中不伤一生，可常遇佳日，如猎伤野兽，必遇暴风或雹灾。又山中有矿产，亦不许探采，谓山中有神或魔鬼，不可动扰，一经得罪，必加害人畜，迷信之深，牢不可破也。

二十九日　缺乏兽医　影响畜牧

仪仗队本日又死马一匹，总计由兰州至此，一月间先后死五六十匹矣。马病大约相同，即颈侧胸前或腹下发生浮肿，急速扩大，频频战栗，搔扰不安，呼吸促迫，经二十四至四十八小时间即死。死后剖检，浮肿处有黄褐色液体，无气泡。据西北防疫处推测，或系炭疽。拉卜楞附近，本适于牧马，仪仗队马在桑科滩放牧，宜少死亡，乃一月之间，死亡竟达总数五分之一。其原因一由西宁购马时，适有数处同时在西宁采购军马，价值昂而良马少，故所购者多非健壮之良马。二因队士多东南人，不善乘马，不知马性，由兰州至夏河途中及甫至夏河时，死亡较多，而无良好之兽医，亦为最大原因。此种马疫，拉卜楞本地之畜牧业，亦受其影响。兹将西北防疫处去岁所调查之夏河兽疫情形，录之如下：

（甲）夏河县属五区域牲畜数目　夏河县城犏牛800头，黄牛55头，羊300只，马240匹。无帐房，均系土或瓦房，共约五百余家。桑科滩，牦牛

4200头，犏牛1200头，黄牛400头，羊74000只，马3500匹，帐房310座。在县城西南十五里。科材滩，牦牛2100头，犏牛350头，黄牛120头，羊45000只，马1200匹，帐房16座。在桑科滩之西南，离夏河约六十里。兹韦，牦牛620头，犏牛70头，羊12000只，马350匹，帐房40座，在县城之东北十五里。洼地，牦牛850头，犏牛75头，羊15000只，马550匹，帐房55座，在兹韦之西，离县城十五里。

（乙）牛类死亡概况 民国二十四年八九月间，夏河县城及其以南各牧场，发生牛疫。据云感染此疫之牛，恶寒战栗，食欲断绝，眼流泪液多量，口腔病流涎，粘膜有烂斑，均发下痢，且往往混有血液。多数患牛，经四至十日即倒毙，经一二周而恢复者甚少。牛疫损害，夏河县城牛畜原数850头，传染率33.6%，死亡率98.0%，死亡概数280头。桑科滩，牛畜原数5500头，传染率22.3%，死亡率90.0%，死亡概数1100头。科材滩，牛畜原数2500头，传染率19.0%，死亡率97.0%，死亡概数460头。共计牛畜统数8850头，传染率平均25.0%，死亡率平均95.0%，死亡概数1840头。

（丙）羊类死亡概况 上年三月至六月间，桑科滩等四区域，死羊亦甚多。据云患羊生前症状颐下或颈下浮肿，下痢，经二至八周而死。死后剖检，胸腹水增量。因调查时本病已成过去，未得目睹。但按其症状及经过，或系寄生虫病。羊疫损害：桑科滩原有羊67400头，死亡2400头，现存65000头，发病率5.0%，死亡率62.8%。科材滩，原有羊52200头，死亡7200头，现存45000头，发病率20.0%，死亡率63.1%。兹韦，原有羊13400头，死亡1400头，现存12000头，发病率15.0%，死亡率69.6%。洼地，原有羊21100头，死亡2100头，现存19000头，发病率13.0%，死亡率76.5%。合计原有羊154100头，死亡13100头，现存141000头，发病率平均13.2%，死亡率平均68.0%。

三十日　夏河县教育　混血儿聪慧

本日参观大夏街小学校，即夏河县立第一小学，学生初级四班，高级一班，共六七十人。适上音乐课，其歌有《励志歌》、《总理纪念歌》、《抗日救国歌》、

《苏武牧羊》、《满江红》等。教育局第一科长何善初君,请余为学生讲演。余略述教育与个人暨国家社会之关系,并此间文化不进,知识分子甚少,应以学校为改造社会改善藏民生活之中心。如卫生、农牧知识,国家思想,民族平等观念等,均应由学校学生传之于家庭社会。又学校教职员学生,应兼负社会教育之责,如讲演会、游艺会,各种展览会,应多举行,并出画报,写录新闻,设汉语班,普及汉语,使教育之效力,不仅限于此数十学生云云。

各级学生人数,一年级三十余人,二年级十余人,三四年级共仅十余人。据云三四年级学生减少之原因,因汉、回居民多系临夏商民子弟,至十一二岁,即至商店为学徒,禁之不能。至高级更少,原为七人,后四人转入藏民小学,现仅三人,而一杨生又不常至,实际仅韩志华与戚文仲二人耳。二人均系汉父藏母,故极聪明,国文亦颇通顺。

此校即在夏河县教育局内,校长由教育局科长郭辉祖君兼任。郭君系甘肃一师毕业,据云夏河全县教育经费,合教育行政费在内,本年可收入6600元,因由皮毛、斗捐附加,本年包得6613元。按现在支出,教育行政费1284元,学校教育费2096元,社会教育费244元,此外购书费约300元,补助留省学生四人费200元。总计年支出38214元外,尚有余裕。学校教育费,本校支出最多,计校长每月40元,教员每人各25元。本校教职员共五人,一师毕业者二人,三中毕业者一人,法政专门毕业者一人,高小毕业者一人。全县归教育局管辖之小学共六校,十一级,学生200名。其余为区立,每校全年经费40元,教员每人全年仅25元,现拟增为50元。各校概况如下:

第一区立清水初级小学校,学生三级,二十五名,教员一人,高小毕业。

第一区立桥沟初级小学校,学生三级,十八名,教员一人,高小毕业。

第二区立卡加初级小学校,学生三级,二十六名,教员一人,高小毕业。

第二区立里错初级小学校,学生三级,三十八名,教员一人,高小毕业。

第二区立陌务初级小学校,学生三级,二十一名,教员一人,高小毕业。

至校舍仅里错有教室二座,住室四间。余均教室一座,住房二间。其简陋可知矣。

至各校学科，据云按教部定章，但实际各区立小学教科书不完备，教员仅高小毕业，全年薪金二十余元，如何能按照部章。惟大夏街县立小学，比较完备耳。

七月一日　回女蒙头盖面　藏妇胼手胝足

午后偕高参军至"他哇"（即市区）游览。见一回教少女，年十五六岁，紫衣红履，绿风帽，长垂及腰，面覆黑纱及胸，纱不透光，行时频以手略开之。回教古俗，妇女之发，不令人见，故无论老幼，均戴大风帽，前及额上，后垂背间，年少者绿色，老年多黑色。少女幼妇出外时，以纱蒙面，不使人窥见面目，今此风犹存。

又遇藏族贫苦妇女，绕寺叩等身头，上身全裸及脐，赤足。近来大都会妇女，每效欧风，作裸体跳舞，或赤足着透花革履，以为时髦。然上身犹束胸部，足下犹有皮底皮带，尚不若藏民妇女之彻底也。

且藏人一切劳动，如背水拾粪，牧羊挤乳，煎茶煮肉等，均系妇女工作，即不事生产之信佛者，每日转经轮或绕寺叩头，其刻苦精神，亦甚可佩。以视大都市妇女，惟知享乐，不事劳动者，其相去不可以道里计。

二日　四五六雨淋头　七八九路好走

昨晚大雨，晨虽放晴，但不久又阴雨。来拉卜楞后，十日九雨。据云今年雨固较多，但往年亦不少。可知西北各地雨量虽少，然如抱山临河之拉卜楞，以及湖泊河流最多之青海南部，雨量并不缺乏。惟晴雨变化最速，一日之间，晴雨无定，寒暖亦无定。故一日每具四时之气候，但大半夜雨朝晴，或晨雨午晴。

又以季节论，此时正为雨季。据本地人云，赴西藏有谚语，谓"正二三雪封山，四五六雨淋头，七八九正好走，十冬腊肉开花"。以阴历计，此时正为五六月，雨水特多，虽盛夏而气寒冷。故拉卜楞又有谚语，谓"六月炎暑尚著棉，终年多半是寒天"。

本日大雨，寒暑表降至华氏五十余度，衣裘犹寒，毋怪此间男女冬夏俱衣羊裘，戴羊皮或狐皮帽，从不离身。彼等于暑热或工作之际，袒右臂，或上体全裸，习惯使然，亦气候使然也。拉卜楞避暑最宜，冬季虽寒，因气候干燥，亦觉爽适，以其地在大夏河谷中，周围为五六百公尺之山所障，故能免于峻烈之气流。如由此再西南进，至无屏障之大草地，冬日即不免堕指裂肤，故曰"肉开花"。

下午三时，黄河南亲王邀宴，大雨依然，六时始止。余偕史秘书赴大夏河滨散步，循岸行，河中水涨，较平时或增一倍，涌至岸上。田中青稞已高尺许，叶深绿而盛茂，雨后带露，更见精神，十之一二已出穗，有芒甚长，与大麦无异。又有芸苔数畦，花正盛开，遍地黄色锦，内地油菜三四月即开花，此间迟三四月，大麦亦然，现虽出穗，非三四月后不能收。盖由出穗至成熟之时期甚长也。余所居院中，有芍药一丛，余等来时已发蕾，现月余矣，尚未全开。因气候寒冷，发育甚缓，或终不能开花。据调查此地每年九月即降雪，翌年四月始消，大夏河十一月开始结冰，翌年三月解冻。秋霜早来而晚霜迟去，每年九月中旬即降早霜，翌年五月下旬晚霜始毕，高地寒地，甚至有六月降霜者。无霜时期仅一百二十余日，故作物时期极短，仅早熟而耐寒之谷类，如青稞者，方可种植。其次芸苔、豌豆亦比较适宜。

三日　晴雨可立待　山水已卧游

上午晴，天空无片云，日光照耀，因连日阴雨，竟觉夏日亦可爱矣。高参军来拉后，一周未见天日，睹之尤为欢忻，拟出外一游，期毋负此佳日。且班禅大师本日由沙沟寺返拉，亦应接迎，因决定乘马偕游郊外。十二时整装待发，忽乌云数朵，骤现空际，乃备雨衣以防万一，不意乘马之际，云益密集，似有山雨欲来之势，因立马侧少俟。须臾竟雷声震耳，大雨倾盆而至，遂入室暂避。未几雨止云消，阳光又复四射。此间天气变化之速，真可谓"可立而待"也。

乘马出街，沿大夏河行，道路泥泞，河水亦涨，沿途藏民欢迎大师者络绎不绝。约八里许至马莲滩，马莲草叶高尺许，残花犹存。远望河滨有帐房数座，询之为黄司令来迎大师者。因驰至其地，下马而入。黄君备有奶茶、油条、面饼及手抓羊肉等饮食品，出而飨客，询先至之格秘书，则在河中洗足，阳光甚烈，濯后曝之，不拭自干。余等在帐内或饮食谈笑，或就地而卧，眼饱山色，耳悦河声，此间乐非城市斗室中所能梦想也。因摄一影，以留纪念。

四时许，报大师已至，因急乘马至道旁，下马立俟，未几欢迎之保安队数百人，已疾驰而至。继为仪仗队，大师卫队，暨随员等，共千余人。大师乘黄轿，余首趋前献哈达，大师还之，次高参军、黄司令等，依次献上，再进，嘉木样禅师及各活佛、高僧等数百人，迎于道左。至街头则学生、喇嘛及民众等约万人，群出相迎，亦云盛矣。

四日　法会短期筹备　信徒千里而来

本日时轮金刚法会，举行筹备仪式，场址即在平日辩论经典之林园内。由班禅大师亲自莅场，并全体喇嘛参加。中设高座，为大师席。台下置有法器、乐器等，并备油条等点心数百份，备散给高级喇嘛及筹备人员。未几，大师入座，开始诵经，法器、乐器时鸣。大师至，讲经若干时，所讲者为法会宗旨及听讲规则。后大师着法帽，自装时轮金刚神，盖在法会中大众须认大师即法神也。至下午始行散会。举行此种仪式之翌日，开始筑坛城。据云法会重要之工作为筑坛城，即所谓"香巴拉"城，由丁颗尔札仓喇嘛担任。在木台板上张布，先绘图形，然后用五色石粉依图作之。此种工作，通常需数十日，此次因班禅大师急欲离拉，本不拟举行法会，经再三请求，始获允准，但限定日期，筑坛最多不得逾十日，故昼夜赶作，期早完成。

因班禅大师驻锡拉卜楞，早有举行时轮金刚法会之说，故蒙、藏民众，不远千里而来，一觇佛容，并参加法会。下午偕史秘书至河滨游览，见岸旁隙地，帐幕林立，形式奇异，大小不一。或为屋脊形，顶系斜坡，四面直立如墙，均为白布。或为三角形，顶墙合一。或为黑帐幕，即牛毛布两块组成斜坡，中间开缝。甚有极小之帐房，仅容一二人坐卧。并有许多无帐而露宿者。附近一林园，亦满布帐幕，询之多系由松潘、果洛等处而来。远从千里外，行程十余日，其信佛程度可知也。通衢中来往者踵相接，妇女背负毡物、炒面等木架，男子则空手持杖随行，盖藏俗劳动工作，皆妇女担任，甚至行路亦然，妇女无怨言，男子无惭色，习惯成自然矣。

五日 恶因莫种 隐患宜消

　　上午访某君，据谈近日临夏附近，有匪劫杀行人，或抢掠富户，临潭一带亦然。某土司迩来不敢出门，因十七年变乱后，逃出之难民，纷欲归里，某土司时为司令，允发良民执照，每人纳税一元，愿归者约数千人，均发执照，并使人传语难民，谓尔等昔曾为匪，须先就缚，俟至旧城，听某大人训话后，再各回本庄，难民欣然从之。不意至旧城后，令由东门入，北门出，一出北门，即全行杀害，妇孺不留。盖双方仇视甚深，恐此等人归后再施复仇，故实行斩草除根，以绝后患，致数千人同归于尽，积尸满坑。自此次事件后，双方结仇益深，未归者衔恨刺骨……去岁……但强悍者不免乘机为乱，一旦扩大，前途极为可虑云云。按过去西北变乱相寻，起因多极微细，因主事者处理不当，而人民知识缺乏，每存报复之心理，致循环仇杀，靡有已时，贻边疆无穷之祸患。今后中央及西北当局，应从政治与教育方面，设法补救，庶过去惨象，可以绝迹矣。

　　本日为星期日，下午偕高参军、史秘书乘马游拉卜楞西郊。过保安司令部后，南面临河，北面依山，山麓水滨，俱为农田，青稞吐穗，豌豆出蕾，间有芸苔黄花，点缀掩映，余等驰骋其间，心旷神怡，别有乐趣。下马坐草地稍憩，纵马放牧，马似亦悠悠自得。田间河岸，时见彩鸡飞鸣上下，卫士以枪击之未中。继复乘马登山，山益幽，林益密，山腹中有一寺，对面为密林，建筑虽甚简单，而地颇清幽。据云为鸠家寺，系河南亲王所辖，前岁格桑泽仁先生曾养病于此。下马入寺，经堂仅一间，千佛等像，均系布绘。喇嘛十余人，有能汉语者。遥望山巅，更有一小庙，惜道路险阻，未再攀登，即下山乘马而归。

六日　藏民纷至沓来　妇女奇装异服

自班禅至拉后,青、康、川、甘之藏民,接踵而来。下午偕史秘书巡视,见各地妇女奇装异服,形形色色,不啻开一人种服装展览会。有一种妇女两鬓有二大银环,环下有长皮带下垂,上缀小银扣或铜扣,以数百计,带将及足,复折而上,系诸腰间。腰有带,上亦缀物。耳环上为圆形,下垂锥状物,长二三寸。长袍不裸臂。询之略知汉语,据云为杨土司所管,距此约五日路程,盖临潭县之土民也。此种土民,已渐进步,半汉化,亦知用针线缝衣,惟用针法系由外向内缝起,与藏人同而与内地异。又有一种妇女,如前清时男子之剃头,但前额留发,有许多小辫,脑上有一较大辫,合而盘之,在脑后饰一黄圆琥珀,其上有一小红玛瑙,颇简单。又有仅梳三辫,惟中辫与左右辫编法不同,耳环大如手镯,上镶红玛瑙至十余颗,并有小辫百数十,平铺密集,宽尺许,至腰际始系一布袋,上缀银圆等物。又有头戴黑布,帽上缀小红玛瑙至十余颗。有少女短衣着裤,脑后仅一辫,上有银圆盘。其袍有无面羊裘者,有布面者,有毛织物者。另有一种粗毛织物,白色,即用手捻成之羊毛线织成,似为洮岷一带之藏妇,已略有手工业矣。

至于饮食,亦形形色色。余等游览时,正值午炊,亦有正进餐者。普通以石为炉,有锅无盖,折木枝或拾粪为薪,用羊皮风袋吹火,或食炒面,以手和之。或加酥油,用舌舔之。亦有食面片或面块、饮面汤者。半汉化之藏民,并有炒菜干菜,或于面中入肉块者,惟煮面时,即以所燃之薪入锅搅面,食时即以此木棒为箸。藏人饮食简单,而不知卫生,已成习惯,亟宜改进。

七日　画坛安佛　诵经驱魔

杨秘书大光,热心研究佛学,上午来访,谈及时轮金刚法会,谓因坛城未成,故未正式开会。但数日以来,每日诵经,大师必亲临。第一日所诵者,为"摄授弟子",即说明为师与作弟子者应有之资格与应行注意事项。如在显教有十种性相(即资格),密教有二十种性相。第二日诵经并跳神去魔,因有种种魔鬼，须先驱除。跳神者十余人，仅一人戴假面具，自早六时至晚八时始完毕。第三日预备坛城线，亦诵经。本日为第四日，诵经之意为安排诸佛居所，即各佛应安置之地位。此后即正式开始画"坛城"矣。

至所谓坛城，非理想之极乐国，乃地球上之国，在印度北雪山中，其地名"香巴拉"。其第一代国王，曾受释迦牟尼传经，第二十五代，即为班禅，现为第二十一代，至第五十代时，世界始知有此国。此为时轮金刚经中之预言。

八日　奇僧不寝卧　佛家有愿心

杨秘书大光来谈，谓拉卜楞寺有一拉古佛，现年七十一岁。其佛学渊博精深，为本寺第一，凡经典几无所不知。班禅曾请其至塔尔寺讲经，尊之如师。昨时轮金刚法会第一日诵经时，彼先见班禅献哈达，班禅立而受之。拉古佛每年一月至九月教授弟子，其居处甚湫隘，而门庭如市，因执弟子礼往听经者甚众也。每日十余小时，院中候讲经者常满。嘉木样禅师亦时去听讲。自九月至十二月闭户潜修，不见一人。尤奇者，终年三百六十余日不卧，而精神矍铄，能享高寿，真异人也。

本日因班禅休息，杨君无事，来余室畅谈佛学。谓凡佛家均有愿心，惟多寡大小不一。多者五百愿，大者如观世音愿众生皆成佛彼始成佛，地藏菩萨愿地狱一空（即无一人受苦），彼始成佛。又如释迦佛在拉车地狱，见拉车之苦时，愿大众皆出狱，由彼一人代拉。凡此之愿，皆由菩提心，皆为救众生，欲使众生咸脱苦海，安登乐岸，牺牲一己，乃所愿也。此种精神，即儒家人饥己饥、人溺己溺、己欲立而立人、己欲达而达人之意。且更彻底，此即谓大乘。有愿心必有行志，始可成佛。因仅有志愿而不实行，亦终无望。故须愿行合一，有志者事竟成，又须有因缘机会，始可实现也。

九日　坛城种种　天界层层

下午赴讲经园，参观画制坛城。地在经台旁，架一木台，上有临时木板屋，台方二三丈，上有布，布上涂粉，先用灰笔略作底样，然后用十余种颜色粉（多为石质，并有宝石，捣成细末），四人分四面同时赶作。其法用一铜管，长尺许，一端口小而他端口大，用大口端将色粉一种装入，一手持之，一手略击铜管，使粉由小口端徐徐落于布上，按底线而成彩色图，不仅平面，且城殿墙阁，俱成立体，或高寸余，或高数寸，余观时城墙已成数尺。城为正方形，中有殿阁，外有树木，兽类，闻作成时，彩色鲜丽，非常美观。据杨秘书云：凡佛皆有坛城，即所谓道场，如"极乐世界"为释迦佛坛城，"独思天"为宗喀巴坛城。惟此种坛城，多在天上。佛家有二十八层天，欲界六层，色界十八层，无色界四层。"独思天"在欲界第四层。惟时轮金刚之坛城在地上，即印度北之"香巴拉"，故人多愿转生此坛城。其他坛城，作法会时多绘一图，惟时轮金刚法会，须以彩色石粉作之，名曰"尘色坛城"，使灌顶者见此城郭宫室，念念在兹，将来可转生其地。又法会完后坛城即毁，使人作"身坛城"，即能由想象而亲见如在其上，如在其左右，而有程度者，且能由大而小，即初仅见其轮廓，最后看至最小处，能见宫殿内之佛，谓之"见本尊"。至此程度始可著书立说，而有人来信仰拜师矣。故坛城有尘色坛城，绘坛城，身坛城之别，"尘色坛城"不易制，"身坛城"更不易至也云云。

十日　帐房分贫富贵贱　居住随晴雨暑寒

因明日请客，借黄司令后花园搭帐房。盖藏俗请客，多在林中架帐蓬野餐，此次所请皆藏客，故从藏俗。本日去巡视，见大帐房之座位，完全如屋，上有四面坡式，下有四面围墙，正面为门，可开至两边，并可加前廊，内可设三四桌席，上有蓝布花，非常美观。小帐房三座，或为屋脊式，或两面坡式，或为圆锥形，如军用帐房。大者备设席及饮茶休息室，小者备厨房及随役等室。并有一大帐房有前廊，备余兴用。据云拉卜楞制帐房最有名，西北各地均不及。按其需要与经济、阶级等关系，有种种形式与大小。大者可容数百人，甚至千余人，小者数人。每座价值，大者数百元，甚至千元，小者普通二三十元至六七十元。现所用之大者，据云值二三百元，上面蓝色花样不多，如再加花纹，价即较昂，或再加红黄绸垂缘二道，风吹飘动，更为美观。最佳为班禅所用者，有屋脊，有围墙，有廊檐，有照壁，大门亦有屋顶。普通两面坡式，中为方形，两柱上有一横梁，如Π形，不用绳引，下面有环用大铁钉钉之即成。前后用三角形布四幅或六幅，中可开为门，或前后开，或仅前面开。边地游牧生活，居住无定，故对帐房特别有研究，一如内地之土房建筑也。

归途见山坡白帐房林立，盖因连日猛雨水涨，不敢在河边架居，乃多移山坡上。红衣喇嘛与蓝衣妇女，往来其间，加以紫马黑牛，左右点缀，宛如图画。游牧民族之生活，不仅因寒暑而迁移无定，并因晴雨而转徙无常也。

十一日　汉藏联欢　康藏歌舞

本日与高参军、曾队长合宴西陲宣化使署同人，及西藏三大寺代表，并黄司令等，约三十余人。设三席，并由仪仗队、俱乐部组织余兴。本约定下午二时，因是日班禅放头，各堪布三四时始到，尚有数人未能脱开。计到者有策觉林佛，恩觉佛（后藏欢迎班禅代表），森且堪布，旺堪布，大卓尼，刘秘书长，赵卓尼，三大寺代表，及嘉木样之父，黄司令，范县长等。先在一大帐房中饮茶休息，用藏式低桌、毯垫。旋入一大帐房中，设汉式圆桌方凳。酒宴大开，余兴开始，有新剧、旧剧，三琴合奏（口琴、风琴、维奥林），双簧等。拳术有单刀、双刀、大刀、长矛、长棍、单剑、双剑、对矛、三戟、太极拳等。并有腹上击石，系用两长凳，一人袒腹卧两凳上，腹悬空中，用方数尺、厚五六寸之石块，置其腹上，一人持铁锤用力击之，石破而卧者屹然，观者多赞惊之。

又请黄司令代邀拉市藏民善歌舞之男女数人，作康藏舞。首西藏舞，三人对面，垂首屈腰，举右手握袖，两足环移，且歌且舞。妇女皆盛装，有两妇背后装饰，有琥珀各十余枚，由小而大，成长串，据云每串十八枚，有每枚重至五六两者，价在百元以上。统计一辫上之琥珀，即值千余元，而珊瑚、玛瑙、金银等装饰尚不在内，可知藏民妇女注重装饰之一斑矣。有一少年女仅十龄，亦随之歌舞，歌音清脆，大博掌声。最后西康跳锅庄舞，人人牵手成圆形，足左右移，手上下动，载歌载舞，怡人心目。舞罢，余等赏各跳舞者三十元，宣化使署各客赏仪仗队、俱乐部二百元，令添置物品。藏人讲酬应，厚赏赐，于此可见一斑。是日黎锡勋君撮电影，黄衣红顶之来宾，盛装藏妇之跳舞，仪仗队之武术，新、旧剧，及黄司令之家族，俱入镜中，将来可现于银幕上矣。

藏人喜饮酒，是日共饮酒十斤，来宾醉者六人，曾队长、高参军亦均大醉。

十二日　夏河渐有司法　藏民仍信业仓

夏河县虽成立十年，而藏民诉讼或藏民与回、汉民诉讼，尚多依习惯，在旧日之"业仓"内（藏寺院中管理司法者）。本日赴其地参观，即在中山街外，有屋数进，愈进愈高。大门外有高杆二，如内地之旗杆。大门内为勤务室，有藏妇七八人服劳役。最后正房为法官室，有法官一人，由寺中选派之，三年一任。每案诉讼费二元，对败诉或犯法者之处罚方法：（一）击背：即用皮鞭击其背。（二）拘禁：监禁室在二门内左方，参观时有囚犯数人，足戴镣，其屋有门无窗，地铺毡毯，囚犯皆面无愁容，盖拘留时期甚短，每日放出散步一二小时（在院中不许出大门）。参观时尚有未归室者。问其罪，谓多犯窃盗者，罚牛羊若干即了事。（三）罚金：最重为杀人者，罚银六百元，以其家产帐房、牛羊、枪械等抵之，但无死罪。轻微案件，法官不直接审问，有职员代审之。据云藏民与回、汉民相争时，往往回、汉民败诉，不知确否。如两造均为回、汉民者，始在县署起诉。

据范县长谈：近年诉讼案件，渐渐增多，前邓隆任县长时，一年半仅接诉讼案二件。现在每月约三十件，每日平均一件，刑事多，民事少。即斗殴案件最多，次为钱财或婚姻案，盖回、藏民皆好斗，而藏民对婚姻不重视也。又案件增多之原因，一因人民知识渐渐进步，知县署判案有一定法律。二因回、汉民在"业仓"诉讼，不免吃亏，败诉者又来县署起诉，但藏民被告或在县署败诉者，又往往直赴"业仓"起诉。盖藏民心理与习惯，信任"业仓"，较县署为深也。

又从前藏人刑罚，有挖眼、断手、洞胸、石帽等惨刑，今因民智进步，而无形取消矣。洞胸用利刃刺其胸，使成大洞，掖之而游行街市，死而后已。石帽者，用大石凿成帽形，压于犯人之首，俟将毙始暂去之。迨苏后又复置之，至死始已，真惨刑也。

十三日　藏校大建筑　法会新点缀

上午偕史秘书赴河滨游览，过藏民学校门首，西式门屋，正在建筑。入内巡视一周，见美轮美奂，焕然一新。据云全部建筑费约需两万元，现建屋五十余间，已费万元，大门预计千元以上。因拉市薪贵，烧砖六千个，价二百元，木工每人每日价银六角，可知拉市生活，亦甚高也。

最后为会议室，窗格木工甚精细，仿寺院中建筑，极费工，但不适用。

校中本日考试完毕，三日后放暑假。据云假期原定四十日，现缩短为二十日，寒假延长，因此地气候无所谓暑假，而冬季特别寒冷，实宜延长也。县立大夏河小学，本日放假，假期一月。学期考已发榜，犹二十年前内地之格式。计合格者高小七名，初小三年级七名，二年级十四名，一年级四十名，共计六十八名。

下午赴时轮金刚法会场参观，见制成许多酥油花，正在陈列。喇嘛用酥油制成花卉人物，有特别技术，如塔尔寺之酥油灯，神像花卉，无不精巧绝伦。拉卜楞寺虽少差，然所制花卉，亦甚美观，红花缀叶，均甚宛肖，皆拟在坛城左右陈列者也。

帐棚顶上垂缀幡缘伞，地下铺花毯数十行，台上法座，美丽尊严，台下前面法器整列，班禅休息室及各堪布、各来宾休息室，亦各陈列一新，种种设置点缀，恐为拉市空前未有之现象也。

十四日　法会正式开始　僧俗空前集会

本日时轮金刚法会正式开始，班禅晨六时即赴道场，音乐前导，香炉旁列，堪布等数十人随行。未几班禅登台讽经，台下有喇嘛二十余人陈列乐器、法器，随之诵经。时蒙、藏民众，男妇老幼，围绕道场者数千人，均不得入内。至下午一时许，各诵经者皆加扇式冠，戴云肩，着法衣，面前乐器时奏，手中法器时摇。下午三时正式预备灌顶，开始许普通僧俗入内。计入者喇嘛千余，民众约一二万人，园无隙地，万头攒动，但均在前场露天下。僧众在台前帐棚下，余与河南亲王等在台旁前排，策觉林、恩觉两佛在台上左右侍坐，森且堪布、旺堪布在班禅前左右侍立。嘉木样佛在台下正中设椅，与班禅对坐。班禅登台后，群叩首，旋赐茶，由执事者向台左右来宾倾茶。次为涤除大众身、口、意、业诸罪垢，故先应沐浴，每人倾水一滴，为积聚福德资粮。次为顶礼，为驱除者断魔故。次静点真空，口诵佛经及降魔咒，驱除魔鬼。次班禅赐食，分给每人米饭少许。次献"曼打"，系依照过去法王目贤求根续之次序。先于坛之中央及四方，以须弥及四大洲罗睺明劫火布设之曼打供献。此时分给大众青稞少许，嘉木样代表献"曼打"，群持青稞掷台上，甚有掷铜元、银元者。

次正式预备灌顶，诵经，并作法，其次第凡十二部，内容意义，余为门外汉，不易了解也。

十五日　时轮灌顶　贵妇盛装

本日为正式灌顶，拉寺喇嘛二千余人，黎明即入，人披氆氇斗蓬一袭入道场，黄河南亲王家属及黄司令家属，俱盛装而往。黄河南亲王夫人，最引人注目，因其装饰最盛，前胸有三金护身佛盒，大者方尺许，项系玛瑙，背垂琥珀，统计价值数万元以上。母、妹次之。黄司令之母、妹及妻，或为西康装，或为拉卜楞装，亦均盛饰。西康装头上满盘琥珀，身上满系珊瑚，拉卜楞装背后上端发套系琥珀串，下缀银碗数十，其价值亦甚巨。此外如蒙古某君之翎顶辉煌，藏民男女之耳环长垂，形形色色，为会中点缀不少。

七时许群众约数千人，拥入场内。余等及各僧众，均依次盘坐如前。班禅登台后，群叩首，班禅赐茶如前，因班禅欲法会早日完成，本日正式授时轮灌顶，并时轮金刚如童七灌顶，同时举行。其诵经与作法之次第，均有一定，意义奥妙，不易明了。

　　班禅作法至第七投花时，系嘉木样代表在盘中投之，视倾倒何方。第八授法水，余等台旁前排之大众，由策觉林佛、恩觉佛以银壶盛法水，为余等每人各倾若干，以手掌盛之而饮，其余系预派之喇嘛数十人，以铜壶数十把，分给大众，争以手盛之，如饮甘露，争先恐后，秩序稍乱。授姑沙草时亦然。姑沙草为藏草之一种，如蓍，高三四尺，每人分给数根，以备验梦。余等台旁前排者，由策觉林佛分给真姑沙草，其余因人数过多，即以拉卜楞所产之某种草代之。授护绳时亦然，护绳即经过班禅诵咒之红绳，用以驱魔。余等近台者由策觉林佛给以丝绳，其余给以红绳，得者皆大欢喜，如获拱璧。蒙、藏人民信仰佛教之深，非内地人士所能想象。下午七时散会，群众出门后，犹立街上，候班禅法驾之经过，远望而叩头者，络绎不绝。

十六日　堪布会议　夜景妙对

　　上午偕高参军访刘秘书长，商入藏事，适值渠等开堪布会议，约余参加。会议室在秘书处邻室内，完全藏式，墙张黄底紫花布，地铺栽绒毯，顶上有黄缎方幕三，小桌低垫，每人一份，惟第一座有靠垫，出席者有森且堪布、旺堪布、康处长、刘秘书长、赵卓尼等。余坐第一位，坐定后，讨论离拉时期及将来路线问题。森且堪布、康处长发言滔滔不绝，足征藏人有辩才，而曾为喇嘛者尤雄辩。因研究因明学，且时辩论经典也。堪布会议为班禅左右高级人员之会议，每日一次。

　　下午五时，偕高参军赴黄司令寓晚餐，饭后听无线电收音机。据云此机可听日本、俄国之播音，但因天电障碍，音甚杂，多听不清。最后南京报告二十三时，即夜十一时，而拉卜楞为九时半，相差约一时半也。

　　夜深矣，余与高参军等步行归署，街上既无一灯，又值废历五月二十八日，亦无明月，惟以手电照路而行。至河南亲王府旁，藏民男女十余人，长卧地下，以衣为被，不见头足，令人一惊。次行小巷，沿途湿痕斑斑，皆尿迹也，左右成行，间有大便点缀其间，宛如图画，仰观天上，星斗辉煌，因得一妙对为"遍地屎尿成图画，满天星斗焕文章"，闻者无不捧腹。此间各僧院无一厕所，便溺多在门外，日来开时轮金刚法会，蒙藏民众聚集拉市者，约数万人，无论男妇均随地便溺，法会附近尿流如大雨，即较远通衢，亦无地无之。幸此地天寒，否则臭气冲天矣。

十七日　时轮坛城　香拔拉国

黄司令昨赠《班禅国师传授时轮金刚法开示录》一册，内有《金刚阿阇黎班禅大师时轮源流开示录》一篇。关于时轮金刚之缘起，叙述甚详，兹节录于下：

释迦牟尼佛三十五岁时，四月十五日，由拉亚酒洞诣金刚座往昔千佛成道之处，安住于座，初夜入慈心，三日未降伏诸魔，中夜入住正定，黎时成等正果觉。六月四日，在波罗奈空野苑中，初转法轮。翌年三月十五日于南印度功德山邻近，造成世界。时尚未久，有仙人雨米如山，复坚固成塔，尔时世尊现时轮像于彼塔上，岸然而立。

松者悉达，北面香拔拉国，国王月贤及全世界九十六小国王等祈祷其下，显法性敕坛城，上为德聚星宿之大坛城，于此处向金刚弟子传授如童七种世间灌顶，及出世间灌顶，令成佛道。复说一高二千颂之时轮根续，时月贤王返至香拔拉国。翌年三月，用五种珍宝建立时轮巨大坛城，将根本经加注释，成立六万言，令太子那注传其经，代代相传，至七王称七法王，均广传根本，续每一法王在位百年，至第七法王，帝择居之子文殊化身，砍专大密一部之希有诀，令不愿入此教者，一律出境。时有日车仙人等三百五十万众，甘离圣域（印度），法王恐仙人他去，诸族人将疑此经是否为清净法，于是施法使彼等且自觉悟，转求法王为授灌顶。

尔时法王在时轮坛中，以日车仙人为上首，为诸仙人三百五十万众，及无量众生，施以灌顶。从此各派均归一流，成金刚统。由是各王号称部主，又复摄取时轮根续密藏，而作简续三万颂。嗣子白莲，系属观音化身，继续传法，又广作注释，成一万二千偈，名无垢光。

自是白莲传于其子贤善，七传至至善。此七法王亦各在位百年，至善之子尊胜海，登位之年，有"拉诺"者（未开化民族），亦于圣地玛口卡地方，开始传教，时法王胜尊海在位一百八十二年，后传于其子难胜，在位二百二十一年，即为纪元前历数之终。次年丁卯甲子起首，藏语名曰绕钟，每六十年又届一绕钟。难胜嗣子太阳在位百年，又十三传至神武轮即位。后五十年，即与"拉诺"发生战斗，终降伏"拉诺"，南瞻部洲南北，始归一统。于此经法启建尤盛。如此二十五代部主，皆诸佛菩萨化现于世，非普通凡人，此为时轮经法盛行事迹。

十八日　三日结束法会　万人参加放头

时轮金刚法会，虽仅举行三日，非常圆满。本日在会场为民众放头，参加者约万人。汉、满、蒙、藏，男女老幼，贫富贵贱，无不踊跃参加，争先恐后。或欲睹活佛之法颜，或欲求活佛之摩顶，或欲饮活佛之法水，或欲领活佛之法绳，鱼贯而前，随意献物或哈达，无不欢天喜地。许多男妇，退后尚在十丈外之场中，遥向大师叩头。宗教之势力，在蒙、藏方面，尚伟大深厚也。

十九日　班禅又放头　居士谈佛学

本日为星期日，大师又在行辕放头，因法会完毕，远道而来之蒙、藏民众，均即准备归里。昨日在会场放头，因机关各要人参加，恐有未能接近者，特再放头一次，到者约万余人，但有许多因粮尽业已离拉矣。

下午与杨秘书大光谈佛学。据云佛学有蕴处界。蕴为五蕴，即色、受、想、行、识。处为十二处，即六根、六尘。六根为眼、耳、鼻、舌、身、意，六尘为色、声、香、味、触、法。界有十八界，即十二处，再加识，如眼界、耳界……色界、声界……眼识界、耳识界……。又佛学有三界，为欲界、色界、无色界。欲界有财、色、名、食、睡五欲，无色界系十八层天中之一层。又佛学谓地、水、火、风为四大，大者无所不包也。加空为五大，再加识为六大。又佛学分器界与情界，物质为器界，精神为情界。又佛学有息、增、怀、诛四种成就，息为息灾，增为增益，怀为敬爱，诛为降伏。如开道场诵经，亦往往为息灾或增福或降魔云。

二十日　抢劫市场　焚毁法物

早赴朝市一游，异常冷落，仅有卖牛奶者数家，而布架等一家已无。据云一因法会完毕，远客均去，故少休息数日。一因数日前被抢两次，人有戒心。并谓朝市之抢劫，本时有之，因藏人皆带枪刀，每乘不备，抢布数匹而逃，商人无枪，不敢追捕；而寺中司法机关之"业仓"，又仅以监禁罚物等处分，并无死罪，以故犯窃盗者累累也。

下午赴原时轮法会道场观息灾法，即诵经焚烧各物。在原法台后空地上，画一坛城，主座二十余喇嘛列坐诵经。有一大油锅，诵经至某段时，将各物加油烧之，备有青稞、芝麻、茅草、大麦等物，分别烧毁，表示此法会福寿财等一切中断，消除罪恶。诵经分息、增、怀、诛四种，今日之诵经，即所谓"息"也。

二十一日　寺院精艺术　活佛知爱国

时轮金刚法会虽告结束，坛城尚未毁送，当初成已成时，虽曾参观数次，但均未见全璧。本日闻坛上帐幕全去，因偕行署数人往观，见占地方丈许，在木板上，用五色宝石铺堆而成。有外城，有里城，城墙城门各高数寸，狮象当门，树木围绕，动物植物，无不毕肖，五色配合，灿烂美丽，且全系浮堆，或圆或方，无不工整中式，洵妙工也。佛教之技艺美术，实足令人惊异，惜不能永久保存。闻法会后，即须送之河中，费十余日日夜工作之力，毁于一旦。如塔尔寺每年元宵节之酥油人物，经三月之工作，亦仅陈列一夜而即焚毁，宗教之思想，固与现实世界之思想不同也。

下午访大藏寺活佛，此寺距松潘近，距拉寺七八日程，其活佛颇知爱国，年约四十余，貌清秀，言谈亦不俗。余本日访其居，在一寺中，院内满堆牛粪，而室尚清洁，闻其寺甚大，且较富云。

二十二日　增寿　献物

本日为班禅大师增寿，特别诵经一日，仍在时轮金刚法会会场。大师依然高座，喇嘛数十人，就地而坐，诵增寿经。宣化使署全体同人及卫队，专使行署同人及仪仗队均参加，共千余人。首赐茶，次诵经，次赐食，然后献物上寿。宣化使署由康福安领首，依次数百人，各手捧礼物，有金器、玉器、珊瑚、绸缎、衣服等特制物品，并有每人手捧五十两元宝一锭者数十人，各经大师面前，与以有结之红绳。次分别献曼打，宣化使署科长以上每人一个，行署由余领头，亦献曼打数个。凡献曼打者，预送银币十三元，即与以印就之证片，届时奉献。仪仗队兵士每人献哈达一方，亦有献银元者，达五六小时始毕。诵经分息、增、怀、诛四种，今日之诵经为"增"也。

二十三日　谈奇俗河浴数时　辩经典舌战群僧

本日下午二时，黄司令及嘉木样禅师约宴行署同人，用汉式，共设五席，在襄佐仓佛殿中。正面倚壁全为佛龛，金碧辉煌，雕刻精致，内有铜佛数百，古色古香，据云多来自印度，为拉寺较古之佛也。前几上有新作之小泥像，高不及尺，初涂金身，据云系历代嘉木样佛，特制万座，备嘉木样至藏赠人者。涂金后甚美观，不知为泥佛也。

席间谈及此间沐浴事，黄司令谓拉市藏人，每年八月某夜，无论男妇，必在大夏河中大浴一次，因信仰佛教，谓浴之得福，实际亦与身体有益。其法即夜间赤身入夏河中，视身体之强弱定支持时间之长短，有支持四小时以上者。家中预作肉汁汤等，出水后即饮肉汁，厚衣衾而卧，身体因之特别壮健云云。

饭后赴讲经场（即前法会会场），观辩论经典，盖乘大师在拉，欲求其指示也。大师高坐，喇嘛千余人分团辩论，数人立而质问，一人坐地答，答错或不能答时，群起而攻之，或拖其头促其速答，或附其耳大声质问。据云研究深者可舌辩群僧，如大学之考试。又谓辩论时骤观之似为杂乱，实则手足及身之姿势，俱有讲究，观其抵掌而谈，或立而雄辩，或坐而论道，大有战国时苏、张之风。本日因大师在场，特别热烈，惜余不解其意也。

二十四日　房上晒台碾场　屋顶花园菜圃

下午偕史秘书游夏河北街，有数家屋顶上菊花盛开，或红或紫，有如都市之屋顶花园，且非盆栽，而均系生长屋上。盖此间各屋，皆为平房土顶，如播种其上，即可生长。有数家屋上植白菜数方，高尺许，是不仅屋顶花园，而为房顶菜园矣。

自兰州来拉卜楞，途中经过各地，房屋大半平顶，皆为土墁而成，无楼房者，四面屋顶可通，以梯登之，有正面楼房者，三面可通，即由正面楼屋之前檐通之，其用途甚多：（一）可积薪或晒粪作燃料。（二）人可往来瞭望，余等经过时每见有许多妇孺，在屋上立望。（三）犬可在上守夜，西北边民，每养猛犬，夜间在屋上巡守，并有昼夜皆在屋顶者。（四）可晒一切物品，如都市晒台。（五）并可碾麦，如内地之麦场。此种习俗，一为安全，一为经济，想相传已久，在最初或因异族侵扰，主要在登高瞭望，继而作种种用途。西北各地已成普通，惟如拉卜楞之栽花种菜，则又别开生面，扩张用途，在他处甚罕见也。

二十五日　开同乐会　游大经堂

本日仪仗队假大经堂开同乐大会，以大门为后台，堂前广场为招待观众之所。有高桌，有低垫，而大经堂之崇阶高十余级，广八九丈，尤为天然之看台。惟是日正值诵经，各喇嘛皮靴脱置阶上，且时出外至阶上诵经，颇碍视听。

是日游艺有新剧、旧剧、国术、双簧等，新剧有《中华魂》，内容为五族联合抗日，在此地演之，觉有意义。大夏街小学亦参加表演，有女生数人演小麻雀故事，亦颇动人。边地得此，殊非易易。

大经堂即慧觉寺，大殿中有高四五尺之铜像数十尊，小佛无数。佛前油灯数十盏，殿中厚垫十余行，可容一二千人。左右壁画高丈许，长数丈，皆欢喜金刚佛，巨作也。诵经时有铁棒喇嘛维持秩序，是日因有游艺会，特别注意。时见该喇嘛负四五尺之方形铁棒，在外巡视，各小喇嘛无不望而生畏。

广场左右有长廊，满绘壁画，广数十丈，尤为巨制。正演剧时，忽而大雨如注，群避两廊下，足容千人，表演场临时亦加帐棚。未几雨止天霁，又移场中。少顷复阴云四合，雨又滂沱。高原气候之变化，真不易测也。

二十六日　初尝兰州醉瓜　得食唐川大杏

兰州醉瓜，次于哈密瓜而优于各地之甜瓜，在西北最有名。余虽居甘数岁，因故终未一尝，深以为憾（十四年抵兰州时已过期，十五年届期赴蒙古，十六年赴青海，十七年未至期即赴京）。又过唐汪川时，杏尚未熟，据云其味之甘与肉之多，为各地冠，颇思一尝异味，惜非其时。乃至拉卜楞，因种种原因，未能早行，又届瓜果成熟期矣。

今晨赴朝市游，见有售杏者，其实甚小，据云附近所产。询唐汪川者，谓"他洼"（即大街）或有，因至"他洼"一游，果有较大者，唐汪川产也。食之味颇甘，但不如所传之佳。又见有似西瓜非西瓜之瓜，询之，醉瓜也。其瓜外圆形似西瓜，皮色又似甜瓜，喜出望外，急购二个，一较青而硬，一略黄而软，归后剖而食之，类似甜瓜而较甘，但不如想象中之美。询之本地人，始知由兰州而来之瓜多系半生，途中六七日始稍熟，非正式叶落之熟瓜，故味稍差。青而硬者，即尚未熟，黄而软者，系久置放，杏亦或然。

二十七日　尝田野风味　习帐房生活

下午赴河滨游览，见青稞田中，白帐房五六架，趋而视之，见一帐或二帐为一家，中置桌垫，上悬羊肉，前掘炉灶，男女老幼聚坐其中。见余至表示欢迎，让入后敬以奶茶、冷肉、油饼等，颇殷勤，惜辞不能达意，且不悉何以移居田中。归与杨秘书谈，始知藏人每年于此际携眷野居，食肉饮酒，唱歌娱乐，往往流连一周或数周，盖最快乐之日也。

余觉此种习惯甚好，因勤劳终岁，应有若干日之休息与快乐。又久居都市或群众聚居之地，应有若干日吸收野外之新鲜空气，如欧美人之避暑旅行，均与身心有益。藏民原为游牧生活，居城市后，每年秋高气爽，草盛花茂，牛羊肥壮之时，重习其帐棚生活，快乐其心情，锻炼其体格，以保存其民族固有之优点，真汉人所不及也。

又远望山坡、山顶，帐棚林立，询之系喇嘛移居休息者。盖喇嘛亦有此习惯，本年又因班禅大师在拉，忙碌数日，此时法会完毕，遂乘机至山上休息也。

二十八日　拉市妇女多远游　藏中活佛亦野居

本日仍赴青稞田中，考察藏民生活，有一红教喇嘛携其二女，亦居野帐棚中，喇嘛有粗大发辫，缠于头上，大如盘，二女年各二十许，虽亦藏服，但长辫礼帽，不同藏妇装束，口衔纸烟，在拉市中可谓摩登。询之，初自塔尔寺之鲁沙尔来，在彼留数年，曾至西宁数次，举动亦轻佻，略能汉语。又一帐房内有一藏妇，汉语甚流利，见余极为招待，颇有常识。询之，知曾赴北平及山西五台山等地，来往年余。可知拉卜楞之藏民妇女，非如内地乡间女子，足不出户者可比，大半曾远出游历，毋怪其甚活跃也。

又前行，见有华丽之帐房数座相连，旁有骏马数匹，异之。及近，始知策觉林佛等，亦乘法会完毕，大师休息之际，移居田野，一享野外清福。邀余坐谈，并置酒肴，旺堪布、森且堪布等均在其地。余去时彼等方作骨牌戏，饭后已昏暮，活佛与堪布燃烛乘马而归。次日闻又策马入田中，重享帐房中酒食娱乐之生活矣。

二十九日　诵经焚柏送天葬　粉身碎骨供鸟食

闻本日有"天葬"者，黎明，即偕史觉民、庄学本等赴天葬场参观……此种奇俗，睹之甚惨，思之甚异。但一研究世界许多奇葬之俗，无足异也。如太平洋岛人露葬，即弃尸旷野，俟全身腐臭，各兽食之，并每有盗窃食其肉。又印度之巴西民族多鹰葬，以蜡涂尸置楼上，招鹰食之。马来人用水葬，投之水中。爱基斯莫人用土葬，以海皮裹尸，葬于土中。日本人火葬，比之天葬，亦无何轩殊之分。

天葬为藏民最普通之葬法，佛教谓宇宙由水、火、土、风四大原质构成，各有神掌之，尸体秽浊，埋于地则污土，投于水则污水，焚于火则污火，弃于野则污风。惟饲之鹰犬，则无损于四神，故以天葬为最合理之方法。闻死时即去其衣，覆以布，延喇嘛、来宾诵经，死者所遗之衣，即全付喇嘛，经事毕，即赴天葬场。如鸟食不尽，仍须诵经，或合以糌粑，使食尽始已。本日顷刻食尽，故未见此种手续也。

又藏民习俗，除天葬外，大喇嘛、贵族得用火葬，贫民、乞丐或患恶疾、犯罪者，用水葬。又《卫藏通志》载以尸喂犬为地葬，惟不甚普通云。

三十日　甘边青边川边　半藏近藏远藏

本日仍赴田野考察各藏民生活，见其饮食居住用具等，大半同于汉人。张其昀君将甘肃西南隅接连青边、川边之藏民，依其与汉民距离之远近，同化程度之深浅，分为半藏、近藏、远藏三种。拉卜楞"搭哇"及其附近之藏民二三千人，即所谓近藏也。据称近藏俗称熟番，又称"龙娃"，近城市，通汉语，半耕半牧，渐成熟地，居土屋，较富者亦居木板屋，高楼热炕，仓储充盈，惟服饰仍存藏俗。洮河上流临潭县卓尼附近之藏民，亦属此类。

所谓半藏者，俗称半番，久已向化内附，与汉人往来甚密，且混有汉人血统，居川口，成农村，生活习惯，浸染华风，近年且多改土归流，如岷县、临洮一带土司所属之藏民皆然。又临夏县元、明间尚多藏族，今完全同化矣。

至所谓远藏，俗称生番，纯粹游牧，不通汉语，且不愿与汉人往来，住黑帐房，食糌粑，甚至食生肉，如果洛一带之藏民是也。

三十一日　北寺为汉式　军部有欧风

拉卜楞寺多依北山麓而筑，本日清晨，偕史秘书等游寺后之北山。绿草如茵，朝露犹存，摄衣而登，望见全寺。山上有喇嘛插帐野居者，正炊奶茶，帐内悬羊肉，内地僧人见之，当惊骇而走也。

顺山西行，有一鄂博，插许多翦形木片，高丈许。据云某期，属此鄂博之居民，每家插翦片一根，前若干日，见朝市有卖此翦形木片者，盖即此也。余等摄影而去。

循山径而下，半坡中有一寺，屋瓦及墙均汉式，寺内亦类内地，门有照壁，壁后有池，池旁有树，一切如内地，或汉人所筑，亦未可知。惟附近有居民数家，全藏人，殊不解。内无喇嘛，亦无可询问。

继由黄司令及黄河南亲王所居之附近下山，见亲王府之平屋上，满堆柴草，如藏民习惯。而黄司令所居之楼屋，长窗成行，颇有欧风。足知两人思想之新旧矣。

八月一日　食肉不杀生　祀畜仅束布

佛教以杀生为戒，故内地和尚、居士皆不食肉，但蒙、藏喇嘛皆食牛羊肉，未免奇异。本日与一藏僧谈讨此事，彼谓佛教禁止一切杀生者，因畜类亦有灵魂，其不死与人同。惟人为肉食动物，不食肉无以生，不得已而食肉，自为神佛所许。惟食肉以牛羊或猪为主者，因杀一生可以供养多数人之生。如普通人食鱼虾等，每一餐一人之口，不知伤许多生命，则佛教徒所切戒也。又佛教徒自己不杀生，多系买社会上已杀之牲肉，不得已而杀时，凡在场之人，须为此牲畜之灵魂念六字真言，以祷告之，或高燃酥油灯以照牲畜灵魂之登程。又藏俗如以牲畜祭神佛时，绝不宰杀，如欲用牛祭，仅以色布条束于牛之两耳及肩、尾，再由喇嘛以少许青稞粉撒于牛身，并诵经祷告，涂酥油于牛之头尾背身，此牛即专供祀神，任何人不能杀害矣。祭羊亦然，惟牛以山、湖之名名之，而羊则否耳。

二日　达赖转世　金瓶掣签

西藏达赖喇嘛之转生，旧日相传达赖圆寂时，每示人以降生之地，其弟子大堪布往访得之小儿，一见即能相识。此当然为主持者之设词以免争夺。

清乾隆时定金瓶掣签制以防作伪。每一达赖圆寂后，由驻藏大臣行文各路民间，有呈报生子灵异或有征验者，藏内遣大堪布、噶布伦持达赖生前常用之物数件，杂他物试之，如其儿指取不爽，或见堪布出一二语，乃圆寂时事，则令其父母携至德庆，如此者一二人或三四人，驻藏大臣覆验，择日以金瓶掣签。前七日各大寺喇嘛诵经，帮办大臣至大招行礼，用手签书各小儿名如其数，封贮瓶内。驻藏大臣行礼启盖，掣取其一，对众拆封。然后迎入大招，日夕守护，具奏入呼毕勒罕册，上命章嘉呼图克图至藏照料坐床。六岁学经，七岁受小戒，即学禅坐不令卧。公事皆班禅或呼图克图代决。十六岁乃自理事。达赖下有二呼图克图，一为济隆，二为第穆。又有二诺门罕，一为荣增（梵语师父），即达赖授经之师，一为噶勒丹锡呼图萨玛第巴克什，前曾代理达赖。

二日　祭鄂博　赛骏马

本日（系阴历六月二十七日）为"下塔哇"（即下街）藏民祭鄂博之节，在十余里外北山中。余与行署同人，乘马往观。途中遇许多藏民，背负柏枝，上有羊毛，或布条，均系献之鄂博者，至其地，见山上有鄂博一，上者下者，男女老幼不绝。据云，祭典已毕，但见浓烟高绕空中，即未登山。山下及对面山坂，帐房无数。盖藏民均于此数日野居，有钱有闲阶级，多远至此地。本日黄司令家属，黄河南亲王家属均来此，在半山中架帐房。余等因不愿登山，即在山下宣化使署同人一帐房中休息。各藏民无不美衣鲜食，或蒸肉包，或煎油饼，甚或效汉人之面饺。富者多帐房数架相连，或对面为厨室与仆役帐房。

未几，作赛马、赛跑之戏。愿赛马者，可自由加入。先聚而饮酒，后自由竞赛。或比马之快慢，或较马上放枪之准否，或在马上拾地下之哈达，种种绝技，令人赞佩。赛跑，系两人或数人在山坡中上下奔驰，并有化装者。观者如堵，群相嬉笑。余觉此种野外游戏最好，可以活泼心思，强健身体，与欧美人之运动有同等效果。且西北产马，无论交通、防敌，均需要马术枪法，每年乘机练习一二次，固必要也。

最后演"打鹿故事"，如演剧然。有打锣鼓者，有扮演者。一黑教喇嘛，装山神，用白棉花作假白须。有一人披鹿皮装鹿，在山上跑上跑下。数人持枪追之，虽系游戏，亦运动之一种。因多人在山上下奔驰也。惜余不懂藏语，内容不大了解。闻系演数商人中途遇盗，祷之山神后，盗披捕，并获鹿云云。不知确否。拉卜楞无戏，此种游戏，亦颇有趣。

四日　护法殿　喇嘛塔

佛教主张慈悲，但必有武护法神以拥护之。各寺各派，均有其特别之护法神。如黄教之护法神，为牛头夫妇，红教之护法神，更凶恶，望之生畏。各寺院佛殿，均有其护法神，或专殿安置，或附设一隅，常以哈达掩蔽之，不令普通人见。拉卜楞寺，除各院护法神外，有总护法殿。在黄河南亲王府对面，占地甚广，高墙围之。外有高数丈之经杆，内有高数丈之古木。妇女及平民，不准入内。正殿二层，下供武护法正神，狰狞可怖。上供武护法神将，除嘉木样外，即普通喇嘛，亦不得擅入。殿内悬刀枪剑弓等武器，谓系供护法神用。殿外陈列熊豹等各猛兽皮，谓系武护法神所猎得。

蒙藏寺院，多有喇嘛塔，藏名"起殿"，义为吉庆平安。蒙藏民常绕塔而行，谓可得吉祥。其建筑仅两三层，内实不能登，与内地之砖灰高塔不同。拉卜楞寺有喇嘛塔三，一在黄河南亲王府侧，一在贡汤仓附近，一在寺外，较大，且距中山街近，每日藏民男女聚游者甚多。因妇女不许入寺区内，故在此礼佛。本日游经其地，见有许多藏妇，或向寺院叩头，或在绕塔而行。

五日　富户供养千金　众僧饱食终日

前与襄佐谈拉寺经济情形甚略。兹经调查，得详细状况如下：拉卜楞寺本部每年收入，约有三种：（一）房屋田产之租种。（二）基金及茶油存品之经营利息。（三）其他临时捐募，或人民供奉者。至支出，亦可分为三种：（一）对于全寺喇嘛供给口粮饮食。（二）对于全寺各佛殿每年举行之香火消费。（三）其他本寺对外之一切公费。此寺本部之经费，由司财务者二人经理之。至各院亦略有财务，收支大致相同而极少。

拉寺经济，比较青、康其他各寺为充裕。故喇嘛之生活与进益，均较他寺为丰富。若能刻苦生活，则每年几全可靠寺得食，其不足亦仅一二月耳。盖寺本部或本院，每年发青稞每人二斗，并常年朝晚有供饮之清茶，尚有二月以上之诵经日期，可得丰富饮食。如二月初三至初八日，为"尼贝错曲"期，由"吉娃"直辖五大寺轮流供应。九月二十至二十九日，为"供谦"期，由"错谦地娃"与"阿拉侯得娃桑"筹措供应。十月二十五、二十七、二十八三日，为"安曲"期，由"吉娃"轮流供应。又正月初一至十五日，为"加格满烂期"，七月初一至十五日，为"质贝柔哲期"，年共三十日，由拉卜楞寺所属人民，及黄河南亲王所属蒙古三旗，每一部落，全体人民，每年轮流供差全寺喇嘛饮食一次，并施散银钱肉油。闻每一部落，十年仅供一次，故竞求丰富。此外有富户一家，或集合数家，为祈神消灾，向全寺僧众供应一日之饮食者，谓之"忙架"。其期之大会餐，消耗甚巨。据普通计算，祭神灯用黄油五百斤，约需百元，煮饭用黄油五百斤，约百元，分赠僧众之黄油四千斤，约八百元，米四百斤，牛两只，各四十元，糖、茶约八十元，共约一千一百余元。他如远近人民之临时丧、庆或修佛诵经者之供差，以及附近人民请至其家中诵经而得之供养，均甚多。所有拉寺喇嘛全年之生活，几均有人供养，且甚丰富，毋怪人民愿送其子为喇嘛也。

六日　佛教制度　喇嘛生活

拉寺喇嘛，地域虽有东三省、甘、青、新、康、蒙古之别，种族虽有汉、蒙、藏之分（汉人共五十余人，如杨喇嘛，临夏人，为最著者），而生活习惯，则仅有阶级贫富之异。兹经调查，并将每日所见之情形，分述于次：

（一）衣服　前清时对于喇嘛，曾赐与品制顶带，活佛喇嘛，得有此品制者，仍旧袭用以为荣。普通喇嘛，不外背心（藏名段苟候），内裙（藏名迈日和），外裙（藏名谢士卜），袈裟（藏名仍），连裙长背心（藏名豆候赶），僧帽（藏名夏古），靴子（藏名满）等数种。其质料，除外裙限于棉布类，连裙长背心，限于氆氇（惟池巴得甸绸缎）外，余则棉布绸缎氆氇均可。其色，普通用紫色或红色，高级喇嘛及活佛，皆穿黄色。至僧帽，普通分"拉玉""尼让""完玉"数种。但"尼让""完玉"二种为铜制，庄严辉煌，普通僧众不能戴也。又无论活佛喇嘛，不拘冬夏，均不着裤。盖喇嘛之服制，原于印度，故一切宜于夏而不宜于冬。惟远行野外，得加服皮裘。凡在室外诵经、讲经、辩论时，以上各种衣服，均须齐着。普通外出时，可不着帽、靴。入室时必须脱帽、靴，方为合理。活佛及高级喇嘛，其靴上有用五彩丝线绣成花纹者。

（二）饮食　每日三餐，早午食炒面，晚食面或加羊、牛肉。富者炒面必加黄油，三餐以肉为主，甚或食米，食油条、肉包、油饼等。饮奶茶每日无数。其食物来源，或由家庭供给，或由师傅供给，或为他人祝福而得，或由诵经期供给。

（三）住居　拉寺喇嘛，均有私人住宅，但甚简陋，除各活佛囊谦有楼屋外，均为土屋平房。但有少数有权喇嘛之住宅，如杨喇嘛（兼保安司令部军法处长）者，亦有楼屋，且内部非常整洁。

（四）工作　凡喇嘛早眠早起。每晨起后，煮茶扫地，拭佛案，献净水，燃佛灯，烧香，读佛经（《多心经》为清晨必修课）。然后准备吃早茶。茶盛碗后，虔坐，默诵《坚曲经》以谢神恩。餐后，读经写字（六时半至十时），以后自由。十二时至下午四时，又讲经论理。

（五）娱乐　喇嘛亦有运动娱乐，即在每日十时后十二时前。或谈话，或散步，或作角力、掷石、竞棋、唱歌等娱乐。但多系少年喇嘛，避师而为之。如被师窥见，必遭申斥，或受体罚。最高尚而为师所赞成者，为转"经轮"。又喇嘛须守戒律，如戒酒、淫、杀、盗等。犯者轻则罚款，重则鞭打，甚或逐出寺境，取消僧籍。

七日　藏语正名　寺佛均误

拉卜楞寺与嘉木样佛，已成蒙、藏皆知之名。但据友人格桑泽凡考证，此藏语译音，均有错误。拉卜楞三字，按原音应译为"拉章"，意为王府，指嘉木样所居之公所而言，并不限于此地专用，在全藏各地，凡活佛公所，均称之。拉卜楞以寺院著名，其寺藏语名为"札西溪"，因嘉木样第一世未来建寺前，其地土名曰"札西溪"，因以名寺。康、藏各地，因名此寺为"拉章扎西溪"，将"拉章"二字，冠于寺名之上，意为嘉木样所主持之寺也。

又嘉木样三字，系第一世法名之简称。但按第一世法名，藏语全文为"根钦嘉样协比夺去教乌孜追"十三音，简称或曰"嘉样协巴"，或曰"嘉样比多言"，二名同出一源，但前者较为普通。汉文嘉木样三字，即由此译出。去"协巴"二字，而增一"木"字，失原音矣。正其名义，应称为"嘉样协巴"，或再简依藏习称曰"嘉样"，不应加"木"字。至本区藏民称嘉木样为"姜根"，无直呼其名者。"姜根"，藏语"佛力普庇"之意，本藏人对达赖、班禅之尊称。本地人民用以称嘉木样，足征尊崇之甚。

至寺东汉、藏民聚居之街市，藏语为"拉章撒加"。"撒加"意为地方，今汉、藏人称其地为"塔哇"，实则藏语"塔哇"，为街市之义，亦非地名。积习难返，但名不可不正也。

八日　漓水非广道河　夏河为大力源

大夏河，贯通夏河县，县之得名由此。拉卜楞至土门关间之农业、林业，以及畜牧业，无不赖此滚滚之长流。且因拉卜楞至河错寺六十里间，河床坡降达四百公尺，可利用水力，设发电厂，清水一带，石灰岩品质甚佳，又可设水泥厂，是将来甘肃之工业，亦有赖于大夏河水，且现虽不通舟楫，将来略加修治，可运木材等，经黄河以达兰州，则尤为水运之惟一交通，可知大夏河关系之重要。兹将地理专家张其昀先生所述大夏河之源流与经过各地情形，以及将来为重要力源等关系，录之如下：

> 今之大夏河，实古之漓水，漓水入黄河，大夏河入洮水，经注界限极清，均在故河州境。自《明统一志》，误漓水为大夏河，民国于拉卜楞设夏河县，改导河县为临夏县，一误再误，遂致名实混淆，已难复改。古之大夏河，乃今之广通河，源出白石山，经和政、宁定二县入洮河，漓水旧志亦称白水，

藏名松渠。

　　大夏河源出拉卜楞西南四十公里西倾山北麓，因所经地形之不同，又可分为三段，自拉卜楞三科乎滩以南，即上述之高原草地，自拉卜楞至土门关，即上述之峡谷地带，出土门关始入临夏平原（临夏县海拔一八〇〇公尺），惟冲积平原，尚不及阶级坪地之广（即著名之临夏北塬，一名万顷原）。大夏河大致自西南而东北，经临夏城南，始折而北流，在临夏东北七公里处，尚有泄湖峡，故虽至下游，水势尚速，水色亦清，至永靖城东入于黄河，全长约一百五十公里（洮河长五二〇公里）。

　　大夏河右岸支流，以噶河为最大，源出本县黑错附近，北行至沙沟寺（在拉卜楞东六十里）附近，汇入正流，左岸支流以捏贡川为最大，源出甘家滩附近，东行至桥沟（在沙沟寺东六十里，土门关西四十里），汇入正流。

　　大夏河依山曲折，路亦随之，土门关以内，山势类多紧迫，凿石开道，往往左依峭壁，下临湍流，径路坎坷，行旅不便，自土门关至拉卜楞有桥梁十余座，或依据矶头之上，或连跨河中之洲，皆以木架设，甚为粗简。大夏河无舟楫之利，惟夏季水涨时，能行木筏，运木料，古人所谓不通舟楫，良非过言。土门关当临夏县西境，与夏河县邻接，为甘肃西南部之重要界线。全村居民约数十户，跨大夏河两岸，有桥沟通其间，长二十公尺。

　　大夏河之水，当为本县重要力源之一，自拉卜楞至沙沟寺六十里间，河床之坡降，达四百公尺，沙沟寺与山堂二十里间，坡降达二百公尺，如欲利用水力，则发电厂可设于山堂附近，盖水势湍急，且有峡谷，利于建筑坝闸也。清水一带，石灰岩品质甚佳，若于此设水泥厂，动力不假外求，盖自土门关至桥沟四十里间，河床坡降，亦达二百二十公尺，可用水力代煤。水泥工业为甘肃建设之要务，而原料与动力，产于一处，如清水者，殊不易得云。

九日　拉卜楞为藏族信仰中心　夏河县乃四省交通枢纽

拉卜楞自嘉木样建寺二百余年以来，成为甘、青、川、康边地藏民信仰之中心，补政教之所不及，其地位甚为重要。余留此数月，欲四出至数站外一游，而终未能。今决定数日内离拉，殊为遗憾。兹就各方调查得夏河县境内要地及境外要地之交通里数等情形如次：

自拉卜楞东行，经土门关至临夏，为余等来时所经者。东南经陌务或黑错约一百三十公里，至临潭县陌务寺，有喇嘛一百七十余名，附近一镇，汉藏民各三十余家，有小学。黑错有寺，藏名"札木喀尔"，有喇嘛二百七十余名，归青海同仁县隆务寺管辖。寺附近黑错镇，则属夏河，住民八十余家，回多于汉。再西南行，至洮州旧城二日程，南经两木寺，十三日至松潘。两木寺由二寺合成，仅隔一小溪，南日格尔的寺较大，有喇嘛千余人。寺依山临溪，溪水东流，入于白水江，山高海拔四千六百尺，上多松林。由寺南行四十余里，上阿米拉耳山，逾岭至岷江上源，其地西去黄河河曲之最东端，仅百余公里。北行经甘家滩、文厂沟至循化县，计八十公里，为余十六年所经者。西行经三科乎滩，至青海同德县，计七十公里。南北行多草地，比较平坦。东行沿大夏河道路崎岖。西行近拉加寺时，行山腹中，下临黄河极险，但距旧河、洮二州甚近，交通比较便利。旧河、洮二州，明代曾设卫屯垦，行茶马贸易，称西陲门户。夏河当时，虽为边外之地，比较接近内地，清时属循化县，改县后当属青海，惟因民国十年宁海军（甘边宁海镇守使所属）与拉卜楞寺发生冲突，宁海回军自甘家滩进攻，占据该寺，嘉木样避难于完科罗寺（离洮州旧城四十里），至十三年，始撤兵。此为夏河分立并隶属甘肃之原因。县界迄今，尚未划清，全县面积亦难测定，据甘省府测为九一二三方公里，而据曾世英君测为二三一九方公里，相差几二倍。

十日　收拾行装　馈赠珍物

班禅原定期离拉，以种种原因未果，诚专使决先离拉，取道青海共和县，经大河坝至玉树，再与大师会齐。经商得大师同意后，定明日离拉，本日收拾行装，并各处辞行。

下午黄司令饯行，并赠余豹皮、狐皮等特产各数件，皆未熟者，盖拉寺产各种兽皮而不能熟，普通以酥油揉之。班禅亦派旺堪布赠余麝香数个，亦系拉卜楞一带特产。

十一日　待吉时　遇暴雨

本日行署离拉，上午八时一切准备完毕，整装待发，各送行者亦来署候送，惟诚专使素喜占卜，以前离兰州时，时日不佳，致李秘书堕马残废。渠之乘马，亦于日前病死。此次占定十一时最与月日相合，故须俟至该时出发。准十一时专使出行署，余随之，各行李骡马在后，不意未出拉市，各骡马即先后倒地，不能前进，出市者亦相继倒卧，或弃行李而逸。余等不得已，宿三十里之甘家滩，前站已远行二十里外，后者迄晚未至，既无帐房，又无食物。专使与余卧架窝中，仅有一帐房，各同人共卧其中。但行军床及被褥未至，不得已皆就地卧，不意午夜大雨，水由帐房下流入，一片汪洋，被褥尽湿，各同人起立以待天明。又不意有一马拴帐房之钉上，一曳而帐房倒，各员并避雨而不可得矣，而奔逸之马，亦尽力奔驰，遍觅不得，天明始得于山上，被铁钉击腿，惊逸力尽而毙矣。

十二日　骡马难入西藏　草花大类公园

驮骡有半数未至，除昨晚派人未归外，清晨又派数人，十二时始归，知市中倒地者，均运回行署，途中倒地者，设法赶来，将驮物另行分配。此次第一日前进，即发生半数驮骡倒地之原因：（一）因由河州一带，所购之骡，大半为老瘦，不堪负重。（二）因行李过重。（三）因事务主任原系英文秘书，对事务毫无经验，以致各驮轻重不适，无论老骡壮骡，一律重驮，而一驮左右又重量不均。（四）因草料不足，以致离拉第一日，即发生此种困难。如此骡马，入藏寺大成问题矣。

下午又行，三十里，宿甘坪寺中央西北畜牧改良场。沿途青草满滩，百花盛开，其色或黄或白，或紫或蓝，其形或垂如钟，或细如缨，或分散如星，或贴地如钉，无论山上平原，遍铺青草，满布艳花，真所谓锦绣山河。人行滩中，花拂衣巾，无异一大公园。此种奇景，非亲至草地者，绝难梦想。此种风味，亦非亲至西北者，不易尝得。人皆知行草地之苦，而不知此中之乐无穷也。

十三日　夏河县文化渐启　八角城古迹犹存

晨起，高参军由拉卜楞专差送来函电，知诚专使辞职照准，特派赵守钰继任。专使未到任前，着余暂行代理。诚专使因决定仍回拉卜楞办理移交，十一时离西北畜牧改良场，冒雨而归，仍经甘家滩。据云北山中有一寺为女活佛，新圆寂，尚未转生，在马上可望见寺屋。按活佛普通皆男子，女活佛尚罕见，闻西藏有数寺活佛为女子，此寺在内地可谓特别，想前辈必系女子研究佛典甚深者，死而转生，开佛教男女平权之风矣。又东北有一八角城，尚有遗址，据传为宋时古迹，不知确否，以专使急于归拉，未能往览，甚为憾事。

按拉卜楞据大夏河上游之滨，在两山夹峙之地，东北山夹谷深为山地区，西北、西南及东南均为草地高原所环绕——全适于游牧之区也。甘家滩为西北之牧区，一名甘家川，有捏贡川发源其地，水草丰美，据《循化志》载，当清乾隆六年时，兵部曾议开办屯田，其原奏云："川原山麓，高下不一，沙土滋泥，肥饶各别。滋泥似可垦种，沙土殊难预期，川原可望收成，山麓恐多干旱。"惜未果行。但该地实多适于牧，少适于农，今全国经济委员会设改良畜牧场于此，实甚需要，惟仅有空名，一切尚未实施也。

夏河境内既西北、东南、西南均为草地，因之畜牧最盛，藏民生活所需，以及贸易输出，皆畜牧所产也。其牧畜种类不外马牛羊三种，马以产于青、甘、川边境一带之土尔扈、左格尼马、欧拉、确某夏梅妄、料日布、花仓诸族者为最良，体格高大，性格雄强，俗称南番马。在中国马产中，除新疆巴力坤马外，其高大雄伟，即属南番马也。此外甘家族、索乎族之马，体均较小，而灵秀活泼，以善走闻名于西北。甘家族马群，又系纯走马种之遗种，西北人尤其蒙、藏民族最好之。牛有牦牛、黄牛、犏牛之分，此区养牦牛者为多，因其耐寒耐劳。牡者力大性暴，对于逾山涉水，行雪途，走砾地，均能胜任。牝者体躯较小，专供产乳及制造黄油之用，其乳质所含脂肪质较黄牛为高。犏牛为黄牛与牦牛之间生种，具有二者之优点，刚劲驯服，兼而有之。乳量甚高，以牡供役，以牝榨乳。牦牛产于索乎、大才等旗者，以色正体大见称。黄牛养者甚少，专以其牡者与牦牛之牝者交配，为产生有优良性之犏牛也。牦牛毛长尺许，望之生畏，故俗名毛牛。羊为小尾，赋性灵活，并能耐寒。其中甘家产羊，以毛质纤细，羊皮秀丽见称。欧拉、左格尼马、土尔扈诸族，以体躯高大，肉质肥美闻名。但所谓毛质粗细，亦相差有限，因不知选种，粗细毛羊，混为一群，又不知注意颜色之纯一与密度、曲度、长度、光泽、含油质等种种条件，以致出口时难售高价。至山羊仅十三庄有饲养者。每一牡羊，肉量平均为五十斤，近年因胎羊羔皮价昂，多杀孕羊以取胎皮，影响于羊群繁孳甚大。

据张元彬君调查，与拉卜楞寺有关 5700 户牧民所养之牲畜，计马 35700 匹，牛 13700 匹，绵羊 1169000 匹，山羊 21000 匹，驴 2100 匹。每匹平均价值，马 50 元，牛 15 元，绵羊 2 元，山羊 1 元，驴 10 元。张君又谓此区内即不加人工种植，牧羊尚可容纳现有牲畜额之一倍。以余观之，尚不止此。

十四日　重返故居　新奉电命

拉卜楞为边地鄙壤，交通不便，内地人士，足迹罕至，余于民国十六年一度巡视后，未作重来之梦想，不意因护送大师，旧地重游，且留居数月之久，十一日离拉，转青赴藏，以为此去不再来矣。更不意别仅三日而再临旧地，重返故居。屋中新尘甫积，又被扫除，人生行止，真难预定也。

昨阅行政院致专使电，知专使更动情形，着余暂代，尚拟斟酌情形辞职，乃返拉后，又接蒋院长专电，令代理专使职务，当即商诚专使，请其俟赵专使至后，再行交代。诚再三不允，谓电令甚明，不能再待。十五日为半月之期，决定一切账项，截至该日止，十六日即将印信移交云云，不得已覆电遵代，准备一切。

十五日　商移交　换银币

下午，专使约余商谈交代事项，第一为输送队问题，决定遣散。第二为经费事，行署仅存银币一二万元，系备入藏后用者。但现在职员多去职，不能不借发补助费，决定由班禅处暂借纸币万元，以银币万元作抵，将来换回。第三为账目事，因时间匆促，不能一时清结，先将印信移交。

十六日　金印接收　骡马待毙

本日诚专使正式将行署印信及职员名册移交，凡东北籍职员，均随之辞职，余觉一机关长官更易，旧用之人，不必共同去职，尤不宜以地域关系而同去，再三挽留无效，因派参军高长桂，秘书史汝镛等暂行兼代参谋、事务主任等职。

同时交来册封热振之金印，方四寸许，全金质，值万余元，热振呼图克图，本无颁给金印之资格，因现代理达赖，故特别册封，其册封用黄缎裱成，内用汉、藏两种文字。

又交来骡马七十余头，疲惫不堪，因原多老病，自甘家滩归后，因已准辞职，各职员忙于交代，且以责任将卸，料草俱无，饥饿数日，多不能支持，急购草料加食，已于当晚死骡一头，病而待毙者，尚五六头也。

十七日　官场旧例　西藏习惯

本日诚专使又将公礼、公物等簿册及箱物移交，当即派员接收。发现许多错误，短少许多物品，此固清代以来官场之旧例，当系小职员所为，而专使不知也。

下午设宴欢送诚专使及辞职同人，即在行署，高参军以大碗与各同人对饮，酒兴甚豪。并谓藏人嗜酒，宴客时每以大碗酒强饮，如至拉萨，非大饮即绝对不饮，惟大饮始欢，今日须练习也。

十八日　赠班禅海味　宴宣署同人

班禅大师决定二十日离拉，不便设宴，因送燕窝、鱼翅等海味数件，并附洋50元，以为厨师烹调之资。下午在行署设宴，欢送宣化使署高级职员，到者康处长、森且堪布、大夫堪布、大卓尼、刘秘书长、赵秘书、孙电台主任、陈科长等十余人，并请黄司令等作陪，藏方同人豪于饮，余请高参军代陪，赵秘书、康处长等，均有醉意。

十九日　接账簿　请经费

诚专使虽于十六日将印信移交，但账簿复杂，于昨晚始行移交，现款仅余一千余元，而骡马甚多，每日草料即成问题，因即电财政部、蒙委会，请速汇款，并电赵专使早日离京。一面委派数人，组织委员会，清算账目。

二十日　谒班禅　访堪布

因大师明日离拉，本日往谒，询及赵专使，因将其经历详述，大师希望余与赵专使早日到玉树，以便偕行入藏。出访各堪布，正整理行装，银币每千元，装一木箱，两端用生牛皮裹之，并用生牛皮绳束之，非常坚固。行署原仅存银币万余元，移交时与大师换纸币万元，发川旅各费，言明有款时仍可掉回，本日向各方借纸币万元，将银币换回。

晚赴康处长及刘秘书长、三大寺代表处，略谈，均希望早日至玉树会晤。

二十一日　班禅赴玉树　拉佛有欧风

本日班禅大师启锡赴拉加寺，转玉树，仪仗队随行。行署因候赵专使，未能偕往。大师约十时离拉，黄司令在五十里外之飞机场设帐欢送，嘉木样仍令其旗帜等仪仗随送，并有鼓乐队前导，喇嘛及蒙、藏民众数千人送出郊外。余率行署同人乘马送至飞机场，嘉木样等送至本晚宿所。

此次大师离拉，乌拉共四千余头，果洛民众有数千头，直接送至玉树，惟因数目过多，黄司令颇费周折。本日各乌拉，尚未能到齐，仪仗队一部分物品未行。

拉加寺在青海同德县，为河南亲王属地，其活佛为兴萨班智达，曾游历平、津、粤、沪，甚开通。故在该寺居洋楼，食西餐，并有汽车，但其地无公路，仅通十里。闻该活佛每隔三年，必赴京、沪游历一次，盖三年可积金数万元也。

途中草高尺许，百花盛开，归时与高参军策马疾行，奔驰于异草奇花之间，颇觉有趣。

二十二日　历代班禅略史　今世班禅经历

班禅大师离拉后，拉卜楞顿成冷静现象。盖拉卜楞为宗教区域，拉寺为黄教六大寺之一，班禅大师为黄教最高领袖，故驻拉数月，远近藏民，咸来顶礼，商人投机，亦多麇集于是，拉市人口骤增数倍，顿成繁盛之区。大师之去，有如冰消云散，一日之隔，真如天渊之别，班禅一人关系之重大可知。兹将班禅历代之略史，分述于下，足征其在黄教中之地位。

第一世班禅额尔德尼，法名克鲁哥鲁巴桑保，意谓博学德俱妙善，于明洪武十八年四月八日，生于后藏。后至前藏甘丹寺为僧，宗喀巴收为大弟子。得法后，与第一世达赖喇嘛根敦珠巴辅佐宗喀巴，振兴黄教。旋与第一世达赖共受宗喀巴之遗嘱，世世以呼毕勒罕度世。正统二年圆寂，享年五十有四岁。

第二世班禅，法名四朗曲朗。正统四年正月十日，在后藏德巴地方转世。传授第二世达赖小戒。弘治十七年圆寂，享年六十六岁。

第三世班禅，法名恩萨巴结珠白旺曲罗布桑敦珠巴，意谓意善成就自在。于明弘治十八年正月十日，在后藏转世，嘉靖四十五年圆寂，享年六十二岁。

第四世班禅，法名罗桑曲吉甲参，意谓意善妙法胜幢。于明隆庆元年四月十五日，在中印度转世。隆庆四年迎至西藏坐床，壬子年登位传法，掌理黄教，并传授第五世达赖大小戒。清太宗崇德七年，与第五世达赖及藏巴汗、固始汗之使等，同至盛京，自此信使往还。明思宗崇祯六年即清太宗崇德十年，青海固始汗因后藏之藏巴汗压抑黄教僧伽，遂攻灭之，以其地属班禅，驻节札什伦布寺，管理梵院，密辟黄教，自是威望大隆。蒙、藏各处，咸尊崇之，为博克达，而从受金刚如意珠轮，秘密灌顶法者甚多，于清康熙元年圆寂，享年九十六岁。

第五世班禅，法名罗布藏伊喜巴桑布，意谓意普圣智，于清康熙二年七月十五日，在后藏转世。三十四年，圣祖遣使册立为呼图克图。二十五年，诏封后藏班禅呼图克图为班禅额尔德尼，颁给金册金印。注明札什伦布各寺院属班禅额尔德尼管理，班禅额尔德尼之名始于此。藏名抵任补清，意为护持宝饰。乾隆二年圆寂，享年七十五岁。

第六世班禅，法名罗藏巴勒垫伊喜，意谓有德圣智，于清乾隆三年，在后藏转世。四十五年，高宗七旬寿诞，第六世班禅来京祝寿，至热河之避暑山庄。高宗令仿后藏之札什伦布寺式，建福森寺于热河以馆之。嗣驻锡西黄寺，十一月患痘圆寂于西黄寺，享年四十二岁。四十七年命于西黄寺西，建清净城塔院，藏其经咒衣履。

第七世班禅，法名罗桑巴尔丹巴里里比尼麻却古勒朗甲巴桑波，于乾隆四十七年四月八日，在后藏转世。四十九年入寺，五十五年廓尔喀犯藏，侵入寺中。高宗命福康安带兵讨平之。五十七年廓尔喀送还抢去之金册银物等件。嘉庆八年，来拉萨传受大戒。咸丰四年圆寂，享年七十三岁。

第八世班禅，法名罗桑巴尔巴且节惹克巴打黑别望都巴桑波。咸丰五年，生于桑脱曲布甲补鲁桑。光绪八年圆寂，享年二十八岁，为历代班禅之逝世最早者。

第九世班禅，即现在入藏之大师，法名村老桑工丹具吉尼玛各洛朗甲把桑波香厄列，于光绪九年正月十二日，生于西康达克保处，十四年迎至后藏，十八年迎至札什伦布寺。光绪三十一年偕英人卧克纳至印度，英人藉迎英储为名，到印度，待以王礼，会晤英皇太子。翌年三月，回札什伦布寺。宣统二年，因达赖出走，移驻拉萨，主掌政教。民国十三年十一月离藏，十四年二月至北平，驻锡中南海之瀛台。十六年冬，赴辽宁，驻锡沈阳外攘关外之宝胜寺（俗呼皇寺）。二十年五月，由沈阳至南京，出席国民会议。七月受国府册封为护国宣化广慧大师法号。旋赴海拉尔，并西行驻锡百灵庙。二十一年七月，返平，十月二十一日，在太和殿举行时轮金刚法会。十二月十二日抵京，二十四日就西陲宣化使职。二十二年二月，赴百灵庙，先后至锡林果勒盟及乌兰察布盟各地啤经宣化，二十三年一月，又返京，出席全会。二月就国府委员职。四月在杭州灵隐寺举行时轮金刚法会。旋赴沪，月终返京，七月赴平，八月赴包头。九月离绥，至伊克昭盟之杭锦旗宣化，并至阿王府讲经。十一月五日赴阿拉善旗，二十四年三月离阿，五月至甘肃。六月赴西宁之塔尔寺。二十五年六月至拉卜楞，七月又举行时轮金刚法会。八月离拉，经玉树入藏。历代班禅，均无本世大师在内地居留之久，游历之广，功德之普及圆满，与险阻艰难之备尝。

二十三日　达赖地位　英藏关系

达赖、班禅为西藏佛教之二大领袖，藏谚有云，天上的日月，人间的班达，可知其并尊之心理。第九世班禅之离藏、回藏，均与达赖有关。达赖喇嘛之地位，及第十三世达赖一生，并英藏之关系如次：

达赖之名称，源于蒙古语，意为大洋之义，智慧如大洋之谓也，西藏人称之曰"甲姓任补清"，意为最胜宝饰。喇嘛者藏语无上之意，初非高僧不能应用，今已成普通之称号。藏人称出家之僧为察巴，后尊称察巴为喇嘛，而喇嘛又每尊称曰佛爷，失本义矣。达赖喇嘛握全藏政教两大权，驻锡拉萨北山上之布达拉宫。每岁例至色拉寺说法，并诵经。总辖寺庙三千一百五十余座，约喇嘛三十万余众。达赖圆寂后，藏中政权，则由司伦噶夏负责，教务则由中译庆莫处理，军务则由马基秉承司伦之命指挥。此时达赖之佛印，暂由机要堪布保管，俟下世达赖转生，经十八年呼毕勒罕期满正式即位，始得启用，执行元首之职权。

第十三世达赖，法名阿旺罗桑图丹嘉错直品旺楚省赖蓝布尔解旺德，于光绪二年，生于达布甲擦管，官属卜朗顿家，以种种灵异，免入瓶掣签。二十四年，俄皇派布里雅蒙古人喇嘛多尔智，至藏留学。因学识超众，被选为达赖之赞尼（即顾问之意）。多尔智有辩才，常告以英国侵略西藏可畏，中国不足恃，俄国将来为佛教之惟一保护国云云。又俄人陶什夫亦佛教徒，常往来于拉萨与圣彼得堡之间，携俄皇所赠珍宝，劝联俄。于是达赖亲俄，二十六年、二十七年，两遣使至俄，谒俄皇。二十九年，英人知日俄将开战，中俄俱无暇西顾，乃乘机命荣赫鹏率远征队二百人入藏。进至距拉萨三日程时，达赖将印交于噶丹寺，率侍卫七人东行，时光绪三十年五月七日也。英兵于六月二十二日至拉萨，与三大寺迫订《拉萨印藏条约》。达赖东入青海，俄人多尔智尚为赞尼，引布里雅特蒙古族人七十名护卫之，欲赴俄都。翌年，至甘肃，闻日俄开战，俄人连败之讯，达赖乃宣言欲赴库伦，见哲布尊丹巴，遂驻于西宁之塔尔寺，清廷闻达赖东走，乃劝其来朝。三十四年，达赖入京，清廷以臣属待之，且派员监视。达赖急于回藏，旋溥仪嗣位。藏人欢迎达赖返藏，乃于其年离京。入蒙古，至库伦，与哲布尊丹巴相见，并见俄驻库领事，继至青海。途中闻赵尔丰于川边励行改土归流，并派兵入藏事，心怀不满。宣统元年十月至拉萨，又与联豫不洽。旋钟颖率兵一混成旅由川边入藏，达赖恐惧，即率亲信数人，潜逃印度，时宣统二年四月一日也。英人乘机，大为优待，清廷反听联豫之言，宣布达赖罪状，革其名号。达赖留印数年，适武汉起义，外蒙宣告独立，驻藏川军亦变。达赖乃乘此机，于民国二年九月返藏，宣告独立。中央发川滇军攻之，英人乃提出觉书，于二年十一月开森姆拉会议，决裂而散，英人势力乃大膨胀。十三年，逼走班禅，且欲推翻达赖，幸数万喇嘛反对，达赖亦稍觉悟。十七年，北伐完成后，中央派贡觉仲尼入藏，二十年，达赖即派其为驻京代表，与中央日接近。二十二年圆寂，年五十九岁。

二十四日　政权与教权　政民与信民

拉卜楞虽设夏河县治，但境界无明确之划定，权力所及之范围甚小，事实上拉卜楞寺宗教威力所达之区域甚大。自青海增设同德县后，夏河界之境域益小，但拉寺之势力仍大致如故。夏河县政府之权力，固始终不出十三庄之范围耳。

夏河县所属之人民，可分为政民与信民二种，政民藏语呼为"墨德"，即政府力量所及之人民。如拉卜楞寺附近沿夏河一带住居之十三庄藏民，计三百余户，约一千五百余人。直接受县长之管辖，对县政府有纳差及应役之义务。信民，藏语乎为"厥德"，即信仰拉卜楞寺嘉木样之人民，其范围甚广，计大小三十庄（十三庄在内），大小十八牧族，总计七千余户，人口几达三万人之多。对于拉卜楞寺及保安司令部，均有纳差及应役之义务。如索乎、大才、土尔医诸族，系蒙古族，俗称黄河南四旗中之三旗，仍为信民。此外均为藏族，如三苦乎、阔才、左格尼马、阿木去乎诸族，以及十三庄，均由拉卜楞寺直属。嘉木样派其亲信喇嘛任"部哇"职（即行政长官之意），或称"谷草"，代表嘉木样行使政权，三年更换一次。此为嘉木样以教权兼施民政之已往情形，设县后依然未更。

如是十三庄人民，既为政民，同时又系信民，不免有两重负担，生活更苦。其他仅为信民者，多系牧民，对宗教信仰甚笃，每愿罄家产以供应寺院喇嘛之需用，而作宗教上之祈祷仪典。设有侵害寺院，或带有侮辱宗教意味之行动时，皆愿牺牲生命财产，起而卫教，黄司令正清之在拉卜楞有势力者以此。

二十五日　佛教派别　各宗沿革

佛教自印度传入西藏，始于藏王仰驰臻穆时代，盛于驰松德村（二王皆在中国晋朝前），集成于松村各穆（即弃宗弄赞）。此西藏史上所谓三大法王。其间许多印度高僧，来藏宣化，而西藏之留学印度者亦选出大德。后因各地尊奉祖师之不同，或对于经藏解释之各异，又或因诸种道德设施之差别，久之遂有同教之异派。最著者如俗称红教之尼玛派，及俗称黄教之格鲁派（一称德尔德巴派），实则共同遵奉整个释迦牟尼佛之遗教，并无根本上之差别。在西藏古时，通俗概行密教，即念密咒行密法也。此外尚有念佛教，即依阿弥陀佛如来之誓愿，以期往生西方净土者。自教义上观之，可分毗婆婆、经部、瑜珈、中论四宗，而以瑜珈、中论二宗为盛。瑜珈一宗，又有凌驾中论之势。及莲花生上师来藏，盛倡龙树教义，调和苯教，以广流传，后人称为尼玛派，意即古派。后大圣阿提沙之弟子辈创甘丹派，即革新派。更有酌取两派教义，成立一半革新派者，元时西藏之萨迦派，独霸当代。降及明初，各派渐衰，均为格鲁派所化。兹略志如下：

尼玛派　尼玛，藏语古旧之义，此派以莲花祖师为初祖，融合苯教，专持密咒，不守律义，承应身佛释迦所说之声闻、缘觉、菩萨三乘，报身佛金刚萨埵所说之密乘外道，作、修、瑜珈三乘，及法身佛普贤所说之密乘内道，大瑜珈、无比瑜珈、无上瑜珈三乘，共九乘，为修学之要，遵守勿改。后复分为五派，皆实行莲花祖师所传修验法者。

甘丹派　甘为圣教，丹则教诫，即一切教皆教诫之意。此派为大圣阿提沙弟子冬顿所倡。其教以提倡戒律，尊尚净行，护持密法为旨。判三土教，摄一切法。又奉四尊，即释迦，观音，救度母，不动明王。习六论，即菩萨地，经庄严，集菩萨学，入菩萨行，本生变，法勿集。次第四密，即作，修，瑜珈，无上瑜珈，而以上乐密集为之最极。组织精严，昔无其比。藏中各派，均滥用宗教势力，以干预政权，惟此派专尚教化。但近代西藏执掌政教之格鲁派，即起源于此。

萨迦派　西藏王族寰曲爵保，从释迦智受显密诸典。后于萨迦地方创建寺院，立萨迦派。以清辨一系之中观，为密乘本义之解释，以显乘之菩萨五位，资粮，加行，见，修，究竟，与密乘四部对合而修，以菩萨智慧本性光明照耀而入大乐定，实系贯通显密，融合二乘之宗派。故尤与尼玛派之旧学相对。此派在藏，历世执统治权，传至拔思巴，受蒙元帝师尊号，传教内地，其劳益隆，终元之世，称极盛焉。然积久弊生，僧众骄逸，无少改进，格鲁派遂起而代之。

格鲁派　即额尔德尼派，藏语之苦守律仪，善俱德行之意，为宗喀巴所倡。上宗甘丹派，合一经咒，励行律仪，而后撷取各派所长，融为一说，亦曰新甘丹派。初宗喀巴习法于萨迦寺，学莲华部法，尽得其奥。后入雪山苦行数年，目睹当时红教之弊，不守戒规，即以整顿宗风，匡正僧俗为己任，乃立志改革，定严格之道德规律，依甘丹派规则，立二百五十戒（迦派二百五十三戒），是即佛教中之一切有部戒也。更修明咒语，重定佛教仪式，改染黄色衣冠，另立黄教，以别于旧时之红教。尤鉴于红教之呼图克图，因欲传袭衣钵，仍娶妻室，虽定平时各居一地，朔望相见，并有子之后，例必禁绝。但弊端所极，因不学无智者立于上，淫猥鄙陋之风行于下，毁伤其教，不一而足，乃禁止娶妻，凡僧均宿寺院，加以严格训练，而以呼毕勒罕为其传授衣钵之法。在西藏创建之大寺，传布道法，后又传教于蒙古及内地，弟子达赖、班禅，分掌西藏之政教大权，传袭不替。至康、蒙、藏各地佛教，无不以此派为最盛。兹将各派之势力以百分率，比较如下：

甲：在前后藏、青、康及川边、甘边、滇边者，格鲁（黄教）约百分之五十，尼玛（红教）约百分之十六，萨迦约百分之十四，甘丹百分之十，其他百分之十。

乙：在哲孟雄、不丹、俄属布里亚帕米尔一带者，格鲁派约占百分之八十，尼玛派，萨迦派等，约共百分之二十。

以上为黄教、红教各派之源流。又有所谓黑教、白教者，略述如下：

黑教　俗称苯教，为西藏最大之教。不知始于何时，相传以秀拉白为教主，藏名萨拉克教，有以镇压禳祓炫神，近于幻术，非佛教正宗也。迄红教第三十七世聂镇簪布佛，自印度东来藏地，与黑教不相容，互相斗争。至四十世第结时，几全行驱灭，仅余三十九族之噶鲁等处而已。现西康及四川西北部尚多传其教。所奉之佛，为丹巴喜饶，西康有此派之寺三十八所。

白教　黄教崛起于前藏时，后藏同时有白教乘时而起。其源流未详，有谓出自喇嘛德迁记，或云，藏僧有白姓者，至印度求得佛经，遂倡白教于后藏。虽不与他教竞，而信教者因恶红教之浮糜奢侈，翕然从之。于是与黄、红、黑教并行于西方，更传入西康、青海等处。所奉之佛，为文殊菩萨，共有寺院五百所，以青海为最多，西康次之，青、康有此派寺院二百二十所。

又各教派均有其中心地方，建筑广大寺院，以为本教派各地僧众来习经典之所，如教育之最高学府。兹将各教派之中心寺院，分志如次：

格鲁派　（一）哲蚌寺，喇嘛约一千人。（二）色拉寺，约六千人。（三）噶登寺，约四千余人。（四）札什伦布寺，在后藏日喀则，约四千余人。（五）塔尔寺，在青海西宁，约一千五百余人。（六）拉卜楞寺，在甘肃夏河，约二千五百余人。但应以拉萨之三大寺为母寺。

尼玛派　（一）作钦寺，在西康德格，喇嘛约六百余人。（二）甘朵寺，在西康德格，约五百余人。（三）白玉寺，在西康白玉，约五百余人。

萨迦派　（一）萨迦寺，在后藏西部萨迦，喇嘛约八百余人。（二）要钦寺，在西康德格，约五百余人。但本教派之教主萨迦百玛，曾受元、明两朝大国师统领天下佛教西陲藩王之封号，本人可纳妻室，由其一家人世袭相传，常川住于萨迦地方，故本派当以萨迦寺为母寺。

甘丹派　其中心寺院在前藏，规模不大，其寺名、僧数等均不详。又有一种名甘居派者，以本纳为祖师，其势力在康藏与甘丹派同，均甚微。其中心寺院为宗萨寺，在西康德格，喇嘛约五百人。

黑教　（一）定沃寺，在锁里，喇嘛约五百人。（二）噶勒寺，在噶鲁，约五百人。（三）达喜定沃寺，在下噶鲁，约四百人。（四）楚普噶麻巴寺，在夥尔巴清，约三百人。

白教　（一）楚布结掺寺，在登龙，喇嘛约五千六百人。（二）直谷顷仓寺，在黑竹宫，约五百人。（三）打隆麻仓寺，在彭多，约五百人。（四）孜巴寺，在仑孜，约三百人。

二十六日　骡驮整理　马夫困难

行署决定后日离拉，经循化赴西宁，有急应准备者两事。一因自甘家滩归时，各骡沿途倒卧，驮鞍大半破坏，须一一修理并编号。二因输送队解散后，途中骡马数十头，须雇马夫数十人。但自班禅去后，用乌拉四千余头，即带去乌拉夫一二千人。……黄司令又征集民兵，故觅人特别困难。且随意雇来者，将骡马交之，又不放心。乃请格秘书与黄司令商酌，请其强派民夫，结果雇得二十人，每人索价二十元，不足十日耳，且须供给食粮。平常雇一驮骡，亦不过十余元，今仅空人，即如此昂贵，实觉边民有意借机为难。但继思中央爱护边民，行署应为边民留一好印象，多费数百元，免以威力强迫，留不良印象，因即许之。乃至后，又要求先发食面数日，亦勉为允许。

马夫如此困难，驮骡更不易觅，而行署笨重物品过多，如盐、面等物，驮来驮去，不足脚价矣。因决定一部分物品，暂留夏河，一部分盐、面、煤油等，送与黄司令及电台，以酬其免费发电之劳。西北产盐，而行署有数包盐，皆自南京运来者，脚价超过原价，可笑也。

二十七日　嘉佛史略　拉寺纪念

因明日离拉，上午赴黄司令及嘉木样处辞行，黄谓嘉佛亦将赴草地宣化，嘉谓将来可在拉萨会晤。余觉入藏前途，尚属茫茫，或嘉佛先至，亦未可知。拉卜楞寺为黄教六大寺之一，嘉木样先辈在活佛中，亦甚有地位。经调查其历世史略如下：

第一世，名嘉样协巴，今夏河县甘家滩人，清顺治五年五月八日生，康熙七年，至拉萨，就学于哲蚌寺之郭慕札仓，苦学二十余年，得格西学位。又师事第一世章嘉呼图克图，名望日著，旋入庚丕山洞中修行，屏绝一切。康熙三十九年，就郭慕札仓方丈，时年五十四。康熙四十七年，黄河南亲王吉囊，遣使请其回籍建寺，乃即东返。次年开经堂，又次年上梁，康熙六十年圆寂，年七十五岁。著作有十五部，其中五部讲经，尤为著名，即《般若讲义》、《中论讲义》、《因明讲义》、《律讲义》、《俱舍论讲义》，蒙藏各大寺，多采为标准教本。清康熙颁赐扶法禅师额尔德尼册封。

第二世，法名居免汪波，今青海同仁县且功地方人，继续第一世完成一切，曾游北平与拉萨各二次。清乾隆颁赐扶法禅师呼图克图册封。著作有十一部。年六十四岁圆寂。

第三世，法名罗桑图登，今青海同仁县且劝地方仰多村人，性好幽静，保守成规，鲜可建树。清道光帝封赠扶法禅师，著述仅一部，年六十三岁圆寂。

第四世，法名格桑图登，西康德格县人。性情与第三世适相反，喜交际，尚铺张，好旅行。尝至北平、五台山、西藏各地，朝拜名山。聘西藏第一贵族世家拉家仁之子为其侄女之赘婿，生育三女，其二皆嫁于河南亲王，其一嫁于蒙古某札萨克，制繁盛之仪仗，建华美之别墅，一切生活，极力讲究。并好音乐，晚年尤甚，常招诸侄女侄孙，至别墅中奏乐，举行康藏跳舞，而亲自指导。常谓康藏地方人民之衣服大方，食物精美，足资效法。故拉卜楞之风俗，渐有改变。当进藏途中，至巴塘、里塘间之嘎木乃寺，深为留恋，特加修葺，备极庄严。著作五部，清光绪赐封广济禅师。民国三年，加封广济静觉妙严禅师。年六十一岁圆寂。

第五世，即今禅师，法名罗桑嘉样，西康理化县人。五岁时，由西康里塘迎至本寺，国民政府册封为辅国阐化禅师呼图克图。

行署此次在拉，嘉佛异常招待，特赠该寺一匾以作纪念。正文为"护国佑民"四字，后附跋语，为"拉卜楞为西北巨刹，每以宗教之力，辅政治教育之不及，于国于民，均多裨益，余前主甘肃教育时，曾来一游。此次奉派护送班禅大师回藏，重莅旧地，行署一切，诸承嘉木样禅师照拂。忝代专使，深为铭感。爰赠此匾，以志感谢，并留纪念云"。因匆忙不及制匾，仅将原文书送并留工资，请黄司令代制。

二十八日　改道　缓行

早八时束装待发，忽接青海马主席电报，谓现征集民团，在循化甘家滩一带，请绕道临夏来青，较为便利云。乃决定改道，并缓期于明日出发。一面复电青海，一面电临夏警备司令马为良，述明取道临夏及离拉日期。并一面通知黄司令，彼已去道中欢送矣。旋交谈云，闻青军已至甘家滩，无论何人，不许经过，对行署经过，必为难，故请改道，多留一日更好。惟明日嘉木样佛亦出巡，须远送，请行署早行，以便欢送云云。

  行署缓行一日，无他问题，惟骡马不能放山，须在署喂。拉卜楞虽不乏青草，但无人割，因大师去后，乌拉数千头，即有千余人随往也。急遣人购草，数小时后，有藏妇数人，负草来售，其价值较平日昂数倍，七八十头骡马，每日即须草七八十元。

三 由拉卜楞返兰州

二十九日 夏河农业 边地特产

早八时半行，黄司令等十余人，仍送至马莲滩。马莲滩草虽仍繁茂，而如兰之象，不复再见，不胜昔我往矣之感慨。沿途水滨山隅，青稞遍地，茎高叶密，亿穗耸立，渐渐黄熟，与来时之瘦叶贴地者，亦大不相同。夏河藏民，逐渐汉化，而土地气候，亦宜农耕，故农业逐年发展，除南至陌务一带外，而东至土门关一带，尤阡陌相连，大类内地。

据任承宪君调查，夏河县农户四百五十家，占总户数百分之五。已耕地一万四千九百余亩，占全县面积百分之二。藏民体质强健，尤以女子为然，故农家每户人口虽少，但经营三四十亩之地，尚不感人工缺乏。因地高天寒，广种薄收，一二年之后，即须休闲，以恢复地力。其所耕土地，所有权均属寺院，每年按期纳租。农民租田多寡无定，二三斗地者有之，一石地者亦有之，普通五六斗地。每斗约合六亩余，每斗地租仅青稞一斗，每斗约合十五市斗。拉卜楞气候最寒，普通九月中旬，即降早霜，至五月下旬，晚霜始完，故晚熟作物及不耐寒冷之谷豆类，均难栽培。现有作物，为小麦、青稞、豌豆、燕麦、蚕豆、芸苔（即油菜子）及马铃薯等，尤以青稞与豌豆为最多，由二者用途广而尤较耐寒湿也。各作物之大约统计列表如下：

种　类	亩　数	每斗产量（市斗）
小　麦	1842	18420
青　稞	5906	59592
燕　麦	374	4376
豌　豆	2158	17631
蚕　豆	1339	14946
芸　苔	347	21154
马铃薯	1413	51575
总　计	13546	165676

全县产粮，仅供半年之食，其余须仰给于临夏（占七成）、临洮（占三成）二县，此外野生产蕨麻为高原草地特产。

约二三十里，经长石头至山堂搭尖，又二十里至沙沟寺，一路山青水绿，树林亦茂。至此虽天色尚早，但后面驮行李之数队骡马，距离尚远，且闻有疲惫者，因即止宿。

三十日　土门关外地质　夏河境内矿产

早九时出发，约二十里，经王尕滩而至草口，又十里，经红墙、咱咱寺而至桥沟，均未休息进食。又二十里，抵清水沟，沿途均在山峡中行，在地质学上，颇有研究之价值。以其地层言，有所谓南山系变质岩层者，自拉卜楞至长石头之间，岩石均为变质之深色沙岩，及灰绿色页岩，板岩，千板岩等。岩倾斜，均在六十度以上。地层中每见有石英岩脉之侵入。拉卜楞寺院之建筑材料，多取材于此系之石英岩及板岩。在沙沟寺至王尕滩之间，为变质砂岩及页岩砂岩，作灰黄色，含铁锈斑染甚多。页岩为深灰色，黄绿色等。沙沟寺之西，此系地层，为花岗岩所侵入而成背斜层。其西翼与花岗岩相接之处，变质甚深，砂变质，成黑色坚致之石岩。又有所谓砂砾岩系者，在咱咱寺间斜层中，位于煤系之上，为红色岩层，低部为红色页岩及粘土，上部为红色砾岩，厚度约二百公尺以上，与其下地层成整合并同受此区之摺曲运动，为向斜层之中枢。又以地质构造言之，有所谓摺曲运动构造者，如沙沟寺之背斜层，及咱咱寺之向斜层，皆主要之摺曲也。背斜层之起，由于花岗岩之侵入。在王尕滩以南之南山系地层，曾受局部之摺曲，成二三小背斜与向斜构造，与花岗侵及断层，均有关系，大概发生于中生代。因南山系曾被花岗岩所侵入，二叠三叠地层亦受摺曲作用。中生代以后，似尚有一次之运动，使草地中之红色岩层，亦受倾斜及摺层之作用。又有所谓断层构造者，如王尕滩断层，即最大之断层也。断层之方向，略成东北西南，其结果使南山系地层，与石灰二垒系地层，直接接触，石炭系之石灰岩层，为之陷落，并使南山系之地层，受局部之摺曲，此断层似延长至甘坪寺一带，成绝壁之悬崖。其次之断层，为山堂与大煤间之数个断层。此种断层，或由于地层挤压过度所成。凡此断层，似均由花岗山石侵入造山运动时所成者。

又以矿产言之，桥沟以南为煤系分布之地，昔年曾有人试探，今当见其遗迹。又闻咱咱寺之西观音沟中，亦有类似煤炭之露头。此区煤层之存在，或无可疑。惟储量、性质则尚待详细勘测。陌务附近尕沟地方，闻有铜矿，惟为寺院封禁，不曾开采。沙沟寺之西南，为花岗岩之峡谷。此岩色白而美，组织坚细，为建筑良材。清水一带，石灰岩质地尚好，除可烧炼石灰外，当可制造水泥。

拉卜楞寺院墙垣，大都采取近山之砂岩或石灰岩，凿为方块，叠置而成，极为坚固。墙垣表面饰以红土或石灰，尤以红墙最为常见。屋顶多用黑色板岩铺成，板岩亦产于邻近山上，常成薄片，最宜盖屋。寺院阶梯在较重要之处，多用花岗岩石条。此种花岗岩来自东北六十里之沙沟寺，赖骡马运载，转输困难，故所用不广。拉卜楞附近不产砖瓦，寺院内部墙壁用砖砌成者殊少。喇嘛及人民住宅，则以黄土为主。

三十一日　夏河林业　河州民团

早八时发，十里经晒经滩，又十里抵土门关。河州民团有百数十人守关，帐棚棋布，戈矛林立，经交涉始让入关。土门关新设电话，经与临夏通电话，始让余等行。闻驻民团一营，多回民，副营长便衣，戴红肚腰带。兵士持矛，颇有古代武士之概。又二十里至双城，时仅下午三时，至马鸿逵所办私立之小学校一游。因麦忙放假，尚未开学。校中有花圃，正百花盛开，红黄白紫，艳丽悦目，亦有结实者，如瓜如豆，垂实架上。校门外即场，农人正在碾麦，麦秆堆积，又成内地景况矣。自拉卜楞至土门关，沿途山坡水滨，树林密茂。入土门关后，阡陌相望，树林减少。惟去时原田全为绿野，而野树杂木，正花开如锦，今则垂实累累，或已鲜红，或尚黄紫，远望一似鲜花，风景之佳，不让春季。各种果实，小者如樱桃，大者如李杏。有可食者，马夫摘而食之。余尝数枚，味亦甚甘。回思去时，又是一番风味。惜余未研究植物学，不识草木之名，惟知关外拉卜楞之森林，如保护培植，实为甘肃一大利源。兹据周映昌君所调查者，略述如下。

（一）森林境界　拉卜楞森林之分布，大半在大夏河南岸，沿河之阴面山坡，幅度甚狭，绵延则长，西起拉卜楞，东抵土门关，约一百五十里。北由大煤山沿隆洼沟至卡伽约六十里，均各连续如带，其他则偶尔散生，仅清水南三十里处，有较茂之林而已。

（二）森林状况　一入土门关，林木葱葱，大夏河曲折东北流，溯流而上。河之南岸山阴，时有幼林，多为白杨、桦木，云杉甚少。此种境象，乃系过度斫伐所致，过清水云杉渐盛，大约直径四五寸，高三四丈，愈进则云杉愈茂，林木亦稍巨。同时桦杨亦渐减少，至大煤山一带，林相颇见修整。由是而西，林木递衰，至拉卜楞则仅寺院对山一处为硕茂，拉卜楞以西数里，乃入草原地带，林木遂绝。此一路森林，自清水以西，林相已成云杉纯林之状态，桦杨杂木，数量甚少，且多为下木，其最值注意者，为拉寺对山之人造云杉林。该林系百十年前寺中喇嘛所植。查我国云杉，除天然林外，尚无人工造林，此虽面积不过方里,实为创见。拉卜楞之东三十里,有大煤山,近河滩地,为大夏河一带堆木场之一,从此逾山沿隆洼而南,山谷溪沟,多块状之云杉林,径约六七寸,高约四五丈,桦杨羼杂其间,唯此物限于东北面之山坡,西南面则为草坡,偶或生有柏林。此因云杉性喜寒冷阴湿之处,而柏树宜阳,西南面之山坡,较东北二方为干燥,故东北坡为云杉生长优异之地,西南为柏树适宜之区也。由大煤滩至隆洼庄约三十里,沿途林内之桦杨,较诸大夏沿岸者为盛,常有与云杉成混交林之状态者。再向南林木渐稀渐小,至卡伽遂断续疏落,已成末势,无复森林之可言矣。隆洼庄以东清水之南三十里处,闻巨木尚多,此因距大夏河较远,斧斤尚未深入之故。综观全林,以云杉类为主要材木,柏树极少,桦杨多丛生于林缘。林木除清水之南三十里处及拉卜楞对山之林木,巨材不多,但大致郁闭,尚未十分破坏。土壤为未成熟之淡栗钙山土,上层腐殖质厚约二寸,甚为肥润,故林下之细草颇茂,杂木甚少,惟林缘及河谷中多有之,大都为蔷薇、绣线、菊、红柳、沙都、醋柳子等。

(三)用途 云杉洁白而富纤维,可为上好纸料。白桦红桦可作马鞍,但此区鲜大木,仅可供车轴及小件用。白杨可作火柴,并建筑用。柏可制家具。

九月一日 河州回民概况 夏河民族略史

早九时就道,路平坦,田畴肥沃,麦禾甫割,山芋犹存,高四尺之油芥菜(榨油用,似芸苔而高大),耸立待收,足征此地之富庶。夹道杨柳,叶带黄色,似报秋来,与去时又成一番景象矣。将至临夏城,望见一地新屋栉比,占地甚广,有小学生数十人挟书包而出。据云,系回教之寺院与回民小学。又未几见方数百亩之大围墙,中为荒墟,据云,系回教旧日大寺,经十七年之变而焚毁者。回忆同室操戈之惨酷,益感教育之必要,而宗教之流弊亦应改进者也。

下午二时许,即抵临夏,因双城距县城仅四十里也。是时因警备共产党,城中半戒严,即寓南关外,以便次日早行。旋乘马入城,至警备司令部,访马司令为良。临夏虽属甘肃,但因在历史上为回教策源地,在地域上为回民人口财产的集中地，西北回教徒军事政治领袖，多出于此，故城防由青海军队担负，而警备司令为回人。时因城防紧急，正召集各乡民团入城，时见民团百数十人，整队出城，或负大刀，或持长矛，矛各高举，红缨飘于空中，有中古风。据云，十八九为回族，盖回人勇敢团结，服从耐苦，有种种良好精神，可捍御外侮，而军事领袖，亦皆为回人，易指挥也。南关原为回民聚居之地，建筑甚盛，闻十七年时，全毁于火，但今又焕然一新。有一清真寺尤壮观，足征回民之富裕与努力，无论经何变乱或荒旱，无乞食者，可佩也。

临夏产瓜果蔬菜，种类甚多，值正熟之时，南关各小店，十九售瓜果蔬菜，红黄绿紫，满堆门内外。瓜有西瓜、醉瓜、南瓜、冬瓜，果有石榴、苹果、梨、枣、林檎、葡萄、李子等，蔬菜有茄子、王瓜、萝卜、白菜、莴笋、回子、白辣角、芹菜、葱等，日价极廉，因其地俱可灌溉也。

河州虽为回族势力最盛之地，但在历史上亦为藏民最盛之区。兹将临夏河州一带回、藏民与汉民之略史，述之于下。

甘肃西南部，洮河以西，统称"洮西区域"，原为藏族所居，古称为羌人，或西戎。秦始皇筑长城，西起临洮，今临洮县境内，尚存遗址，当日防御西羌，盖甚重视。西汉赵充国屯田政策，欲不战而胜羌，是为汉人移民之始。临夏在汉时为枹罕县，其西为汉白石县境，据友人邓隆君考证，白石在今夏河属清水驿，清水西北二十里为桥沟，即《水经注》所记漓水，又石门山也。清水以西，峡谷对立如门，非此不足以当石门云。

三国以后，洮西为吐谷浑所据。筑洮阳城守之，即今洮州（临潭）旧城之起源，唐代再度移民，名将李晟、李愬以陇西世家，移居临潭，其最著者。李晟以备羌居临潭，天宝之乱，克复长安，次子愬，宪宗时讨平吴元济，足见此区，早受汉化之影响也。

唐时藏族曾一度统一。是时吐蕃势甚强大，史称吐蕃俟积石军麦熟，岁来取，莫能御。天宝间哥舒翰破之。积石军以小积石山得名，在今临夏、循化二县界，亦即甘青之省界。唐自天宝乱后，边防空虚，吐蕃东侵，遂有清水之盟（今甘肃清水县）。洮西陇南，悉陷于羌。唐失河湟西边，一旦不利，则警及京师。

宋神宗时王安石当国，命王韶收复熙（临洮）、河（临夏）、洮（临潭）、岷（岷县）、叠（临夏南之叠部）、宕（今岷县之宕昌镇）六州。王韶言西人所嗜为茶，当以茶至边贸易，于是始置茶马司。南宋时，熙河二州，没于金。元代采怀柔政策，大兴西藏佛教。明代沿旧制，大封喇嘛。明洪武二年（一三六九）大将军徐达，西征吐蕃。于是冯胜克临洮，邓愈克河州，沐英克洮州，李景隆克岷州，所谓"大明文已混华夷"。当日开发边疆，确有可称。一曰筑城置堡，如洮州有新、旧二城，旧城远起吐谷浑，新城乃沐英所筑。二曰移民屯垦，当时各卫分兵屯田，是为屯丁，尤以凤阳人为多，如保安（今青海同仁县）有所谓吴屯族者，其先盖江南人，余亦有河州人，历年既久，言语衣服，渐染夷风，其人自认为土人，而官亦目之为番民，实则其人男女均着裤，女拖单发辫，异于藏民，而近于汉人也。但在临夏县境，汉族日渐繁滋，至今已居全县人口半数以上。三曰茶马互市，河州、洮州、岷州均设茶马司，以牧易农。四曰封建土司，许其世袭，大封国师、禅师，许其神道设教，藉以约束藏人。如临潭卓尼杨土司，兼摄护国禅师，起于明永乐间，至今传二十一世。夏河县境，仅陌务有土司。

明初洮西多圹土，又募回民开垦，与汉民杂居，更有自哈密迁来者，即今循化撒拉尔回之起源。又河州东乡之回民，操蒙语，似为蒙古族移居而奉回教者，始终何时，尚无可考。万历以后，渐有回变，河州一地，竟成清代甘肃之乱源，此则明代之失计也。同治、光绪年间之回变，洮西区域，半成战场，地方糜烂，人民流离，汉民多避难番地，颇得其庇护。据最近统计，临夏全县人口约九万人，内汉民四万九千，回民四万一千，藏民几乎绝迹，青海循化县人口约一万三千，回民（撒拉尔回）占百分之六十五，藏民占百分之三十，汉民仅百分之五。

清康熙末年，废茶马之制，除不法土司，雍正四年（一七二六），实行起科，藏族俱纳粮当差，与汉民无异。但亦有例外者，如卓尼名属洮州，而免纳粮赋，拉卜楞名属循化，而几同化外。乾隆二十六年，陕甘总督奏称："窃查河州同知，驻扎河州城内，其所管番民七十一寨，一十五族，计一万四千余户，散处河州边外之循化、保安、起台地方，相距河州，近者往返三四百里，远者七八百里不等。该丞远驻州城，既难遥制，所管番民，亦多未便，应请将河州同知，移驻边外之循化城。……"乾隆二十七年，实行移驻，清代循化厅所治，分口外口内，以白石山脉为界。口内十二族（如乩藏族），口外撒拉回民八工，西番四十九寨，南番二十一寨，保安四屯。夏河县属地，在清代称为南番，乾隆二十七年，既设循化厅，辖南番、甘家等二十一寨。自兹以后，吏治归循化厅，军事归河州总镇，桥沟设把总一员，实则鞭长莫及，但羁縻而已。循化厅派员驻扎拉卜楞，殆如代表或领事性质。拉卜楞原为蒙古族之牧地，自黄河南亲王献地建寺，藏族始盛。

夏河为西北藏族之中心，临夏为西北回教之重镇，而回族与汉、藏二族，因宗教不同，感情尚未融洽，凡言发展边疆，复兴民族者，不可忽之。夏河原为循化之一部，今循化仍属青海，而夏河改隶甘肃者，即因原驻回军与藏民及喇嘛教不能融洽故（民国七年至十二年间，拉卜楞寺曾为回军驻防，后发生不幸之冲突）。民国十八年间之回变，洮州旧城，化为焦土，卓尼有名之禅定寺，付诸一炬，甚可惜也。夏河、和政、永靖等皆兵乱后新成立之县治。西北边疆，民族复杂，宗教亦异，交通不便，文化未进，欲图民族团结，尚须不少之努力，而各该地所派之地方官吏，又多非特殊人才，往往敷衍偷安，以致旧状依然，隐患仍存，深望有力有责者一注意及之。

二日　骡马沿途损失　马夫一路逃亡

早十一时许，始就道，因在拉卜楞所雇马夫，至此完全逃去，须另雇人照料骡马。恰值人民或充团丁守关，或回家保护妻孥，或逃亡他方，不易觅雇。且因唐汪川渡口戒严，至兰州后不易回来，故无人愿往。结果每十元觅一人，送至兰州，较平时雇驮骡尤昂，且仅雇得六人。又因在土门关失骡二头，派人去找，尚未回来，故近午始行。约十里过大夏河桥，最后与大夏河作别矣。

旋上牛家山大坡，草半黄枯，不似来时之草花盛开。至山上遥望各梯田，禾麦俱已收获，树木稀少，极目荒凉，不见绿野。约十里至柳树湾，始见绿柳成行，但叶已带黄色矣。又二十里抵锁南坝，仍宿原寓。

此间麦、豆俱已收获，但多尚未碾打。即以屋顶为场，或用物打，或用石碾，打碾后用箕播扬，男妇忙碌，而碾过之麦菅，亦即积于屋上平顶，屋之用途，不意如此其大也。大小犬亦在屋顶巡行，见人而吠，边地情况，别有风味。

余至店后，约一小时许，驮物骡马，尚未至齐。因各骡马大半老瘦，仅四十里尚不能疾行，至晚，始陆续至，有一马竟死于街上。自拉卜楞就道以来，骡马损失甚多，或因不能行动而寄于人家，或因遗失，或因死亡，而马夫逃亡之关系亦甚巨。因在拉卜楞用空前之工资所雇者，沿途逃亡，至临夏已无一人，在临夏又以昂资补雇也。边地交通之困难，直非内地人梦想所能及。而原购骡马者，不免舞弊，与交代时管理者之不负责，固亦为骡马损失之最大原因也。

三日　青菜毕具　鲜果备尝

早九时行，山上风景，不似去时。但将至唐汪川时，望见山下树林密茂，田禾青绿，河流弯曲如带，风景依然佳绝。惟因雨多，道路泥泞，下山时，前骡跪倒，急下步行。下午二时许，即抵唐汪川，本拟渡河，因近日过渡困难，且后面行李驮骡未至，遂宿其地。

有售水果者，捧筐入寓所，苹果、葡萄，累累满筐，其色鲜艳。唐汪川果林甚盛，果类甚多，且以味佳著。余前赴拉卜楞，经过时桃花尚残，深恨非果熟之时，不意重莅是地，急将筐中物全购，分饷同人，味果甘美，且价极廉，因命再送又购之，同人无不赞赏。惜最有名之杏，业已过时，但在拉卜楞时已稍尝矣。

旋至郊外一游，见果实有未摘者，累累满树，红绿相映。田中麦禾虽收，而山芋、豆类，尚满地青绿。蔬菜亦多，价廉物美。余等在拉卜楞时，牛羊肉虽遍市皆有，而青绿菜蔬则甚少，有之亦多自唐汪川运往者。至此乃购种种青菜以佐食。又拉卜楞有犬无鸡，此间鸡亦多而价廉，亦购数只，并有售甚佳之馒头者，完全如内地镇市，数日来所欠之口债，至此一一偿之矣。

四日　大雨竟日　河水暴涨

本日本拟渡河，已与青海驻军接洽，帮忙一切，盖因河口戒严，曾有若干日停止过渡，近始由甘肃省府决定此岸由青军负责，故驻军数人，专负渡口之责。余等一行，因有马司令函，故特别客气。不意自晨至午，大雨如注，无法启行。

下午雨小，且时停止，因派人至渡口视察。据归云：河水暴涨，渡船危险，盖大雨半日，河水骤涨，流亦过急，行李甚多，骡马老瘦，不便冒险。因决定再留一日，整理驮鞍。此间棉花亦甚廉也。

下午四时许，云退日出，因赴郊外一游，见田禾多被水冲倒，到处积水，路多损毁。但大雨新晴，树林之叶，与田禾之苗，特别绿茂，穿林而过，傍田而行，红光斜射，清气袭人，别有一番风味。而唐汪川土地之沃，物产之丰，人烟之密，与风景之佳，一切不亚江南。因思边地非无乐土，特交通不便，文化落后，以致一切未能进步。且因人民知识之幼稚，与民族宗教之复杂，每起不测之变乱，为无谓之牺牲，而不能安居乐业，实人谋之不臧，非天之独薄。负地方政治教育之责者，宜毋负此天然之塞北江南为幸。

五日　洮河源流　墁坪恶风

早九时出发，因行李骡马过多，且仅有一舟，来往甚缓。故正午尚未渡完。青海军队对余等渡河，特别客气，亦特别辛苦，数十人数小时不息，始得全渡。

余因重要物品已渡，遂先行至墁坪，本日仅行二十里，本拟前进，一因尚有许多驮骡未至，一因前行即大山谷，过晚不大安全，因即宿店。此时豆类全已收获，但多购马料甚困难，觅村长始得若干，颇怪异之。旋步行街中，见各家屋顶，皆积罂粟杆，始悉此地良田，皆植毒卉，以致马料缺乏，人食亦不免时告断绝也。男子吸大烟，女子缠小足，为此间最大恶习，应速由官绅劝导禁止。

俟至黄昏，骡马行李，始陆续到齐，因此一洮水，多行一日也。案洮水源出西倾山之东（《太平御览》记洮水出绵台山东，绵台即西倾之异名也），东北流入故洮州境，由故洮州城南，东流至野狐桥，入岷县界，折而西北，至临洮县南一百五十里久奠峡，入临洮县，经桥道铺西北流，野木河西来注之。又西北窜坝哈河合景古城前后各川注之。过锁林峡至岚关坪有抹邦河来会，稍北红道峪水西来注之。又北清水渠东来注之，巴马峪沟水西来注之。又北经临洮县城向西北流，东有东峪河，西有三岔水西来注之。又北十里铺汪家沟水东来注之。三十里铺柳林沟水东来注之。巴羊沟水西来注之。又北四十里好水沟水，五十里结河沟水，皆东来注之。又西北经泥沙泽有小水自东南注之。又西北流，折而东北，至皋兰县入于黄河。

六日　马畏醉草　民无衣食

早九时就道，行沙沟中，大雨新晴，道路泥泞，山水洪流，极难行。二十里出沟，至何家山，登山行，路崎岖，骡马疲困，行步极缓。过尖山子，山坡青草密茂，生无隙地，有重至拉卜楞草坡之感。间有杂木丛生，叶已红黄，与青绿之茂草相映，风景亦佳。因思此老瘦之骡马，如至兰州食干草，必益瘦弱，拟放牧此地。询之土人，谓山中有醉马草，骡马食之，每病而死，附近农民，亦不敢轻于尝试，而草得以特别密茂也。此山因地高而气寒，故山中居民，正在打小麦，燕麦尚青青在田，山芋在野，即小麦且有甫割至场中者。

三十里抵江家湾，天色尚早，距兰州仅三十里，本可前进。但一因本日已行五十里，骡马多困惫。一因闻兰州近日戒严，城中军队大增，晚恐不能入城，入亦无地可寓。因决定宿江家湾，派高参军、徐参谋先行赴兰觅寓址。

此间因地势稍高，气候较寒，但居民贫苦，衣被俱少，故习惯喜睡热炕。此时仅届初秋，而炕火已早生。余居之室，见室外白烟浓起，知为烧炕，急令除去。盖余不惯暖炕，且所烧多牛粪，味亦难堪。甘肃乡下人民男多吸烟，女尚缠足，又卧热炕，身体安得不弱。然土瘠民贫，赋税繁重，人民不得衣被，昼则衣不蔽体，甚至儿童无裤，夜则褥被草薄，甚至赤身赤炕，民生如此，实地方政府之责也。

七日　往时百花盛开　今日诸果杂陈

早十时就道，人烟渐密，树林益盛，将近城郭，蔬圃果园，星布林立。果多尚未摘者，或黄或红，或青或紫，累累垂枝上，枝不胜任者，以绳引之，异常美观。前离兰州时，适值百花盛开，果园尤盛，不意今日归来，果实恰熟，其美观不亚于昔，而口惠实至，除饱眼福外，又增加口福矣，异常欣幸。回忆拉卜楞藏民同胞，终年甚至终身，不知水果滋味者，未免可怜。实则该地之气候土壤，未必不宜于植果，惜无人提倡之耳。

至距城数里处，参谋本部张明德诸君，交通部穆逢欣君等，先后乘车马迎于郊外，询知高参军、徐参谋等，刚觅定山陕会馆为寓址，正在忙于布置，未能出城。至西城门，戒备甚严，见大批人马颇惊疑，用电话请示绥靖公署，始许入。旋即至山陕会馆，一部分屋宇尚为兵士住居，明日始可移出，暂屈居于后院内，一切物品，堆积院中，骡马暂喂各店。

过街上，见许多鲜果，堆积如山，同人无不垂涎。盖甘肃果品种类甚多，而又恰值熟期，西瓜醉瓜，虽稍过时而尚多。梨虽未熟而有一种已可食。他如苹果、葡萄、林檎、李、枣等，正在上市。因大购水果以饷同人，数月来与藏民同居，食肉饮乳，三月不知果味，至是乃大啖特啖。甘肃水果不特多而且佳，即江南同人亦甚惊羡，不敢轻视西北物产矣。

第二编　青边玉树

（自民国二十六年一月十四日至八月二十四日）

四　由兰州至西宁

一月十四日　红城见西北兵燹　永登感人民痛苦

　　专使行署二次留兰州，又四阅月矣。本拟早日赴青，因双十二事变，公私物品，损失一空，不得不重行补充，故本日始克离兰。早八时与赵专使友琴及行署同人等，分乘大汽车二辆，赴西宁。邓军长宝珊等六七十人来送行，摄影而别。当时，蒋委员长虽返南京，事变余波犹存，余等之行，虽经于主席学忠特许出城，而城防司令及汽车管理局，又经种种检查手续，迟延一二小时，过黄河桥出金城关至十里店，先后复有兵士严加盘查，其势汹汹。旋入山口，车行沙地四十里至米家井，在沙沟中，车行时感困难，但已出警戒区域，如脱虎口而心安矣。土山上经雨水冲刷，成柱状，远望如西式楼屋，非常美观。未几经哈家嘴，有车店、饮食店及盐税局，下车略休息。旋经徐家磨，商店更多，人烟益密。又未几至红城子，从前为永登县繁盛市镇，今已萧条，但街市之长与商店之稠密整齐，尚可想见当年之繁盛。西北屡经兵燹，而甘肃处处均见衰败，今不如前之景象，甚至仅断瓦残砖，数十年尚未恢复之惨状，变乱之惨酷与甘民之贫困，益令人感觉西北问题之重要。惟是日满街结彩，遍贴标语，颇有起色，询知为欢迎杨旅长德亮由凉开来者，但尚未至。又未几至大通镇，距永登三十里，旋经满城，至下午五时始抵城外，已昏黑矣。城门早闭，即入东关一店中，寓第八师官兵眷属，盖因事变而避来者。厢房寓妓女，门上悬纸灯，上书姓名，皆凉州贫农难民，因无法生活而入地狱者。乃另觅他店宿之。

按永登汉金城郡地。晋建兴中，前凉分置广武郡。后魏置广武县，为郡治。后周因之。隋开皇初，郡废为广武县。大业初，改为允吾，属武威郡。唐武德二年，复为广武属兰州，后陷于吐蕃。宋为西夏据。元属永昌路。明洪武十年，置庄浪卫，后废为庄浪守御千户所。永乐元年，复为庄浪卫，属陕西行都司。清康熙二年，复降为所。雍正五年，改为平番县。民十七年，始改今名。盖以五族平等，平番二字不妥也。余民十五年赴西宁时曾一过，仅留数小时。去岁（二十五年）偕庄泽宣先生再赴西宁时，因汽车陷河中，留二日。时县长冀晶轩同乡也，即宿县署，并参观城内各学校，觉教育较十年前进步，而人民生活反不如前，城内破坏亦甚往日。今相隔不及一岁，闻因军事而人民之负担更重，生活益艰。边民痛苦，不知何日始可减除，西北不知何日真正开发，中夜徬徨，不禁有无穷之感也。

十五日　窑街多富源　享堂有古迹

早八时就道，汽车渡庄浪河，水未全冻，但甚浅小，回忆去岁夏初水涨，偕庄泽宣君渡此河时，车陷泥中，数十骡马，费半日之功，未能拖出，后由兵士数百人推之挽之，由午至暮，始得出水。当未渡时，犹有戒心，幸一驰而过，颇觉轻快。一百二十里至马莲滩，有居民二百余家。又五里至窑街，远望有砖砌烟突数座，高数丈，耸立空中，疑此地有工厂，询之知为烧磁器之窑厂，故其地名为窑街。据云大小十余厂，每厂工人二三十人，但俱系黑色粗磁。街上售者数家，盘碗瓮罐，陈列累累。距窑街约五里处产煤，街上有背者驮者，块大数尺，其质甚佳。一带居民用之，烧窑亦即利用此煤。闻附近又有铜矿，前曾开采，今废。窑街属永登县，有居民一百数十家，小学校一，比较繁盛。余等下车休息，尝其较可口之羊汤而行。由此入享堂峡，两山夹峙，水流其间，一望清碧。车行山腹，径狭而陡，下临深渊，且有潜冰暗滑，非常危险。每下车步行，而车轮必上铁链，并时用木锤置后轮下阻之。

可知西北虽有公路，仍不免行路难也。惟风景甚佳，俯视下流，半从冰层下过，冰白水碧，一样清澄。约三十里有桥翼然，远望如画。前后牌楼，一书"陇海通途"，盖此地为甘肃青海之交界。旁有刻联，为"万派清流东浩亹，三边险道通湟峡"。因下临大通河，即古之浩亹水，至此与湟水会合也。一书"令居古塞"，盖此地为古之令居塞。旁有联为"一泓碧水澄明镜，两岸青山架彩虹"。因桥两端架山腹中，长约十二丈，高约十五六丈，并无基足，上有长亭施彩色，真如两山架彩虹，形容颇肖，惟山无草木，四季不青耳。桥侧有兵士四人守卫，持护照至享堂请示官长后始许通过。约二里许至享堂，即宿其地。

据调查市中居民一百六十五户，男女一千三百余人，回民约十之七。有初小一，学生四十余人，经费全年一百五十元。公安局一，有警察十六名，经费由市民供给，每一户每月纳公安捐六角。有军用电话及邮政代办所。附近多石田（田中铺石子），每坰（二亩半）价约八十元至百元。旱地每亩五元至十五元，脑田八元至二十五元。享堂为李土司坟墓所在，故曰享堂。原属碾伯县，现为民和县。民和县城距享堂约五里，李土司衙署所在地也。余因为时尚早，偕庄学本等步行往观，渡河水，结冰甚坚，由冰上过。沿河树林甚茂，县新建，衙市萧然如乡村。盖民和十九年始由乐都分出，故仅县府一，学校一，商民十余家，居民百余户，反不如享堂之较繁盛也，惟闻全县有完全小学校七处，内女小二处（学生共四十二人，经费共五百九十元）。三川有回教教育促进会所办完全小学一处，学生七十五人，经费七百二十元（其地有县立第三完全小学，经费为最多者，仅八百九十元，而学生为一百五十人，第一县小经费同回校，而学生为一百二十人）。义务小学十处，初级小学五十八处，学生共一千一百余人，经费共四千五百七十元。回民初小二十七处，全县教育经费共一万二千四百二十元，较前属碾伯时教育大进步，学校增加甚多也。全县人口共六万零五百余人，男三万三千五百余人，女约二万七千人，分汉、回、藏、土各民，汉人散居各地，回民以享堂镇、马营镇处为最多，藏人以唐让、硖门等处最多，土民多散居于官亭、三川等地。

又按民和沿革同于乐都，乐都古湟中地，汉神爵二年置破羌县，隶金城郡，魏因之，后凉改为乐都郡。北魏孝昌二年，改为西都县。后周复改为乐都郡。隋开皇十八年，置湟川县，属西平郡。唐宝历三年陷于吐蕃，五代改为湟州。宋又改为邈川城。元为西川境。明初立碾伯卫，洪武十九年，移卫于西宁州，以碾伯为右千户。清雍正三年，始置碾伯县。民国因之，十七年又改为乐都县。十八年青海改省。十九年，以乐都县域辽阔，划老鸦峡以东地成立民和县。东与甘肃永靖县交界，南以黄河与甘肃临夏交界，西以老鸦城与乐都接境，北以湟水与甘肃永登分界。南北长，东西短，面积共一千一百四十方里。至民和县城复参观土司衙署，周围土墙高耸，内有照壁，大门大堂，完全如前清县署。大堂上木匾甚多，后有居室，亦宏敞。李君出其世袭家谱，方二尺许，每代绘一图像，一面叙事迹，现十七代矣。自明起，相传为李克用裔，以上不可考矣。据云原管土民四千余户，今李姓本族仅二千余户耳。时已黄昏，急觅乘骡马而返至享堂，已家家灯火矣。

十六日　李土司坟墓多古碑　老鸦峡险道成坦途

早偕同人参观李土司祖茔，方数百亩，依山傍水（左有大通水右有湟水），外有短墙围绕，内有石羊、石虎、石墩等，多已倒坏。左右前后，石碑林立，远者为明宣德年，述其世袭与赐爵之原委，近者为清时御赐祭文。又有某代从军讨番死难殉节之碑，碑石甚佳，闻系御赐由北京运来者。最近有光绪时碑二，但皆补述明、清时事，一述明宣德时赐金册铁券事，一述清初顺治时准其仍袭世职之上谕。茔墙外大道旁有神道碑二，一宣德二年八月立，额书追赠特进荣禄大夫右军都督府本军都督李公神道碑，述其历代情形较详。据记该土司为唐李克用之后，原姓拓拔，唐赐姓李。元李赏哥为岐王府官，再传至李梅吉古，次官吉禄，次南哥，为西宁州同知。明洪武四年，授都指挥世袭职，子李英袭，以功封会宁伯，追赠荣禄大夫右军都督府左军都督云云。一大明成化十一年三月立，额书明故前推诚宣力武臣，特进荣禄大夫柱国会宁伯李公神道碑。

九时半行，经老鸦峡，有居民约百户，回民十之三，商店十余家。峡内各山为火成岩与变质岩，石块闪烁有光。据云有五金矿，未知确否。老鸦峡、杨家店、鹦哥嘴等地，在昔均为险道，十年前余乘架窝过此，而时时步行，且防失足者，今则乘汽车如飞而过矣。未几经高庙子，为乐都大镇，居民二百余户，男女一千七百余人，商店六十余家，有高级小学及公安局。又三十里至乐都县。沿途一切均较前整齐进步，在甘肃境内，处处现从前繁荣而今衰败之景象。至青海境，则道路修治，树木密茂，房屋新整，处处有新兴气象。下午二时至小峡，高参军偕马主席代表马副官丕烈等乘汽车迎于其地，即同车而行。小峡口相传系宋崇宁二年所筑，南北二山壁立，形势险要。原有南北二关，南关已毁，北关犹存，系光绪三年西宁办事大臣豫师捐建，更关名为"武定""安德"。约三十里入西宁城。晚省府设宴为余等洗尘。

五　留居西宁

十七日　青海交通　西北皮筏

余来西宁,已三次矣。十年前来时,乘架窝,一周始达,一年前虽乘汽车,因路工尚差,需四日。此次仅半日即达,可知西宁交通逐年进步。兹将青海交通,分项述之如下:

（甲）汽车路

青海汽车路,系民国二十年起,由马军长步芳,运用工兵,就原有大车路,略加修筑,勉强可行驶汽车,非如内地公路之平坦;夏秋两季,道路泥泞,即不能行驶。至甘青路,因系西宁通行兰州大道,又由全国经济委员会拨款改修,循兰宁旧路,至乐都之白崖地方分路,经老鸦峡、享堂,而达兰州,避免牛站山之险,约可减捷一百公里。

一、甘青路　由西宁至兰州,全长二百二十二公里（约合三百九十华里）。由西宁至甘青界之享堂,实长一百一十公里（约合一百九十华里）,系由西宁至兰州新汽车路。

二、兰宁路　由西宁至兰州,全长三百二十公里（约合五百六十华里）。由西宁至甘青交界水沟山,实长一百二十七公里（约合二百二十华里）。再至永登县接联而达兰州（系西宁至兰州旧汽车路）。

三、宁湟路　由西宁至湟源,全长五十二公里（约合九十华里）。

四、宁贵路　由西宁至贵德，全长一百零八公里（约合一百九十华里）。

五、宁临路　由西宁至甘肃临夏，全长二百七十公里（约合四百七十华里）。由西宁至大里加山甘青分界处，实长一百九十公里（约合三百三十华里）。

六、宁张路　由西宁至甘肃张掖，全长四百零八公里（约合七百一十华里）。至大通县之广惠寺境，计长六十九公里（约合一百二十华里）。

七、宁武路　由西宁至甘肃武威，全长四百六十公里（约合八百华里）。至互助县城，计长五十二公里（约合九十华里）。

八、宁敦路　由西宁至甘肃敦煌，全长一千四百四十二公里（约合二千五百华里）。现修筑至都兰，计长四百二十八公里（约合七百四十华里）。

九、宁玉路　由西宁至玉树，全长九百三十二公里（约合一千六百一十华里）。此路现修筑至大河坝境，计长三百二十七公里（约合五百七十华里）。

十、都伦路　由都兰至都兰县属之巴伦，全长一百二十公里（约合二百一十华里）。

（乙）水路

青海境内，黄河与湟河俱可通航，但因水流湍急，滩石甚多，木船难行，汽船吃水较深，更非所宜，故通航仅用皮筏。每年由二三月起至七八月止，以运货物为主，尤其羊毛为大宗，余为小麦、菜油、西瓜等。皮筏有二种，分述如次：

一、牛皮筏　用生牛皮包缝如猪形，鼻一长颈，由颈装入羊毛，每只容量二百余斤，每次航行至兰州，须用三十个，分成三排，中间用木椽连系而成一筏，筏面可再载物。如春季水小，载物较轻，每排连筏内羊毛共载重七千余斤。由兰至包头，则用一百二十个，分成四排，共可载重三万余斤。如秋季水大，载物较重，由青至兰州，每筏可载万斤左右。由兰至包头，则载四万余斤。筏上常坐二人，一人在前摇桨，一人在后撑舵，每小时约行二十里。

二、羊皮筏　羊皮筏构造法，与牛皮筏略同，其形较小，用气吹胀，因为空气大小分三种，大者用二十四个，分成三排，中间用木连结，次者十二个，小者九个，亦分三排。大者载重一千七百余斤，中者载重八百余斤，小者载重五百余斤。羊皮筏不能逆水上行，运货至目的地，再用人力肩回原地。

（丙）普通路

一、由西宁至兰州共六站，计长四百二十里。第一站张家寨七十里，第二站高庙镇七十里，第三站享堂七十里，第四站黑嘴子七十里，第五站新城八十里，第六站兰州六十里。

二、由西宁至临夏共七站，计长四百七十里。第一站骆驼堡六十里，第二站札什巴七十里，第三站化隆六十里，第四站循化九十里，第五站火龙堡七十里，第六站麻呢寺沟六十里，第七站临夏六十里。

三、由西宁至贵德共三站，计长二百二十里。第一站上新庄六十里，第二站朵让八十里，第三站贵德城八十里。由贵德南行至苏湖共六站，约长四百余里。沿途草地，荒凉无人，经过多系野宿，宿站不详。又由苏湖至甘肃边境朗木寺共六站，约四五百里。郎木寺隔河对岸冬日寺，属四川松潘境。

四、由西宁至玉树共二十站，计长一千五百二十里。第一站湟源县九十里，第二站哈拉库图八十里，第三站东坝八十里，第四站沙中驿九十里，第五站却吉八十里，第六站大河坝一百里，第七站小札索拉五十里，第八站羊肠子沟六十里，第九站棉草湾九十里，第十站东格拿隆九十里，第十一站马拉驿七十里，第十二站野马滩六十里，第十三站野牛沟口七十里，第十四站巴颜喀拉山一百里，第十五站休马滩八十里，第十六站休窝四十里，第十七站竹节寺八十里，第十八站拉卜寺九十里，第十九站土达门七十里，第二十站玉树五十里。

五、由西宁至西藏，计长三千四百余里。循宁玉路之大河坝分路，向西行经黄河谷地札陵湖鄂陵湖之间，古尔昂娘磋扬子江谷地苦苦赛尔桥，拜都岭，唐方判山口而达西藏。此系古时入藏大道，近因荒凉，行人稀少，故该路宿站不详。但闻甚平，沿途无大山，前黎丹入藏，即由此道。

六、由西宁至甘肃敦煌，计长二千五百零三里。由西宁至都兰计十站，第一站湟源九十里，第二站哈拉库图六十里，第三站葱科加拉一百一十里，第四站江撤六十里，第五站哈妥五十里，第六站达纳麻哈六十里，第七站纳头里五十里，第八站盐池六十里，第九站毛里四十里，第十站都兰九十里。又由都兰至塞什克三十里，至郭尔毛九十里，至得令哈六十里，至胡尔踢他拉八十里，至探如一百六十里，至小柴旦二百六十里，至大柴旦二百四十里。由大柴旦至敦煌，共九百一十三里，程站不详。

七、西宁至新疆若羌。循宁敦路至都兰之得令哈分路，向南行，再折而西，经苏湖、哈拉呼孙、达巴苏图、消哈利、朱古、图格帖、呼尔托台耳、葛尔库冈、哈治格、尔租哈水泉、拜巴水泉、那林祖哈河、尔善特水泉、乌尔喝噶顺山口而达若羌，此路系古道，沿途荒僻，绝少人行。

八、由西宁至张掖，计十站，共长七百里。第一站新城七十里，第二站流水沟八十里，第三站亹源八十里，第四站黑石头五十里，第五站大梁八十里，第六站俄博七十里，第七站炒面庄八十里，第八站洪水六十里，第九站六坝六十里，第十站甘州七十里。

九、由西宁至武威，共八站，计长五百七十里。第一站新城七十里，第二站大通三十里，第三站老虎口一百二十里，第四站三岔口七十里，第五站皇城滩六十里，第六站六口子八十里，第七站丰乐堡四十里，第八站凉州城一百里。

十、由西宁至永登，计五站，共长三百五十五里。第一站张家寨七十里，第二站高庙子七十里，第三站冰沟六十里，第四站双牛沟九十里，第五站永登六十里。

（丁）航空

青海虽无定期航站，但有距西宁二十里罗家湾之飞机场一所，可以升降。时有专包飞机至青。

（戊）电报

青海有交通部西宁电报局，有线电通兰州、甘肃，西部可由永登接线直通。二十四年起又设无线电，亦仅通兰州。

（己）邮政

青海邮局等级地点如下：

一、一等乙级邮局，仅西宁一处。

二、二等甲级邮局，有湟源与贵德二处。

三、三等乙级邮局五处，计大通、乐都、民和、都兰、循化各一处。

四、邮政代办所十五处，计互助、鲁沙尔、札什巴、上五庄、化隆、保安镇、同仁、同德、亹源、高庙子、共和、玉树、西马营、西宁东关、西宁西大街各一处。

五、村镇信柜十一处，计巴州镇、官堂镇、甘都、起隆台、平戎驿、后子河、张七宅、新城、镇海堡、恰不恰、多也各一处。

六、村镇邮差经过地十二处，广慧寺、大河坝、东坝、哈拉库图、察汉城、茶卡、总家、巴隆、香日得、竹节寺、称多、拉卜寺等处（查村镇邮差经过时，摇铃为号，该地居民，即将信交付邮差收集后，再分别转送）。

十八日　省政府　海清池

上午赴青海省政府访各厅长，此省府即从前之镇守使署、护军使署，虽加修饰，一切仍为原屋。门前大照壁，高牌楼，而照壁旁从前吹大号之小楼屋犹存（余十年前来，马护军使请宴时犹吹其号）。经长道至大堂，匾额甚多。教育厅即在其后，右为民政厅、财政厅，左为秘书处、建设厅。正后为主席室及会议室、会客室等，甚宏阔，有楼房，完全为旧日衙署式，占地甚大，房屋不少。自合署办公后，各厅均迁入，尚足敷用。惟青海各厅组织亦甚简单，人员合计不及他省一机关也。

下午故友魏南芳君（省府委员、前财厅长），约至海清池沐浴，为马师长子香所新建者。左右楼屋有洋磁大盆。西北澡塘，尚不发达，且少进步，十年前余在兰州时，尚无一西式澡塘，仅有木盆与池塘，而西宁更无论矣。青海自改省后，一切积极建设，较十年前之兰州尤为进步。而一般人每视来青海为极苦，甚至谓手抓羊肉非人所能食，甘、青生活为非人生活。倘至蒙藏，不知将如何比拟也。对楼为旅舍，亦较清洁，每月每间十二圆，备回教人居住。余等所居之昆仑大旅社，亦马子香氏所建，前后上下楼屋百数十间，附有菜馆，屋亦较洁，政界请客皆于其地，亦青海第一旅社也。

十九日　联合宴客　感怀故友

早各机关首领各友人来访，有陈尊泉君，系蒙藏委员会所派西宁调查组组长，述该组工作困难情形，确系实在，允函蒙藏委员会设法。

下午青海省政府、省党部、高等法院、警备司令部等机关领袖十五人，联合设宴，欢宴余与赵专使。余觉此种办法最好，一切经济，彼此省事。吾国社会素重酬应，如中央大员至一地，各机关分别设宴，次第欢迎，日日在开会酒食中，每日数处，应接不暇，宝贵光阴，消磨于无谓应酬之中，有用金钱，虚掷于茶楼酒馆之内。人人知此痛苦，而习惯已成，彼此勉强从俗，而真正工作，反无暇顾及。如青海之党政军一次共同设宴，大家团聚，非常痛快。但青海之党政军亦可谓集于马子香一人之身，无论何机关，亦可谓由渠一人主持。此种现象，为全国各省所无。惟山西、广西，比较近似。席间亦无致词，更省时间，盖马子香氏，素不多言而实行也。惟余有感者即十年前来此时，各界在护军使署开会欢迎，当时人才济济，有著《玉树调查记》之周希武君，著《西藏六十年大事记》之朱锦屏君，著《新疆纪游》之林烈敷君，皆研究边疆之同志，今烈敷虽健在，早已离青，余均死于非命，不胜感慨。

二十日　西宁气候　边民习惯

晨西宁气象测候所所长秦化行君来谈，谓西宁今年最冷，摄氏寒暑表曾降至零下二十三度，为历年所未有（兰州最冷十八度余，西宁前数年亦不满二十度）。此数日较暖，平均零下十五度，夏日在摄氏二十五至三十度之间。又西宁海拔二千三百余公尺（兰州一千五百五十公尺），故沸点为摄氏九十四度，至各县四季平均温度表（华氏）如下：

	乐都	民和	互助	大通	湟源	循化	贵德	化隆	共和
春	42	45	40	48	48	40	37	30	45
夏	70	68	70	60	70	68	63	50	70
秋	48	51	44	46	45	45	48	40	60
冬	30	33	30	26	20	20	22	10	20

青海为大陆性气候，干燥非常，雨量甚少，比较秋季多雨，废历七八两月最多，然亦平均不过三寸许耳。降霜期在废历八九月之间，霜量自半公分至十公分之多。降雪期比较为长，自九月起至次年二三月，以十一月、十二月、一月三个月为最多。雪量可至五尺，平均二尺以上。风向随四季而异，春多东风，夏多东南风，秋多北风，冬多西北风。春、冬二季风最大，亦最多。

本日为旧历腊八节，魏厅长南芳请在其宅便饭。粥内有各种豆类甚佳，各菜亦均丰美。其住宅前后二院，甚宏敞，墙地皆砖，木料亦坚，过庭正房，均为二楼。院有花草，最后为花园，虽小而精，因限于地势，不能扩充。如杨厅长之后花园，则大数十亩矣。即普通人家院亦多有花木，木石大半坚固。未至西北者，以为青海荒僻，饮食居住必极鄙陋。不知西宁在汉唐时早已进步，故汉人食居，或多优于内地。惟回教徒饮食简单，蒙藏族衣食住行未进步，为例外耳。又西北人民俭朴成性，能吃苦耐劳，虽小康之家，中人之资，均节衣缩食，不肯在衣食住上多耗家资，实际上亦不如东南人民之富裕。而浅见者遂以为不开化之表征，甚至视为野蛮生活，误矣。且西北富源不开，教育未兴，普通人民困苦，吾人应怜而思开发之，不当鄙视讥笑也。

二十一日　慰劳医院伤兵　纵谈青海军事

近日军事青军虽甚胜利，而伤兵颇多，因青军勇敢，且多民团，武器不良也。下午余与赵专使赴伤兵医院慰劳伤兵。首至省政府，因有团长、营长三人受伤，在省府特设专室也。次由省政府后门赴医院，即前农校地址（近农校已与工校合并）。十余室中均满卧伤兵，有伤臂者，有伤腿者，有伤头嘴者，又有子弹穿腹未死者，伤心惨目，不忍卒睹。有被俘虏之女子数人，为之看护。余觉彼等如能深思时，必感内争之非，有此力量，有此牺牲精神，当共御外侮，以抵抗强权国家之侵略，想受伤者看护者有同感矣。据云原有七百余人，多出院，今仅余一百九十五人，因给与慰劳金二百元而出。

归后某君谈及第一百师历次参加战事之胜利情形，略谓当民国十七年马仲英在河州倡乱，时甘肃为国民军，剿办甚久，未能肃清。马步芳氏时为七十七旅旅长，于十八年三月参加，卒平乱事。十九年七月马廷贤倡乱陇南，时马步芳氏已升青海暂编第一师师长，派队协助，收复定西。十九年秋，马仲英率残部据甘、凉一带，马步芳氏时任新编第九师师长，奉令移防张掖、酒泉各县追击，马仲英退入新疆，底定河西。二十年七月，甘肃雷中田反抗中央，拘禁主席，马步芳氏一方出兵，一方劝解，卒得解决。二十一年四月藏兵占据囊谦，侵入玉树，围攻结古，青省府先派宣慰使马驯前往劝导退兵无效，始派兵抗御，收复失地，双方派员议和。二十二年夏，中央任孙殿英为青海屯垦督办，旋因人民反对，电令暂缓西进，孙不遵命令，反围攻宁夏，马师长步芳奉朱主任命出兵宁夏，协助十五路军抗御，孙始全部退却。……余觉青海军队，实为勇敢，惟将来对外抗战，如能如过去奋斗历史，则更幸矣。

二十二日　祠居风景区域　墓有美术价值

早九时偕赵专使谒前主席马阁臣祠与墓，由魏南芳君陪往。祠在北门外，倚城墙而筑，大门额书"甘棠遗爱"四字。再进为牌坊，上书"缔造青海"，均非过誉。拾级而升，约近百级，始达楼上。正殿有绣像及撮影，绣像栩栩如生。旁有联为"银湟千载怀德威，玉树万里定海疆"。系前秘书长黎丹所撰书，亦纪实也。余与赵专使各献一花圈。壁上张有青海党政军学农工商各界祭文，用四字句叙其历史，颇周详。

楼上远眺，风景甚佳，面山带水，树林密布，惜为冬季，不见青绿。闻其地原为香水园，因有香水泉，故名。近设第一森林公园，夏日树林阴翳，花草艳芳，茶楼酒市，亦多迁入，游人不绝，尤以阴历四月八日为最盛。

次游其墓，在东门外，绕城角而往，入门有大牌坊，高数丈，四大柱矗立，上全用木斗堆成，五色彩绘，顶用绿琉璃瓦，伟大精巧，颇似北平北海前之牌坊。戴季陶氏自西宁归后，极力称赞，谓此为西北最有价值之美术。再入为长道，铺以小石子，据云皆人民景仰前主席自动运献者。左为墓，高楼围之，门高数丈，全为砖砌，上雕字画。据云牌坊道、墓门等建筑，共费洋五万元。当门有墓碑，正面书"青海省政府主席马公阁臣之墓"，于右任书，阴面书国府抚恤命令，上有六角亭。依前面围墙有走廊，左右有石牌数座，系黎雨民君所撰马公生平事迹，长数千言，汉文二碑，连书之，又译为藏文一碑，回文一碑。又回文一碑，系青海清真寺总教长马禄所撰文。但墓并不高大，亦无他特异之点，且有他墓数座，颇难分辨。

出墓游东北一带，湟水分流，杨树成林，亭榭错列，景色殊佳。据云其地即所谓湟中公园，夏日游人甚多，由马公祠至此长数里，俱所谓西宁风景区也。

二十三日　布船抵海心山　冰穴取无鳞鱼

昨杨厅长来访，谈及海心山事，谓现正冰冻，可去登览。余前祭海时曾去海边一次，但在秋季，尚未结冰，赵专使及各同人，更欲一觇青海之奇，拟即偕往一游。惟汽车不便。西宁距海尚三百七十里，乘马往返，仅途中即需一周。本日气象测候所秦君来，谈及此事，又谓连日天气较暖，恐冰有消开之虞，万一消开，无法返还，实为一大问题。又据某君云，由海至山上距离尚约一百二十里，一日难达，尚须在冰上露宿一夜，种种困难，因即作罢。

按"青海"为一大湖，青海省即由此得名。其周围之大，或云八百里或云六百里，据土人云，如绕一周，乘马需十余日，其面积之大可知矣。水清味咸，产无鳞鱼，背有黑斑，土人夏用棒击，冬则凿冰为穴，捕之甚易。就地曝干，因地有盐质，自成碱鱼而不臭腐，土人捕而不食，运销西宁、兰州，岁达数十万斤。海中有山，俗名海心山，实有东西二岛，一若螺壳，一若驼峰，上有寺院，仅喇嘛十数人。相传此水为弱水，不能浮芥，故向无舟楫，喇嘛均于冰期驱运山上所产之牛马皮毛，至湟源各县，换一年所需之食物。实则水可行船，前清光绪三十三年（一九〇七年）夏，曾有俄人科次罗夫，以布船渡海，至山上群惊为神。科氏测得海心山实在海中心，地质由花岗岩与含云母之片麻岩而成。湖最深处约一二〇呎，表面水温华氏五八度，湖地势海拔七一〇〇尺以上，湖岸三五里之地带为砂质，过此为冲积泥质。

二十四日　共党青年　回教姓氏

上午马子香军长，约至东教场，会见共军俘虏，有六百余人，系新到者。衣服破烂，面容枯槁如乞丐然。十九无履，以毡包之，似极愚呆，但皆能唱歌呼口号，步伐整齐，可知其曾受训练。且面带喜色，毫无惧容，询之大半为川人，多聪敏，有相当知识，实皆国家有用之青年也。内有女子百数十人，衣多红绿，头有小辫，大半来自农民家庭者。目多赤色，面部亦有受伤者，望之可怜。又有三百余人，到西宁已久，皆衣蓝色军服，颇有精神，盖已改编成军矣。

西北回教徒姓氏，有甚奇者，有与汉人相同者，据各方记载如下：

（一）回教徒专有之姓，如赛、纳、喇、哈、羽底、亚、鲜、喜、定、撒、萨、海、回、铁、虎、脱、仇、闪、妥、朵、以、沐、玉、抱、改、买、拜、剪、可、者、敏、忽、摆、靠、黑、洒等多取原名之首音、尾音或任何一音。取首音者，如纳连剌丁之裔姓纳，忽先之裔姓忽，并转为虎或胡，占思丁之裔姓苫，转为陕或闪，穆古必立之裔姓沐，海鲁丁之裔姓海，洒不丁之裔姓洒，买述丁之裔姓买，改住之裔姓改，拜住之裔姓拜……（俱见《补元史氏族表》）。取尾音者如乌巴都剌之裔姓喇等。任取一音者，如奥都喇合蛮之裔姓喇，也黑迭尔之裔姓黑等。

（二）准回姓　原系汉姓，现回教徒多姓者，如马、麻、宛、满、沙、古、丁、洪、黄、蓝、白……。其姓之取得：取原名首音者，如马哈麻或马连忽或马哈沙之裔姓马，麻合马之裔姓麻，沙的之裔姓沙（亦见《补元史氏族表》）。取原名尾音者，如阿合马之裔姓马，亚古之裔姓古（见《补元史氏族表》）。任取一音者，如默里马合森之裔姓马，汉姓有马姓，故内地回教徒多姓马，俗有"十个回回九个马"之谚，实则因回教徒，原名 Mohammed Ahmad Mehmud 者多也。

（三）汉姓　内地回教徒姓氏与汉人姓氏相同者，如张、王、刘、金、崔、周、胡、李、伊、苏、鲁等，或为汉人信奉回教，或系赐姓，或系明时蒙古色目人所改汉姓。然亦有前述原因者，如伊司马仪之裔姓伊，胡山之裔姓胡（见《东林杂俎》），苏里曼之裔姓苏，伊不剌金之裔姓银（见《补元史氏族考》），但笃鲁丁之裔姓鲁等（见《元西域人华化考》）。

二十五日　娱乐兼联谊　馈赠有古风

上午马代主席送豹皮褥一对，盖边疆最重送礼，有古代玉帛犬马相将之风。

晚，马子香氏约观旧剧及跳舞，至则戏院楼上下全为兵士，就地坐者、立者无隙地，池中前排数百人皆地坐，多为伤兵，兵士半挟枪，枪立如林。有旧剧，有跳舞，有青海舞。马氏时与左右地坐之兵士欢谈，态度和悦如家人，毫无军事长官威严习气，宜将士之用命如父子军也。

二十六日　青海商业概况　西宁商号一斑

晚，在青同乡崔钟英（首席检察官）、孙金丰（商会会长）、王立中（军训秘书）及商界数人，在福义园山西馆宴余。席间畅谈青海商业状况，并据马蔚奇君之调查，所得情形如下：

青海境内，大半为番民聚居之地，故商业以与番民交易为多。每年废历一月后，各商号即运茶叶、布匹等货至番民住所，交换皮毛，夏季河冰稍解，即将换得之羊毛皮张，运往兰州，转运天津出售。民国十二年起，青海商业甚盛，十七年遭马仲英之乱，市面大受影响。十八年青海建省，添设许多机关，军队亦大增加，本市消费即巨，因之十八、十九二年，商业颇见转机。及二十年后，羊毛价值，一落千丈，并因本省金库维持券不能兑现关系，商号相继倒闭者不少。近年毛价转昂，市面较好，但一时不易恢复原状。又青海毛皮等货物之运出，半由水路，每年夏、秋二季，用皮筏由黄河运至包头，约需一月，运费每担约二十二元，再由包头经平绥火车运至天津。进口货物多由陆路用骆驼由包头运至西宁，约需四十余日，运费每担约二十三元。年来因……日寇之侵略察、绥，运输异常困难，商业又趋于衰微之景象矣。

西宁各商号，首推河州人所开之义源祥，资本十万元，公积资财二十万元。据云与军政界要人有关，故资本雄厚，营业范围扩大，不仅批发京广杂货，并兼办皮毛及其他业务，可谓西宁之托辣斯。又德兴店亦系河州人，资本四万元，公积三万元，经营布匹杂货，兼办皮毛。次则陕西帮，大者十一家，义聚成、泰源涌与德合生资本各三万元，公积资财二万或一万元，批发京广杂货兼办皮毛或药材。永盛恒、华泰与青海大药房等，资本各万元，公积数千元。余则复兴隆、昌记、裕兴昶资本八千元，忠信福六千元，公积约为资本之半，经营京广杂货、颜料纸张或布匹海菜等。其余资本仅四五千元。次为山西帮，大者约二十五家，德盛魁、世诚和、万顺源、义信福、庆盛西、德盛成等，资本各二万元，公积一万元或二万元，营业除德盛魁为批发京广杂货兼办皮毛外，余均门市布匹杂货或兼办羊毛。天昌正、福兴成、复生隆、复顺魁等，资本各万元，公积八千元或六千元，余则资本仅五六千元。山西商号有一特点，即公积资财每与资本相等或三分之二。次为青海帮，大者十家，除湟源人李耀庭所开之德兴成资本五万元，公积三万元外，余均西宁人，资本最多者如洪丰店资本二万元，义盛丰、裕复长、福盛店、书丰庆等各资本一万元，公积均约资本之半，余资本仅数千元。次为兰州人，资本大者三家，德兴永资本二万元，公积万元，三和店资本一万元，公积六千元，成顺店资本六千元，皆经营布匹杂货。又有凉州恒聚成资本七千元，经营海菜。除以上各家外，有资本千元左右之小商店一百五六十家，营业范围甚小也。

二十七日　西宁环山抱水　青海植树造林

早九时乘马出南门，循墙而走，经西门北门而入东门，绕城一周。时大雪新晴，满地冰雪，远望南北山，皑皑在望，山上有塔有寺。城南北树林密布，杨柳已黄绿矣，与白雪相映，风景颇佳。

按西宁当汉及魏晋时为西平郡，后魏为鄯善镇，周为乐都郡，隋为湟水县，唐分置鄯善县，及至五代又改为青唐城，宋元皆为西宁州，明改为西宁卫，清雍正三年设西宁府，置西宁县。民国初，改设西宁道，属甘肃省，并置镇守使，旋镇守使改为护军使，行政区设行政长，民十八年改为省，为青海省会。

下午偕魏南芳君至东梢门外访新由玉树来省之马骥司令，未遇，因便道偕往马前主席阁臣之花园一游。园面积约百亩，树以千计，并有清泉，地颇清幽。有屋数十间，客室、寝室、浴室等俱备，实别墅也。出门东望，树林益密，约数万株。据魏君云，青省年来积极造林，故到处树林密茂，本年拟各县栽十万株，但不知能全活否。又指山麓有升允公园，树林亦不少。

二十八日　青海农业概况　边地运输困难

上午访省府谭秘书长，商购面运玉树事，因接玉树电，仪仗队在玉绝粮，每日仅食青稞炒面，病者颇多，拟购面若干，设法运玉。青海正值军事时期，粮食统制，故须与省府商购，而运输亦须省府帮忙也。谭允商马代主席，积极设法。但据谈近日粮食缺乏，粮食大涨，每石麦价已至五十元，每元法币仅可购面十斤，如运至玉树，尤为奇昂。因此时途中无草，雇牛一头至玉树，即需二三十元，每牛仅驮百斤，千元之面至玉树即合三四千元矣，恐与仪仗队经济发生影响云云。余拟加研究后再定。

青海地旷人稀，农产物每年运销兰州者甚多，且廿余年来，垦地日多，水利日兴，其生产量之增加，自当不少。近年因军事关系，粮食甚感缺乏，价值因之奇昂，乡间贫农盖藏俱无，饔飧不继者，约在百分之七十以上。兹将青海农田及农产物情形，据调查所得，分述如下：

一、青海农田，十分之七八为山地旱田，十分之二三为水地。山地又分为山脑田与山腰田二种，旱田又分为小脑旱田、小坡旱田、川地旱田三种。山脑田适宜于天旱时，因青海气候寒冷，山脑田处于冈陵最高部分，其巅常有云雾，如雨水过多时，脑田因气候过冷，反不易成熟，如遇旱时，其地较暖，收获甚佳。故有"天旱收脑，雨多收川"之谚。山腰地及川地旱田，与山脑田适相反，非雨多不能佳收也。又湟中各河流之沿岸川地，多能灌溉，因之水田亦夥。故青海无论旱涝，不至有荒年之虞。故又有谚语为"旱怕晒，脑怕涝，水地两不掉"。因之粮价每能保平衡状态。水田距城较近者种菜蔬，收入特多，每亩可产四十元。如租种每亩每年仅租金一元六角，距城较远者，每亩水田价仅二十五元，年租金一元。旱地佳者每亩价仅四元，年租金五角，次者每亩价不过一元上下。连年因差徭过重，尚有愿将地送人不索价者。

二、青海各县现有熟地，西宁418600亩，互助251040亩，大通325612亩，乐都312756亩，民和355699亩，湟源114433亩，贵德26750亩，化隆26850亩，循化9000亩，共和45600亩，亹源8732亩，同仁1800亩，都兰1500亩，玉树3500亩。上等地约20万亩，中等及下等地，各约100万亩。至其内可灌溉之水田，西宁82086段277866亩（共136水渠），乐都46254段100506亩（共28渠），大通5777段56256亩（共4渠），贵德4352段30210亩（共4渠）。又已放荒地，上等约29700亩，中等约38250亩，下等90446亩。未放荒地，约16276150亩。但青海各县多未测量，亩数调查，亦难确切，上列数字，据各方所得，不过估计之数，略近似而已。

三、青海农产物之种类，以小麦为最多，约有一百万亩，年产约二十万石（每石重七百斤）。次为青稞，约六十万亩，年产约九万石。又其次为豌豆，约二十万亩，年产约三万石。又次为菜籽，约十万亩，年产约二十万石。其次燕麦、大麦、荞麦、玉蜀黍、蚕豆、马铃薯等。每年所产之主要农产品，多销售于各地，小麦、豌豆十分之四五销售兰州，菜籽在大通、互助二县制成青油，十分之六七销售于甘肃全省，青稞十分之七八销行草地番民。

二十九日　青海多古刹　各寺有活佛

早班禅青海办事处处长李金钟君来谈，谓新由广惠寺来，乘汽车四时即达。又有夏琼寺、却藏寺，均青海有名之寺院，喇嘛约六七百人，但交通不便，路极难行，虽不足二百里，乘马需三四日。各寺中活佛地位较高者为塔尔寺之阿嘉呼图克图，广惠寺之敏珠尔呼图克图，佑宁寺之土观呼图克图，暨洞阔尔寺之呼图克图云。

晚阅《蒙藏佛教史》，阿嘉呼图克图，自明永乐十五年第一世以迄十五世，均在西宁塔尔寺掌理寺务。于乾隆十一年掣瓶驻雍和宫，现为第二十七世。原名策巴札布，系策凌之子，民国四年掣出。土观呼图克图主佑宁寺，原名果隆寺，第一世在明时，康熙五十四年引见，赐呼图克图净修禅师名号，现为第六世。又洞阔尔寺呼图克图，自第一世至第十一世，向在洞阔尔地方化俗，至第十二世始驻洞阔尔寺，康熙时赐禅师印，现传至二十一世，民国九年转生云。

按青海历代为藏族、蒙族占据，且为黄教祖师宗喀巴降生之地，故佛教寺院林立，高僧辈出。自罗布藏丹津变后，喇嘛人数虽多限制，而寺院之建筑，或加修茸，活佛之尊号或加封赐，故迄今依然有伟大之古刹，与崇高之法师，可资游览拜访也。

三十日　青海金融　兰州枢纽

中央银行，欲在青海设立办事处，前在兰州时，总行曾电兰行马主任蔚奇赴沪面商，已定行期，忽因双十二事变中止。此次余等赴青，兰行又托调查。昨在省府谈及，马主席及各省委，希望早日设立，并指定前某银行地址为行址。本日余道经其地，详视该屋地点尚宜，拟即函兰详告。至青海金融情形，前据马蔚奇君之调查，概况如下：

青海与甘肃原为一省，自清季至民初，向无票号或钱庄之设立，商业上资金活动，全由兰州调剂。自民国四年，始有甘肃官银号派员在西宁设立分号，至民国八年裁撤。民国十六年，甘肃省银行派员至西宁设立办事处，积极提倡银行业务，除汇兑存放款项外，兼代理省金库。十八年改为甘肃农工银行西宁办事处，二十一年裁撤。十八年春，西北银行总行，又派员至西宁筹设支行，时青海新建行省，人口增加，银行业务因之进展。十九年国民军东下，该行因之亦撤回。二十年马麒为青海主席，鉴于市面筹码之短少，筹设省金库，发行金库维持券。初截至廿四年九月，先后发出金库维持券约有七十万元，引起市面大恐慌。政府布告每元按现币二角收回。此后市面交易，全用现币，无任何纸币之流通，亦无任何银行之开设。近始有中央银行钞票流行市面。至现银之来源，向由兰州输入，因每年青海出产砂金、羊毛、羊皮、野生皮及各种杂粮等，多数运往兰州贩卖，在兰出售所得之货款，除汇拨外，大都运现银币回青海。至其去路，多流于番民聚居之地，因羊毛、青盐、牛羊、马匹等，多产于游牧之地，运至鲁沙尔、湟源、西宁等处，出卖后所得之款，除换青稞及应用物品外，多数携带现银币而回。从前蒙、藏人民，尚多用银块，近年始通行银币。又青海汇兑，因距兰州较近，其汇款之调拨，完全由兰州办理，直接在青海营汇兑业者甚少。每年市面银根紧急时期，为二、三、四、七、八、九等月，二月因系东路各皮客在青海收买各种皮张之时，需款较多，三四两月因河水解冻，羊皮、羊毛多在此时运出，脚价、税款所用亦多。七八九三月为羊毛上市之时，各商收买羊毛，需款尤巨，故以上数月，银根吃紧。各商号每月标期，款项之盈绌，亦向由兰州处理，余款则由兰州放出，短款也在兰州借入。西宁各商号行市所收之货款，亦按期送往兰州过付，可知青海金融以兰州为枢纽也。

三十一日　青海皮货概况　西宁手工一斑

余欲购皮货，偕友数人赴市搜阅，历数家无当意者。某号有一同乡，在西宁已数十年，谈及青海皮货业情形，据云此时已过期，好货均售罄，至青海皮张，多由外国人收买运出。西宁之熟皮业仅十七家，所制皮货之种类，有狐皮、猞猁皮、藏羔皮、紫羔皮、白羊皮、老羊皮、豹皮、狗皮等，猞猁皮甚少，藏羔皮以湟源为集中地，老羊皮最多，总计每年所制之各种皮货，约值二十余万元，此外手工业有栽绒毯行十余家，因毛较粗，制成之毯，不如包头、宁夏者之佳，故销路不广。又有铜匠业七家，制造家庭用品，如铜锅、茶壶、火锅、脸盆、痰桶等物，销路尚广。制手提纱灯者五家，其式有方形及圆形两种，其质顶底为木，周围为白纱，以竹圈并绳粘之，携之则高尺许，置之则成扁状，价廉物美，非常便利。各机关或商号几无人不备，上用红纸贴机关或商号名字，或个人之姓，因西宁尚无电灯之设置，路灯既少，且不明亮，晚又多风，纱灯最有用也。至于新式工业，有一百师所设义源祥皮革工厂，用简单机器所制各种皮件，十分之八九供给该师需用，出售于各界者甚少。又该师有一修械所，亦用简单机械，可修理枪炮，但无发动机。以上数种，如皮货、制革、毛毯等，因皮毛为青海之特产，如铜器、纱灯等，为青海今日社会之必需物品，故比较发达。

二月一日　回民教育　军政力量

回教阿訇向反对回民受教育，尤其反对入汉人学校，读汉文书籍。但马子香氏年来积极提倡回民教育，组织有青海回教教育促进会，为推进全省回教教育之枢纽。余前偕教育部所派庄泽宣君曾参观一次，本日又去参观，并详询该会及分会在全省各县所办学校情形，承告一切，并赠《昆仑月刊》数册，得各种情形如下：

一、该会组织为委员制，有委员九人，马子香氏为委员长，马宵石为委员兼教育长。下分总务部、印刷局及编辑社。总务部主任一人，下有事务、文牍、收发、书记等职员。印刷局有正、副局长各一人，并分经理部与印刷部，下有事务、营业、校对、印刷、排字、装订、铸字、石印等八股。余参观时见该局有铅印、石印、铸字、烫金字等机各一架，青海许多印刷物，均由此印，具有相当规模。编辑社有总编辑一人，编辑数人，出版有《昆仑月刊》及他种宣传品。并有视察员若干人，时赴各县视察分会及所附设之学校。总会经常费每月三百元，由地方农商界及热心教育人士捐助，至事业常年费，中央曾补助若干。

二、总会直接附设之学校，在西宁有高级中学校一所，民国二十一年开办，为青海最高学府，学生三百余人，教职员三十八人。其经费年由省库支领七成洋一万零七百三十五元，总会补助三百元，实即蒙藏委员会补助该会者。有中心小学校一所，十九年三月开办，原名锐威小学，二十年直隶该会，学生四百四十六人，教职员二十六人，全年经费八千余元，由马子香氏担任。该校为青海设备最完全之小学，每周有回文三小时，其他各校均然。又有第一两级小学校，民国二十一年开办，学生二百余人，教职员八人，全年经费二千元，由财厅补助及地方抽收。此外有贵德康屯两级小学校，二十一年开办，学生八十人，教职员四人，全年经费四百八十元，由基金生息。各乡村初级小学有十二所，皆二十一年开办，每校学生四十人至六十人，教员均一人，经费一百元至一百五十元，由地方摊收。又乐都南开两级小学校，二十年开办，学生百三十人，教职员三人，全年经费一千一百余元，由乐都县府补助及筏捐项下抽收。

三、西宁上五庄分会，附设学校有邦巴高级小学校一所，十八年成立，学生一百四十名，教职员六人，全年经费七千余元，由皮毛学捐项下收入。其他拉尔宁大寺沟的纳安布藏各有初级小学一所，学生一二十人至六十人，教员均二人，经费二百四十元至五百元，由地方摊收，不足时有由地方领垦荒地，每年收租若干石者。又鲁沙尔分会附设之学校有鲁沙尔两级小学校一所，民国二十一年成立，学生一百名，教职员六人，全年经费一千一百余元，由皮毛羊肠卫生检验各项下抽收。此外各乡有初级小学共十三校，每校学生二十人至五十人，教员一人，经费九十元至一百九十元，由地方摊收。

四、化隆县分会附设学校：有甘都两级小学校一所，十八年成立，学生百一十名，教职员六人，经费由马子香氏拨款五千元作为基金。又西关两级小学一所，学生八十名，教员四人，经费每年六百余元，由基金生息。此外各乡镇有两级小学四所，每校学生三十至六十名，教员三人或四人，经费或由地方摊收，或拨荒地收租，或由渡船抽捐，或由马子香氏补助若干。又初级小学五所，均二十一年成立，每校学生二十至五十名，教员一二人，经费由地方摊收。

五、亹源县分会附设学校：有初级小学十一所，每校学生三十至五十名，教员均一人，经费全年均一百二十元，由地方摊收。

六、循化县分会附设学校：有查家工、清水工两级小学各一所，学生均一百五十名，教员各八九人，经费由中央补助边疆教育经费项下每年各补助三千元。又瓦匠庄两级小学一所，学生九十名，教员四人，全年经费三千六百四十元，由马子香氏筹拨。此外各乡初级小学八所，每校学生二十人至一百八十人，教员一人至七人，经费各百数十元，均由马子香氏筹拨。

七、民和县分会附设学校：有川口两级小学一所，学生百七十余名，教员六人，经费每月八十元，有基金生息。万泉堡初小一所，学生一百一十四名，教员二人，经费全年三百元，由地方摊收。其余各乡初级小学共十六所，每校学生三十人至八十人，教员一二人，经费年各一百余元，由地方摊收。

八、互助县分会附设初级小学三所，二十三年成立，每校学生二十名至四十名，教员各二人，全年经费均百余元，由地方摊收。

九、大通县分会附设学校：有西关高级小学一所，十九年成立，学生八十三名，教员四人，经费地方捐款二千元，及马子香氏捐助一千元，发商生息。各乡有初级小学共十一所，每校学生三十至七十名，教员一人，经费全年各百数十元，由地方摊收。

十、湟源县分会：办有东关高级小学一所，民国二十一年成立，学生八十二名，教员五人，经费每年由羊毛项下抽收一千余元，由马子香氏拨给，产销局洋千元，由县长拨，地方款七百余元。

十一、贵德县分会，办有壬城高级小学一所，二十年成立，学生百人，教职员五人，经费由马子香氏补助，二千四百元发商，年得息四百八十元。

十二、同仁县分会，办有保安两级小学一所，学生百三十人，教员五人，经费由地方摊收。

十三、共和县分会，办有两级小学一所，学生四十人，教员一人，经费由地方摊收。

以上各学校教科书，均由总会发给，余参观时见楼上满堆，据云系马军长捐助，各校地址建筑费，大半为马军长拨给或捐助。可知马子香氏对于回教教育之积极促进矣。

二日　参观阿文学校　足见回民力量

上午马代主席约余参观阿文各学校，马氏年来在青一方提倡回民教育，一方亦提倡回回宗教，故除由回教教育促进会办理全省各小学校，促进回民教育外，又由马氏捐助设立许多阿文（阿拉伯文即回文）学校，有中学，有男女小学。首参观北关私立阿文中学，即在回教礼拜寺内，建筑宏壮。前为中学部，有学生两班，七十余人，研究高深之阿文。后为小学部，有学生百数十人。中学生有二教室，小学生即在大廊下，有低木凳数十，无桌。中学生用石印之教科书，小学生用小木牌，上书阿文，持而读之。据校内一木屏上所书，此校原址，为清康熙时马焦录氏所建。继赴私立女子阿文小学校，距中学仅数百武，时将放课，女生约百人，全体环立作方形，皆头戴绿色风帽，有三领班及教员一人居中，先呼某口号，群随呼之。据云为回教净身之语，余不解也。

按西北为回民之集中地，尤以青省为多。回民以回教为其中心思想，其一切文化，言语行动，风俗习惯，日常生活，俱规定于可兰经内，毋稍逾越。因之回民集中之地，具有清真寺，寺多附设阿文学校，读阿文，即备研究回教经典也。据调查青海全省各县，清真寺分为三等，八十家以上者为大寺，八十家至五十家者为中寺，五十家以下者为小寺。西宁有大寺十七，中寺十四，小寺二十七，共五十八寺。化隆有大寺六十四，中寺五，小寺十六，共八十五寺。大通大寺十一，中寺二十，小寺三十一，共六十二寺。循化大寺十六，中寺二十八，小寺十九，共六十三寺。亹源大寺六，中寺十，小寺七，共二十三寺。互助大寺二，小寺七，共九寺。湟源大寺一，余未详。乐都大中小寺各一。民和大寺十六，中寺十八，小寺二十四，共五十八寺。各县大小共计三百六十一寺。以化隆县为最多，闻该县有回民七千五六百户，约五六万人。他如循化、大通、西宁、民和等县，亦各有数万人。可知青海回民之势力，且握有军政权，更不能仅以人数计也。

三日　年货年画　古色古香

本日为废历腊月二十二日，已届旧俗送灶神之期。上午赴街市游览，见各饭店均停业，而杂货店则倍增拥挤。售年货者多在街道左右摆摊，有灶神、门神、关帝财神，红纸黄表，大小鞭炮，长短香烛等，形形色色，完全如内地二十年前之景象。惟香有长二三尺者，有粗如手指者，为甘肃临洮所造。

食品则有各种调料，普通海菜，而尤以卖肉者为最多，而最惹人注意，多系整猪整羊，罗列道旁，睹者环列，引人注目。盖边民贫困俭朴，平日食肉者甚少，而旧历新年，则无论贫富，必购若干，故售者亦特多。青菜甚少，且多冰冻，如葱如白菜，皆干枯而无青色。服饰则有女儿之红缨绒帽，男童之花帽，以及男子之毡帽毡鞋等，盖习俗过新年，则衣新衣食美味也。

小巷口墙上地下，多张售年画，大多为旧戏中之故事，或吉利之人物。亦有裱成之中堂对联悬于墙上者，似为古画，但就近阅之，多系新手所绘，或俗人所绘，无足观者。商店门首有售较佳之画者，或为历史之故事，或为地理之风景，如武穆之精忠报国，木兰之化装从军，以及杭州、上海、天津、北平各名胜等，于社会教育，不无裨益。余常觉社会教育，应利用习惯时机，较易生效。年画倘能改良，则家家年年自动购贴，无形中收教育效果矣。

四日　气象测候所　人民大会场

下午赴西宁气象测候所参观，所址在孔庙内，即前西宁之文庙。院宇甚大，左右两庑改为图书室及陈列所，但现在既少图书，又无陈列物品，终日锁门，待将来补充而已。耳房内有阅报所，有各种挂图及日报月刊，阅者尚不乏人。大殿始为气象测候所，仅有测风雨及湿度等简单器具数种，所长一人，夫役二人，所长外出，略视而已。

　　旋赴人民大会场，系王子元君任民政厅长时所建设。在城内西北角，有广场，立有孙中山先生纪念碑，下石上砖，约高二丈，石八面，上刻总理遗嘱遗训及传记。复有屋若干间，并有动物园，原搜养西北特产之鸟兽数十种，今仅余笼栅，而鸟兽早散亡矣。亭楼屋宇，亦半为蒙藏小学校占去，惟开各界大会时，仍在此场。

五日　盐销陕甘川三省　池属青察柯三王

　　上午访陈任轩君，有察卡盐税局一职员在座，据云新自察卡盐池来，行八日。该盐池南北八十余里，东西一百八十余里，周围约二百余里。池中有白盖一层，凿开后，下为盐水，用铁漏勺取之，水漏而盐出，天然自成，毋须经摊晒等手续。挖过地方，一经天雨，即可长平，即坑之深者大者，三年亦可长满。四川松潘一带，亦来此运驮，每次驮牛以千计。至时督运局代雇附近帐房中蒙人去挖，每挖一驮，工资三角，收税每牛六元，不论斤数多寡。故松潘一带之驮盐者，每牛往往驮二百数十斤，至一二日程处，再增牛分驮之。盐池旁之税局，有职员八人，税警三百余人，每年收税三四万元，全青各局，前曾收至四十余万元云。

　　前接兰州梁经理鉴如函，托代觅青盐若干，为疗疾之用。下午赴西北盐务收税总局驻青办事处觅索，谈及青海盐税情形，据云：仅察卡一池，年产17100担（每担240斤，上数为二十四年销数），池租每百斤大洋五角，税率每担正税三元，附加三角，食户捐一元，共四元八角，税捐年额为7350元。税捐方法，售盐时即予以税票，填票员填写签名，送长官盖章，会计收款登账，然后将票发给购盐人。此盐销售地为青海之察卡上五庄、鲁沙尔、南大通，甘肃之洮岷，四川之松茂，及陕西之汉中等地。产地价格，只交驮户脚价。此种驮户，俱系蒙、藏人民，故脚价多以青稞代之。蒙、藏民运盐至湟源盐税局时，以青盐一袋，易青稞一袋。盐税局销地价格，每百斤十元三角，办事处附属机关及分仓，有察卡督运局，湟源分局，南大通分局，上五庄分局，鲁沙尔分局，羊群分卡，西宁分仓云云。

按察卡盐池，为青海境内最大之盐池，"察卡"即藏语"盐池"之意，所产之盐，名为青盐，天然生成，不用人工。其水由锡拉库特尔山之莫柯尔河，与布拉克地察汗，乌苏河，汇为此池，原归霍硕特西前旗青海王，霍硕特西后旗柯柯王，及霍硕特北左末旗察卡王等三王管辖。取盐之道，共分三路。一在西北，属青海王，一在东北，属察卡王，一在西南，属柯柯王。以前仅许蒙古贫民挖取，愿挖者请领各该旗王公札萨克台吉照票，运往湟源、西宁、大通一带售卖，易换布匹、粮食、日用等物。现均先后收为公有矣。

六日　青海地势　各县面积

青海为西北之中心，据江河之源头，境内山脉起伏，冈岭层叠，河流纵横，湖泊星布，纯系高原地带。据方志张其昀君所述：青海省居于全国最高地位，中国各省会，除康定外，以西宁地势最高。泰山为五岳之首，庐山为著名避暑地，海拔仅一千五百公尺，而西宁之高度，则为二千二百公尺，较各山均高，仅低于康定三百尺耳。惟西宁在青海尚为低地，全省高度，平均为三千公尺。又如山西陕西北部、甘肃以及内外蒙古，均为高原，但均较青海为低，其高度不过一千至二千公尺。戈壁沙漠，则在一千公尺以下。故青海地势，为中国高原中之最高者。此外仅有西藏北部之高原，海拔达五千公尺，称为世界之屋脊。但其地实无人烟，西藏人民，大都集居于南部雅鲁藏布江流域，为高度三千公尺以下之高地。故中国民族分布之区域，以青海为最高，四川峨眉山，海拔三千公尺，秦岭最高峰太白山海拔三千五百公尺，若与青海日月山较，仍屈居其下。日月山海拔三千七百公尺，在青海高原，似为低山，其地高山多在四千或五千公尺以上，甚至超出六千公尺。大概五千公尺以上之高山，山顶永远积雪，是为真正雪山。青海雪山甚多，自北至南，五千公尺以上之高山，列举之如甘、青交界之祁连山，黄河北岸之大积石山，即阿尼马卿山（河曲为大积石山，循化为小积石山），黄河、长江分水岭之巴颜喀拉山，扬子江上源分为二支，介于二源之间者曰库赛岭，在青海西藏界上者曰当拉岭，又名唐拉山。以上诸山，皆终年积雪。此种雪山，对于国家有重大关系。中国文化以长江、黄河二大流域为根据地，皆导源于青海，盖高山雪水，涓涓下注，源远流长，终成江河。青海为中国第一大湖，其水量亦取给于周围之雪山。黄河有支流曰湟水，湟水有支流曰大通河，亦皆导源雪山。湟水在西北历史上尤居重要地位，试以青海与蒙古、新疆相比，即可见雪山之价值。大概大陆中心，离海甚远，雨泽稀少，气候干燥，故蒙古、新疆均有广大沙漠，荒碛不毛。而青海因有多数雪山，水源特富，目前虽有未辟之地，将来可望拓殖，此雪山对于国计民生之影响也。又雪山与国防亦有关系，因青海高原，本身已达三千余公尺以上，雪山绝对高度虽大，而相对高度不甚悬殊，如日月山海拔三千七百公尺以上，但高出青海水面仅一千公尺。又青海省诸山，如库赛岭、当拉岭等，坡度皆甚平缓。据实地测量，谓当拉岭即建铁道亦易，故历代用兵大道，率取道青海。如清初康熙时二次征藏，当拉岭为当日战场，通天河为大本营所在，各山山口，向称进藏要道。至祁连山坡度虽峻急，而其时山口亦为通甘凉之间道。自汉以来，民族迁移，均由此道。甘都南之扁都口，尤为重要云云。又据《青海丛编》陈秉渊君述青海地势，以勒科尔乌兰达布逊山为最高，计海拔达二万二千余尺，祁连山脉，巴颜喀拉山脉，唐古拉山脉，均起源于该山而分迤。他如祁连山高二万尺，积石山高一万八千七百五十尺，巴颜喀拉山高一万七千一百八十尺，唐古拉山高一万五千尺，即各河流湖泊较低之地，长江发源处高一万四千余尺，同仁什则寺境之黄河，高一万二千五百三十余尺，鸦砻江西岸，高一万一千余尺，鄂陵、札陵湖面，约高一万二千余尺，青海湖面高九千八百余尺，柴达木盆地，亦尚高九千五百二十尺，可知其地势之一斑矣。

青海各县面积，据调查：西宁一万六千方里，湟源一万一千方里，共和二万四千方里，互助一万三千方里，大通二万三千二百方里，亹源二万四千七百五十方里，循化一万六千八百方里，贵德三万七千八百方里，化隆一万二千六百方里，乐都一万三千五百方里，民和一万二千方里，同仁七万一千四百方里，都兰六十七万五千方里，玉树、称多、囊谦三县，共一百零六万方里以上。又据调查，青海东起东经十四度，西至二十六度，南起北纬三十一度，北至北纬三十九度，东西相距二千七百余里，南北一千八百余里，全省面积约为二百九十四万方里，与前相较多九十余万方里，想一因各县未正式测量，数字不实，二因果洛大部地方，尚未改县也。

七日　全人口百五十万　每方里不足一人

吾国各省人口，向无确实之统计，而青海以民族复杂，交通不便，并建省未久之故，其人口更无确实之数字。据估计，全省人口有二百余万，而青海民政厅于二十年调查全省人口，仅约一百四十九万五千八百五十，恐难可靠。兹据民国二十四年边疆教育实业考察团之报告书，有关于人口之数表，分录如下：

一、各县人口密度表

县别	面积方里	人口数	每十方里人数	备考
西宁	16000	163599	102.3	
乐都	1350	68495	50.7	
民和	12000	52005	44.6	
互助	13000	94601	73.0	
大通	23200	79008	34.0	
湟源	11000	23700	22.0	
共和	24200	20240	8.0	
贵德	37800	18042	4.8	
循化	16800	25635	16.0	
化隆	12600	23485	18.0	

按照青海民政厅所调查，全省面积约二百零一万方里，人口约一百五十万，平均每方里不足一人，惟东北部为农业区，人口多集中该部，如西宁、乐都、互助等县，每方里约七人至十人，西南部十余方里，不及一人。

二、各民族百分比表

县别	汉	回	蒙	藏	土	摆	附记
乐都	95%	1.5%	—	2%	1.5%	—	
民和	30%	50%	—	10%	10%	—	
互助	60%	40%		—	36%		
大通	65%	31%	—	4%	—		
湟源	84%	6.5%	3%	6.5%	—	—	
循化	14%	16%	—	17%	—	53%	
贵德	20%	15%	5%	60%	—	—	
化隆	20%	50%	—	20%	—	10%	
共和	25%		5%	70%	—	—	

八日　青海财政一斑　各县经费概况

下午访谭秘书长、魏厅长等，谈及青海财政情形，谓青海财政向入不敷出，本年因军事关系，益感困绌，各机关欠薪多至半年以上，现至阴历年关前三日矣，尚未能设法发给，各小职员日来异常愁闷云云。

按青海建省未久，富源未开，而军队增加，军需扩大，人民之苦痛困穷非内地人所能想象。至省财政每年收入若干，据其所发表者如下：

一、据青省政府前岁呈报主计处之收支数目：（甲）岁入：（一）田赋，共二十六万二千九百五十元。（二）契税，共一万四千七百九十七元。（三）营业税，共四十六万〇〇八十五元。（四）地方行政收入，共五千五百〇一元。（五）其他收入，共十万〇四十九元。（六）地方营业税，共二千八百十元。以上共八十四万六千〇六十二元。（乙）岁出：（一）党务费，共四万五千四百三十元。（二）行政费，共三十一万〇四百一十八元。（三）司法费，共四万八千七百〇一元。（四）公安费，共二十万二千八百一十六元。（五）财务费，共十五万四千二百六十六元。（六）教育文化费，共十三万五千四百〇九元。（七）交通费，共一万六千六百八十元。（八）卫生费，共三万六千元。（九）建设费，共四万一千一百三十元。（十）协助费，共四万二千九百九十五元。以上共九十三万三千八百四十五元。

二、据二十四年度岁入岁出概算数。（甲）岁入：（一）田赋，二十九万三千二百三十九元。（二）契税，二万〇七百〇六元。（三）营业税，五十一万〇六百一十七元。（四）地方行政收入，五千三百〇一元。（五）地方财产收入，八千九百五十九元。（六）补助款收入，十二万二千一百元。（七）其他收入，三万三千四百七十元。（八）烟酒牌照费，六千七百〇五元。以上总计岁入一百万一千〇九十七元。（乙）岁出：（一）党务费，四万七千六百五十二元。（二）行政费，三十四万七千〇五十二元。（三）司法费，五万〇七千元。（四）财务费，十四万六千七百〇六元。（五）教育费，十五万〇八百八十九元。（六）交通费，九千〇二十四元。（七）卫生费，三万六千元。（八）建设费，三万九千二百八十八元。（九）协助费，五万〇四百一十一元。（十）实业费，二千六百八十二元。（十一）预备费，三万九千八百九十二元。以上总计岁出一百万一千〇九十七元。

以上均为青省府所发表之数字，与其他方面调查数字，相差甚巨，确否未可知也。

至各县经费情形，据边疆教育实业考察团所得如下：

二、青海各县地方机关经费征收数

单位：（元）

县别	党务	行政	司法	教育	建设	财政	公安	自治	交通	共计
乐都	800	13160	541	2075	200	200	5500	2160	420	21456
民和	1320	2872	370	6314		696		4632	1020	27124
互助	420	7800	2000	620	300		600			11740
大通		7800	2500	1052	864		4581			26797
湟源		6480	1712	5480			2376			16047
共和	600	4800		1500			3204			10104
贵德	600	6480	958				2400			10438
循化	125	6440	24	1220	200		2600		220	10693

此外每月有县长交际费及政务警察粮饷，两共每月在千元以上。

观上表知各县行政经费为最高，占全年经费二分之一，若再加交际费等费必至三分之二，如建设、交通等费，大半缺如。

九日　西北防疫处　卫生实验处

西北素无卫生防疫之机关，人民亦少卫生防疫之习惯。无论人病兽疫，每易发生，发生后听其传染死亡，于是人口稀少之省份，最重畜牧之边区，每年人畜牺牲，不知有几百千万，其关系实为重大。中央有鉴于此，曾有西北防疫处及西北各省卫生实验处之设。但西北防疫处，仅及甘肃，尚未至青海设施，实则青海较甘肃尤为重要，因大半为畜牧区域也。余在兰州时，曾与该处主任杨守绅君谈及，本日接渠来书，谓青海整个防疫计划，拟分全省为八个实验区，成立八个兽疫防治所，已呈由中央指拨经费，业蒙行政院原则批准，正式预算，可望由二十六年度起施行。据此青海防疫机关，不日或可设立也。

至卫生实验处，青海早已设立，内设附属医院及巡回医队，规模殊小。据该处民国二十四年总报告，附属医院门诊部施诊类别内，门诊二三五次，出诊二八六次，特诊三〇九次。就诊类别内，新旧病男女共计约二万人。治疗栏内，治眼二一六三，注射一六六〇，手术三〇九，合发药、包扎等共三二〇七三。至疾病类别内，内科方面，肠胃病最多，二二五七。次为呼吸系病，一八九一。次为各种结核，共四九二（内肺结核一二〇）。又次为寄生虫二二〇。外科方面，以外伤及脓溃为最多，二九一一。次为梅毒，二一〇六。其他花柳病九一〇。此外砂眼六二〇。其他眼疾一二七九，疥疮六三八。其他皮肤病一六二九，妇科二六〇，产科八〇，合计内外科共一九六三一。又巡回医队施诊类别内，门诊一〇〇次，出诊六三次，特诊四六三次。就诊类别内，新旧病男女合计八四一二人。治疗方法，总计一〇四八〇。疾病类别内，内科方面，肠胃病最多，一六〇五。次呼吸系病，七〇九。次心肾病，二二九。次寄生虫病，一四六。外科方面，外伤及脓溃九四二，皮肤科共一二八四（内疥疮五二五）。眼科共一二六七（内砂眼六〇九）。花柳科共三五一（内科梅毒一八六）。及其他共计为八四六五。此种巡回医队，据云其工作自七月至十一月止，经过乐都、民和、互助、大通、贵德、湟源等县。

十日　新对联　巧灯谜

本日为废历年最后一日，西宁商民依旧贴对联敬神。余偕友人至街上游览，见各商店所贴对联，多有新语，如〇〇正号联，为"正气浩然，可崇拜南蔡北马。号友一致，应打倒东日西英"。南蔡北马指蔡廷锴、马占山，颇有抗日思想。又〇〇昌号联为"昌炽南北，端为中国通商务。号联蒙藏，岂使外人夺利权"。亦有国家观念，且合青海情形。又某客店改旧联词为"湖海客来谈贸易，蒙藏人至讲开通"。亦合地方实情。因西宁多蒙、藏人民来往，至西宁后，一切逐渐汉化。又某工厂联为"劳资少冲突……男女须平权……"。思想更新，盖该厂有男女工人。旧习惯中有新思想，勿谓西北文化落后也。

晚，行署以明日为林主席诞辰，又为春节，在署内开同乐会，有口琴、方言相声、笑话等，并有灯谜。余拟出二则，一为"专使参军"，打古人名一，一为"专使参军误认参赞"，打故事一。盖此次护送班禅回藏专使行署高级职员三人，专使姓赵（守钰），参军适姓高（长柱），而余则姓马，二谜知其一即知其二，一为"赵高"，二为"赵高指鹿为马"也，群以为巧。

十一日　新年春节　兰省清海

本日为春节，饭后赴街上游览，见各商号一律关门，仅有售玩具者，糖果者，在道旁摆摊。男女儿童，俱衣新服在街上往来，或看玩具，或买糖果，或作掷钱等游戏，或放鞭炮，大有新气象，全成儿童世界，旧习惯真不易革除也。

旋出城至东关一游，各大店均在其地，天成店尤为有名，总店在兰州，观其门上字号匾，书"兰省天成店"。兰州为甘肃省会，非省名，想书者亦商人也。又有某号为青海商，其字号匾上书清海省，想亦为商人所书，青海变清海矣。

十二日　慧觉寺印式古佛　甘露庵精雕木像

西宁城内东南角寺院甚多，皆在行署附近，因往参观。首至慧觉寺，一名弘觉寺，原建筑甚宏壮，今半倾圮。前后三院，正殿正面有佛像三尊，中为释迦佛，皆木雕，甚精，左右有八大菩萨，皆裸上身或全裸，盖印度像式也。因印度为热带，故各菩萨多不着衣，即今喇嘛之衣，原定仅三件，好下身内外围裙，及上身所披袈裟。至黄教兴，始加以厚坎肩，因印度所定法衣，不适于寒带之蒙、藏地方也。闻今日经典中，尚有以冷水献佛使清凉之语，亦系印度原文，在蒙、藏不适用矣。殿角有护法神，门外悬牛头、人骨等假面具，又有真人头骨法器。后院为藏经楼，甚高大，有数木匾，皆前清乾、嘉时所立。一匾上款书敕赐慧觉寺额尔德尼诺木汗呼图克图嘉木样辖克巴，颇费解。闻此寺系某世班禅赐与某世嘉木样者，故拉卜楞寺来人皆住此寺内。

藏经楼前院则住俗人数家。弘觉寺对门为金塔寺，正殿有佛数尊，系前清雍、嘉时所塑，甚精细，当系西宁最古之像。前有一木塔，仅高数尺，颇精美，闻原有金顶塔毁于火，故名金塔寺。木塔系仿原式而制者也。此寺属塔尔寺，凡该寺喇嘛至西宁时住此。寺前院亦住俗人数家。三元阁附近有甘露庵，外悬青海佛教会木牌，升一土坡始至庵，虽小而精。当门有一木雕韦驮像，正殿正面佛像三尊，右面菩萨三尊，皆木雕，有艺术价值，一小像尤精。有一老尼正焚香礼佛，甚虔诚，见余仅参观神像而不叩拜，似大有不豫之色。

十三日　大佛高踞　狮王在此

上午至西大街参观大佛寺，有佛像三尊，各高三丈许，占楼二层。据云从前更高，民国初毁于火，此像系新塑者。左一像圆目短髭，颇凶猛，相传此三像即九世纪时刺杀毁灭佛教之藏王蓝达美者（中史译作达磨）。初蓝达美为辟佛党首领，因其兄耻俅巴瞻（一译拉尔伯张）崇佛，杀之自立为王，竭力毁灭佛教。在位第三年时，有穿黑袍乘黑马之喇嘛，入拉萨，乘王观石柱上文字时，献其奇舞，王使就前，当叩首时，突刺王至死，乘马而逃。后宫中下令追捕黑袍黑马者，该喇嘛因袍为白里，马系涂炭，袍翻衣成白色，马过水洗去炭色亦成白马，遂得远逃至青海境内。此三像即当时逃来而死于青海之三喇嘛也。一名约格郡，一名麻释迦，一名藏白赛，与史载略有不同，未知确否。庙址甚大，半成荒墟，盖火后尚未恢复原状也。

又经各巷时，见数家门首，贴有红纸条，书"狮王在此"四字，同人以为系有猛犬在内，请来客注意者。询之本地人，始知家有婚事时所书避邪者，等于"姜太公在此百无禁忌"。

十四日　城隍庙妇女哭诉　先哲祠军人享祀

上午赴城隍庙游览，门外置桌售香烛者甚多，盖此数日人民入庙焚香者甚众。第一正殿为先哲祠，正面设董福祥、刘锦棠、邓增等牌位，但杂有一甘肃省都城隍牌位，想青海前属甘肃，此殿原为甘肃都城隍殿，故留之也。

右有青海办事大臣某某等三牌位，左有青海府知府某某等三牌位。再进中院正殿祀城隍，有塑像，前陈供桌，上有插烛之长架及大香炉，燃烛焚香者络绎不绝，妇女居多，烛味刺鼻，香烟迷目。左右廊房各九大间，共有塑像十八尊，似为十殿阎君，及其他阴间各神。许多妇女，在右方殿内哭之恸，据云系有冤抑不平之愤者，向神诉之。吾国妇女受家庭社会之压迫摧残，虐待苛责，有苦莫诉，有冤莫白，惟有向冥冥之神，信仰上认为聪明正直而壹者，一诉其怨恨委曲，人或笑其愚昧迷信，余则哀其可怜也。

再进后院，左有蔡公祠。据碑记蔡公名仲回，字子厚，曾举孝廉，宋景祐年率兵至西宁讨西夏羌乱，西宁城陷殉难，人称为湟郡福神，故附祀之。最后殿左右廊房内仍为先哲祠，右廊内有大牌位五：一为"钦差大臣太子太保兵部尚书升任新疆巡抚前西宁兵备道世袭一等男爵谥襄勤刘锦棠字毅斋神位"。二为"钦命头品顶戴尚书衔督办甘肃军务节制前敌各军提督甘肃全省军门云骑尉世职阿尔抗阿巴图鲁军功加六级董福祥神位"。三为"钦命头品顶戴镇守甘肃西宁等处地方统辖汉土番回挂印总镇都督府统领镇西马步全军升任陕西省固原提督军门伊博德思巴图晋加八级邓增神位"。四为"西宁青海办事大臣升任察哈尔都统奎顺长生禄位"。五为"西宁兵备道署理西宁办事大臣联奎长生禄位"。其他小牌位数十座，大半为捍卫边疆之军人。左廊内因门封未及入览，然从窗隙中窥之，见牌位林立，想清季先后在西宁青海任知府军官及办事大臣者，一律收入。

按先哲祠所祀诸人，仅限于清代，否则如汉之赵充国，唐之李靖，真正可谓为青海之先哲，而足千古崇拜也。赵创屯田政策，不用武力而终服羌人，开拓土地。李率兵征吐谷浑，前锋已至星宿海，殆为中国军队达河源最远者。二人皆以年近八十之老将，不惮远征，奠青海之基础，实足认为先哲，奉为模范者也。

十五日　北禅寺多土楼　吕洞宾疗百病

下午偕各同人乘马游北禅山（因多土楼，俗名土楼山寺），约五里，出北门里许渡湟河，有桥，水半结冰。至山麓舍马徒步而登，有一黑虎灵官庙，正演皮影戏，以纸为帐，借太阳光映之（此剧盛行于川陕乡间，以牛皮雕作高尺许之人物，着彩色，手足活动，以竹签系而舞动，多系夜演，张白纱帐，以灯光映之）。余等略为参观，竟加演加冠，系前清积习，乃赏法币五元，演者仅一老人，执签并唱，声粗而为秦腔，不类原调。继登山峰，高约三百尺，峭崖壁立，道陡而曲折。寺在山腹，倚山而筑，神像多在山洞中，土楼深穴，地颇清幽。前面有廊，全城河山，尽归眼底，夏日避暑游览佳境也。此寺为道教祀斗母、洞宾等神，有一老道士年六十余，招待甚殷。洞宾神前有签筒，系备病人求药问方者。签词内分内科外科，男科妇科等。吕洞宾能治病，且能治各种病，异矣。在今日科学发达，医药进步之时，而省会咫尺之地，尚有此种现象，毋怪外人笑吾国野蛮守旧，中山先生谓吾国人民最自由也。山巅有宁寿塔一座，计七级，四周有濠沟，因时晚未及登览，但高耸峰头，出城即可望见。

十六日　果洛非野番　官民共娱乐

下午余宴青海各机关领袖，到者有马主席子香，马司令良臣（名骊，为西宁城防司令），马司令纯臣（名骡，为结古玉防司令），谭秘书长时钦，姚厅长衡甫（名钧，民政厅），魏厅长南芳（名敷滋，建设厅），杨厅长子高（名希尧，教育厅），魏厅长惠庵（名敷泽，财政厅），陈主任耀堂等，陈系省府秘书主任，马子香氏甚倚重之。据谈十六年时曾在兰州党务训练班毕业，为余学生，后至西宁曾任共和县县长，并曾赴青海西北部及果洛等地考察，通藏语，询及果洛情形，谓人每以果洛为野番，不知该族识藏文者甚多，反较环海八族为进步云云。

晚马主席又约余等观剧，盖旧历新年，马氏分别约城内人民观剧，以示与民同乐。本日为女宾，楼上下皆妇女，或为机关职员亲眷，或为蒙藏领袖家属，或为普通人民妇女，拥挤无隙地。除旧剧外，有共党新剧团演劝夫从军之新剧，有韩女士之跳舞（省府秘书），有迷猴戏（二字不知何书，或云系鄘鄂二字，为陕西郿、鄂二县之歌剧,故名,一说非是,其声甚柔媚而悦耳)之《十里长亭》,及秦剧之《柜中缘》各一出。此二剧系一西宁人名天赐者所演唱,非本台角,本晚特请其加入,颇为观众所欢迎。

十七日　青海耶教　各县信徒

青海虽僻在西北,教育落后,然宗教则早已深入,佛教、回教有悠久之历史无论矣。即耶稣教亦早遍于各地,不仅省会、县城,而各乡镇亦多有。此项教会之设立,其精神可佩,其力量之深入民间,亦可虑也。兹据报载青海各县之天主堂、福音堂及各教徒数,大约如下:

(一)西宁县境内:省城南街,西川彭家寨,南川家牙星家庄,札麻隆、鲁沙尔、黑嘴子、猫尔羡沟、后子河等处,每地均有天主堂一处,计共八处,信徒共九百六十五名。又省城西街及后子河等地,共有耶教福音堂三处,信徒共一百零八人。

(二)湟源县境内:县城东关有天主堂一处,信徒一百二十名。又城内有耶教神召会一处,信徒一十三人。

(三)大通县境内:新添堡、陶家寨、老虎沟等地,各有天主堂一处,共计三处,信徒六百四十八人。又县城有耶教内地会一处,信徒四十五人。

(四)互助县境内:县城东关,及甘家堡、新元堡、羊圈堡、自崖堡等地,各有天主堂一处,共计五处,信徒一千一百二十人。又城内有内地会一处,信徒三十三人。

(五)乐都县境内:县城东关,及高庙子、条巴沟、定庄等地,各有天主堂一处,共三处,信徒共三百五十名。

(六)化隆县城内:马坊街有内地会一处,信徒数未详。

(七)贵德县属:西关厢居家沟有耶教内地会一处;教徒数未详。

(八)亹源县城内有内地会一处,信徒数未详。

就调查所得,共计天主教堂二十处,信徒三千二百零三人。耶教福音堂二处,神召会一处,内地会五处,信徒共约二百余人。无论新旧教,信者多为汉人，因蒙、藏民皆信喇嘛教，回人皆信回教，青海民族复杂，宗教亦复杂，可知边疆一切非简单也。

十八日　竹竿巷人　敏珠尔佛

早九时，偕魏厅长等乘汽车赴广惠寺，出东门渡湟河，四十里经后子河，商店居民约百余户。又约四十里，经新城，为一大镇，商店居民约二三百户。普通大车或骡马出西宁一日宿此。又约五里，经暗门（一名庙沟），在老爷山下，山上寺庙甚多，皆道教玉皇等神，俗呼神为老爷，故名。实则名元朔山，山势嵯峨，树林密生，风景颇佳。闻每年阴历六月六日，朝山者甚多，前罗卜藏丹津叛，年羹尧曾在此山大败之。暗门居民商店约六十余家，有小学校一，学生六十余人。下车至一商号稍休息，主人湘人，来此已十年。据云因游宦流落青海，以此间土地价廉，故居之，普通每亩价仅四五元，但每年仅收粮斗余，近年因负担较重，白赠人亦每无人愿耕。又有一桓姓者来谈，据云南京人，祖居南京竹竿巷，因明太祖初登基时，宫中庆祝春节，有社火，令全城人民分日轮入宫内游观，时马娘娘亦在宫中观之，人民望见笑呼马娘娘，但马娘娘面上多麻，见人民笑呼，误以为呼麻娘娘，大怒，询知该日入游者为竹竿巷人，遂一律流放至西北青海，今西宁城内尚有数家，皆竹竿巷人也云云。专制时代皇帝之威权，固属可畏，然亦或系当时移民之一法，因明初曾移民至青海也。

出镇，经一桥，名通济桥，甚美观。闻大通产煤，距此地甚近。再行入山沟中，有大水滩如湖。约三十里经衙门街至广惠寺。寺依山而筑，占地数千亩，有围墙如城。招待余等居先灵佛鲁那浪囊（即其所属之公馆名鲁那浪者，因前辈先灵佛转生鲁土司家）。屋系新建（前毁于火），正屋七大间，有楼房厢房各五大间，院落极宽敞，全系砖铺。屋宇椽柱门窗皆木雕彩绘，金碧辉煌。前有一经堂，亦新建，壁画甚精，据云系保安画师所绘。按先灵佛第二世封沙里瓦呼图克图，在广惠寺为护印，而掌印者乃敏珠佛也。先灵佛有一寺在甘州附近。又有一甘觉呼图克图，为此寺副掌印，久居绥远。下午访敏珠尔呼图克图，即广惠寺之寺主也。原为驻北京八大呼图之一（前驻京八大呼图克图，为章嘉、敏珠尔、噶尔丹、锡埒、拉果察汗、达尔罕、洞阁尔、阿嘉土观等），在北京管理东黄寺京仓僧俗徒众、多伦诺尔仓，并广宗寺僧徒，青海大通广惠寺及所属九寺僧徒，其权力甚大。现为第七辈，法名多吉嘉，光绪卅一年转世，宣统元年至寺坐床，前清及民国前后，封为净照静修广惠护国宏教大国禅师。久居北平、南京、上海，故不甘佛门清寂，生活染内地及欧美习惯，闻在沪曾涉足跳舞场，染有恶疾，并嗜阿芙蓉，可谓开通活佛、风流喇嘛也。余等见时在楼上，长七大间，广三间，陈设亦颇阔绰。闻此寺原甚富，因彼游历京沪，年来费去若干万元，僧徒颇不满意。彼在南京设立青海七大呼图克图驻京办事处（章嘉另有驻京办事处），自为主任，经费不少，生活酬应，均可足用，因彼有特别消耗，以致将寺中积蓄搜刮殆尽。山上树林亘数十里，彼又售去大半，以故管事均反对之，几不能回寺。马子香氏派卫士数人护送而归，于是渠所居之楼上下，卫士守立，枪弹森严，清净佛地变为军事机关矣。

十九日　广惠寺　衙门街

早七时许参观广惠寺大经堂，建筑宏壮，横九大间，深五大间，可容千余人。外悬有戴院长季陶所书"弘法利民"一匾。内有大铜佛三，闻自西藏请来，一弥勒立像，与西藏布达拉宫者同，二坐像，与西藏大小召者同。又一无畏金刚像，谓系某活佛火化后所成，未免神奇。小铜佛沿壁千尊。此外有护身佛、欢喜佛等。楼三层，皆依山而筑。此外有各囊谦，朝藏寺（一译却藏寺）。囊谦新建，系朝藏寺所筑，为该寺活佛来此时所居之公馆。闻原有十三囊谦，今仅余七所，即即巴囊、色耻囊、隆批囊、马拿囊、哈尔敦囊、郎拉拿囊，及新落成之朝藏囊而已。

九时许晒佛，有彩绣之弥勒像，长五六丈，宽二三丈，自三楼上垂下（闻塔尔寺者长三十六丈，自山顶垂到山脚）。旋在院中跳神，首一绿面护法神，手持法器，吹号焚香迎出。一人舞后，为衣黄红绿蓝黑袍者五人出舞，俱护法神，各戴面具。又有一紫衣者法师状，戴笠形帽，无面具。各神手持人头盖骨，或短剑，随念经之节奏而舞。据云经中之意，先献护法神各物，并述其已往护法之功，希望继续护法云云。次虎头面之滑稽状者三人出而乱舞。次一老者白衣白发，脑后垂许多哈达，据云为本寺护法神，腰佩剑及弓矢，且行且舞，频为敏珠尔佛行礼，后执弓舞，并取一矢射之。次拔刀，次由腰取一鞭状物舞，最后由虎面者扶之而归。次二女魔黑衣青红面，发辫甚长，跳跃而出，相传系第一世敏珠尔佛，建寺时梦此二人来，自称为本寺地主，故祀之。次红面护法神十二人出舞，中有一人为领导者，群随之而舞。次二小喇嘛作骷髅装，抬一人皮出（有头及手足颇似真者），置于地下，围而舞之，旋归。次牛头护法神夫妇偕护法神十二人出，手中持刀或剑，或人身骨，旋转舞之，归后四骷髅装者舁一妖魔（酥油制）置于前人皮上，围而跳舞，颇似柔软体操，甚有趣。最后贡巴护法神（五大护法神之一）夫妇二人出，男持法器，女持剑，旋其部下护法神十二人全出，舞若干时，诵经若干时，全跪于地，最后贡巴护法神将妖魔切作数段而跳神告终。或谓此妖魔为年羹尧，因当时平乱杀活佛喇嘛甚多，故咒杀之，但各寺均不承认此说也。是日男女观者数百人，皆附近人民，男多有辫，长丝续，且半戴前清翻缘式帽，妇女发束脑后，高尺许，围以银饰，或包以黑纱，长袍束带，前衣襟多折上束于带中。红履绣花，略尖上翻，似为古装。少女或戴盆式毡帽，鬓前大半插花，长袍束带，带上多系荷包。又许多系白布一块，长及膝下，不知是否手巾。妇女又多有二发套，垂于胸前，似为蒙妇。手上多有戒指，垂长续，耳环亦有长续者。

　　按广惠寺原名果莽寺，据记敏珠尔现已转生二十一世，但至第十四世，法号隆巴端住布者，始至西宁，建果莽寺。原转生西藏，为诸门罕，第十五世法号普尔来端住布，亦转生西藏，始迎驻果莽寺，如自此世算起，现为第七世。故该寺内有六座尸塔，即自十五世至二十世之遗体也。原有喇嘛七百名，因雍正元年随罗卜藏丹津谋叛，年羹尧至时焚其寺，乱平后，雍正十年，奉旨重建，赐额广惠寺，并限定以后喇嘛不得过二百人，立有碑记，并有碑屋，即在阶下，喇嘛平时锁其门，不欲游者览阅，余特别入内，得读其文也。

下午偕同人赴衙门街一游，距寺约三里，相传蒙族盛时有红台吉在其地设衙署，故名。现有商号三四十家，半为晋人，据云屋三分之二为寺产，商人租之，但租金甚廉，某号前楼屋后平房共数十间，每年仅租金五十元。居民百余家，多汉人，妇女足略包裹，着船式履。街外有大通县立两级小学校一所，建筑尚宏壮，有中山堂楼屋，学生宿舍分劳动乡、勤业乡等，惜值放假，未得参观上课。寺附近有敏珠尔设立蒙藏小学一所，中央每年补助千元，但闻学生仅数十人也。

二十日　却藏古寺　金龙铜佛

早七时乘马赴朝藏寺（一译却藏寺），步行越山，约二十里即达。余等乘马绕平道约三十里。途中村庄甚密，杨柳成林，约十余里，望见山麓有村，名白土崖，闻其地有金矿，但现无人采。复前进至丰稔堡，有小学校一所，额书"大通县北寺属丰稔堡蒙藏小学校"，未及下马参观。转弯即望见寺屋，前有大照壁一，宽四五丈，高数丈，颇为伟观。活佛公馆有高旗杆，上崇阶，入大门，门宽五大间，有中门，如北平之王府。内两面有廊房十余间，至二门，亦有屏门，如衙署，内四面皆楼屋，后院亦然。又有偏院，亦四面楼，活佛居正屋，招待颇周。陈酥油、糖果等食品，酥油甚清洁，糖果皆以红白纸裹之。送名片一，其衔为"朝藏呼图克图"与"宏教护国禅师"。据云，寺中甚苦，且近因军事，令寺中出兵十六人，因寺中皆喇嘛，出资外雇，每人需二三百元，已费去数千元也。

旋出活佛公馆，参观金瓦殿，尚宏壮，据云为第三世章嘉呼图克图所建，本世章嘉亦此地人，其母尚健在。殿宽十一间，深九间，可容数千人。方柱数十，每面约宽二尺，高五丈许，雄伟过广惠寺殿数倍。内有小匾，一为"光迹寺"三字，清道光帝御书。殿内满壁绘宗喀巴历史，洋洋大观，有保存价值。次登楼，除中屋通下殿外，四面有屋共数十间。北面屋内有莲花祖师红铜像数尊，高三尺许，古色古香，极为精美，据云为印度所造。壁上悬彩绘佛像若干幅，亦工整精细。左面屋内有仿尼泊尔之铜塔一座，高五六尺，左右又各有高三尺许之小塔四座，皆古红铜制，内各有佛像，闻为宗喀巴讲经传教等像。右面屋内有小铜佛若干尊，内长寿佛九尊，高一二尺，颇精致，闻亦自印度请来。南面藏经典，陈列数架，自西藏运来，亦可宝贵。殿之第三层屋顶为金瓦六十行，并有长丈许之金龙四条，盘于屋顶，栩栩如生。正屋脊两端有二大龙头，四小脊端有四小龙头。此殿建筑之壮伟，与铜佛之精美，均为青海各寺冠，且富有艺术价值与历史意味。殿前有砖地甚广，院落亦大，周围又有廊房约百余间，每间内有铜转轮三四个，共数百个，亦甚伟大。

旋乘马而返，半为原道，半为别径，居民仍密，地似肥沃，所种为青稞与小麦。但据云居民大半皆食青稞糌粑，所得之小麦，全作纳税用尚不足，所谓种麦者不得食麦。途遇农民所用之大车，车轴向内，辐成盘状，辕通后全直，似为古代车式，御车者立车上，亦有古代风。道经一村，名老虎沟，居民约百余户，有初级小学校，并有天主堂、福音堂各一所，足知其村之繁盛。

二十一日　凤阳古装　大互现状

早十时就道返西宁，天气和暖，途中冰已融消，柳色青青，村庄相望，妇孺因新年甫过，多衣新衣，有妇女戏秋千者，绿衣红裳，随风飘荡，颇有古代乡村风味。庄与庄间之途中，亦车马络绎，皆妇孺赴亲戚家贺年者。车甚简单，多系用柳条编为车厢，因大通产煤，大半为平日运煤之车。并有农民即以平日运粪之车，铺一席片，即可乘人。车中马上，半为妇女，均略裹足，着前后向上弯之弓鞋船履（似弓又似舟），与内地缠足者向下弯之弓鞋不同。据云系明时由安徽凤阳转来之民，原装犹存，头上高髻亦当时装饰，边陲犹见古风也。

旋经新城黄家堡至长宁堡，即属互助县。其地距互助县城八十里，距西宁四十五里，而朝藏寺、广惠寺，皆大通县属也。兹将大通县、互助县概况，据调查所得，略述如下：

大通，古西羌地，隋时属吐谷浑，唐及五代属吐蕃，宋为唃厮啰地，元时仍属吐蕃，明时为麦力干所据，清初为蒙古部落。雍正初罗卜藏丹津叛，年羹尧讨平后，以该地路通甘凉，逼近西宁，于雍正三年，筑大通、永安、白塔三城，设官兵分守。于大通城置大通卫，属西宁府，乾隆时迁卫治于白塔城。二十六年，改为大通县。县治距西宁一百二十里，东以丰稔堡与互助县分界，南以新城与互助、西宁两县分界，西以黑林、暗门峡与都兰县分界，北以大板山与亹源县分界，东西最长九十五里，南北最长一百二十里，全县面积为三千五百方里，全县人口共九万七千一百余人，男女约各半数。汉、回、藏、土民均有，藏民居广惠寺、却藏寺一带。县境之名山有大板山（一名大寒山），元朔山（俗名老爷山）。河之主要者为苏木连河。其源有三，西源曰黑木河，中源曰拨科河，东源曰东峡河。三源会合后，南流入互助境，名长宁川，再南入西宁县，名北川，于城北流入湟水。

大通教育，有完全小学五处（内女小一）。又回教教育促进会附设一校，共六校，学生共八百三十三人，内女生一百二十六人，经费共五千九百五十二元，内经费最多者一校，为一千三百五十二元，余每校各九百二十二元。全县区立初级小学共六十三校，学生共四千三百九十三人，经费共五千六百七十元。又丰稔堡第四小学，原为却藏寺蒙藏小学，现虽改为区立，仍收藏民子弟。课程有藏文，学生汉、藏民共六十六名，经费全年仅百元，故对藏生无供给，不如广惠寺所立藏校一切公费也。

互助原为西宁县属之一部，青海改省后，以西宁地域辽阔，遂将东北隅之张家寨、威远堡、长宁堡一带划出，另设互助县。于民国十八年八月成立，以威远堡为县治，在省会东北九十里。东北以甘禅寺、札隆寺与甘肃永登县分界，东以花延寺、张家镇与乐都分界，南以湟水与西宁分界，西以景阳川暗门峡与大通分界，北以暗门峡、甘禅寺与亹源分界。南北最长一百四十里，东西最长一百六十里，面积共七千五百五十万方尺，全县人口共九万四千七百余人，男女约各半数，汉、土、回、藏各民均有，汉民散布各地，回民居什家庄、黄家湾及山庄、邵家沟、甘沟门、中岭、刚冲等地，土民居于塘巴堡，思化纳家庄，白嘴堡，及哈拉直沟，斜吉崖，西华林梭布滩等地。藏民散居于佑隆寺、札宁寺、白马寺一带。境内山之著名者有老龙王山，形势雄壮；五峰山，寺庙辉煌，林木丛杂，其上并有澄华泉、隐泉、裂石泉等名泉，为名胜之山。川之最大者有沙棠川，长一百四十余里；长宁川，流经长宁堡（晋曾置长宁县于此故名），皆入于湟。古迹有祁土司墓及李土司墓，本县土民甚多，原皆此二十一司所属也。名胜以五峰山为最。全县有完全小学校八处，内有女小一处，学生三十六人，经费每年三百元。其余七校，学生八百五十人，经费共四千七百四十一元。初小共九十三处，学生共三千五百人，经费共九千一百二十元。又回教教育促进会附设小学三处，学生共约百人，经费共二百六十元。

二十二日　回教宰羊节　信徒杀子日

本日为回教"日德节"，系回教每年最大之节日。西宁全体教民至大教场诵经，约万人以上，并于是日宰羊，互相赠送。此节之由来，相传原有名依布拉西曼者，信仰回教甚坚，穆罕默德欲试其为教牺牲精神，令于本日杀其子，彼因信教之笃，即其爱子亦忍牺牲，乃不告其妻，密将其子于本日缚于郊外杀之，三刀无血，天上忽坠下一黑头白身之羊，主命以此羊代之，盖察其心果诚也。故此日必宰羊互送。依布拉西曼之子名依思马尔来，因感动亦信回教云。

二十三日　关庙观画　塔寺赋诗

上午偕同仁乘马赴塔尔寺，出南门里许，经南禅寺，因便道游之。寺依凤凰山而筑，登崇阶，约百余级，上有关帝庙，桓侯庙，萧曹庙等，横亘数十间。关帝庙内塑像尊严，壁绘关壮缪一生事迹，外壁砖雕人物。所有塑像绘画雕刻等艺术均佳。据碑记此寺经同治花门之变，及光绪乙未两毁于火，现为光绪年间重修者，当时建筑费银一万数千两。登临远眺，风景颇佳。西有岩洞，下临大川，前有造林，杨柳千株，闻夏日游人甚多。

旋乘马而行，即渡河，冰已半解，途中赴塔尔寺者人马络绎不绝，盖塔尔寺之元宵摆花，为每年黄教之盛典，而其酥油花灯之精绝，为青康西藏第一也。三十里至糖坊村，小憩，再行，又渡一水，道甚平坦，直抵寺内。班禅驻青办事处处长李金钟君，招待于嘉样尕哇内，即拉卜楞寺嘉木样佛在此所建之寓所也。屋为五大间，方院并有偏院，后院。据云旧时建筑，道光时已毁于火，此次班禅大师来始重建，民国十五年落成。屋皆平顶，上有猛犬十余头，望之生畏。

本日为旧历正月十三日，适为余五十初度。是夜月明如昼，闲步院中，回忆往事，百感丛生。因赋七律二章如下：其一，念年投笔事长征，不为黄金不为名。寡过未能逾半世，参禅有幸证三生（赴藏护送班禅）。山川历历羁鸿影，禾黍离离塞马鸣。此日悬弧身万里，思亲弥动故园情。其二，记从万里返重洋（曾留学日本并赴南洋菲律宾及苏联），更向三边冒雪霜（曾赴外蒙古及西北察、绥、甘、宁、青各省）。忧患饱经空往迹，鬓毛非昨感流光。匈奴北犯氛何炽，博望西行日正长（日本又犯绥远百灵庙并在阿拉善、额济纳筑飞机场立特务机关，余赴西藏路尚迢迢）。安得请缨偿夙愿，年年此夕一倾觞。

行署吴秘书抱平及班禅行辕陈科长莹庵等，均有和诗，附录如次：

鹤公参赞以五十感怀见示次韵奉和　　吴抱平

（其一）乌斯万里壮西征，绝塞非求竹帛名。只为慈心悲浊世，还从佛法救苍生（公有"参禅有幸证三生"句）。书空贝叶如龙树，舌粲莲花若马鸣（公著述等身又雄于辩，故以龙树、马鸣二菩萨喻之。）岁走双丸逢大衍，蓬庐天地总关情。

（其二）风雪月露气盈洋，写出寒英傲晚霜。设帐传经承旧业，筹边抒策吐辉光。尼山五十知天命，雪岭三千感路长（公有"博望西行日正长"句）。却待功成归汉节，华筵他日再称觞。

鹤天参赞以五十感怀见示勉步原韵藉以奉祝　　陈文鉴

（其一）年年风雪苦长征，蒙藏争传汉使名。一代文章垂从学，大成模楷树今生。千秋谷旦逢鹤算,万仞高冈听凤鸣。勉和阳春庆大衍,献词惭抱巴人情。

（其二）苏海韩潮文沛洋,言行抑抑慎冰霜。梅开人日征祥兆,饼进上元庆月光。万寿鹤龄传国瑞,三边马蹄旅途长。瑶池合奏钧天乐（瑶池之会当以穆王为主王母为宾,此典用之男亦未或不可）,未献蟠桃愧举觞。

二十四日　塔寺由来　喇嘛生活

早,阿嘉佛赛立法台请观跳神,当即往观。由上午十一时起,至下午二时止,与拉卜楞寺、广惠寺者大致相同。随即参观各寺,首至大金瓦寺,上有金瓦,故名。墙为绿琉璃砖所砌,如碧色明镜。寺中有塔,高三四丈,相传宗喀巴生后其衣胞埋于此地,后生一树与他树异,有叶十万个,每一叶上有一卓玛佛像（即观音菩萨亦名六度母）,故该寺原名"贡本",意即十万佛。今蒙、藏人称呼此寺及经典上记载,犹均为"贡本"。后人为保护该树,乃修大木塔一座,围树其中,宗喀巴圆寂后,又葬尸塔端,后人又建大殿,将塔围于其中,故汉人称之曰塔尔寺。据云塔中树迄今未枯,现殿前之旃檀树,即原树之根,由地中伸出者,枝上有藏文六字（实则此树皮如以指或他物书字印于皮下,去数层皮,犹见字迹,故树枝上之藏文系人造,非天然生成也）。余至塔前点灯四百盏,大灯一盏,共付油费五元。凡礼佛者,须点酥油油灯,普通小灯一盏费铜元一枚,大灯一盏大洋一元。闻此项油费,每年收入在数千元。闻寺内所藏大小金佛、金器及历代遗传宝物,其价值可偿还庚子赔款而有余,未知确否。旋登楼,某施主在楼上点灯千盏,并有清水、酥油、青稞等各千份,洋洋大观。下楼后,左右满堆经典,据云为八千三百简经。出殿,门前有木板,为僧俗礼佛叩头之地,因喇嘛及蒙、藏民众向佛叩头时系五体投地,足立木板下端,跪后两手由下而上,故木板左右摩有两道沟状,深三四寸,头足处成穴状。每年且更换一次,可知膜拜者之多也。

继至左院，有大小转经轮无数，一大者高二丈许，围约丈余，专屋置之，下有数环，内藏经典，外书六字真言，谓转此者其功与念经同，小者亦然，故每日转者无数。殿内为释迦佛、普贤、十八罗汉等像，有一石耸立，上用酥油粘许多铜元，据云上有佛足印，实神话也。旋至大经堂，横十一间，深九间，共九十九间，可容三千余人。柱甚巨，上用龙形栽绒毯裹之，除中楼外，四面有屋，楼上下大小佛像以数千计。

继至小金瓦寺，正殿系护法神，屋上亦有小金顶，故名曰小金瓦寺。护法神除塑像外，有许多衣真衣之怪面像，罗列殿中，前楼上有熊、牛、猴等许多动物标本。旁又有一寺院，内有旃檀树数株。此外建筑，为活佛、法台、管事等所居公馆，及普通喇嘛僧舍，共三千五百余间，沿山麓而直上。活佛公馆名尕哇，共八十四座，以阿嘉与兴萨者为最大。

按塔尔寺所在地，原名"安夺"，因其地南面有一安金雪山，山后又有一夺拉坝，合二地名第一音，简称曰"安夺"。在安夺境内有一小部曰"宗喀"，昔为牧场，有罗本格娃者（即今之阿嘉佛），与兴萨阿曲（即今之兴萨佛，每逢坐床日易女装）结婚，生宗喀巴（宗喀者地名，宗喀巴即宗喀地方之人）。后入藏研究佛经，塔尔寺建于明洪武六年。至十二年有任坚宗哲坚赞者，在此创修一官巴龙洼庙，是为塔尔寺有庙之始。时僧徒仅数人，后又在塔尔寺之南修一觉巴龙古庙，达赖三世锁郎嘉穆错到此传教，并提倡修大经堂，建佛殿。时寺中有佛名包力坚错者，达赖授以全权，彼拟定寺内种种法规条例，并创设喇嘛讲经及辩论等会。复劝青海各王公布施，并谓凡贵族子弟须皆为喇嘛，否则必死。于是贵族皆令子弟入寺为僧，人民继之。迄今青海蒙、藏人民，皆令子弟为僧，于是塔尔寺得有今日之繁盛。

寺内组织，除阿嘉等活佛外，以法台地位为最高，即由地位崇高且有声望之各活佛轮流充之，每年一任。内部组织共分四大部：一为总公所，即寺中一切行政之总机关。负责者三人，名为大老爷，二老爷，三老爷，想系沿前清官场之称呼。大老爷任总务，二老爷任交际，三老爷司钱粮，而法台为最高首领，如内地之方丈。有总拉张，即法台官邸，亦可谓总公所衙门，照例如班禅、达赖或哲布尊丹巴至此时，即由彼主总拉张，为寺主，故班禅在此时，法台即让其主总拉张。二为秘密部，即监察全寺喇嘛之最高机关，有秘密拉张，为其官邸。三为医学部，即研究医药之所，闻其医书皆清时自汉文译来，亦有医学拉张，为其官邸。四曰时轮部，专研究时轮金刚法会经典者，凡该寺念大经时，亦由该部筹备。有时轮拉张为其官邸。各部负责首领，系公选法，由各尕哇老爷（即各活佛之管家）及有声望有职权者齐集大经堂票选，每票书三人至五人，交由法台于当选人中指定。但因大老爷、二老爷、三老爷等负行政责任，如入不敷出时，即须由渠等赔垫，故近年选举，多以富有资财者当选。此外印经、跳神等事，亦各有专员负责。

至喇嘛之阶级及生活，初拜师入寺之小沙弥，藏语曰"格军"，不穿袈裟，等于不出家，待略学经典，具有常识时，则严守戒律，名曰"热循"，即出家之意。其戒律按宗喀巴所规定者，约数百条，第一步须守十戒，即不杀生，不妄语，不偷盗，不奸淫，不饮酒，不歌舞，杂金物及宝石等。如"热循"继续精进，兼能守戒律者，则进而为"格趣"，须守三十六戒。如对经典更有深刻研究，品格并进者，则升为"格隆"，至此即为完全僧人，须守三百六十四戒。又喇嘛如聪明勤学者，可考取为"丁哭"，研究天文历数及占卜等。现任此专职者为阿哭喇嘛。又或为"忙巴"学医药，现任此职者为窦家喇嘛，蒙古人。再高即为"觉巴"，研究密宗等经典，现负此责者为柴丹喇嘛，为柴达木蒙古人。最高可考得"格西"，即如今日之博士矣。但塔尔寺喇嘛，今日大半为无学识者，且实际多不能严守戒律，即最普通之四戒，如不杀生不偷盗不奸淫不饮酒等，确能坚守者亦不可多得。照例犯戒者，分别轻重处罚，如初次较轻者，罚若干金，二次加重，三次再犯，或案情较大者，即开除驱逐出寺境，并收没其寺中所有之财产。施行此罚时，先将犯戒者捕至法台前审问，得实供时，打以皮鞭，至青肿流血时，然后面上涂以规定之颜色，头上戴以特别之高帽，背缚双手，由施咒者念以永不得超脱之咒语，然后令十余人押送出境，永不得再入此寺。各喇嘛生活，除寺中每月每人发给青稞三升外，有布施可以分得数角。但许多喇嘛，多经营商业，或在本地，或赴拉萨，得利甚多，故或放债，或在寺中建屋，可租可售，但不得售于本地以外之人。亦有以手工如刺绣、绘画、裁缝等赚钱者。凡初入寺必拜一师，有教养之责，亦有受布施之权，师年老由弟子侍奉，但死后财产可由其学徒或亲戚承继。如无承继之人，则由寺中收没，变价出售，所得钱财布施僧众。故有资财之喇嘛，其亲戚必有入寺为僧者，冀承继其财产，于是僧日益多。又布施，亦为入寺为僧者之惟一希望，因此地为宗喀巴之圣地，凡蒙、藏人民之欲祈祷福寿或遭不幸与灾害而求禳祸患，或牲畜繁殖、贸易顺利而谢佛恩，无不尽其家之所有与力之所及而布施于此寺。多者数千甚至数万，少亦数百数十元，各喇嘛每年每月，无不分得若干。即本寺大老爷、二老爷、三老爷任满交卸时，亦各举行布施，并供忙茶，多寡任意。闻前年某老爷卸职时，予寺中份子五千，每份六元（喇嘛三千六百余人，普通每人一份，地位高者每人数份），而供忙茶时，所有熬茶煮饭及黄油杂费等尚多。仅一老爷如此，其他收入可知。又法台之布施亦巨，如每年十月二十五日起，供七日忙茶，并散洋至少万元。闻此数系法台向各方募化，故有赚有赔。他如寺外小佛爷来本寺学经时，须先布施，而后得进经堂。本寺喇嘛在外经商获利者，亦须布施。合之为数甚巨。故本寺喇嘛不特得安坐而食，且生活较普通人民为优，因之僧徒日增。寺内有大锅五口，中锅三口，大者备施主供忙茶煮饭时用，每日能煮米一石五斗，牛六只，黄油二百斤，锅茶可供全寺喇嘛之用。二小者系为讲经时数百喇嘛熬茶之用，系光绪年间所铸，原本有三大口，因当时一口熔于火，补铸经十三次始铸成。西北军数兵士曾在小锅内沐浴，寺僧至今犹咒詈之。

二十五日　民族展览　油像精绝

上午赴鲁沙尔参观赛马，并游览临时市场。赛马在小学校旁，多回民，乘马如飞。临时市场在市与鲁沙尔之间，每届会期（塔尔寺每年有四会期，一为旧历正月十五日，二为四月十二日，三为六月六日，四为九月二十二日），远近蒙、藏族男女来集。故有临时市场，张幕如街。所售多喇嘛及蒙、藏男妇之用品，如红黄紫色布匹，铜壶、铜盂、念珠、护身佛，马鞍、皮靴，妇女装饰品等，而日货居多。闻拉萨藏人来此经商者，每年旧历正、二月来，约七八十帮（藏名瓦卡），每帮七八人至十余人不等。来时带藏货，如氆氇、红花等，每年五六月回藏，去时买骡马或少数茶叶。塔尔寺喇嘛亦多去西藏贸易，去时骡马，来时藏货。日货即系由西藏来，可畏也。市上民族复杂，服装各异，男子有垂耳环者，有绣花红领高五寸许者，有衣五色衣者。女子有发辫数十至背后粘布上宽尺许者，有两鬓垂珠串数十、各长尺许者，有背后绣花发袋长及足者，有鬓垂红小珠串数十，额上立一银凤高数寸者，有头戴黄琥珀、红珊瑚者，有足着船式弓鞋者，有背垂宝石蚌壳、银碟者，有腰系银钩、珠串者，大半红绿袍并束红绿带。头上有银凤者系民和土民，皆缠足，长背心及足，闻原系汉人迁来者。形形色色，不可枚举。最多而尤奇者，为塔尔寺附近之土民妇女，背上均有一如日本妇女阿背之背包，其式有楔形之状三，其二在腰间交叉，下分为二底，一在背后如顶，用多层厚布制成，上有绣花，并用宽约四寸之布条，连交叉之二者，斜分至两肩而至前带。背后两底则垂红线须续，如蝉尾衣，长及足。发为大辫，足着刺花皮靴。三川妇女，则缠小足，鞋底厚约半寸，衣仅及膝，腰围裙宽，袖上镶花，辫发盘后脑，高而大，或缠黑纱帕，似内地旧时装。保安妇女，长辫上有银杯，短衣宽裤，天足布靴。其语言亦复杂，除纯粹汉、回、蒙、藏语言外，土人中如三川人土语为汉蒙混合而产生之一种特别语言，保安人土语又为汉藏合璧而成之一种语言，有时一句长语为汉满藏三种语言之合体。而汉、回商人似乎各语皆通，殊不易也。闻寺中各老爷对于商民有权威，如肉价有规定，牛羊须肥者，如不遵规定，可鞭之而驱逐出境，不得继续营业。

市近寺处有洞式砖门，再近寺有八塔整列。此古迹之由来，传说不一，或谓为年羹尧平乱时杀寺中八大呼图克图，埋尸其下，或谓为宗喀巴父母生前用物埋藏其下。但闻其用具葬于乜纳尕哇之北，即八塔之西南。或谓系宗喀巴幼时所居帐房之八杆，埋其下，而砖洞下系埋其帐棚。又或谓系镇风水使财不外流者，其说纷纷，未知孰是。

晚，寺中派人用吹号、香炉、纱灯、伞盖等仪仗，来迎赵专使与余及马主席等，盖用迎佛仪式也。观众非常拥挤，旋至灯棚下，大者二处，各有方形之高棚，高三四丈，三面各悬三层之缎堆佛像。一面有高二丈许之酥油灯架，上用酥油制塑佛像及种种故事，花鸟人物，无不逼真，中为香拔拉国国王之大像，眉目如生，高于真人，左右有四童子侍立。两旁故事为观音渡众生，除八害，及唐王游地狱等状。鸟兽跃跃欲动，人物栩栩如生。最上云中各神，飘飘如仙，两边美丽之花，艳于真花。人物鸟兽，多系以铁丝，随风动摇，并有活动可转者。衣冠皆施彩色或金色，花卉鸟兽，各如其色，并有亭台楼阁，车马船只，无不惟肖惟妙。上点酥油灯数千盏，故俗总名之为酥油灯，实则名为摆花会较妥。庙内亦有香拔拉国王像十余处，亦精巧。闻制作费四月工夫，工人多北平、绥远人，精巧为各地冠，即拉萨亦不及。惜仅陈列一夜，晚始抬出，天明即毁，恐天热消化。一说原系宗喀巴是夜一梦，天明即醒，不知确否，故天明须毁。闻去岁班禅在此时更精绝，今年费款二千五百元云。

又每年正月十五日之摆花，为黄教各寺之最大盛典，亦为本寺四会期中最热闹之一会。次为九月观经之会，闻九月二十二日晨，寺僧整队出寺游行，有音乐、法器、旗帜、幡幢、宝盖等在前，法台在后，至寺西草滩上环坐诵经，在滩之西南山上，高悬宗喀巴法像，系彩缎堆成，高数十丈，宽八九丈，群僧、民众向之叩头，故其会又名晒像会，其他各会，一律名观经会云。

二十六日　骡马畏惧汽车　妇女禁看社火

早赴鲁沙尔回教两级小学内参观，校址宽广，建筑壮伟，中一楼，楼上七大间，未隔墙，为全体师生礼拜之所。前后院为教室，校中现有高级二班，初级四班，共百数十人。校址数百亩，建筑费一万七千元，皆马子香氏所捐。其他各县回教促进会所附设之学校校址及建筑费，亦大半为马氏所捐助。可知马氏对于回教教育之特别提倡矣。

附近又有县立文华小学校，学生百余人，经费县款六百余元，又从卫生检验费、皮毛捐附加得二百余元，因本镇每年皮毛售出约七八十万元，骡马数万元，故教育经费可抽捐补助。镇改名文华，故即以名校。全镇汉、蒙、回、藏人民共七八百户云。

旋至鲁沙尔盐税局早饭，据云甘青宁三省盐税，从前最多年收不过九十万元，去岁仅甘肃即约收七十万元，宁夏因受红军影响，仅收三十万元，青海仅七八万元耳。青海总局在湟源，分局六，各局均收税，同时售盐。每盐百斤易青稞百斤，青稞每百斤现价约四元余，盐税四元外，又付蒙人租税约二元云。

饭后乘马而归，约五里许，马主席派汽车来接，弃马登车，风驰而归。但途中乘马者，络绎不绝，此间各马，因少见汽车，视为怪物，无不惊奔，或逸出数里，或遗人于地，或弃鞍于野，令人心不安也。

本日为阴历正月十六日，为元宵后之第一夜。晚赴街上游览，各商号依然悬灯，或为红纱圆灯，或为方形白纱灯，上绘三国历史，或为方形、六角形玻璃灯。或唱留声机，或打锣鼓，或唱秦腔，大似二三十年前之太原景象。惟观者寥寥，以人口稀少也。又有狮子、旱船等社火，赴各机关各商号玩演。但妇女观者甚少，儿童居多。闻回教对妇女限制甚严，前晚有出街看社火之回教青年妇女四人，经阿訇以皮鞭驱逐归家去。

二十七日　西宁联欢大会　青海民族来源

上午马主席约蒙古王公、藏族千户百户及活佛大喇嘛等，在湟中大舞台，开民族联欢大会。此实为最有意义之会，因青海为吾国民族最复杂之省，不特汉、蒙、回、藏族均有，且有特别之土民。惟各领袖平时不易召集，每年祭海时虽派代表参加，到者寥寥。日来因塔尔寺黄教盛典，各族领袖多不远千里而来。马主席遂乘此机联欢，连日分别宴会，本日又开大会，到者数百人，其地位较高者，有家仓王、咱藏王、先灵佛、嘉义佛、朝藏佛等。其余有甘禅寺头目，贵德多加官人，乐都羊官寺柳家佛管家，化隆下山千户，乐都药草台官人，亹源朱古寺注宝，循化朵楞头目，循化咱刚寺头人，同仁巴庄头目，下让千户，八宝叶家头目，化隆勾撒千户，拉加寺加远，平安松布寺头目，湟源贞南群丕，湟源贞南木年大亥，化隆木夕李黄太，大通却藏寺管家，湟源右翼正盟长，共和奴他百户，贵德下日南头目，大通张家寺头目，贵德勾咱头目，湟源兴寺、咱藏寺管家，共和县公王爷班玛旺札勒等，循化旗台保多已沟格路乎见错，湟源县郡口才达，大通加都乎待管家，贵德县录仓千户，贵德却莫寺佛，贵德昂拉千户，白昂贞贵德朵布官人，共和朵让千户，共和姜拉千百户，大通祁家寺头目，沟源班古寺头目，同仁县王宝佛，民和马营寺管寺管家，循化群科寺头目，贵德三沟红布，贵德加塞佛等。首由马主席代表、能藏语之某君详述开会意义，次由班禅驻青办事处处长李金钟君及贵德嘉义佛（对经典甚有研究、曾追随达赖）讲演。旋演跳舞及新旧剧，旧剧为古城会、关公训弟，渠等多能了解，因红面关老爷，渠等皆熟知，盖寺院中壁画有绘其故事，并有兼奉祀者。彼等服装形形色色，大半狐皮翻帽，紫衣革履。活佛为黄色袍褂，桃形黑边帽，披红绸袈裟。普通百户、区长等，多著无面羊裘，袒胸裸臂。各民族服属已数百年，犹未能促进其文化，改良其生活，固满清分化之结果，民国以来，亦因种种障碍未能达到一律平等之目的，中央与地方当局，应分任其责也。

按组成吾国之五大民族，如汉族、东胡族、突厥族、蒙古族、藏族，在青海省内，均有其代表，且均经活动而有长期之斗争与混合。除藏族为土著外，其余各族，皆来自远方，遂使青海成为国内各民族最复杂之区域。兹分述如下：

一、汉民　青海土著，古为羌人，自汉武帝败退羌人而设县治曰破羌县，在今老鸦峡，是为青海设县之始，亦汉人入青海之始。宣帝时赵充国用屯田政策以御匈奴，汉人来者益众。据史载当时势力，西过大峡、小峡，即今西宁附近，汉人势力，日向西进。及五胡乱华，汉人西方之势力遂衰。南北朝时，南凉及吐谷浑在青海立国。南凉国都在今乐都县，吐谷浑国都在今贵德县，二者皆东胡族，原属东部内蒙古，越陇山而至青海。当时汉人仍有相当势力，如史载南凉学校尝延汉人为师，可以证明。唐时汉族势力又进展，陇右节度使驻于鄯州，即今之西宁。唐末中原内乱，陇西沦陷，至宋王荆公当国时始恢复湟中。西宁在汉时本名西平，至北宋始改今名。宋室南渡，汉人多退出西宁，至明时始设西宁卫，清改西宁府。历史上经许多次之得失变迁，而汉族得以移殖繁衍。以明、清两代言之，明初军队多安徽凤阳人，开抵洮、湟，移民屯田，淮上妇女，随之俱来，今日甘肃临潭、泯洮一带妇女，犹着弓鞋，《洮岷志》称之曰凤阳婆，盖当时安徽妇女之装束；今西宁附近亦多上翻之船式弓鞋与高髻，皆明代之遗风。此老移民也。至清季则多来自河州、兰州及甘州、凉州等地。汉族在青海之分布，以湟水流域为最多。湟水流域各县，汉人占百分之五十至九十，次为大通、亹源一带，汉人占百分之二十到三十，贵德、循化一带，汉人占百分之十至二十。新设之共和、同仁等县，汉人仅占百分之一耳。

二、回民　普通所谓汉回者，原居河州、甘、凉一带，明初收复洮、湟后，除移汉人屯田外，并迁回人垦殖，一部由河州迁来，一部由甘、凉迁来。此种回民多娶汉人为妻，实杂有汉人血统，或系汉人信奉回教，故曰汉回。其分布以化隆为中心，化隆回民占十分之五，西宁、大通、民和、亹源各县占十分之三，贵德、循化占十分之一二，其他各县仅占十分之一耳。又有所谓撒拉者，实突厥族，乃中亚撒马尔罕突厥之裔，于洪武四年由哈密迁入黄河上流，自成部落。其人体格雄壮，深目高鼻，似亚拉伯人，操缠语与新疆缠回同。女子亦皆天足，务农业。前清历次回变，实多起于循化之撒拉，然后波及河州，再及各地，世人以为源于河州者误也。撒拉之分布，在循化有八工，在化隆有五工，共十三工。其名为工者，有水利工程之义，凡撒拉所在之区，均开渠灌溉，农业发达，树林亦盛，因渠岸大半植树，一切类新疆哈密天山南路各地，盖其习惯、技术，自新疆带来也。撒拉回一称循化回，因循化最多，约占全县人口十分之五以上，化隆仅十分之一耳。

三、藏民　自古为青海之土著，《禹贡》之所谓西戎，殷周时之所谓西羌，皆其族也。汉、唐用兵，完全为对藏族。羌种甚多，唐时曾一度统一，成一国曰吐蕃。唐后部落分裂，其势遂衰。惟明初宗喀巴提倡黄教，藏族精神又归统一，其宗教势力且及蒙古。西北藏族主要者有四：一曰河洮藏族，居黄河、洮水之间，属甘肃省。二曰河湟藏族，居黄河、湟水附近一带。三曰果洛藏族，居黄河上游河曲。四曰玉树藏族，居于扬子江上游，皆属青海。惟果洛族延及西康，而玉树二十五族，与现归西藏之三十九族，原为同族。河洮与河湟藏族，大半汉化，多以农为生，故青海田赋，除屯粮（汉人屯田之粮）外，又有番粮，即熟番田亩所纳之粮。果洛几全为畜牧，闻一小部近有种青稞者。玉树各族，年来种青稞、小麦者不少，自设玉树、称多、囊谦各县后，渐渐进化。各藏族之分布，多在河谷以上之高原地带，如西宁之塔尔寺，湟源之东科寺，乐都之瞿昙寺，大通之广惠寺，互助之佑宁寺，皆位于湟水支流发源地。

四、蒙民　明中叶以后，藏族势力已衰，蒙古人自河套、甘、凉一带，侵入青海。蒙古人分为东蒙古人及西蒙古人。东蒙古人在内外蒙古之东部，为元代之嫡裔。西蒙古人即明代瓦剌科布多，宁夏与青海之蒙古人皆是。为明代边患者，即西蒙古人。当其盛时，青海藏族为其役属，自明万历、清雍正二次征伐后，其势遂衰。嘉、道以后，藏族日盛，蒙族被迫北徙。原有牧地，多为藏族所占。今青海一部分蒙人，反为藏人所同化，知藏语而不知蒙语，宗教之力亦大也。青海蒙人之分布，以都兰为中心，亹源、湟源、共和、同德等县亦有少数。

五、土人　为青海省所独有。其来源除藏族外，汉族、东胡、突厥、蒙古诸族皆有，世人因其语言近似蒙语，而谓为蒙古族者非也。吐谷浑在南北朝时立国于青海，在历史上占重要位置，后为吐蕃所灭，其族迁至甘、凉、肃一带。吐谷浑本鲜卑族，即东胡族之一支，由塞外越陇而居河湟之间者三百余年。其种族遗留于青海者，当为土人成分之一。又明代以前，除藏族以外之各民族均称土人，以别于明初由南方迁来之新移民也。其语言大半为数种语言之混合语。如保安附近有所谓吴屯土人者，妇女皆短衣宽裤，脑后一辫，据云自江苏移来屯田之民，故曰吴屯，其为汉族也无疑，今则其语言近藏语，而非汉语矣。土人之分布，以大通县为最多，约占全人口百分之五十。民和、互助占百分之十。共和、乐都均有，但甚微。西宁原有土人，因汉化已深，不易分别。土人生活，除妇女天足及特别装饰外，与汉人无异。明初平定青海后，分土人为二类，距城近者由县官治理，其县官名曰有司。

距城较远者由土官治理,其土官名曰土司。最近改土归流后,已无此种分别。土司虽有存者,对土民已无若何权力矣。

至蒙、藏族驻地,青海额鲁特蒙古原共二十八旗,除甘肃夏河县所驻之四旗外,在都兰县境内者,有青海王、察卡王、柯柯王、柯鲁游牧长、可鲁沟札萨、巴伦、宗家、台吉乃等八旗。在亹源县境内者,有默勒札萨、哈吉哈札萨、角昂札萨、永安札萨、水峡贝子、布哈公等七旗。在共和县境内者,有居力格札萨、端达哈公、尔什克贝勒等三旗。在湟源附近之群科滩者,有群科札萨、宗贝子、托毛公、阿咯公、巴汗淖尔札萨、托里和札萨等六旗。此外又有察汗诺门罕一旗,汉名白佛,世世以喇嘛承袭,亦在都兰境内。至藏族在玉树、称多、囊谦三县内者有玉树廿五族,果洛有娃西色多族,阿群日模族、仁亲显木族、汪子得巴族、何可马族等五大族。贵德有鲁藏族、东车族、昂拉族等。同仁有热贡十二族。循化有边都族。环海有冈察族、千不里族、都季族、拉安族、汪什代克族、阿里克族、公洼他代族、曲加族。亹源有他密族等。

中华民族,实皆同源。且数千年来,各民族接触激荡,风俗、语言互相同化,彼此通婚,血统亦混,渐成为整个中华民族,已难为明确之分别矣。

二十八日　警士演社火　王公阅炮兵

上午马主席召集蒙、藏族王公、百户及各活佛至东校场阅兵,并约余偕往,有兵士一二千人,并一部在场外野地演手榴弹。旋引导余等参观炮兵团,即在校场旁,此为青海最老之兵,训练有素,人数亦较普通多一倍。院中陈设大小炮若干架,大炮二尊,系得之孙殿英者,小炮若干尊,多山西造,步枪多汉阳造。蒙、藏领袖见之多惊异,马氏亦似有意示威也。

省会警察局警士所扮演之社火,来行署表演,有狮子、旱船、水牛及男女滑稽装束者数十人,先由奇装之男女唱歌后,旱船、狮子表演,狮子上桌下桌,并在桌上拜四方,两桌上起立,颇精绝。

三月一日　吞刀吐火　飞盘走碗

下午行署宴各活佛，晚并在行署请各活佛观魔术，演者为一山东人，前民政厅职员，随前民政厅长王子元来青者，年六十余，颇有研究。先演空中取尊，尊内有水。次演鼻内取棒，小柴棒取出数十根，似尚普通。继将大小铁丸，吞入腹中（大者径寸许），尚相击有声，颇奇。旋脱衣练气功，脐下气胀如鼓，复运至肩上，背上，如疣，似真有练习。尤异者，将长二三尺之利剑，吞入口中，直至腹内。据云为真工夫，不知确否。又以纸火入口，再加糟糠，以扇扇之，先发浓烟，后吐出火块，真所谓吐火吞刀，不知究为真为假。庄学本君谓前至外县，见有黑教喇嘛施法，将铁棒自右腮穿入，由左腮出，亦异事也。最后将汽灯放暗，作飞盘走碗之技，在一桌旁将盘碗前后上下飞走，明知有绳或铁丝，但盘碗如何能在绳上下进退，诚绝技也。

二日　各族应同校　回民喜从军

上午教育厅长杨子高来访，谈及青海教育情形，谓年来数量方面，似稍进步，但质的方面，完全仍旧，因人才依然缺乏，经费更加困难。惟回教教育，异常发展，因军政当局特别提倡之故，现已驾全省教育而上之。蒙、藏教育，进步尤少。并谓蒙藏师范学校，蒙藏小学，其程度均较普通者为差，最好不必另设，以免有名无实，以期真正平等。蒙、藏儿童同校后数月之间，言语可通，生活亦渐改善，除食宿或暂特别外，其他一切共同，汉文汉语进步均速，民族隔阂，消除亦易，其言颇有见解。又极反对专编蒙、藏、回文教科书，增加儿童学习困难，引起民族情感疏远，余亦然之。十年前，余在甘肃任教育厅长时，青海尚属甘肃，余见各民族之复杂，教育之落后，一切之不进步，即主张由教育上减少各民族隔阂，改进各民族生活，使一切与汉族真正平等，不止发展其文化已也。年来政府对边疆政策，特别注意，对边疆各民族，特别优待，但结果反使隔阂愈深，情感愈疏，蒙也、藏也已改进而与内地人士无异者，复改其姓名，衣其奇装，而效未改进之蒙人、藏人，以求在政治上受特别优待，教育上享特别利益，将来愈分离而愈不平等矣。故余前次与教部视学员庄泽宣君来青，在教育界欢迎会席上，亦述及此点，请大家注意。又回、汉儿童，语言习惯，大致均同，尤不宜故分畛域。故余在甘教厅任内时，提倡回民教育，但主张教育与宗教分离，学校不必以清真为名，回、汉子弟一律同收，无宗教民族之别，至宗教另有寺院，可于清真寺中举行也。

下午王道生君（名立中，晋人）来访，渠任民团教练官。据谈：青海民团多自愿加入，甚有自备枪支者。渠前赴数县教练，无不踊跃参加。因回民向喜弄枪持刀，当军人，且有曾为军官者，以从军为乐为荣。故征集一人每来数人，盖曾任军官或欲任军官者，多招其子弟亲友同来，为渠护兵也。欲充军官并可充军官者，马主席曾成立军官训练班，每次三个月，已训练二次，共千余人，归后令其在各县乡村训练民兵。前红军在一条山时，调东部各县民团，复渡河西，又调北部各县民团，每经征调，立时出发。但闻除回民外，有多不愿从军者，或雇人代往，或出资运动免往。

晚宴由肃州护送蒙藏委员会调查员之藏民三人，其性诚实，且服从长官命令，故劝酒即饮，未终席而三人全醉，亦因渠素饮之酒淡，不知白酒力大也。

三日　瞿昙寺金器灿烂　永乐殿壁画精绝

庄学本君游乐都来函，述及瞿昙寺情形，谓该寺在乐都对岸岗子峡中，离城五十里，山道二十里，道路崎岖，骑行困难。寺在沟西土城中，全寺分三殿，首殿即名瞿昙寺，中名菩萨殿，后为隆德殿，又名永乐殿。建筑为宫殿式，两庑绘释迦一生历史（惜一面已破毁），色彩鲜明，笔调生动，非他寺中线条呆板之壁画所能望其项背。三殿中佛像俱铜制溜金，工致精美，佛前各万年灯、金香炉、净瓶等，俱高六七尺，以大理石为础，金光灿烂，人影可鉴。他如罗汉塑像及神帐，均精美绝伦。综观全寺，经永乐、宣德二代之经营，故殿内陈设为青海各寺冠。尤以佛像、壁画、金灯、香炉、净瓶等，有艺术上之价值。惜因山势阻梗，故其名不彰，然亦赖此得保存也云云。可知该寺之一斑矣。

四日　八九龄结婚　半年后来校

下午赴中央政治学校西宁分校参观，地址在城西二里许，即所谓虎台者也。其地共有五台，相传系南凉王所筑，南凉王秃发傉檀，有子名虎台，故名（今俗称将台）。余等出西门后，狂风大作，尘灰蔽天，目不可启，道亦难辨。抵该校后，闻储藏室墙被风吹倒，可知其猛烈矣。

该校系中央政治学校为边疆民族而特设者。绥远、宁夏、甘肃、西康、青海各有一分校，此校注意蒙、藏族教育。现师范四级，学生百数十名，多汉、回人，但习藏文，准备卒业后在藏民聚居之地办小学者。附属小学六级，学生约二百余名，除女生一人外，全寄宿学校。每月每人饭费及零用，均由学校供给，师范生六元，小学生四元，书籍衣服亦由学校发给，惟被褥自备。故参观时，见学生衣服整齐，而寝室内甚简单，大半无褥，多铺毛毡二重，或仅一层，可知边地人民之贫苦。有此校，救济贫苦学生及边民不少也。学科除藏文外，与普通师校、小校同。据云学生由保送陆续来校，甚有迟至半年以上者，不得不收。小学藏民极聪颖，但升至高小或至师范班时，即较愚钝，因结婚甚早，有八九岁即结婚者。谓家中无人，故早娶主家政也。至十四五，身体均大伤，禁之不能，影响民族健康与文化甚巨。该校购置理化试验仪器药品之多，为青海各校所未有，故学生对理化甚感兴趣，惜运来时半数以上在途中已损坏，交通不便，为边疆一切进步之大障碍。

五日　回教源流　文化影响

穆逢欣君，为交通部派随专使行署入藏者，系回教徒。本日来谈，述及回教情形，谓回教历非阴非阳，为一种宗教历。大致近于阴历，即以见月之夜为每月初一，约当阴历初二日，再见时为次月初一，无闰月，过年无定月，每年有一月为斋期，认此月为教祖受天启之拉马腾月，日出至日没不食物，月满开斋，开斋之日，等于新年。封斋之月，三年一易，春夏秋冬俱封斋之月，三十余年后，四季全经。每封斋时，不仅忍饥，如夏日炎热汗流，并须忍渴，冬日天寒，又须耐冻。如是循环锻炼，四季均能忍受。回教对异族异教，每以武力斗争，故锻炼忍耐精神，可佩也。又谓回教所敬之主，系为生天地万物人类者，有恩德于人，故崇拜之，并非迷信。而穆罕默德为主之遣使，并非自己为神，与佛教之认诸佛为神，基督教之认耶稣为神者不同。至其教旨与儒教之尊天敬祖，大致相合，惟不拜一切偶像，不拜祖先，故居室如有照像、画像甚至一切鸟兽人物之绣画，礼拜时均须除去，或掩蔽，以免误拜。至不食猪肉，因其不洁，但禁酒更甚于禁猪肉，因酒可乱性，故绝对禁止，今回教徒绝对不食猪肉，而饮酒者不少，此大误也。奸淫窃盗，均为所禁，无赔偿之收入（商业有赚有赔），如放债得息等，亦为所禁止，今回教徒多犯淫盗并营高利贷收入，均不合教规。西北回教又有新旧之分，青海、宁夏多新教徒，甘肃多旧教徒。旧教徒奉某人为主教，俗称为大爷，信仰崇拜，如喇嘛教之对于活佛，有所命令，如神谕圣旨，无不服从。死后，其生前所用之衣服，群视为神物，如皮裘撕为若干片，得其一片者珍之若获拱璧，并建墓屋，守墓者不娶妻，一切如喇嘛教徒之对于活佛，实则经典上所述，不如此也云云。继参考各种记载，得回教史迹如下：

一、回教与儒教，在道德方面许多相同。如主张济困扶危，忍苦受难，及禁止一切奸淫杀戮，盗窃贪财，虐待赌博等行为。儒教尊天，彼尊"阿拉"，即认为天。且极尊崇孔子，以孔子之伦理学说为最高道德。其教中有一首诗，评论三教，对儒教特别尊崇。其所发挥之学理中，尤以宋儒之思想为根据。讨论理气二元的宇宙论，完全与宋代理学家主张相合，与朱熹意见尤同。清雍正时刘智所著之《天方典礼》，更带宋儒彩色。对妇女防范极严，如不许入礼拜寺，不许见亲族以外之人，亦与儒教，尤其宋儒主张相似，将儒、回思想冶为一炉。故儒、回之间，向未发生冲突。如傅奕、韩愈等反对佛教，沈㴶、杨光先等排斥耶教，而对于回教，从无人反对。至清季数次回变，乃清政府压迫所致，非思想冲突。

二、回教传入中国之始，杭世骏以为在隋开皇时，回教人亦承认之。在广州有干歌士墓,回教人认为中国回教的开创者,其墓碑记贞观三年建。但又有人谓中国回教创始者为苏哈巴苏氏,系穆罕默德之舅,即哈窜比党的领袖(穆氏死后,其门徒分为数派。除其外甥亚利守其遗训成为有力之希亚派,传入巴比仑、波斯外,又有四派,一为亚布哈尼法派,二为沙飞尔派,三为麻利克派,四为亚哈墨德派。传入中国者为第一派,亦名窜哈比党,主张严格的保守主义。第二派主张采用基督教精神,改革本教的缺点。余左右祖)。于西历六二二年至中国广东,即唐高祖时。后又有别派从西北方面传入,设礼拜寺于西安。在西安有天宝元年户部员外郎兼侍御史王鉷所撰之回教碑。可证明当时回教入中国有水、陆二路,水路由南海至广东,陆路由甘肃至西安。但据《旧唐书》记永徽二年大食始来朝贡,似永徽前中国与大食未尝交通。最近陈垣由回历推算,证明历来推算的错误,断定永徽二年为回教入华之始,亦颇可信。至回教书籍中有西来宗谱说,谓回教入华在唐贞观二年。

三、回教对于中国之影响,在学述方面亦甚大。试研究中国与世界交通史,当唐宋时执欧亚间商业牛耳者为大食国。其商人至华,得中国政府之优遇,于是多留居中国,欧洲之文物与文明,亦次第输入。最著者,莫如医药与天文,研究医药之著名者为李玹、李珣、萨德弥实等。李时珍《本草纲目》引李《海药本草》,钱大昕《补元史艺文志》,有萨德弥实《瑞竹堂经验方》十五卷。元末回回诗人丁鹤年亦擅医术。关于回回医药,《元史》中记载最多,研究天文之著名者,为札马鲁丁,黑的儿阿都拉,及马沙亦黑等。《元史·天文志》载札马鲁丁曾造西域仪象,并撰万年历以进世祖。《明史纪事本末》记"洪武元年十月,征元回回司天监黑的儿阿都拉、司天监丞迭里月实等一十四人,修定历数。三年改司天监为钦天监,分四科,曰天文,曰漏刻,曰大统历,曰回回历。十五年命大学士吴伯宗译回回历、经纬度、天文诸书"。又《明史》云:"回回历法,洪武初得其书于元都,太祖谓西域推测天象最精,其五纬度为中国所无,命翰林李翀、吴伯宗同回回大师马沙亦黑等,译其书与大统历参用"。由以上记载,可知回回历与阴历相近,中国在历数上受回回历影响不少。此外回人以科学而任中国之官职者甚多,如《全唐文》记当时中国与大食交通频繁，贡使往来，由永徽二年至贞元十四年，计百四十八年间，见于记载者三十七次。据《通鉴》载"天宝以来，胡客留长安者四千人"。可想见其人数之多，李彦昇不过其中之一人。至元回教人与中国人通婚往还者更多，《元史》氏族表内，标明为回回或答失蛮者四十四人，又补十五人，其他称塔木居伊吾庐及康里氏之回回，哈剌乞台氏之回回，哈剌鲁氏之回回等。在此人名中，有贵族，有文学家，有弓矢炮手，有画家，医学家等等，以及著名之著作家，如瞻思、丁鹤年。以上各人，多归化华人，读书应举，自李彦昇以进士及第后，历代皆有，元时尤多。仅以元统癸酉进士题名录计，一科中回回十八人，可知其对于中国之影响，不仅宗教商业已也。当时不仅对于中国有影响，在千三百年前，回教在世界文化上，如医药学、天文历算学、物理、化学，以及交通上，商业上种种发展，均与欧亚有重大之贡献。

六日　西北多马姓　青海有家军

近日《青海日报》辟马家军一文，连录十余日，略谓青海军队为中央之军队，非马军长、马师长之私人军队，乃共军及普通人对青军均以马家军称之，实为不当云云。青海军队十之九为回教徒，回民多姓马，故官长与兵士十之九为马姓，人见其军长师长旅长团长营长，下至连长排长等，无非马姓，且军长马步芳与骑兵师长马步青，均故护军使马阁臣之子，为胞兄弟，而旅长团长，又大半有亲戚关系，可谓父子兄弟军，故以马家军称之，实亦非有恶意。余姓马，且曾在甘肃任教育厅长，某次至沪，有一人求余念同教同乡之谊帮助，实则余非甘人，亦非回教徒也。又《救国日报》，在"天下李与甘肃马"一题目之下，将余亦列入甘肃马中，可知西北尤其甘肃马姓之多。青海、宁夏，前固均属甘肃，而宁、青今日之军政当局，亦皆甘肃河州人也。前甘青宁合省时，一时五镇守使皆姓马，遂有五马之称，一般人对西北军政当局姓马者之多，深印脑中，遂不免有种种误会。翻阅史籍，马氏在边疆平服边乱，捍卫国防，著威名于西北者，实不可胜数。仅以汉代言之，如光武时马援击破诸羌，明帝时马武击退烧当羌，章帝时马防击破迷吾等羌，而伏波之功尤著。汉之四马，与前甘肃之五马,今宁、青之二马,均为军人而在西北负国防之责者,望今日之马,能为国家巩固边防,开发边疆,为马氏宗族增一页光荣历史。余素注意西北边疆,深愿为之执鞭,而加于马家军之列,固不必辞而辟之也。

七日　新娘银凤寡妇黑裙　岳父牡马丈母牝驹

法院曹书记官来访,谈及民和县土民情形。谓:民和李土司,现由李成基袭,其土语与蒙语略同,恐原为蒙人。民和县南一百四十里有名三川者,其地共十二村,分上下三川。上三川全为土民,其集镇为官亭,土民妇女装束奇异,额前发上,有小红珊瑚串,垂密如帘,最少值百元以上,中如豆大之珊瑚者,值数百元。如已嫁而未生子者,则有一银凤中立额发上,故凡新嫁娘,未有不戴银凤者(此装束余于塔尔寺曾见之,未嫁或已生子不能戴)。裙分红、紫、黑各色,少妇红色,已有儿媳者紫色,寡居者黑色,亦缠足。据云银凤、裙色等装束,皆唐鄯州时丹凤公主所流传。妇女所有首饰,多订婚时向男家索得。男家订婚时,除与未婚妻衣饰外,并与岳父牡马一头,岳母牝马一头。但男女恋爱甚自由,每遇庙会,或拔草野外时,互相唱歌问答,如情投意合,即告父母,遣媒妁。工作劳动,大半为女子,故盛行多妻制,普通有妻妾三人,目的在家中多一工作人也。因之男子养成游惰习惯。又土司之本族名舍房,即贵族之意,其他名土房。凡舍房之人,男子皆称大人,妇女皆称官奶,亦从前官场贵族之称呼也。

八日　西宁回教概况　临潭共产组织

西宁清真寺,以东关大寺为最大,而建筑最雄壮。余曾参观数次,本日又陪友人去游,详询一切。据云:此寺建筑于民国元年,当时马阁臣氏任宁海镇守使,由渠提倡,计建大殿三间,工程伟大。至民国十年因回教徒人口增加,不能容纳,又由马氏重兴建筑,计大殿五间,耳殿五间,规模更大,可容三千余人,越二年始竣工。当时入寺礼拜者尚不足三千人,今则人数又增一倍有奇。每礼拜时,半数在外殿,可知回民增加之速矣。寺内组织有教长一人，下助教三人，主持及办理宗教教育。寺内事务，由教长聘董事四人并委任乡老十人，处理日常事宜。至经费来源，一为不动产收入。本寺有水田十余石，市房二十余间，均系私人捐给者，年可收入地租麦十余石，房租银三百余元。一为回民补助费（名为学粮），每年冬初，在所属回民中求捐助，无不踊跃输将。寺内招收有阿訇六十名至八十名，由教长讲解经典，等于大学。每日礼拜五次，每次来者不下千人，风雨无阻。每星期五为回教礼拜日，来此寺礼拜者不下五六千人。至每年两次大礼拜，因全城男子老幼均须参加，不下万人，须在郊外举行。

西宁户口，据最近统计，约七千余户，三万余人。其中回教徒约三千余户，一万余人，几占全数之半。惟土著尚不足十分之二，余均由甘肃临夏（河州）移来，大半居东关一带，及东南北三梢门外，而城内极少。其职业以屠宰、食店及皮毛业为最多，因回教徒所食牛羊肉，须教门人宰杀。按教律禁食动物之血，故宰时三喉皆断，使血尽出。又回教重清洁，喜食回教人食品，即汉人亦喜食之，故多营小食品业。至皮毛因系青海特产，故男子多出外收买，女子在家制造。

又据曹君云：甘肃临潭回教之组织，颇为奇特，其教主握有经济全权，但道堂经济，全为公有，教民一律平等，颇似共产组织。道堂经营有农业、商业，即为经济来源，收入所得，悉用于本道堂之建设、教育及一切社会公共事业，及资助或救济教民之用。教民为该堂服务者，各尽所能，分工合作，而生活完全平等。道堂亦视各教民情形，援助其私人经营事业，如可经商者与以资本，宜农者与以土地，得利后除还本道堂外，利益平分。如赔本再资助之，此行不通，令改他行，必使其有适当生计。最后仍赔累时，道堂不索本利，而不能谋生之教徒，道堂且救济之，施以财米。视教民中应求学受教育者，与以学费。优良者且送入中学、大学，经费全由道堂担负。毕业后就职有收入者，亦酌归道堂。如一大家庭，完全服从家长命令，人人有职业，有生活费，教育费，无一贫民乞丐云。

九日 青海矿产概况 亹源金厂情形

法院曹书记官，对青海各种情形熟悉，本日又来访，谈及青海矿产情形。谓：青海金矿最多，以天桥沟、野牛沟二地为最著，原属大通，现属亹源。在元代时已开采，至今依然开掘，分冬窝夏窝二期，夏期自二月至八月将水引至高处，用人工碎石，以水冲之。冬期自八月至次年二月，在平地掘沙成井状，将沙运出积之。其组织有总掌柜，冶姓，住红石崖，俗称冶老爷，其子娶先主席马阁臣之女，与现军政长官为至亲，故人民敬畏之。所雇工人，名曰砂娃，总厂分厂，共有砂娃约五万人，每期每人工资为茶一块，布一匹，最多者法币十元。每日工作时间，上午五时起十二时止，下午一时起黄昏时止，夜间如愿工作者，所得之金可归己有，但豆大者即须归公，蒙蔽者重惩，故工人至有自破腿肉将所得大金块藏入肉内者。省府每年派人至矿厂收课金，以工人多寡计，冬窝每一工人出课金八分，夏窝一钱六分。又甘肃永登县之定羌滩（即镇戎驿），亦产砂金，同归冶老爷经营。至各分厂系由某人介绍，经冶老爷允许者。此外乐都方塔沟五六十里中，皆有砂金，附近农民于每年农隙自由开采，其课金归附近驻军征收。又番地野鸡雪山亦产金，民初时马阁臣氏曾派马辅臣带马队去开采，其马队即名矿务马队，故今人呼马辅臣为马矿务。惟交通不便，且连康地，至今无人前往。

又谓青海煤矿亦富，省垣附近，以大通之樵渔堡最著。矿区约八方里，采掘有十四井，其窑头有汉、回民七人，皆继续数代矣。最大者黄姓，共有工人二千余人，分日夜二班，无工资，但每日可自得一"乌他"（牛皮袋）。即每日最后出井时，可负一"乌他"煤归己有，工人力大者可负百斤左右。煤价在矿地每斤铜元二枚，至省可售五枚，煤捐前归县府征收，每车一角，每年可收五千余元，即每年可出五万余车也。现归省府派员征收，如运往省城，经西门时，又收捐一次。凡煤车视套骡多寡，仅一骡之车，收铜元二十枚，多者递加。此煤多用于火盆，因先将烟出后，即再无烟，可燃一日。炉火用者，多购永登窑街所产之煤，因其质硬，且多制成蓝炭，可耐久也。永登虽属甘肃，现为青海防地，窑街所产之煤，大半销于青海。至互助之马厂，虽亦产煤，但质劣量少，仅供附近铁匠用之。亹源除产金外，亦产煤，又产硫磺。大通县小资本家，每往采取。其法甚简单，即用青油二三斤，置锅中热之，然后将硫磺矿石入其中炼之，再倾入地下预掘之土地型中，即成。其土型之坑约四尺长，八寸宽，八寸厚。此外青海矿产甚多，据所知者，乐都虎狼洞沟产类玉之石，多墨绿色及彩绿色，佳者半透明，惟其质较肃州石尤软，仅可制杯碗等物云云。

按西宁遍地皆矿，凡金、银、铜、锡、钙、铅、硫、煤、玉、硝、石膏、盐碱均产之，而尤以金、煤蕴藏为最富，故有"黄金世界"之称。据《西北刍议》吴学衡君所述，青海矿产，以金、银、煤、盐四项最多。大通河上游及玛泌雪山，年产砂金约二万斤，湟河中夹金亦多。其产金区域，有西宁、大通、贵德、民和、乐都、亹源、化隆、都兰、玉树、同仁等县。产银区域，在乐都、亹源、都兰、贵德、八宝山、噶川山、马尼龙冲河等处。产煤区域，在八宝山、金鸡山、五峰寺、樵渔堡、观音堂沟、多罗、土门、青俄特城、鸽子沟、晒尔兔、东沟、甘都、考鲁、茶石浪等地，每年产煤约百万吨左右。至盐产以希勒达布逊及哈拉池二处为有名。其余玉树各族亦产红盐、岩盐。又据某通讯社调查青海各矿产地：（一）金矿：麸金，产于柴达木河流域之马尼图、鄂果尔图等地。砂金，产于大通河流域，如北大通一带。黄河流域，如海南之贡尔勒盖、哈尔吉岭、佛山沟、沁马雪里等地。通天河流域，如玉树四族、称多族、固察族、安冲族界内，到处皆是。柴达木河流域，如霍硕特北右末旗，霍硕特右、西后、西左等旗，与大小柴达一带。计全省砂金散布之区，约十四万方英里。至线金西宁、乐都境内，产量甚微。（二）银矿：产于贵德、大小柴达、木噶顺山、阴冲河一带、玛尼岭等地。（三）铜矿：产于香日德、木勒哈拉、玛尼岭、大小柴达、西宁、乐都等处。（四）铁矿：产于哈拉哈精、乌兰代克山一带，大小柴达，霍硕特北右末旗一带。（五）锡矿：产于大小柴达，汪什代等地。（六）铅矿：产于保安、乌兰代克山一带，霍硕特北右末旗一带。（七）煤矿：

大通无烟煤最著。他如其南部乌兰代克山一带，北部玛尼岭一带，及霍硕特北右末旗，柯柯、八宝、苏莽等处，均有，但多未开采。（八）矾石：产于霍硕特西右后旗，霍硕特北右末旗，大小柴达等地。（九）硼砂，石膏：产于霍硕特西左后旗，霍硕特北左旗等地。（十）翠玉石：产于格吉杂曲滨二处。（十一）硫磺火硝：产于那木山及玛尼图、霍硕特西左后旗，霍硕特北右末旗，及大小柴达等地云云。兹再将驻西宁蒙藏委员会调查员所调查之青海矿产一览表，暨民国二十五年赵昱等之亹源金矿调查报告，录之如下，更可知青海矿产之实况矣。

青海矿产一览表

产地	种类	已否开采	备考
共和县上郭密黄河沿岸一带	砂金	已开	每金夫一名每月课金一分五厘纯金，成分约白分之八十一强。
化隆县只哈加及上什族木峡	砂金	已开	每金夫一名每年课金二钱，由省府派员提收。
民和县黄河沿岸	砂金	已开	据云年产五六十两，恐不止其数。
乐都县南山沿河一带	砂金	已开	每金夫一名年课金一钱。
湟源县响河南山及东西盘道	砂金	已开	每金夫一名年课金一钱五分。
玉树县娘嵯固察安冲三族沿通天河岸	砂金	已开	成分七成以上，金课由百户抽收，数目不详，据云年产约百两。实际恐多。
亹源县朱固寺属地转风窑楚玛尔栖尔免河西一道羊肠子河沙金城金羊岭札焉圈二寺滩天蓬河高崖野牛沟大札麻等地	砂金	已开	成分百分之九十以上，每金夫一名年课金一钱五分。
亹源县班固寺	砂金	未开	近寺十里以内随地皆是，固属该寺地界，寺僧迷信把持，故未开采。

续表

化隆县阿米瞿侣山俗名八宝山及科产沟	金银铜铁锡五朱砂炭等	未开	金苗极旺。清季曾一度开采,因其地属藏民土什族及下六族迷信阻止,遂停开。
化隆县东沟及甘都棠堡群谷峡	煤	已开	入地尺许随处皆是,惟交通不便不能售运他处。
亹源县克图沟人头沟瓜拉多罗煤窑沟沙脑沟甘沟鹦哥嘴	煤	已开	人头沟极富,周围二三十里皆有,惟交通不便,只供当地之需。
大通县樵渔堡大小煤洞	煤	已开	据调查藏量约千万吨,年额约千万斤,行销本地及西宁、湟源、互助、亹源、乐都、贵德等县,价值平均每百二十斤一元。
西宁观音堂沟及小峡	煤	已开	
亹源县土门青晒尔免拉洞山后鸽子沟等地	煤	未开	据调查藏量面积九万七千二百余方尺,惟矿脉深不易开采。
湟源县茶浪	石炭		
同仁县沙布塄	铅	未开	
湟源县响河照	铅	未开	
亹源县青石崖人头沟	银	已开	
亹源县野牛沟八宝一带	硫磺	已开	
亹源县小寺尔	玉	已开	俗名嘉牙玉。

按上表无铁矿,闻互助产铁,明万历年间已在五峰山设立车厂,当时征讨蒙古需用兵器,均仰给于此,今则衰落耳。

赵昱等亹源县金矿调查报告:

(一)调查区域 亹源县在祁连山南麓,大阪山麓,大通河北岸,距西宁三百余里，东西各地均产金。此次调查，首至县西约三百里之八宝一带，其地海拔约一万英尺。大通河由西而东，发源于八宝山。伏牛河由东而西，发源于景岭。天蓬河由东南而西北，发源于大阪山，流入伏牛河。内景阳岭横贯于祁连及大阪之间，系此平原中地势最高者，约一万二千英尺。调查区域，即在景阳岭之西，沿伏牛河一带，其地产金素著名，明末时即有开采者，今尚有多人采掘。天蓬河、高崖、大红哈及转风窑等处，采掘有至六次以上者。

（二）地质情形　该处诸产金区，地面征象，均相似，山上经剧烈变化，倾斜颇甚，受风化之石板石，石英，遍地皆是。大梁一带更甚，祁连山及大阪山间之平原，实系一古代巨河之冲积层。砂金储存最富之处，均在伏牛河南岸，及天蓬河两岸，距地面深一丈至五丈。地面最上有黑土约半呎至二呎，次层为细砂或有粘质之红土，大红沟、小红沟更为显著。再下层系粗砂及流水冲成之石子、石英，不及石板石多。大梁及大红沟亦有砾成岩及水门土，俗称石锈，厚度自半呎至三呎。底层石子较上层大，在高崖底层石子之大，实属罕见。金砂多储存于一种青黑色或红色之砂砾中，最富之处，约在距底层（即一种细粘之红色土层）数寸之处。金粒普通为小如芝麻者，亦有大如黄豆者。金质颇纯，多成扁形或凹凸状，俗称麸子金。

（三）采掘状况　主要采掘法有二：一曰水拉工，一曰下口子。春夏水大时，先作渠导水至较高地，亦有掘小池以作蓄水之用者。由该地引水使流经有金砂之地，地面同时用铁耙将土掘松，使随流水冲去。遇较大石块，另由工人取出。待上层冲去见金砂层时，遂引水至他处。另以小铁耙将含金之砂土耙出，倾于附近沟内，任流水将土砾冲去，金粒重而下沉沟底。再将沟底金粒砂土耙出，置于长五六尺之木槽内洗之。槽下端钉有横条四五，金粒及重砂石留于横条之间。再取金粒等置于如箕之木盘内，将砂石洗去，仅留金粒及少许黑铁砂，再移于小铜盘中，以火烘干，用口吹去铁砂。此法本地人称曰水拉工，或曰夏工。自旧历三四月起，至八九月止，均用此法。旧历十月后水冻成冰，乃用下口子（即开盐井）采掘法。择定地点，由上向下开一长方形之井，井口大小约二尺阔，三尺长，能使一工人进出工作。掘出之土砾，由土制辘轳运上，如此开至三五丈深时，即见金砂子之底。于是开始横掘，将含金之土砂，尽量掘出，倾积一旁，待明春冰解时淘洗。此法谓之下口子，或曰冬工。

如上所述，可知青海矿产，现在以亹源县为最富。兹将该县概况略述如下：

亹源县地自隋、唐灭吐谷浑后，置米川县，五代为吐蕃所据。清雍正三年，灭罗卜藏丹津后，设大通卫，置总兵官一员。十三年裁总兵官，设副将一员，乾隆九年，迁卫至白塔城（即今大通县北）。此处置游击一员，称北大通营。民元绿营裁撤，属大通县。十八年设县治，名亹源，以其地居浩亹河之上游也。其地势南北大山，中为广原，大通河横贯其中。清雍正二年建城，周围六里。县治距省会北二百十里。四境东以拉尔加山及金羌滩与甘肃永登县为界。西以八宝山与都兰为界，南以大寒山（即大坂山）与大通为界。北以祁连山与甘肃之甘、凉为界。东西五百里，南北仅七十里，全县面积为四万五千方里。人民，五族皆有，蒙民有和硕特前左翼首旗，西右翼前旗，土尔扈特南后旗，喀尔喀南右翼旗等，住永安、俄博一带。藏族：有阿里克族，住八宝山附近。兴马山族，住老虎沟迤西。兴顺族，住加多寺一带。向化族，住那龙窝。归化族，住班古寺一带。满人住河北，回人多住河南。汉人、土人居城附近。全县共二千余户，约二万余人。

境内因有大山，盛夏犹积雪，夏季平均温度华氏四十五度。故农业不发达，仅产青稞、燕麦、糜子等。大半从事畜牧，富户有牛羊至万头者。森林亦盛，如八宝山及下峡之班团、仙米、朱古各寺，皆有松林，但以交通不便，运输困难。如东行虽可通永登，西行至老虎沟，转北经黄城滩可至武威，但皆羊肠小道。西北经俄博至张掖，虽旧有大车道，年久失修，不能通车。南至西宁，有大中下三大坂，亦均山路崎岖，以故木多用少。兰州木商，每年由大通河运出约万株以上。蘑菇亦多，每年有川商收买。仙米、黄城滩骏马、羊皮，尤为特产，每年输出羊毛约一百五六十万斤。至金矿、煤矿，上已详述。

境内大山有祁连山（县北十余里），大寒山（即大坂山，县南十余里）对峙。又有八宝山（在县西二百一十里，山中有金银铜铁等矿，有森林，有野兽，故名八宝），景阳岭（县西二百里，相传曾有人于其下掘获赤金，形如羊，故又名金羊岭），沙金山（县西北百二十里，下产沙金故名）等因富源而得名之名山。大水有浩亹河（即大通河，发源于祁连山脉之集鲁肯山南麓，会诸水经县治东、再会诸水势始大，入甘肃境东南流经古城沟峡口，连城、西大通、窑街等地，西至青海境内之享堂，又与湟水会合东流至甘肃新城入黄河），卧牛河（兰州木商从仙米、朱固购木亦由此运之）等。古迹有永安城（县西北百余里），三角城（永安西四十里，元时筑），鸾鸟城（永安城北六十里，汉时置县，属武威郡），俄博城（永安西北百二十里），沙金城（永安西），铁桅杆等。

教育甚幼稚，县城内有高小一，学生八十余人，教职员三人，经费全年仅三百五十元。女初小一，学生数人，各乡村有小学共十处，学生最多者四十人，少者数人，教员月薪全年仅十元至四十元。

十日　马氏诞辰　回教中学

本日为故主席马阁臣氏诞辰纪念日，上午八时，全城各机关职员及各中等学校学生，均集马公祠行礼，余亦参加，并为讲演。其地距回教中学甚近，会后马子香氏陪余等参观该校。建筑壮伟，设备完全，为青海各省立中学所不及。兹记所得概况如下：

一、校舍占地约二百亩左右，有校园操场，约占全面积三分之一。正面有前后二大院，两厢均为学生宿舍，自修室，共数百间。中有中山楼，下为礼堂，可容三百余人。楼上正中为礼拜堂，左右一为图书室，一为仪器室。后面为教室、职员室等。地基及校舍建筑费共三万余元，而普通工作，且系兵工。经费每月省府补助，不足二千元，余均由马子香氏捐助。全年约十万元以上，因学生衣食文具等全系公费也。

二、全校学生，高级中学二班，初级四班，补习生二班，共八班，二百八十人，因学生多回教徒，故学科中有阿文（回文）二时，回教教义二时。又此校军事化故有军训（军事训练）二时，国文教材自选，用铅印，多软性文字，如《春的美丽》等。有墙报，师生合作，亦多软性文字。星期五休息，为回教礼拜日，故星期日上课。

三、回教中心学校，等于本校之附属小学。因同属促进会办理，皆为马子香氏所主持。本日亦招集该校小学生，同至中学操场。由初小而高小而初中而高中，固一贯也。该小校学生共四百四十六人，分十二班，即每级二班，职员六人，教员二十人，学科每周有阿文三小时。经费全由马子香氏筹拨。教职员薪金年支七千余元，图书费年支五百余元，设备费年支二百余元，其他费用年支约六百余元。教职员制服、饭费（学生饭费限于在校寄宿者共一百五十二人），均由马子香氏发给。校舍共一百五十余间，学生亦军事化，童子军服装甚完备。

十一日　青海畜业概况　蒙藏牧民分布

吾国畜牧区，为蒙、藏人民依水草生活而自然形成者。蒙、藏人民，除在蒙古、西藏二区外，新疆、甘肃、青海、宁夏、西康各省均有，尤以青海为多（西康虽多番民，而气候较暖，半营农业）。故青海畜牧，在今日占吾国西北畜牧业之重要位置。兹据商人某君所谈，并参考各种记载，得青海畜牧业情形如下。

一、牧民分布　青海地域辽阔，人口稀少，汉人、回民，聚集于青海东北部，因气候土宜及水利之便，专事农业。蒙、藏人民，受天时之限制，与习惯之相沿，以游牧为生活，逐水草而居。其分布情形，藏族人性强，多占佳地，蒙族受其排挤。如黄河南诸族，多被藏化。环海诸族，拥挤于浩亹河一带，及湟源县西之群科滩。柴达木诸蒙旗，滞留于沙漠沮洳地。昔日顾实汗之雄图，仅留蒙语命名之山川。但柴达木诸蒙旗，惟因其地为沮洳，土多碱性，春夏满泥，夏秋多蚊，他族不适环境，蒙民遂得适者生存，迄今尚保存其纯粹蒙古生活（按柴达木属都兰，通称五柴达，即可可、柯洛格、太极乃、吉家、巴隆五旗，亦有将青海王、察卡王并入，称七柴达者。据调查各旗人口，可可一千一百五十户，柯洛格一千户，太极乃八十户，吉家三百户，巴隆二百五十户。以柯洛格为最强，现为左翼正盟长，各旗均服之。全境东西二十站，约一千二百里，南北十站，约五六百里，有柴达木河经之）。至驻牧浩亹河流域，青海周围，及越过黄河之蒙古各旗，因其地牧草肥美，藏族侵占，蒙族逐渐藏化，至黄河南岸各蒙旗，因被强有力之藏族包围，言语习惯生活皆藏化。但尚拥有优良牧地，与藏族并立。亹源诸县山谷中之藏民，耕牧兼营，人口密集。驻牧环海一带，及黄河两岸之藏民，拥有优良之牧地，专事牧畜，生活甚裕。玉树二十五族，因巴颜喀拉山之横亘，与青海各藏民疏远，一切生活习惯言语音调，反与西康藏族相同。其地水多草丰，牧业甚为发达。又因沿江一带，气候温和，兼营农业。果洛藏族驻牧地域，在大积石之阳，沿黄河沿岸一带而展至西康边。境依山川之险，成秘密之区，惟知畜牧生活。

二、牧兽分布　青海畜类有马、牛、羊、骆驼等，兹分述之。

（一）马有南番马、番马、玉树马、柴达马之分。南番马指青海黄河南一带之马种而言。其马高大雄壮，适于山地，且耐劳苦，最宜军用，故青军骑兵全采用之。番马，为环青海及浩亹河流域所产之马。体较南番马小而形较灵秀，勇敢善驰，且性驯良，易训练，军用民用咸宜，尤以浩亹河一带之马，以善走且迅速见称。玉树二十五族及果洛诸族之产品，耐寒，跋山力役等，为青海各马冠。柴达木马，因其地少山，蹄较软而大，不适于登山，但宜于走沮洳地，行沙漠，且有粗食耐渴等能力。（二）牛有黄牛、牦牛、犏牛之分。在青海东北诸县，农民多养黄牛为耕田主畜。柴达木各蒙族，亦养黄牛牝牛，为取肉乳之用。且其地黄牛体大肉佳，同于鲁豫。牦牛为浩亹河一带、黄河南、玉树二十五族及果洛诸藏族之役用、乳用、肉用之主畜。其中果洛牦牛，以体高力大见称。牦牛富冒险性，适于跋山履石涉水及走冰冲雪。牡牛为高原山地之宝。牝牛富于脂肪，藏民取乳制油，饮食赖之。犏牛为黄牛与牦牛之间生种，牝者乳量多而质亦佳，牡者能任重致远，兼有黄、牦牛之优点，尤以黄牡与牦牝交媾者为更佳。浩亹河之阿里克藏族，及黄河南回、蒙族所产之牦牛，特别著名。（三）羊有绵羊、山羊二种，绵羊中又分大尾羊、小尾羊二种。大尾羊为柴达木诸族之特产，与内地者同，肉肥毛短，以可鲁贝勒台其乃产为纯种，尾部脂肪特别发达。此外各蒙、藏族居地所产之羊，皆为小尾羊。其中环海及黄河两岸诸族所产之羊，以体大毛长见称。玉树二十五族及果洛族之羊，以毛细著名。青海毛商，以购收小尾羊之长毛为准价，以玉树、果洛诸族小尾羊之细毛稍抬高价值，以大尾羊毛之短毛稍压低其价。将羊毛收集后，混合包扎运至天津，名曰西宁毛，其价值仅次于美利奴种羊毛。如将佳者分别装包，则可与美利奴毛并驾齐驱。可知青海毛为吾国羊毛第一也。山羊产于柴达木区者，体大绒多。山羊皮尤为优良，该地蒙民，每以牝山羊取乳制油，以补黄牛乳之不足。至贫民尤全恃山羊乳肉以供饮食。（四）骆驼，以柴达木产者为著。该地蒙民管理得法，如郭密、汪什代海诸族，近有饲养者。但管理役使，均不得法。

三、牲畜现况　蒙、藏人民，对于牧畜皆守旧法，不知改良。兹就选种、管理、饲养、生产制造等项略述之：（一）选种，只知注意毛色及身躯大小，而不知注意其祖系渊源，只知在本地本群内选择，而不知向他处采购优种，以新其血液。（二）管理，多无畜舍围墙，每晚不免野兽之侵扰，与风霜雪雨之打击，有害畜类之健康。遇传染病发生，又不知隔离救治之法，以致死亡枕藉，尤以牛瘟、驼瘟为最多。至于选择水草等事，蒙、藏民颇有经验。（三）饲养，全依天然牧地水草之分布，牧区小而牲畜较多之牧族，冬春季常有牧草不足之虞。老弱者不免死亡，此不知种植牧草以补不足之害。（四）畜产制造，环海及浩亹河、黄河两岸一带之蒙、藏族，以产羊皮、羔皮著名，黄油产量，亦可自给。玉树及果洛等族，以产羊毛及黄油著称，黄油每年出售者亦多。柴达木蒙族所产羔皮、羊毛均甚少，而质亦劣。惟产黄牛皮、山羊皮、骆驼毛颇有名。牛乳及山羊乳，不敷自给，尚仰给于玉树及果洛一带。柴达木之毛毡，及玉树之褐布，销售亦广。（五）生产交易，回、蒙、藏各族，每年产销羊毛，集中湟源、贵德、鲁沙尔等地，而运往天津者，年约千余万斤。除羊毛外，环海及黄河两岸、浩亹河一带之蒙、藏族，生产羔皮量亦巨，每年销于附近各县。浩亹河一带及黄河南区，每年售出马匹亦不少。又据青海建设厅调查，青海马之产量为三四六一○匹，价值一三八四四○元。牛三二六一九头，价值六五二三八○元，羊二一○四七八○只，价六三一四三四○元。骆驼八三三○头，价值二四九九○○元。羊、驼毛，年出口六百万斤，羊毛五百万斤，驼毛一百万斤。羊毛价每百斤二百元，驼毛每百斤四十元。羊皮出口年约五十万张，羔皮出口年约百万张，牛皮年约七千张。每年出口牛约四千余头，羊约二万余头。牛每头价约十五元，羊约三元。

十二日　水利概况　垦务沿革

西北各省，多苦亢旱与干燥，而青海独多河流与水利。因长江大河，均发源于青海，故水利甚盛。黄河自贵德以东始有水利，因至是始入汉人区域，有人工经营，开渠灌溉，田亩果园，均备有水车水磨，于是地方经济，始由畜牧而进于农耕。贵德以西，黄河全为天然状态，藏族宅处其间，惟知畜牧，可谓为处女地带。又贵德以下，黄河始有桥梁，如贵德有浮桥（名和德桥），循化有木桥（名通化桥），甘肃永靖亦有浮桥。有皮筏下航甚多，载运羊毛、食粮至兰州。凡此皆表示黄河之人文方面，已进步不少。至青海省水利，黄河本身，尚不及其支流湟水之大。盖青海最发达之地为湟水流域，除都兰、湟源外，青海已设县治人口在五万以上者，有民和、乐都、互助、大通、西宁五县（贵德、循化等县人口均在五万以下），耕田在十万亩以上者，除上述五县外，有湟源、共和县，均在湟水两岸，可知湟水流域为青海省最富庶之区。又青海省会不临黄河而临西水，亦不外此理。古人称八水绕长安，言其水利丰富，遂成古都。西宁当南北两川与湟水汇流之处，三川环绕，亦造成省会形势。古称青海曰湟中，又以湟与河并论，号曰河湟，均表示湟水地位之重要。据某地理专家所述，湟水水利，过于黄河者，其理由有三：

（一）黄河沿岸山高水深，河谷较狭，湟水流域，自乐都至湟源，河谷均为宽广。

（二）湟水河谷虽有老鸦峡、大峡、小峡等，但峡谷较短，黄河诸峡则往往绵延数十里，为农垦障碍。

（三）自兰州至西宁，以溯湟水而上为捷径，取道黄河，则迂回较多，故在交通上亦占优势。湟水流域坡田脑田亦多，开垦山坡，为旱田，脑田在坡田之上，乃阴径之高田，或称高垅，可表示青海为高原之特色。大通河流域，农业虽远逊湟中，且不及黄河谷地，但其地饶森林、金矿之利，亦自有其价值。青海湖附近平原甚广，雪山流泉，纷纷入海，故海水盐分甚低，介于咸水湖与淡水湖之间，周围水草丰满，农垦水利，颇有希望。柴达木盆地，西部为沮洳地带，颇为卑湿，但夏季草绿树青，颇似天然公园，将来垦殖，亦大有望。

如上所述，青海虽饶水利，但已加人工者，仅湟河流域及黄河贵德以东，故水利尚未普及，垦务尚未发展。兹特将青海垦务情形，略述如下：

青海垦务，在汉时即有屯田之举，当为最初之农垦。唐时陷于吐蕃，垦务停顿，历宋、元、明，均未提倡。明时为贡马牧地，令每年按班纳马，仍以畜牧为重。自清雍正十年罗卜藏丹津后，西宁钦差大臣奏请试垦于青海，但因蒙、藏习于畜牧，不愿开垦，官厅未加强迫，且或发照准永远放牧，于是已垦者多成荒。宣统年间，虽中央筹拨巨款，倡办青海垦务，终无效果。民国元年，西宁府尚有保护牧地禁止开垦之执照，发给人民。但因汉、回人民逐渐西移，实行农垦者日众，情形因以变化。且官吏有牟利之机，于是复倡办垦务，收价发照。民国八年，甘省当局设青海屯垦使署于兰州，旋归并政厅办理，毫无成效。十三年设立甘边宁海垦务总局于西宁，由镇守使兼办，内分三科，举办放荒事宜，分垦区为十处，各县并设分局。如第一区西宁垦务分局，辖上下郭密等处。第二区湟源垦务分局，辖恰卜哈。第三区大通垦务分局，辖大通西北方面。第四区循化垦务分局，辖保安、甘家滩等处。第五区贵德垦务分局，辖昂拉鲁仓等处。第六区都兰垦务分局，辖香日德等处。第七区玉树垦务分局，辖结古一带。第八区囊谦垦务分局，辖杂曲、苏莽等处。第九区大河坝垦务分局，辖切吉一带。第十区拉加寺垦务分局，辖果洛各族。此次较有进步，但因经费人才所限，效益仍未大著。十六年归西宁道兼办，名为西宁道属垦务总局，各县仍设分局，由县长兼任，积极进行，略有成绩。计查丈荒地及清出无粮之地三万七千一百余亩，收获地价二万一千二百四十余元,升科正粮一百五十余担。当时所定规则,仍属征收地价,其等则为上等地上则二元,中则一元五角,下则一元。中等地上则八角,中则七角,下则六角。下等地上则五角,中则四角,下则三角。此外另纳执照费及印花等费。民国十八年青海建省,改为青海省垦务总局,直隶省府,大加扩充,另订章则,其征收地价之规定,较前特别增加,中下等地更大。即上等地上则二元六角,中则二元四角,下则二元二角。中等地上则二元,中则一元八角,下则一元六角。下等地上则一元四角,中则一元二角,下则一元。但适遇是年甘肃大旱,军民食粮,均仰给于青海,因之粮价大涨,经济充裕,地价虽规定较高,农民领垦者仍多,未及一载,丈荒地及无粮之地,竟达二十万七千七百五十余亩,其收得地价,为十五万四千五百余元,到期升科地为二万五千七百六十余亩,均发给执照。至十九年十月领垦者日少,于是将地价每级减轻四角,如上等上则二元六角,改为二元四角,余类推,并合并财政厅清赋处,改名为青海省财政清赋总处,由财厅兼办,内部缩小,青海垦务,遂转入消沉时代。两年以来,共丈放荒地九千八百五十余亩。二十二年四月,奉中央令,设立土地局,统一地政机关,然因经济无着,仍附设省府,局长由科长兼,未能独立,成效亦少。二十三年三月,又奉中央令限期成立地政机关,乃正式成立青海省土地局,委第一百师副官长某兼局长,分四大垦区,并欲平均田赋,整理地籍,但仍不免种种困难。因青海蒙、藏人民向以游牧为生,不愿农垦,移民开垦,亦易起争端,故今日各县荒地,依然甚多。据调查各县可耕之荒地约计如下表:

县别	荒地面积	所在区域	所有权者
西宁	100000	北川南川西川各寺院附近	官荒民荒寺院
乐都	80000	山川静觉寺双塔归化等乡	官荒寺院
循化	9000	积石关外川撒九族等地及县东北	官荒最多民荒次之
贵德	200000	野加圭完受鲁仓等地	官荒寺院千百户

续表

民和	80000	上下川口马营官亭等地	官荒民荒
互助	60000	沙掌川威远堡巴札堡五峰山等地	官荒为多民荒次之
化隆	100000	黑城的札寺等处	官荒民荒
湟源	150000	东科寺札藏寺等处	官荒民荒寺院
大通	150000	却藏寺广惠寺等处	官荒寺院
亹源	1000000	八宝鄂博阿力克	官荒
共和	2000000	香哈怡卜恰沙珠玉等处	王公千百户
都兰	5000000	希里沟香日得哈拉哈图等处	王公
玉树	4000000	囊谦苏莽札武称多等处（包括称多囊谦二县）	千百户
同仁	3000000	保安隆务拉加寺果洛等处（包括同德县）	各藏族

据上表青海荒地，总计约为一千五百九十二万九千亩，固因蒙、藏民族之不愿开垦，亦因交通不便，与水利未兴之关系。然交通则许多草地为天然汽车道，水利则青海居江河两大河流之上游，干流支流，遍地皆是，惟未加人工，经费困难耳。如能由中央补助经费，交通、水利、农垦，同时可并举矣。

十三日 回民生活 汉儿称呼

回教徒某君来，谈及回教徒生活习惯，分述如下：

（一）衣 按回教教规，凡信回教者，有一定服制。今虽比较自由，但普通多白布缠头或戴软布白帽，故俗有白帽回之称。

（二）食 回教极注意卫生，一切性质不良自死之物与猪类，皆所不食。牛羊亦须经教民宰杀始食。

（三）住　回民住宅清洁，严内外男女之防，室内不许有一切偶像。

（四）行　回教女子不许乘马，回教人所御之舟车，亦每有特别标志。

（五）礼拜　每日五时礼拜，拜必先作小净，并时必有大净。

（六）婚姻　回教教法，婚姻限于同教，女子不嫁异教男子，男子如娶异教女子，必使其放弃原教，来皈回教。

（七）称呼　回教徒见面，无论识与不识，每称"老表"，称汉人为"汉儿人"，闻系金元旧习，有轻侮意……

十四日　鸡后待上宾，麻疯染仇人

某君来谈，谓青海有一习惯甚奇，即宴客时，菜中如有整鸡，其鸡后（即鸡臀部）应归最尊之上宾，他客不得争食，如误食时，不特上宾不悦，即主人亦愤怒。循化某次某回民宴客，因鸡后为他客食去，心中愤恨，竟至仇斗，死若干人。又某次某客误食，主人竟掌其颊，亦趣闻也。又青海及甘肃拉卜楞一带，食手抓羊肉时，每少带羊尾不去毛，尾亦向客面，不知何意，并有将羊背专留为上宾携归者。

某君又谈贵德县某沟中有藏族居民，皆染麻疯病，初染时先脱眉毛，继面肿生疮，最后全身溃烂而死，至迟不过八年。故人罕至其地，而其地之人，从前每遇朔望来城中讨钱一次，每结队五六十人，习以为例，如非朔望，商人即拒其入城。近年因畏传染，即朔望亦禁止其来往矣。前有一人在其地经商，防范甚严，但终被传染，对其妻子立遗嘱，而失踪自杀矣。又一毡匠，在其地工作，亦被传染，遂在旷野居一茅屋中，由其子送食，三年而死。据云其地之鸡，每食病人唾痰而传染，人食其蛋，亦染此病，故近年禁止此地鸡蛋出外售卖。并谓此种病人，不可得罪，如有仇隙，彼即将病液密和食中，使被传染，故人人畏之。此病在世界尚未发明特效药品，惟有严格隔离之一法，行政当局，应特别注意设法也。

十五日　俄商蒙僧六人可疑　西宁兰州一时飞达

本日行署包一飞机，运银币数万来西宁，因车马运输，途中危险也。接高参军来电，有前为班禅大师开汽车之一外人，附机而来。适西宁某友人来谈及，谓其人名哈珊，自称土耳其人，奉回教，但在西宁数年，从未入寺礼拜，在西宁东关租一大院，有三俄人同居，观哈珊相貌，似亦俄人，均为白俄，行动诡秘，用款阔绰，恐受日人指使作秘密工作者。又闻时与德国某月刊社通信，自言经商而无商可经，且有手枪，有活动电影机，有照像机，可疑之点甚多。此外普伦洋行，亦有白俄数人，收买皮毛，或系真正经商。又据友人云，去岁十二月有自称内蒙古僧人者五人，包一飞机来青海，多能汉话。据云自锡林郭勒盟来，因老王爷逝世，到各处寺院诵经。内一包姓者，汉话尤流利，谓与包悦卿相识，而非本家。五人在西宁居旅社若干日后，赴塔尔寺，但归时仅余三人，二人不知何往。此三人又欲包飞机而返未得，乃以数百元包一汽车赴兰州，行踪言动，亦极可疑，或系德王（锡林郭勒盟副盟长）奉日人命派来者。又据循化来人云，近有日本数人作蒙古喇嘛装，赴青海各县，尤为侦探无疑。日人谍我，无所不用其极，可畏也。

余欲乘飞机赴兰州转机赴京一行。下午二时许至飞机场等候，不意五时始来，急下运物，登机而飞，六时即达兰州。余十年前来西宁时，乘骡轿一周始达，前次来时乘汽车三日抵西宁，已觉迅速，今一时抵兰州，如在兰州值航期，并在清晨，则一日可至南京。世界科学进步之迅速，与吾国西北交通之发展，均可惊也。

二十七日　回教宴客习惯　边民献物遗风

余赴南京一行，昨始回青，因马子香主席明日为其长公子完婚，本日余与赵专使前往送礼，即时有酒席款待，首为油散、油小方饼，次为包子、馒头，最后始为山珍海味，此为回教普通宴客之习惯。厅前陈设玉树二十五族各代表所送礼物，满十余方桌，有狐皮、豹皮、水獭皮等数百张，西藏红花百余盒，西藏氆氇数百匹，银元、银宝共二百秤（每秤五十两），总计约值三四万元。在别院款待各代表以酒，有酒无肴，各出碗痛饮，且饮且歌，虽首如飞蓬，衣多袒臂，而心中似快乐。此种珍贵礼品，闻出自各族民众，各代表虽不远千里而来，既不出礼，又得饮酒，乐可知也。省垣各机关人员送礼亦重，各厅厅长每人二百元，各处处长每人八十元。妇女多送衾枕绣品，闻新娘房中及后楼上，堆有绣花衾枕数百件，可知边民重礼，而属僚、属民对长官馈献珍物之古风，迄今犹有存焉。

二十八日　新娘入袋　舅翁骑牛

本日马代主席子香，为其公子少香行完婚礼，新娘即其表妹，年十四岁（新郎年十七岁）。家在鲁沙尔，早七时马主席率其子往迎，因回教习惯，在女家行礼，新郎之父须前往参加。仪式类新式结婚，阿訇若证婚人，男女家长及介绍人均到场参加。次序先念《可兰经》，继询男女双方愿意否，然后以红布包新妇（此次用红缎），有缝成袋状装入者，由其兄或叔父抱入轿中，至男家下轿时亦然，一切宾客不得见新娘面，在轿中有少女为伴娘。新郎亦有伴郎，当新郎见余等时，见二人衣装完全相同，如无人介绍，不知何者为真新郎也。新妇第一日戴面罩坐床上，不见任何人，当晚亦不许任何人闹房，惟亲友可在院中歌舞，或在房上放炮，主人掷果品于地，乱拾之以为乐。次夜三夜可闹房。又回俗有闹翁翁之风，马子香结婚时有人将老主席马麒面涂粉物，骑牛游街，以取欢乐。此次子香以尊严所关，不许乱闹，无人敢行之。本日有高庙小学校送高抬祝贺，扮有天仙送子及连升三级等。

二十九日　再醮可抢　离婚不易

本日马宅新妇见客，盖回俗结婚第二日新娘始见客也。见时新妇直立不动，各客过时新妇行礼，见者须送新妇礼，谓之添箱。亲戚近族，多送绣枕，契友送银币。又回俗夫妻不和离婚时，有一年犹豫期间，在此期内，虽不同居，但一年后，可由阿訇再询，如仍不愿同居时，始正式离婚。又娶寡妇时，有一月犹豫期间，寡妇至男家行礼，由阿訇先问愿否，如女不愿，暂缓同居，惟寡妇仍住男家，俟一月后再问，如愿时再向男家索聘礼，但此钱财归寡妇个人，并不给原丈夫家或母家。又娶寡妇时，多在昏夜，他人可在中途抢娶，往往二三家各执刀枪要之于途，谁抢去归谁，故有犹豫期间，阿訇先问愿否也。又夫妇结婚后，夫对妻无论如何打骂，妻不能说离婚二字，如说后而又不愿离居时，必重行结婚礼一次，否则不能同居。种种奇俗，实多合理，虽轻视女子，压制女子，然无论初婚、再醮，征求同意，均可取也。

三十日　边民吐痰不闻　藏妇放屁自杀

本日马主席召集玉树二十五族代表及其他蒙、藏领袖谈话，陈专使启之、赵专使友琴均参加，据云藏民在会场秩序甚好，虽衣服不整，而终会无一吐痰咳嗽者，自更无乱起乱语之事。又据魏厅长南芳云：某次会时，有一藏妇放屁，异常羞愧，觉无面目再见他人，归后即欲自杀，经多人劝解始已，可知藏民对于秩序之遵守，与礼貌之重视，不得以文化落后轻之也。

建设厅长魏南芳君，谈及西北产名马事，谓青海产马之地，以亹源县属之皇城滩所产最佳，次如西宁之阳坂台，贵德之鲁仓，亦有名。在甘肃则崧山马有名，中央现在其地设有马场。据统计全国产马约一百五十万头，除去东北及外蒙古外，仅余五十余万头，再除去老幼二十余万头外，尚不足全国骑兵四十万头之用。按青海产名马，自古著名，古传青海产龙驹。《西宁府志》载：青海周千里，内有小山，冬冰合时，以良牝马置山上，来春收之，有孕生龙种。又吐谷浑尝得波斯马，放入海生驹，日行千里。所载虽近于神话，但青海产骏马，自古有名，可证一斑。又谓青海造林，自民国十六年起，十余年来，共栽三百余万株，本年拟栽三十万株，不日即届植树节，开始广栽云云。

六月一日　邮局运毛　商号专利

湟源李耀庭君，以皮毛起家，余任甘肃教育厅长时，曾捐万元为本县小学教育经费，余当时书一匾奖之。本日来谈，谓青海羊毛，除玉树二十五族外，以湟源、大通、贵德、亹源各县为多，每年约产五百万斤，每百斤在青海价约七十元，经包头运至天津，可售一百二十元，现在价低，但尚不下百元。每斤一元计，每年约收入五百万元，除去原价及运费捐税外，纯利亦百万元以上。运输方法，前由黄河直接运至包头，再经平绥铁路至天津，现改用邮包，邮包用火车或汽车装运，比较迅速。且从前节节上税，任意勒索，并须派人押运，途中不免危险。现在一交邮局，按章上税一次，即无一切问题，异常便利。此种办法，系渠所创始，前渠在天津邮局交涉办妥也。惟近年青海羊毛，多由义源祥（军政界有关系）独力收售，且价较廉，故其他商号甚少经营。去年因军事关系，义源祥无暇及此，遂由各商家收买。又值皮毛价涨，颇多获利，义源祥少收入二百余万元。今年恐将限制各商云云。

又据调查：青海全省（玉树各族在内）羊毛，年产三千五百七十万斤，玉树最佳。皮革年产约七百六十三万三千三百五十张，共值二千五百万七千七百余元以上。虎、狼、豹等皮为最多。又据一调查，谓青海年产羊毛总量约为一千九百万斤，湟源二百二十万斤，大通、贵德各一百万斤，玉树及鲁沙尔一带各一百五十万斤，恐不大可靠。又据建设厅本年报告，青海全省年产羊毛六百万斤，驼绒六万五千斤，硬毛二千五百斤，猞猁皮五百张，獭皮三百张，狐皮六千张，豹皮三百张，山羊皮十五万张，绵羊皮五万张，狼皮五百张，马、牛、骡各一万五千余头，绵羊二十八万头，羚羊角六百斤，不知确否，其说各异。

二日　追悼会　昭忠祠

上午九时，西宁各界在小教场开追悼大会，余代表护送班禅回藏专使行署参加，致词中，略谓：中国若干年来之危机，一在外患，一在内忧，外患即帝国主义之侵略，内忧为国内党派之不团结，欲除外患，自宜先团结内部，西北健儿，努力于消减内忧，更望为除外患而奋斗牺牲。日本特务机关之势力，已由阿拉善而至额济拉，绥远之战，或扩大至西北，愿第七师与一百师，能为抗日先锋，得最后之胜利，则光荣更大矣云云。

会后将牺牲将士之木牌位，送至昭忠祠（即职业学校后）。此祠系同治年所建，当时白彦虎、马占鳌等变乱，陕、甘回教徒响应，前清对回民一贯政策，派兵剿之，由左宗棠派刘崧年赴新疆，出天山南路，在金积堡激战阵亡，公推其孙刘锦棠继之，克复西宁，立忠义祠。祀各阵亡将士于其中，有匾系左宗棠书"宣威励节"四字。又有联为"黄流东注，湟水南来，看浊浪纵横，百折终须趋巨海"，"胡笳勿悲，羌笛休怨，认灵旗仿佛，千载犹为闻大招"。意尚含混，不至增民族恶感。但清季所谓历次"回变"，皆系政府造成，并非回教徒好乱，且平乱中每有回将，尤足征之。三面皆木牌位，半为前清者，半为民国者。民国牌位中，有孙殿英战役死难各位官兵。余觉无论前清之靖回变，及民国之孙殿英战役，均为内战之牺牲，甚可惜也。如能移此精神而对外，则日人不敢存并吞中国之念，而"九·一八"之难不作，即东北沦陷，当亦早告恢复。但西北健儿之壮烈，回教将士之勇敢，实可敬佩，至对内对外，则非渠等所知也。

关于同治时变乱问题，实因极小事而酿成大乱，并非汉回问题。据闻最初发生于陕西渭南属之某村中，该村半住汉民，半属回教徒，遇某次庙会，村首欲回教徒同样摊钱，回民以不信佛教，不愿摊钱，而庙会时有回民小儿去看戏，汉人无知者逐之，小儿归告父母，愤而至会场械斗，伤若干汉人，诉之县府，县府不问情由，只说回回反了，于是请求派兵杀害回民。白彦虎从而起事，宁夏马化龙应之，由陕而甘，攻河州，欲利用该处教民。河州人士起而自卫，与左宗棠军合作平乱，白彦虎遂逃至新疆。可知此事初由乡民无知，不明事理，继因官厅糊涂，不能慎重，于是由星火而燎原。即光绪二十一年之事变，初亦非回汉问题。据闻最初起于循化之撒拉回民，本为回教内部新旧之争，官兵不明情形，随意开往平乱，两派反联合而攻击官军，以至酿成大乱。就历次变乱观之，官厅均应负一半责任，惟只知读死经而不明事理之回教阿訇，亦应负一半责任。宁夏主席马少云氏，前在纪念周中讲演，谓少数念经之阿訇，将《可兰经》教理讲错，彼辈终身读经而不明其中真理，犹之从前文人，一生作八股文而不明事理，不知在穆罕默德时代为宗教战争时期，其一切敌对精神，乃对当时敌教而讲，不能用之以对中国同胞。如对战争之行为而用于平时，对敌教之反抗而用于对同胞，实大错误。一般阿訇，将战时的特殊行动，应用于一切，无怪生出许多毛病。又阿訇不让回教青年读中国文，外界知识无从吸收，于是随着错误的观念，而常有惨杀外教的思想云云。其语非常痛切，出之于回教领袖之口，尤为确当。

三日　青藏冲突　原因复杂

西北健儿之牺牲，回教将士之勇敢，对于巩固边防上亦曾表现。如民国二十一年在结古之抵御藏军，有足多者。时民国二十一年，因康藏冲突，三月二十三日西藏军官沙旺千布，率藏兵四千余，自西康侵入青海南部之囊谦及大小苏莽等地。青海省政府先派马驯为宣慰使，于六月七日至玉树，欲期和平解决，继由海南警备司令马步芳，派喇团长平福、马旅长騄先后率骑兵赴玉树。时驻玉之马司令彪，坚守结古，已两月余，与藏军战十余次。八月二十日喇部抵玉，先后激烈攻击，至八月二十七日，将囊谦、大小苏莽等地克复。旋因康、藏议和停战，青海亦与藏方议和，在巴达塘订青藏和约八项，藏方驻军应退青科寺、挡头寺以西云。

又藏军之犯玉树，固乘侵康之胜利，亦有其他原因，可分为远因与近因，述之如下：

甲　远因　玉树东部之拉布寺，为全境最大之一寺，西康所属香国录哇庄，原在拉布有牧畜之例，特定年纳川洋六十元与拉布寺。民国十七年拉布寺垦种香国录哇庄荒地十三块，香国录哇庄藉以不纳年税，双方随起交涉。是年七月，藏方出兵拉布寺（因香国录哇庄归藏管辖），经玉防团派员调解，藏兵退去。十八年春，拉布寺仍种地，并收香国录哇庄民三十户，六月间，昌都之沙旺千布率藏兵向拉布寺进逼，双方接触，藏兵死二名，拉布寺死八名，拉布寺以无援而败，不得已与藏兵议和，互订条约如下：（一）拉布寺击毙藏兵头目二名，偿命价银一千九百六十四两。（二）拉布寺纳退兵费一千三百五十两。（三）拉布寺轻启战端，罚银一千二百五十两。（四）拉布寺应由西藏管理，日后有事报知西藏，不得来往青海省城，倘敢违背，罚银二千五百两。以上数条，拉布寺一一承认，罚款如数交清，并退回香国录哇庄荒地及人民。惟拉布寺归西藏管理一条，未能实行云。

乙　近因　玉树境内黄教各寺院，自五世达赖时，派有堪布监督事务，玉树苏莽所属之朵旦寺，原奉旧教（即红教），后改奉黄教，数年前达赖亦派堪布来寺监督，朵旦寺恃堪布之势，日趋跋扈，寺僧乃系苏莽族子弟，但对本族民众，无恶不施，民众群起反抗，不与支差，朵旦寺无处泄恨，遂将寺之附近田禾抢收，年以为常。此田地原为旧教德赛台寺所有，故德赛台寺僧及苏莽民众屡向玉防司令呈诉，结果将田地判归德赛台寺僧，具结了案。朵旦寺堪布，乃以丧权失体，嗾使寺僧向达赖起诉，达赖批交昌都之沙旺千布查办，沙旺千布年轻气盛，毫无成见，因战胜西康之余威，骄横不可一世，遂率兵入玉树辖境，始则以保护朵旦寺为名，继则向玉防军防地进展，将囊谦、苏莽等地占领。玉防军以人数过少，乃集中兵力，在结古防守。藏方威胁将玉树二十五族由彼接管，同时调邓柯一带民兵西进，将结古附近之歇武族、拉布寺等处占据，幸赖玉防军士卒用命，及民众之协助，始能保持结古，逐出藏军。

四日　回字源于回纥　回族始自近代

关于回族问题，一般学者聚讼纷纷，莫衷一是。以历史上源流言，或谓为突厥回纥之裔，或谓为丁零匈奴之裔，或谓为回鹘、西羌、畏兀儿、大食回回、契丹、蒙古浩罕、波斯诸种族之裔。以分类言，或分为缠回（新疆）、汉回（甘肃），或分为东干、缠头、哈萨克、布鲁特、塔吉克，或分为甘回、汉缠回、哈萨克、布特者，著作家所述各异。又或谓为回族系由回教而成，于是回族回教之辩，亦极复杂，令人愈研究，愈不可解。

近姜国光君有《回族辩》，略谓"回族"一词，实不成立。据考回字名词之来源，由于回纥，回纥见于新旧《唐书》，惟《旧唐书》写"回"为"迴"。

其见《北史》者作"韦纥",《新唐书》谓又作"袁纥",又作"乌护",又作"乌纥",为铁勒之一部,继突厥崛起于北方之部族。唐德宗时,其汗请易"回纥"为"回鹘",言捷鸷犹鹘然,五代及宋,均称回鹘。至元乃有"畏兀儿"、"畏吾儿"、"委兀"、"委吾"、"外吾"诸名,今新疆之"维吾尔",皆为一字对音。按"维吾尔"原字,实不应译为"回"字,查实均《元史译文考证》云:中国北方读回如辉,统核诸书,实应作"畏"作"委",不当作"回",其误由于《唐书》,至"纥"与"兀""吾",北方字音无大区别。可知回纥一词,译音即不妥,以致演成后来之无数错误。至"回回"一词,不知所始,《辽史·部族表》有"回回大食部"。《鞑靼千年史》谓"十三世纪中之黑契丹人,称撒麻耳干之王曰回回王"。以为由回鹘、畏兀变来。陈垣《回回教进中国考》,亦以回回由纥纥转来。可知"回回"一词,实由回纥、回鹘逐渐转变而来。回鹘有摩尼教时代之回鹘,与改从阿萨兰教之回鹘。阿萨兰即伊斯兰,为穆罕默德所创之教,唐高宗永徽二年以后(据陈垣考证),渐入中国,原信奉摩尼教之一部分回纥人,首先从之,五代以后,元明之际,回纥人几全改信该教,内地人亦多信奉。但因伊斯兰为阿拉伯字之译音,呼之不便,以其为回纥人所最先信奉,遂名为回回教。然回回教一名之初见,盖在元顺帝至正八年定州礼拜寺碑文,在此以前,独用回回之名,其意指其教,兼指信其教之人。《辽史》所称"回回大食部",意即"信奉回回教之大食部"或"回回教徒之大食部",因其时伊斯兰教已遍布大食境矣。故成吉思汗兴,即以回回名信奉伊斯兰教之回鹘人,而以不信其教之回鹘部为回鹘或畏兀儿,其意甚明。实则回鹘一词,盖以指信伊斯兰之人或其教而言,绝未混种族之意在内。《明史·天方传》:"天方又曰麦伽,回回教摩哈默德葬焉。"《默德传》云:"回回祖国",凡此诸书之回回,非指其教,即指信其教之人,所谓"回回祖国",即伊斯兰教所自出之国。今人不明其义,谓天方为回回祖国,并以世界上各地方之回教徒,皆由天方移殖而来,本以指其教,乃误而指其族矣。

"回回"之简称为"回",清称新疆南部为"回部"(《圣武记》诸书),即谓信奉回教之部落。从此有"回子""回城""回堡"等种种名词,即凡关于回教徒之一切，皆冠一回字，盖用以为信回教与不信回教之区别，久之竟成为特殊之含义，凡关于"回"的一切，皆自成一系统。且满清在西北确曾用族教相混之名词，进行血腥之屠杀，非"回"与"回"间之仇恨，完全为由此造成。可知"回族"一词，造成甚晚，大约在明末清初。民国元年临时大总统就职宣言："合汉满蒙回藏诸地为一国，如合汉满蒙回藏诸族为一人，是曰民族统一。"继之而有"五族共和"，"五族一家"等语，"回"与汉满蒙藏各族并称矣。实则民元临时大总统宣言中所举之回，其意所指，当为新疆之维吾尔族，此可于孙总理民族主义中证之。民族主义中所谓"参杂的不过几百万蒙古人，百万满洲人，几百万西藏人，百几十万回教之突厥人。……"新疆维吾尔族，约一百九十万左右，可知其指维吾尔族（惟实非突厥人）。此"回"字既指回纥之后裔，后人有"族"与"教"之争，实未深加研究云云。

五日　青海藏族复杂　什足昂错开通

班禅西宁办事处处长李金钟君招饮，席间有刚咱千户及什足昂错（昂错系藏语官名），什足族属化隆县，其昂错曾至内地南京、上海、杭州、青岛等处，能汉语，甚开通。据云什足族共八百余户，三千余人，有小学校二，学生共百数十人，可知该昂错因曾游内地，对教育甚注重也。其土地亦肥沃，五谷均宜。刚咱族属湟源县，其千户亦略能汉语。据云该族七八百户，无学校，余十年前祭海时曾一见之，彼尚能记忆也。青海藏族甚复杂，除玉树二十五族外，据某君调查所得保安十二族及果洛九族之户口，及保安十二族各领袖姓名，列表如下[①]：

保安十二族户口及首领表

族名	首领姓名	户数	人数
区麻族	朵日哇	600	4400
嘉务族	拉格	900	6200

[①] 表中统计疑有误。——编者注。

续表

年陀族	鲁本才让	800	5700
古德族	貢太尔	350	2200
瓜什吉族	光巴拉	580	4600
雅隆族	完得开	400	2700
尖木族	娘本家	400	3150
浪加族	达尔吉	240	1770
向彭族	根发	180	1500
金仓族	堪什加	750	7700
將隆族	借丹木	400	7300
贺乃亥族	贺日	600	3400
共计		5820	41370

果洛九族户口表

族名	户数	人数
康日千族	20000	94000
康塞日族	15000	71500
阿什羌同麻族	10000	46500
豪高日麻族	15000	75000
长亚哈族	1700	8000
白马木族	4800	73000
巷欠多坝族	15000	72000
果洛亥多格族	4500	21200
阿什羌女王族	8000	37500
共 计	81200	398700

六日　西宁商业逊凉州　东北事变害青海

本日崔首席钟英约宴,有商会会长及德盛魁号经理在座。席间谈及西宁商务情形如下:

西宁城内大小商号约四五百家,共计资本不过三十余万元,较凉州(武威)尚不如,凉州一商家资本即有二三十万元者。本市商业前数年均赔钱,去年较佳,但仅不折本耳。兰州、凉州之商业,去年皆大赚钱,西宁则仅能维持现状,不及兰、凉远甚也。又青海各商号,年来倒闭者甚多,其原因:一因民国十八年时拨银之风甚盛,其时尚以银两计,各商号互拨或转拨,多恐无效,竞换银元,以前每元值银七钱二分,此时涨至二两四钱,吃亏甚巨。二因"九·一八"东北事变后,青海羊毛不能运至天津出口,毛商多赔累。三因民国二十四年青海纸币跌价,每元仅值二角,商号多因之不支。四因义源祥商号各种货物皆售,等于上海之三大公司,独占一切,其他商号,不能竞争,因之无法维持云云。

七日　回教习俗多合理　回妇面罩为唐风

回教某君来访,谈及《可兰经》所载,与回教教规所定,颇多合理,且切人生,与其他宗教偏重哲学方面者不同,录之如下:

(一)回教重布施,规定一人每年之收入,除自用外,有余者须提出一部,布施他人,并规定每银十四两提出二钱五分,每食粮一斗提出一升,每年数日,散给贫民。

(二)许经商不许放债,因经商有赚有赔,而放债只生利不亏本,不合理也。高利贷当然更所禁止,今日之甘、青回教徒,多未能奉行。

(三)不许欠他人债,欠者须节衣缩食,如欠债而富食美衣,为教所禁止。故回民多能刻苦自谋生活,无累债,亦无乞食者。

(四)不重厚葬重布施,回教教规,人死后净身以白布缠之,用公棺(活底至墓后抽底而尸下),不用衣衾棺椁,但依家产之多寡布施数日,使实惠及于社会，不至埋藏地下。且有定数，亦不至为虚名而荡家产，较之儒教之重厚葬，其流弊至倾家财以厚其衣衾棺椁而埋藏地下，甚至用种种宝物殉葬永埋地下，无益于社会者为合理。即佛教注重尸塔，高僧喇嘛死后，用金银珠玉镶嵌宝塔，价值无数，或诵经点灯糜费巨款，于社会平民无益者，亦不如回教葬法之合理。

又回教妇女尚用面罩，余觉系古代轻视妇女之遗风，现在不大合理。但某君谓此风非由于教义之轻视妇女，据传系唐平定安禄山乱时，有回教徒兵士三百人参战有功，皇帝以妇女三百人赐配之，但老幼美丑不一，乃令各戴面罩，任配之，后遂以为风，不知确否。又谓回民无姓，李、马、虎等姓皆唐时所赐，亦未知然否。

八日　隍庙道士诵经　西宁先哲有祠

本日拟赴湟源未行，西宁道士在城隍庙为阵亡将士诵经，余往观之。大门内设酆都城，前立一高竿，上悬布制之女头蛇身物，不知何意。左右有讲《圣谕广训》及宣讲"拾遗"者，此种社会教育，系前清的专制愚民政策，至现在尚未变更，可知边地之社会文化矣。正殿满悬彩画神像，并书许多神位，数道士道衣、道冠诵经其中。殿后及左右廊有老翁、老妇数人，跪地诵经，宛如唱歌，手并摇铃，音调合拍，颇为悦耳。城内妇女来游观者甚众。

最后一院，左右为先哲祠，内祀清季曾任西宁文武官职之牌位，录其要者如下：

钦差大臣太子太保兵部尚书升任新疆巡抚前西宁兵备道世袭一等男爵谦襄劝刘锦棠字毅斋神位。

钦命头品顶戴尚书衔督甘肃军务节制前敌各军提督甘肃全省军门云骑尉世职阿尔抗阿巴图鲁军功加六级董福祥神位。

钦命头品顶戴镇守甘肃西宁等处地方统辖汉土番回挂印总镇都督府统领镇西马步全军升任陕西全省提督军门砂博德恩巴图鲁加六级邓增神位。

西宁青海办事大臣升任察哈尔都统奎顺长生禄位。

西宁兵备道署理西宁办事大臣联奎长生禄位。

此外有数十牌位，不可胜计。内满人居大半，长生禄位至现在，亦奇矣。

晚各友来谈，留居数月之西宁，即日告别，且将登千里不见人烟之长途，不免依依。但送佛年余，未出内地，且由西安而兰州而西宁，皆余旧游之地，殊乏兴味，从此入边地生活，旅行新地，反觉兴趣浓厚，急欲首途也。

六　由西宁至玉树

九日　别西宁杨柳成行　经湟源政教一斑

　　早七时就道，离西宁，杨厅长子高、崔首席钟英等，乘车远送至郊外。宁湟途中，夹道绿杨成行，水渠纵横，足征水利之盛。麦田中许多妇女在炎日下除草，头戴大圆帽如伞，直径约三尺，中为竹编，外缝白布，上或以蓝布为花，美观亦奇观。途中村庄甚密，经镇海堡，有高级小学校，十年前余任甘教育厅长视察西宁教育时，曾至其中，现附高初级农业职校，此一带为青海农业区域也。未几至札马隆，系藏语红山沟之意，由此入山峡，杨柳成林，山上绿草满铺，羊群时见，大似夏河流域，仍为两山之间夹一水（湟河）也。

　　下午五时抵湟源县，仍寓十年前所寓之教育会中。马县长系余十年前在甘教厅任内时所委之教育局长，即在城外林中架帐房设宴，藏俗也。藏俗多于夏日在林中娱乐，以饮以食，且歌且舞，名之曰逛柳林。湟源即前噶尔丹，原为藏民聚居来往之所，故多藏俗。每年五六月城内饭铺即移南门外河滩柳林中，每日下午男女结队往游，饮食歌舞，一如藏俗。一般人宴客，亦多于其地，故马县长特架帐房数座，设宴此地也。是日途中热甚，余衣袷衣，林中忽雨，且天晚，又寒不可支矣。

　　余未至湟源前，史秘书觉民先往数日，即令调查政教经济情形，本晚湟源学商各界闻余至，皆来访，半为十年前旧识，谈各方情形甚详，并由马县

长供给各材料,分志如下:

一、沿革　湟源在周秦时为西羌地,汉王莽时置西海郡。隋大业三年于青海南置海河源,或于青海置南海、河源等郡。唐黑齿常之曾于河湟开屯田五千余顷,肃宗宝应时陷于吐蕃,五代宋元为唃厮啰所据。明正德四年蒙番亦不剌等南侵,遂据青海游牧,番人多远徙。明末商贾渐集,就水土之便筑成村落。清雍正元年罗卜藏丹津犯郡,属讨平之,五年筑丹噶城,九年移高台主簿驻之,道光九年改主簿为同知,民国二年改湟源县。

二、疆界　湟源四界,东接西宁至黄草湾为界,西至马鸡岭与都兰为界,南至日月山与共和县分界,北至河拉大山与西宁分界,东西长约九十里,南北宽约一百一十五里。

三、人口　据县府调查,全县人口计五千三百一十户,男一万七千二百二十四人,女一万一千四百九十六人,共计二万八千七百四十人。内汉人一万四千三百七十人,藏民八千六百二十二人,回民五千七百四十八人。

四、山川　县境居群山中,西北接祁连余脉,东南控积石支流。其山之著者:(一)日月山,在西南距城八十五里,高三千四百公尺。(二)拉拉达坂山,在县西五十里,高六千三百七十公尺,终年积雪,俗称雪山。(三)翠山,在县南四十里,高六千五百四十公尺,即八景中所谓南屏积雪。(四)鄂博山,在东南五里许,高三千三百公尺。(五)八宝山,又名无极山,在城东里许,高二千九百三十三公尺。山腹有文昌宫,魁星楼,无量佛宫,三义庙等。每年七八月间庙会,内外设饭馆酒肆,游人甚多,即八景中所谓北极梯云,因五峰如北极。(六)河极大山,在县北十余里,高三千一百公尺。

至湟源河流:(一)湟水,发源于东西二处,在县城南会合,药水河由西南注之,过响河尔塘出峡,入西宁境。(二)拉拉河,发源于日月山,东北流至李大庄入湟水。(三)药水,发源于县西南噶尔藏岭三源至察罕素卡河而东北流,至城南入湟水。

湟源欲购买水电机,先测量本市北郊外湟水,据水电工程师唐仁杰君测量,计水位之高,每英里为三丈五尺,可在一处架设二十五座水磨,每分钟为九千五百六十九方英尺。

五、古迹　湟源古迹：（一）三角城，在城西北四十里，有石虎、砖瓦等片，民二十三年出土之瓦当，上有"西海安定元兴元年瓦当"十字，识者谓为西汉时物。（二）西海郡，在临羌县西一百二十里，王莽遣使讽卑禾羌献北海，允谷盐池，置西海郡，治龙夷城。（三）唐公主佛堂，在县西北四十里，俗称柏林嘴，土人曾掘出铜钱，上有开元年号。

六、政治　湟源县署分三科，经费每月二百九十元。第三科长兼教育科长，教育科经费由教育会教育基金项下支出，全年六百七十五元。行政警察队长一人，士兵二十七人，原有经费二千七百元，由四乡人民及商号分摊，因历任县长饱入私囊，任其藉词讼向乡民需索，去岁省政府总解省矣。

七、田赋　湟源田赋款项，据马县长所开者如下：

番贡正粮四百九十石一斗二升三合，新垦正粮八百五十九石九斗，除寺主四成、东科寺津贴粮外，公家收二百七十五石九斗四升。番贡斛面土验科八十三石三斗二升一合，新垦斛面土验科二十六石四斗九升。番贡百五师（即马步芳师）经费粮二十四石五斗五升，新垦百五师经费粮十三石七斗九升七合。番贡、新垦每亩仓石附加警察费洋一角三分四厘二毫，附收法院经费洋三角八厘六毫。

八、税务　湟源有出入山税局及盐务局，情形如次：

湟源出入山税局，为青海省四大税局（西宁、鲁沙尔……）之一，据调查如下：

（甲）入口

种类	数量	价格	税捐
羊毛	2500000斤	每百斤28元	每担3.32元
老羊皮	25000张	每张1.20元	每担4.5元

续表

黑羔皮	上 中 下	23000 张	上 每张 2 元 中 每张 1.5 元 下 每张 0.9 元	每担 30 元
白羔皮	上 中 下	7000 张	上 每张 1 元 中 每张 0.8 元 下 每张 0.4 元	每担 18 元
野牲皮		2000 张	每张 7.5 元	每担 4.5 元
牛皮		4000 张	每张 3 元	每担 4.5 元

（乙）出口

种类	数量	价格	税捐
青稞	6000 石	每石 20 元	每石 2.5 元
副茶	50000 封	每封 3.8 元	每封 0.25 元
斜布	500 担	每担 270 元	每担 9 元
黄烟	40 担	每担 50 元	每担 4 元
酒	20 担	每担 60 元	每担 15 元
杂货	500 担	每担 80 元	每担 3 元
挂面	400 担	每担 15 元	每担 1.5 元

湟源盐务局，系财政部西北盐务收税总局分局之一，所属有大通、察卡、上五庄、西宁、鲁沙尔等五支局。该局经费分局及缉私队二处，每月经费二千三百元，缉私队一千七百元。该局所有青盐完全为察卡所产。

察卡在都兰县境内，盐池面积东西长约一百八十余里，南北宽约八十余里，周围二百余里，四周系盐质之泥滩，自锡拉库特尔山之莫拍河，与布拉池，察汗察罕，乌苏河，汇为此池。此盐池原归霍硕特西前旗青海王、霍硕特西后旗柯柯王，及霍硕特北左末旗察卡王三人管辖。取盐之道，分三路，在西北者属青海王，东北者属察卡王，西南者属柯柯王。往者由贫苦蒙民向各该王领照挖盐，照票运往湟源、西宁一带售卖，易换布、粮，现由公家设局督运，挖盐仍系蒙民就地张幕，挖时以铁勺捞取。盐系天然生成，挖后一经天雨，即可复平。每日运盐之驮牛以千计，购盐者到盐池时由督运局代雇蒙民挠盐，每驮工价三角，全年可产盐约二百四十万担。

青盐价格，随各种税捐为标准，每担正税四元二角，整理税二角，成规费三角，建设捐五角，粮价（即脚价）五元，合之即每担之售价。蒙、藏民运盐至湟源盐局，即以青稞与之交换，每青稞一斗，换盐一斗。又盐局虽归中央，每年补助青省府五万元，又军用盐二万斤。

九、教育　湟源县立完全小学二，一为中山大街小学校，一为东中沙小学校，附民众学校。又县立女子小学一处，附幼稚生一班。西关初级小学一处。至各校全年经费，中山街小学，一千六百元，东中沙小学一千五百四十一元，女子小学一千六百八十三元，幼稚班二十六年开办，经常、临时费共六百七十元，均为教育基金保管委员会按月开支。此外乡村初级小学校，计四十三处，经费就地征收，即教员薪俸每年秋后按地收粮。每员多者三石，少者二石，或一石五斗，届时由教员携袋与斗，由学董领导，沿户催收。

又社会教育，一为图书馆，内附阅报室，有天津、北平、青海各日报。一为民众教育馆，今春马县长筹设（仿兰州，余在甘教厅时，彼任县教育局长）。有陈列室三，悬动、矿物及历代名人挂图，并新生活运动图，及女学生手工刺绣等成绩。又有运动场及秋千等器械。一为县立两级完全小学之附设民众学校，约有小学生二百七十余名，课本系商务、中华最近出版者。

据地方调查，湟源受过小学教育者，男约一千三百余人，女约百余人，受过中等教育者男约四十四人，受过大学教育者男四人。

十、农业（附土地及农民苦状） 湟源全县水地二万零二百一十三亩，旱地五万三千五百零八亩，荒地一万五千九百余亩。上等水田每亩价约六七十元，中等水田五六十元，下等水田三四十元。旱地最高每亩约二十余元，最低约六七元。山地最高十余元，最低三四元。荒地多在东科尔寺、札藏寺、三角城等处。此种荒地，多由富者占领，待价而沽，一转手间，获利无算。且将自己熟地应负担之田赋，分配于购买者，因之发生有地无粮，或粮多地少等弊。又以水旱灾及苛捐杂税，人民无法谋生，及将己地转售他人，而买者又乘机勒索买地不买粮，而卖者只得忍受，于是又发生有粮无地之弊。

又湟源大地主约五六家，每家多至数百石或百余石地（每石约合内地二十五亩），自耕农一千四百余户，自耕农兼佃农一千五百余户，佃农一千余户。

佃农向地主租地，以五斗地为最普通，租后地主或以耕牛、粮食、金钱及农具等接济，每斗地最高年租为一斗五升，最低八升，每年十月为交租期。

湟源贫农最多，每年二三月间，衣食缺乏，向富户或商号借贷，如布一匹值三元者作价六元，麦子值二十元者作价三十元，俟八九月间麦收后归还，因无金钱，仍以麦、豆付还。此时麦豆价廉，每石约十五元，即借一石还二石，如歉收不能归还时，另写借约，将水旱田作抵，利息普通为四分，期至次年八九月为止。如再无力归还，即照约管地，或抵补现金若干，将地收买。此种高利贷为法所不许，乡农所不知也，以习惯相沿，视为当然。

湟源农产物，以青稞、燕麦为大宗，小麦、山芋、豆、菜子等次之。兹将二十五年全年之产量及价值，列表如下：

种类	每年产量	每石价值	总值
青稞	4100石	20元	82000元
燕麦	3200石	11元	35200元
小麦	1500石	25元	37500元
山芋	2500石	12元	29100元

续表

豆类	3300 石	22 元	50600 元
菜子	600 石	25 元	12300 元
合计	15200 石		246700 元

又湟源沃地，十分之三以上为各寺院所占，耕者多系佃户，租额约为十分之六。县属东科寺，曹家喇嘛应纳田赋营买粮等悉令租户负担，其地各寺院所用柴草等，亦由租户供给，因之农民终岁所得，除剥削外，只足八九月之用，每年负债累累。

城内商号，因放债关系，十之八九均有田地，转租贫农，正粮由地主缴纳，一切摊派，由佃户负担，而粮食则平分。

十一、畜牧（附兽疫） 湟源除农业外，畜牧业亦盛，兹询查所得产额如下：

马六千三百匹，骡及驴一万二千五百头，牛一万八千七百头，羊一万五千二百只，骆驼三百头。惟连年瘟疫，损失甚巨。据西北防疫处调查，牛病为牛疫、传染性肋膜、肺炎、口蹄疫及炭疽等，羊之疫病为炭疽、羊痘、口蹄疫、内寄生虫、疥癣、喉肿及头肿等，马之疫病为炭疽、鼻疽及疥癣。

十二、工业 湟源工业，以皮毛业为主要。操皮业者二十余家，系由生皮制为熟皮，计野生皮年出四千余张，老羊皮八万余张，白、黑羔皮六万余张，狗皮千余张，牛皮两千五百余张。牛皮熟后，又多制成皮靴，售于蒙、藏民。操毛业者，毛毡年出三百余条，毛布口袋年出一千余条。野生皮为熊、狐、猞猁、豹、狼等皮，行销内地平、津等处。

十三、商业 湟源商务，因毛皮关系，前甚繁盛，自十八年马仲英攻陷，商店多被烧毁，兼以数年来毛皮滞销，青海钞票跌落，倒闭甚多，及二十四年皮毛价涨，销路畅旺，始见转机。全县商号，资本在十万元以上者，为忠兴昌、世诚、当德兴等，五万元以上者为日升盛、复兴盛等数家，一万元以上者，为三兴合、三兴盛、德义成等数家。由内地输入货物，以布匹、绸缎、麻线、红白糖、磁器、茶叶、电料、纸烟等为最多，由西藏及玉树输入者，为氆氇、藏青果、藏枣、藏羔皮毛、鹿茸、麝香等等。又洋商之业皮毛者，有美最时、瓦利庆、振西、乾源、普纶等，总行均设在天津，其买办常川驻西宁，于每岁二三月（春毛时期）与七八月（秋毛时期）来湟源收买，获利甚巨。

十四、矿业　湟源矿业，未经调查，据闻第四区茶石浪地方有炭矿一处，面积约八方里，前由商民鲍永忠呈请开采，以矿深不易采中止。又第二区小寺地方有玉矿，面积约三十余方丈，已由人民开采，可制手镯、酒杯等物。又第四区响河地方，有铅矿一处，尚未开采，面积不详。

十五、气候　湟源气候，夏季温度最高为华氏七十度，冬季最低为摄氏零下二十度。雨量春夏季少，秋季则阴雨连绵，全年雨量二十吋左右。风向二月至七月以东南风为多，八月至次年二月西北及东北风最多，且风力甚猛，结冰期在阴历八月中旬，至次年三月解冻。

十日　离湟源大雨滂沱　宿药水双溪绕流

下午一时，离湟源，大雨滂沱，因届雨季，无日无雨，不便因之而改期也。途中人烟较多，向西南行，五里经蒙古道，村居民数十家，十五里又一村，客店数家。由此入峡（药水峡即湟水峡），石岩壁立，上刻字甚多，如光绪乙酉之"开山通道"四字，道光十年之"水气山喉"四字，民国八年之"海藏通衢"四字。所谓海藏通衢者，即由青海入西藏之大道，余等自不得不由也。沿右山麓，清流在左，其声潺潺，两山对峙，草色青青，间有树木，山青水绿，杨柳依依，其形势风景，全似由土门关至拉卜楞之途中，与甘肃道中牛山濯濯者大异。农田亦就山凹水滨，依稀不断，较十年前进步多矣。

三十五里抵药水乡，山势至此忽开朗，田畴密布，居民数十户，余等即野宿于离乡半里之草滩中，插帐而居，开始帐幕生活。宿地双溪绕流合抱，草滩如三角洲，其水为湟河之支流，村傍药水，故名药水乡。有水磨，农产为青稞、大豆、油菜、燕麦等数种。

十一日　开始帐幕生活　回忆蒙古风味

因昨日仓卒就道，二百余头骡马，须加整理，故本日未行。其地居民有藏族三十余户，俱汉化不通藏语矣。农牧业兼营，清晨有来帐前售牛乳者，先后数起，每壶国币四角，鸡每只价亦四角，来送柴草，与以重值，各欢喜而去。

其地有小学校，学生三十余人，教员一人，皆汉人。据云三四站外有温泉，七八站外亦有温泉，水甚热，或即药水，此为命名之由来。

昨晚一律帐房，大小帐房二十余座，余与赵专使、高参军每人一帐，专使之帐且有门窗，另有顶棚，完全如屋。其他各职员每四人或五人一帐，勤务、马夫十人一帐，本日详细分组。骡马放山坡，自由食草。睹此情况，不禁忆及蒙古风味。惟此次准备充分，人马浩荡，不似十年前赴外蒙古时之寂凉苦况矣。

十二日　温泉冬日始浴　吕庙夏季可游

本日仍未行，宿地距东科尔寺十五里，此寺因系清季每年祭海后会宴各王公千户之所，颇有名，余十六年代表祭海时，曾宿其中。同人吴抱平、庄学本等驰马往游，归时谓途中三里处有一温泉，惟系冬温夏凉，现在水冷，未能一浴为憾。又谓途经山凹中，闻有煤矿，数年前曾开采，因不旺，已中止矣。

又药水乡山上有吕祖庙，为附近名胜，友人朱锦屏君（湟源人）曾重修之，每年夏季西宁、湟源之游人甚众，寺左右松林甚茂，风景颇佳，附近小寺甚多，寺中可住宿，并有养马处。

十三日　宿卧窝鸡鸣犬吠　过端阳笑话觓斗

上午十一时始就道，途中仅经一村，约六七十户。下午一时许抵卧窝，即宿，谓三十里，实二十余里。因其地与东科尔寺一山之隔，有人家三四十户，柴草方便，并有牛奶等食物可购，故迟行早宿也。

又本日为旧历端阳节，晚饭后赵专使召集同人及护送者开茶话会，令每人各献一技，于是有唱藏歌或平剧者，有为粤音或歌绥远小调者，有说平津鼓书者，不能唱者或作鸡鸣，或效犬吠，甚或为牛声，又有翻勋斗于草地上者。轮次及余，无一技之长，不得已，允说笑话，但实非笑话。谓战国时齐孟尝君田文以端阳节日生，长而好士，客有鸡鸣狗盗之徒，赵专使在秦晋亦素以好士称，今晚之会，虽无狗盗之徒，而有犬吠之士，不仅有鸡鸣之客，更有牛鸣之才，赵专使门下客之多才多艺，胜于孟尝矣云云。亦博得同人一粲。

十四日　经日月山　宿尕海沿

本日因途远，早六时半即就道，向正南行。未几至日月山，天忽晴忽雨，雨忽大忽小，大时如注，高地气候真变化无常。余等乘马而行，雨大时水由头顶顺身而下，雨小时余与赵专使步行而登，山虽高海拔三八五〇公尺，但因地势已高，且道平而不陡，故不觉高。道旁有一新碑，书"日月山"三大字，山上又有一碑，刻日月形，系旧有者，余十年前已睹之。日月山之名，不知何所取意，据传唐文成公主下嫁时，藏使臣索金日月与吐蕃，可免往，唐王与之，而大臣易为瓦日月，公主愤而掷之，适行此山，故名。其说虽为不经，而文成公主之为藏民重视，与此实不无相当关系。且以后汉蕃贸易，以此山为界。又年羹尧亦击败罗卜藏丹津于此地，故山虽不大而名大。山中绿草萋萋，惟有一段为黄石，耸峭似华山，颇美观，赵专使谓为铜矿之征，不知确否。约三十里，经倒淌河，因中国河川多东流，此水西流入青海湖，故名。

未几出山，为一大平原，惟因为寒，全为草滩而非农田。但有车道，直行有营房，为青军驻地。余等偏西行，至尕海沿宿，甘、青呼"小"为"尕"。青海湖附近有许多小海，因名"尕海"。其地为大草滩，因近湖，且大雨后，水滩无数，绿草如茵，插帐虽少困难，而放马则极方便，故决定即宿其地。本日途遇牦牛队携犬数头，为赴草地经商者。又有来者一队，系某活佛赴塔尔寺礼佛者。远望红、黄色服饰及马匹，疑为欢迎者，近始知之。又山中驼、马死尸甚多，据送余之兵士云，每年来往经此道之骡马约万头以上，死者约二千余头，可谓努力边塞之牺牲者。

余等每日出发时，前站一小队先行，据云渠等今日所行之道为另一路，曾望见察罕城与青海湖，余等则未见也。察罕城在察罕托罗海山之南，其山为日月山之分支，蒙语"察罕""白"意，"托罗海""头"意，谓白云常覆于山头也。清圣祖亲征噶尔丹，遣使宣谕诸部落会盟于其地。雍正时平罗卜藏丹津之乱，亦诱诸部落盟于其地。道光三年，以其地当孔道，建城堡，青海长官每年祭海，召集蒙、藏王公千户行会盟礼于其中。光绪三十三年复建海神庙于城外，余民国十六年祭海时，即在庙内。城已毁圮，迤西为将军台，可望见青海湖。察罕城东北距湟源一百二十里，东距哈拉库图七十里，南距倒淌河十余里，附近可垦。

青海湖中心有海心山，西历一九○七年（即光绪三十年建海神庙之年）夏俄人科次罗夫以布船渡水至山上，土人以为天神，科氏测得山在湖中部，湖之最深处约一百二十呎，表面水温为华氏五十八度。海心山地质从黄岗岩与含云母之片麻岩而成，湖岸三五里为矽质。

十五日　途中雨水成河　道旁野花似锦

早七时半就道，西南行，大雨不止，重裘犹寒。行草地中，道路泥泞。旋入山，但低而不陡，忽上忽下，愈行雨愈大，道中水流成河，约三四小时出山，为一大平原，田畴青青，一如内地，渠水纵横，经十余次，多系因雨而成。沿途无一人家，但野花盛开，如狼毒花、马莲花及某种小黄花，满布草原，如铺锦毯。

下午一时抵恰卜恰，距尕海沿约五十里，即插帐宿高崖上，无草，但其地农业甚盛，有干草，宿后燃牛粪烤湿衣，藏民男妇群来参观，均赤足，仅衣无面老羊裘一袭，惟面目清秀类汉人，询之大半汉父藏母也。未几有马营长全顺来欢迎，据云营盘距余等宿地约十里，本日温度四十三度，气压五零一。

十六日　恰卜恰另有天地　共和县新辟乐园

因连日大雨，衣物尽湿，本日天晴，休息一日，以便晒干衣物。且此地为农业区域，距村庄、军营俱近，有柴有草（干草），并有恰卜恰河水，亦方便，故未行。宿地在崖上，恰卜恰河两岸为崖，各高二三十丈，东西相距六七里，中为河谷平原，南北屈曲狭长，直到共和县约三十里中，田畴错列，渠水纵横，气候温和，为塞外乐土。居户农民半为汉人，系前青海垦务局所招来者，但皆贫民，大半为藏民服役。

共和县原为郭密地，有千户，每年向人民征税甚繁。自县府成立后，令人民仅纳粮一种，由县府将所得粮之十分六交于千户，一切诉讼等权归于县府，人民称快，不知有千户矣。

下午至恰卜恰乡访乡长，并与一川人谈，据云：此地原为蒙古日里克贝勒辖地，后归公，五十年前，始开垦，现全为农民。此乡多藏民，大半系四五十年前自巴戎县移来，数年前尚以畜牧为副业，因民国二十年以来，连年兽疫流行，羊全病死，迄今纯为农业矣。农产品小麦为主，青稞、豆类次之，盖此地两面为崖，风少而暖，又有恰卜恰水可资灌溉，以故农业甚宜。自改县后，此乡有六十三家差，每差给地一石五斗，房院一所，每年纳粮二斗，及其他杂差约需粮一石二斗。每年丰收时，一石五斗之田，可得粮七石余，除纳各差外，可余六石，衣服约需三石，歉收时借款纳差，每借一石，次年还一石二斗，借银息略同。给差时由乡长办，乡长有二人，一系老主席（马麒）时所派，一系新者，轮流，差民房地子孙可承继占用，但不得出卖。婚姻自由，婚前恋爱自由，故花柳病甚多，患者十人而八，但婚后尚大半守贞。男娶女时聘礼多者二百元，女赘男时亦付金于男家父母。人死天葬，请僧诵经二日至十四日，送丧时全村男子全帮忙，主人须招待饮食，每轮流至数日。寺庙距此村数里有谦日寺，甚富，有马数百头，羊数千只。本日雨雹，大如豆。

十七日　沙珠玉乡多沙漠　短小教师忘短字

早七时行，失一骡，广漠无人烟，无法觅得。本日途中全草地，且半为沙滩，草亦为茎干叶硬之草。沙中草坟无数，盖根系结，周围之沙被风吹去，留为坟状。黄牛群时见其间，一切景况，有类蒙古大沙滩。约四十余里，滩竟，望见一水，名大连海，复行十余里，抵沙珠玉乡。有一水渠，据云此水由察罕盐池来，流经五站之远，一带土房棋布，渠水纵横，农田有小麦、青稞、油菜、山芋等，一望青青，风景大异，即宿其地。

余等宿草地中，望见村庄不远，渡水往游，至一萧姓家，据云此地原为都休千户地，名郭密，现名沙珠玉，上下村。民国十四年，有河州人来，始开垦，不数年移来汉、藏、回民百户以上，因前年旱灾，去年初即降霜成灾，两年农田歉收，多逃亡，现两村仅七十余户，汉、藏民约相等，均为差民，种公家地，每差规定年纳粮三四斗，实际每年差需一石。水田丰收时，每亩青稞二石，但因多雹，霜又早降，故每歉收。又畜牧者有草头税，每马一匹或牛二匹或羊二十头，每年俱收羊毛三斤半，其余羊毛，定价每百斤二十元（用二十两秤），全归义源祥收买，半付茶叶，半付现金。闻该号运售天津，每百斤约七八十元。

上沙珠玉有一短期小学，教汉人子弟，共十二名，教员一人，循化人，初小毕业，年十五岁，每年薪金八十元。余等请其书学校情形，将短字矢旁书在右面，豆旁书在左面，可知其程度矣。但初小毕业生，亦无足怪。据云共和县除县城高小一所约二十余人外，有加磨台及加什达初小各一所，又哈什吐亥及本村短小各一所，惟所用课本为教科书，已难能可贵矣。

宿地海拔三千二百二十公尺，温度最高华氏五十六度，晚四十度。农田中正除草，有汉、藏妇女在田中工作，互相唱歌，其声清越，据云多为他人工作，每四日得工资青稞一升。

十八日　河名甘草　族皆郭密

早七时就道，因本日拟宿切吉，途程较远，故黎明即起，同人以明日可赶至大河坝，无不兴奋。初西南行，经大草滩，全为沙原，大类蒙古，且有沙丘起伏，高丈许，细软成波状，风吹沙动，如走马灯，有草处坟起，遍地累累。未几左方见一河流，行约四十里，渡河，俗名甘草河，有小河，藏名香儿错，汉人名曰甘草海，因附近产甘草也。旋登一陡坡，坡上为平原，约十余里，又下坡，行滩中，望见远山积雪，风景颇佳。滩中到处积水，现紫色，不知何故。

旋上坡，又为一平滩，草滩中有牛马，远望见土墙，知有人家，已至切吉滩矣。又行十余里，下坡，至切吉，宿于山麓水滨，时已下午五时许。本日行约八九十里，且登坡渡河，经水渠无数，人马俱困，幸宿处水草丰美，骡马得饱餐饱饮也。

附近有居民，据云皆郭密族（郭密族分布甚广，分上下郭密，上郭密土沃农牧兼营，下郭密地瘠多游牧，昨日所经者当为上郭密，本日为下郭密）。现有总千户一员，千户一员，百户九员，共辖九族：曰尕让族，曰江拉族，曰多利族，曰登楞族，曰火木族，曰质盖族，曰作什拉族，曰当加呼却族，曰贺加尔族，共约四千户。

十九日　黑帐房犬吠羊鸣　大草滩兔驰鸟飞

早六时半即就道，因本日须赶至大河坝，路更长也。初沿切吉水行沟中，旋入山，有黑帐房数座，犬吠时闻。余与马营长入一帐中，帐外有木桩，系一猛犬，吠声喑喑，经主人叱之，余等始入帐。所谓黑帐房者，非白毡围成之蒙古包，亦非白布、蓝布缝成之军用帐棚，或普通帐棚，乃系黑牛毛织成之布，数幅相缝，以绳与竿系架之，状如覆斗，前面大开为门，移动甚易，青、康、西藏游牧区域皆用之，大致相同。帐内中为长灶，高四尺许，前狭后宽，上有粪仓，碗覆其上，盖牛粪即薪也。两旁隙地，食于斯，寝于斯，工作于斯，客来坐于斯。

余等坐后，有一藏妇为余等烹茶，其装束颇奇，如背垂银物如小碗，项系红黄珠串，尤奇者手镯以多为贵，左腕有九，惟皆化学制，价甚廉耳。胸前有银盒，内为护身佛，此帐固中产家也。帐内有羊羔数头，长尺许，时鸣求母。

旋乘马前行，仍为草原，山麓阴处有积雪，四面山顶上亦有白雪皑皑。约行五十里出山口，为一大草滩，时见群兔出驰，小鸟飞鸣，足破岑寂，并遇野马群奔腾而过，王翻译信安击毙其一。滩长三十余里，小草密生，鸟兽繁殖，想见古代中原状况。惟树木缺乏，故野兽甚少。午后遇雹，大如豆，顷刻满铺草原，但顷刻又晴，未几望见营房如城，马营长等驰马来迎，至营房前下一大坡极陡，余等下马步行，约二十分钟始至沟底，帐房架沟中水滨，两岸悬崖如山，实则上为平原，中被水冲，不知几经年而成耳。

二十日　助勒盖宜农垦　大河坝通汽车

本日仍宿大河坝未行，夜中降霜甚浓，帐房全白或结成冰块，原上海拔为四千零七十公尺，沟中为三千八百六十公尺，相差二百余公尺，如宿原上，更当寒冷，午雨雹极冷。但未几又晴暖，午后复雨雹。

大河坝水，藏名红曲，宿处宽四五丈，深三四丈，发源于积石山北麓，东流入于黄河。两岸杂木丛生，并有松柏，日月山至此始见树木，有水有草有薪，实为良好宿地。但无人家，据云前本有黑帐房不少，因兵营设此，均远迁至数站外，以避支差。河之上游，有地名助勒盖，一称班禅玉池，前代班禅曾插帐宿其地，故名。清季陕甘总督那彦成曾拟在助勒盖一带设防开垦，以经费无着未果，现附近有牧民。下游为呼呼乌苏河，两岸土质膏腴，水草丰美，迤东滨黄河一带至于共和县，地势较低，森林矿产俱富，气候温和，农垦尤宜，故其地居民较多，农牧兼营。大河坝一带牧民，为阿曲呼族，辖有曲加等三小族，有千户一员，百户八名，原三千余户，现恐大减。

下午马营长在营房中设宴，余与赵专使等数人前往，须上大坡甚陡，由下至上，计近二千步，驻足十余次，始至巅。营中有屋数十间，系民国二十一年所筑，原可容一旅人，今仅十兵士，一营长耳。原有军用电话，现线断，原汽车可通，车道依电杆行，尚平坦，稍加修理，即成公路。

二十一日　珠帘寨遗迹　析支县新址

本日因乌拉未至，仍未行。据云应支乌拉之差民，为汪什代克二马族（按汪什代克族辖有三小族，有总千户一员，千户一员，百户八名，属民二千余户，在青海西北岸沙尔地内及布喀河流域一带）。距大河坝近者三四站，远至十余站，马营长作成已派人去催半月矣。但先来者已候十余日，每驮送至竹节寺仅价五元，来往须月余，苦可知也。

大河坝水草丰美，已往为蒙、藏民聚居之地，其地势在兵事上颇重要，如悬崖壁立，中有大沟，濒崖可无后顾之虞。故在历史上有种种传说，或谓附近有唐珠帘寨遗迹，或谓清时年羹尧在此败于罗卜藏丹津。民国二十年藏兵犯玉树时，青军在此驻一旅之众，因过此天气愈冷，交通愈困难，不啻为青海南北一交界处也。二十二年青海省政府以此地为宁玉（西宁玉树）要冲，拟设县治，并划阿曲呼、都秀、曲加等族，并共和县属之切吉，果洛之仁庆现族为管辖区域，县名拟定析支，呈请内政部未决定。

早晴，午忽雨雹，旋晴，未几复雨雹，并起大风，骤冷，衣皮袍，晴复易袷衣，高原气候变化真无常也。

二十二日　兵夫辛苦觅马　藏妇奔走朝佛

昨又失逸骡马数头，兵士、马夫等十余人，竟夜寻觅，本日正午始觅得一头，在一藏人家找到。因此骡为驴骡，遇驴即追随，不合马群，日前即随一驴走去，寻踪觅回，此次又远遁。大草原中失骡马为寻常事，但兵士、马夫，不堪奔波辛苦矣。

班禅之弟策觉林活佛，赴塔尔寺觅新达赖，自玉树来，昨晚亦宿此。午来访谈，据云带骡马七头，昨晚全逸失，夜十二时即觅得。并谓途中藏民闻大员带有军队经过，均欲迁逃，经渠解释，始中止云云。策觉林乘马返其帐房时，有藏民妇女十余人，在马前叩头不止，或以为喊冤，实朝佛耳。据云由五十里外奔走来者，因策觉林紫袍黄马褂红皮靴，一望而知为活佛，且自玉树班禅处来，途中藏民远近相传，老妪少妇，不得赴西藏朝佛者，今遇西藏活佛经过，视为特别奇遇，故不远数十里而来朝，藏民对释教信仰之深可见矣。

本日午又雨雹，不久复晴，下午又雨雹一次，忽雹忽晴，忽冷忽热，如有农田，恐受灾，温度普通约四十度，一连三日均如此，可知此地气候之一斑。

二十三日　乱石当道　奇花怡人

早七时就道，初沿沟在乱石、杂木中绕行，松杉不少，大者三四抱，高者二三丈，上平如伞。又有丛生之木，开紫花者，乘马俯首而过。旋行山谷中，并无路径，乱石当道，马不易进。登崖上后为一大平原，藏名遏号永隆滩，远视之虽平坦，但小沟无数，忽上忽下，沟中时有小水，架窝不易行，故仍乘马，下午始乘架窝，虽无沟，沿山麓行，时有乱石，亦颇险。途中未见一人一畜，惟沟中野花甚多，有紫花喇叭形者，有黄花穗状者，有白花贴地如苔藓者，更有高尺许如仙人掌，上有小花者，走马看花，令人心旷神怡。下午二时抵宿地，名札索拉沟，插帐于水滨，水中有野鸭，猎而食之，味甚鲜美。本日行约五十里。

二十四日　四山积雪　六月结冰

早起寒甚，视寒暑表降至摄氏零下二度，故盆中水结冰数寸，帐中湿手巾亦冻，余与专使等皆衣狐裘，环视四山，皆积雪皑皑，无怪极寒。且地势至此渐高，海拔四千余公尺，六月冰雪，在此间不足奇也。

七时半就道，依山傍水行，且渡水三次，水滨山麓，积雪厚尺许，长数十丈。道大致尚平，不如昨日之多沟，但土甚松，水冲处多成沟或穴，而草根结处又成块或墙状，骡马行走困难。约行三十余里，至北索拉，即宿。

一因明日过札索拉山，人马须早休息，一因此地近果洛野番，时有番匪抢劫行人也（据云去冬马代主席子香运货物之乌拉行至此地，被抢去牦牛八十余头及货物，由上午四时激战至下午一时）。

本日在四围雪中行，山上青草始萌，枯草尚存，故一望皆黄，非青山也。途中渐有草地，但铺地面上，仅高寸许，而如块如墙之草根结处，有一种奇草，叶与土合，见绿色成片而不离土，白花五瓣，红心小如豆花，聚集成丛，贴地上，或为薛苔类，沿途甚多。

晨冷，华氏寒暑表虽降至三十度，午晴又升至六十四度，棉袍犹热，至下午三时许更热，又升至七十五度，高原气候之变化真速也。

二十五日　札索拉山　羊肠子沟

早六时行，约三四里即逾札索拉山，睹之虽不甚高，但登时人人呼吸困难，骡马亦气喘不止。至顶后，行山脊，满堆石块，无立足地，且或则雪深尺许，或则泥满石隙（因昨日天热雪融），或则薄冰连石（雪消又冻），人马俱难行。走约十里始下山，为一大平原，但土甚松，盖冻后始开。约四十里至羊肠子沟，群山之间，一水回流，忽行水左，忽行水右，渡水无数次，宽处丈余，细时仅尺许，忽行山腹，忽行滩中，道小且曲折迂回，约三十里始出沟，诚所谓羊肠也。

沟竟，又越一岭，下一坡，长而陡，又行约十里始宿，实出羊肠子沟矣。沟中有死牛头无数，据云札索拉山终年难行，春冬多风，夏秋多雨，且四季不断雪，故牛马过此山后多倒毙，甚至死十分之二，余等此次仅有一骡跌倒未起，亦云幸矣。

测山顶气压为海拔四千九百公尺，无怪其寒。晨温度在摄氏零下，衣裘犹寒，午后虽升至华氏五十度，但有风，依然不觉暖也。

由大河坝至黄河沿，所经皆果洛野番地，据云果洛族人口共约四十五万，分康干、康南、康奈三大部，各有大千户一员，一为女子，时反抗，民国七年马阁臣亲讨，掳女千户至西宁云云。

二十六日　大风起兮雪花飞　醉马滩后野蒜原

昨夜大风，帐棚几拔，晨未止，极冷，未几微雪飘飞，衣狐裘犹寒。七时许就道，初行山麓，继为大滩，内有醉马草，马食即醉倒，故即名醉马滩。又滩中有烂泉，不知内含何质，骡马饮之必死，但牛羊无害。未出发前，久行此路之青海军马队长，详告余等，并举出事实，谓二十一年攻藏军时，青军骑兵过此滩，马死数十匹，又二十年某商队过此时，亦死十余匹，余等闻之，咸有戒心。即将各骡马口上，全带料口袋，以防误食误饮，并令各马夫均特别注意。至滩时觅醉马草观之，但甚少，据云七月中最多，有一种粗叶红茎之植物，谓即醉马草，究不知确否。约十里滩尽，又入一滩，均平坦为天然汽车道，但含沙质，水草俱缺乏。惟有一种草俗名野蒜，故即名野蒜滩，因其叶似蒜苗，实则其他白茎与叶上之白花均似葱，不如名为野葱较宜。途中不得青菜，商旅过者必掘食之，余等员役大动员，人得一握，可供数日食也。滩中又有一草，叶大如桑叶，形亦相似，反面为红色，贴地上，有穗状花及茎，花尚未开，一云即大黄，一云为水大黄，谓真大黄叶丛更大，高至四五尺，不知确否。据云玉树附近大黄、知母、贝母均甚多。

下午一时，约行五十里，至绵羊湾宿，草较佳，昨晚因无草，骡马多饿，今晚当可充饥也。宿地海拔四千七百二十公尺，温度最高华氏五十八度，最低三十二度。此地接近果洛，时抢商旅骡马，故晚间设哨，行李牛队夜行昼食，先一日行，尚未至，益为戒备。

二十七日　海耳朵一片碧波　长石头遍地水潭

早六时出发，道甚平，约十里许，望见西南一片碧波，据云为海耳朵，因通青海湖，俗以为海之耳也。未几入山峡，山为石山，远望嵯峨如刀剑森立，颇类华山，与连日所经之山全为土质，如馒头如妇乳者，完全不同。行二三十里，皆在石山滩中，故俗名为长石头。沿山麓有一水绕流，宽数丈，时分为数渠，左右渡若干次。又行二十余里后，滩中全为水塘，大者如池，广亩许，小者如泉，大若盘，或为圆形，或为三角形，或为不等边形，形形色色，马行颇难。但草甚丰美，非水即草，骡马最喜，畜牧最宜，未午即宿，为骡马便也。骡马数晚未遇佳草，今晚当饱食矣。

宿地藏名"东格拿隆"，在山中，山上有雪，下午一时许，日光中望见雪花飘飘，颇有趣。山上有黄羊，本日因驻宿甚早，赵专使提猎枪登山击之，遇黄羊群，击中一头。

自大河坝至此，未遇见一户，亦未见一树，据云因地近果洛，时出抢劫，人民不敢居住。去岁九月马代主席之牛驮被劫时，赶驮者仅一二十人，来劫者七八十人，故不敌。本晚宿地临山，且曾闻一枪声，因之特别戒严。

二十八日　黄羊肉分尝一脔　牦牛队横行长滩

本日因途长，六时即出发，沿小河行，约二十余里，入"净皮脸滩"，系砂砾不毛之地，水草缺乏，故名。惟有野马、野羊等点缀其间，滩长约五十里，因无水草，不能住宿。为行署运粮之牦牛队，本系夜行昼宿，本日因无水草之地可宿，须多行若干里，故昼亦行走，与余等骡马队相遇，骡见之颇为奇观，因一百五十头牦牛，分为三队，每队数十头，在滩中横行，宽达数丈，长数里，远望如千军万马，旷野大滩，毫无障碍，自可让其横行直撞。滩土含沙质甚多，雨不泥，风不尘，平如坻，可谓天然汽车道也。

滩竟经一山，约十余里，岩间有黑石层，似为铁质。下午三时，至"马拉有"，为山窝中一小平原，宽约十里，水草丰美，即宿其地。

昨日猎得之黄羊，未暇烹食，本晚分而食之，其味甚鲜。连日野马、黄牛群时遇，但黄羊不易猎得，野马曾击毙数头，不可食。

本日所经净皮脸滩中，水草缺乏，但有一水，据青军云有毒，人马饮之，往往立毙，不知究含何质也。

二十九日　暮宿黄河边　但闻流水声

早七时就道，行山幽中，忽渡小水，忽绕山腹，昨晚宿地海拔四千八百六十公尺，清晨行山腹，当在四千九百公尺左右，故异常寒冷。华氏表降至二十五度，山沟中水渠全结薄冰，下绿上白，非常美观。

未几出山口，为一平滩，约十余里，沙多草少，已滨黄河，未十时，即抵黄河沿，不过三十里也。马代主席子香，早已电玉树派人携皮筏在此候渡，已来月余矣。此处河幅宽约三十公尺，深仅及马腹，据云旧历六七八三个月水最深，四五月无雨时极浅，春冬有冰桥。由此西北去约六七站为星宿海，河水不浊而清，所谓俟河之清，在上游固甚易也。

余等即开始用皮筏渡物，每次可装十驮，每二十分钟一次，自上午十时至下午八时，共渡人物二三十次，始完毕，牛马全从水中赶渡。

帐房早渡河，即插帐岸上，暮宿黄河边，但闻黄河流水声潺潺，不胜边塞之感。宿地海拔四千六百二十公尺，其地为红库入麻百户斯日罗所属，即女千户，俗称果洛女王。

三十日　西湖滨食黄河鲤　海心山见夏日蝇

昨日骡马驮物及人全渡竟，本日清晨又用皮筏渡牦牛所驮之物，十时许始启行，二三里经一小湖，约十里，见一大湖，俗名大星宿海（非黄河源之星宿海）。面积大于南京后湖，稍亚于杭州西湖，湖水澄清如镜，颇类西湖，惟无树木花草、亭台楼榭之点缀耳。中有一山，有径可通，余等遇此佳地，岂忍前进，即宿山上，插帐湖滨，不啻游湖滨公园，宿湖滨旅馆也。气候甚暖，蚊蝇俱多，为沿途第一夏日之感觉。惟蚊虫似不咬人，且极笨，一扑即死，但较内地者大。下午三时忽大雨，又如秋矣。

同人得此胜地，皆大欢喜，或步行湖滨，玩赏风景，或钓于湖中，得游水之鲤，或卧于地上，驱飞空之蚊，恍游杭州，不知为边塞矣。岛中草甚丰美，骡马亦欣然自得，人赏湖鲤，马餐嫩草，半日之乐，人物俱化。

岛高约五十公尺，长约一里半，宽仅半里，其地海拔四千六百公尺，温度低时华氏四十四度，正午六十六度。自离西宁以来，未有此和暖之天，亦未有如此风景之地，同人多谓在此宜建避暑山庄，吴秘书抱平谓如建山庄，可名"两无山庄"，以此地前无古人，后无来者也。余谓后无来者未可必，公路如通，或成站市矣。

七月一日　星宿海骡马哗变　野马滩雷雹施威

大星宿海三面为水，一面长岛通陆，山口仅宽三丈。岛上草丰，故骡马放牧，全未带索，惟令两卫兵守住山口，欲使骡马作竟夜之饱餐。不意余高卧，初入梦境时，忽闻巨声如雷，岛似雷动，帐棚忽拔，箱物亦翻，其声忽远忽近，疑为地震山崩。急起视之，始知余等所带之三百骡马哗变，忽而骡蹄得得，群冲过来，忽而马鸣萧萧，又奔前去，如是者二三十次。黑暗中排山倒海，令人莫明其妙，莫知所因。或谓为海怪，或谓为山摇，又或谓为野番来抢。正惊恐间，忽不闻声息，卫士来报告，谓群马从其头上奔出，远逸海外矣。全体动员去追，又恐果系野番来抢，故用调虎离山之计。余与专使提枪巡守，数小时后始次第人马俱回，据云幸逃至余等牛队人员宿处，代为堵捕，乃得一一觅回，群始安寝。后溯实因，或谓系马夫用电筒惊动，一马惊影，群马惊声，遂酿成空前巨变，吴秘书戏称为骡马大罢工，余谓为哗变。

本日十时始就道，途中大小湖无数，大者数亩，小者方丈，天光云影共徘徊，仿佛群星罗布，故俗名此地为"尕星宿海"，"尕"者"小"也。昨晚宿处为最大之湖，即名曰大星宿海。绕海而行，湿沙且软，马足每陷入数寸。约三十里经一山，甫至山巅，忽黑云四合，雷鸣震耳，正下山坡，大雹骤降，大于豌豆三倍。顷刻满地皆白，深积数寸，马痛而惊。余急下马放索，马奔驰而前，否则人马颠覆矣。各骡马大半狂奔，幸宿地不远，余步行约一小时，至插帐处，马亦为卫士觅得。其地名野马滩，未见野马，但遇羊群，知有人家在附近，派人往其帐购羊数头，分而食之，惟居民帐棚，余等终未见也。

二日　牛粪满怀鼠遍地　罂花盛开虫如线

早六时半出发，有一小河，名曰黑寺，前策觉林来时，河水甚大，无舟候三日水落始行，余等渡时仅及马腹，策马而过，虽拖泥带水，幸无危险。旋行沙道，未几入尕野马滩，初尚平坦，白藓苔花盛开，如花毯铺地，继入沮洳地区，遍地水坑，约一里，又为平道，水大黄甚多。约四十余里，渡一水，又入沮洳滩中，非草堆即水坑，人马行草堆上，如走梅花桩，堆亦震动，稍一不慎，即陷泥水中，架窝之骡数次跪倒，马亦屡蹶。约十余里，入野牛沟，即宿于河滨，时仅下午二时，共行约六十里，但骡马吃力不啻百里，幸均安全，有三五骡马，五六时始到。

宿地在河滨，海拔四千六百公尺，水草牛粪均丰，昨晚牛粪缺几不能举火，同人尚大半未能饱食，本日途中至平滩，有干粪时，同人多下马拾粪，或以袋盛，或以衣裹，或抱怀中，或携马上，无不满载而归。宿地乃牛粪甚多，且有杂木，辛苦所得，竟置无用。宿地有一种植物，高一二尺，正开黄花，形式大小，极似罂粟，其苞与实亦均似，惟叶细长有直纹不同耳，俗名野牡丹，山坡甚多。又本日所经沙滩，遍地鼠穴，其鼠无尾。又水中见一动物如线，长尺许。

三日　沮洳地　风雪天

早起，见昨晚降霜甚大，满地皆白，如结薄冰，草变银树。视寒暑表降至摄氏零下四度。但天晴，远望东山较宿地尚低，山中黄色一道如水，再上为云，非常美观，当系日出奇景也。

七时就道，忽起大风，寒冷刺骨。初沿河行，多绕山腰，上下约二十余里，又入沮洳地中，草堆水坑相间，选行草堆上，步步耽心。登一土梁，高四千九百五十公尺上下，坡亦均沮洳，约四十余里，非常难行，偶一不慎，马蹄陷入泥水坑中，并无路径，惟望青军所立之标志而行（堆石块或草根土高五尺）。下午二时，始达宿地，约行七十里，架窝迟至六时始至，且高参军之一骡，陷入沮洳坑中，不能出矣。

晚六时，大风，并降大雪，寒暑表降至零下六度，人马俱困。远望巴颜喀喇山积雪如画。据云本日所经之沮洳地，名查拉坪，为宁玉道中最难之一段，每陷人马于其中，不易出拔。宿地名查拉坪草滩，明日尚须逾查拉山，一带皆"洪柯尔姆"女王游牧地。阳历七月即阴历六月为内地炎夏暑日，此地竟大风大雪，温度至零下六度（宿地海拔四千八百六十公尺），内地人闻之，当视为奇谈也。

四日　越巴颜喀拉山　入玉树游牧地

早九时始出发，因昨日道阻且长，本日拟仅行四十余里，以息骡马，故迟就道。初行山腰，继入山沟，仍多水坑，依然未离沮洳区。继渡一小河，至查拉牙壑，草甚茂，且须登有名之查拉山，恐骡马不支，因将架窝及驮物卸下，令骡马休息，食草一小时，然后登四千九百五十公尺之山。高山顶积雪，乱石塞途，冰雪融处，又成泥泞，骑马不可，步行不便，道之难行，为途中第一，故俗有"走到查拉，儿子不管爸爸"之谚，可知经过此山之困难矣。

按"查拉"为"巴颜喀拉山"中段之凹部，一译"奢拉"，乃扬子江、黄河两大水系之分水岭。山北之"黑河"、"野牛沟"水皆北流入黄河之上游"玛曲"，山南之"咱曲"（即鸦砻江源）及"州曲"（即通天河北源），皆南流为长江上游之两大支流。此山不特为地理上的脊梁，且为民族间的界限。山北为果洛族的游牧地，山南即入于玉树二十五族的游牧地。

下山后为一大草滩，长十余里，一河横贯其中，傍河而宿，已下午三时矣。途中道虽难行，但沿途奇花竞艳。大者如野牡丹，高尺许，黄花大如碗，满布山谷，如种植然。小者出地寸许，黄花如腊梅，遍铺地面。又有一种紫花，如九月菊，时点缀其间。至白花红心点点贴地而成团如锦者，更举目皆是，足慰跋涉之苦。惜无一树，又连日无干粪，举火困难，饮食不饱耳。

五日　粪薪两缺　人马俱困

自大河坝以来，未休息一日，连日过查拉山，行沮洳地，人马已困苦不堪。且因数夜宿地，皆在雹雨之后，水泥滩中，既无薪木，又系湿粪，无法举火，同人俱未饱食，饥渴交迫，本日拟休息一日，不意雨雪交加，天气骤冷，平地水泥，干粪又不可得。自晨至午，水浆同未入口，且恐晚雪更大，骡马冻逃，乃又决定前进。因由此下坡，地渐低，天或较暖，且易地或有干粪也。

下午一时始就道，下坡后为一大滩，仍多水坑，但较好。下午四时半，至休马滩，仅行三十五里，河流甚多，傍河而宿。水草甚丰，但干粪依然缺乏，一面仍实行紧缩政策，不洗面，不饮茶，不吃饭，一面将箱架马鞍等，破而燃之，每人得饮稀粥一碗，苦况不减蒙古。前赴外蒙时，因无水两日未饮，此则因无粪连日不饱，水草干牛粪，真是旅行边地的三宝，缺一不可也。

六日　干粪为宝　夏日可爱

　　早八时就道，约二十里，渡咱曲（鸦砻江上游），沿河行，河水宽处六七丈，狭处一二丈。旋入休马滩中，水坑亦多，且时见水渠纵横，皆咱曲之分流。青海境内到处有河流水渠，与蒙古大异。滩中道旁帐房遗迹，炉粪尚热，知系新移居者。盖闻余等大批人马经过，举帐暂移他处也。日来途中时见野牛、野羊，而家牛、家羊，亦远移矣。

　　本日天晴，途中有干粪处，争相携取，如获至宝。惟本日人马更困，途中一马夫病倒地上，不能起行，一骡病卧，以针刺舌出血，始稍愈，架窝之骡，亦疲惫不堪，途中忽翻倒，一马惊逸，马夫被踢伤，急觅药箱，不意驮箱之骡亦疲，将箱翻入水中，不幸之事，纷至沓来，以故仅行五十里，下午四时至红土坡即宿。幸红日高照，将药物曝于河岸滩上，人亦就日中取暖，连日风雨极冷，本日晴暖，同觉夏日可爱，如在内地，正为盛夏，见红日当厌之畏之也。

　　本日得干粪，同人无不饱餐，且乘天晴有月，晚开茶话会，皆大欢喜，其地海拔四千八百二十公尺，下午暖时，寒暑表升至华氏五十三度。

七日　雪飞满天　花开遍地

　　早七时就道，阴雨，仍有水坑。下坡行约十余里，过咱曲岭，为一大滩。碧草黄花，一望无垠，花虽小而甚密，远望全为黄绿色，近视则绿草如茵，黄花点点如织锦。其他白花、紫花亦时点缀其间，但较少。此种大观，内地未易睹也。

未几，大雪纷飞，征衣全白，天气骤寒。又逾一岭，惟系草坡草原，实非山也。下坡地愈低，路极平，约行六十里，宿咱曲滩。临"咱曲"，河幅宽七八丈，深及马腹，渡之尚易。河南岸有帐房，青军渡河购羊数只，每只大洋二元。

宿地一名竹节寺，因近竹节寺，在沟中也。海拔四千八百一十公尺，雨雪时温度降至零点下，宿后天晴，升至三十二度。

八日　青山绿水碧草黄花　危崖险道疾风骤雨

早七时出发，又渡咱曲（一名玛楚河），约宽二十米，昨日水位为1.5米，今晨已降至0.8米，策马而过，深不及马腹。至西岸，顺河南行，一面依山麓。约二十余里后，登山腹，行道狭如羊肠，下临深沟，危崖险道，望而生畏，同人有爬而前者，架窝绕崖上顶稍平。下瞰咱河，湾曲分歧如地图。河岸滩地，碧草平铺，黄花满布，缀如织锦，非常艳美。平视对面山坡，亦碧草满盖无隙地，一望青青。河流深处成绿色，真所谓青山绿水，江南风景，不是过也。惟满山无一树木，为缺憾耳。

未几，见牛羊群，知距人家不远，同人甚兴奋。因自大河坝以来，不特未见人烟，即牛羊群亦罕见也。又未几，望见沟口一红塔，更人人有喜色，跃马争先，顷刻出沟口，寺院代表与称多县长李艺苑君欢迎于道左。再进，望见庙舍辉煌，帐棚林立，喇嘛结队鹄立，用长号大鼓欢迎，时下午三时，已抵竹节寺矣。

县长备晚餐，有萝卜白菜，同人食之，甘于海味。盖自湟源以来，未食青菜也。据李县长云，称多今年试种青菜，但藏民亦渐渐尝食。在十年前，藏民不特未尝过，且未见过，亦不知青菜为人食之物。某次藏民代表至西宁，马护军使阁臣赏食韭菜包，开而异之，仅食外皮，出后谓护军使赐食馒头，竟将马草包入，不解其故，盖彼等仅知青菜为牛马食物也。正痛饮饱餐之际，忽来疾风骤雨，帐棚或被风揭开，或被雨侵入，二十五度之寒暑表，忽降至十四度，竟亦食不饱，寝不安，天公太恶作剧矣。

九日　竹节寺　称多县

本日未行，因经一二十日无人烟之长途，又受数日无干粪之饥饿，至此有寺院，有人家，有柴有草之地，自应休息一日，使人马均得稍舒疲劳，且李县长一再挽留，因决定缓行一日。

上午参观竹节寺，据云，寺建于清康熙时，原有喇嘛近千人，当时寺产亦富，因临大道，支差过繁，现仅有喇嘛一二百人，寺产亦仅有马五十余匹，牛八百头，羊一千余只。属民四十余户，皆甚贫，活佛一人，名百克，系红教萨迦派。寺屋亦简单，大殿一，可容百人，中供释迦佛及莲花僧，两壁堆藏经若干部，活佛经堂在后，旁有护法殿，悬人民供献之弓矢刀枪及铁甲等古代武器。寺左右有方塔及刻六字真言之石板堆，名嘛呢堆，寺前有一小河流。

下午，李县长来谈。据云：此地属竹节族，有百户一人，名普才，所属番民约二百五十户，共约二千二百五十人。民国二十三年设称多设治局，本年二月，始正式成县，县城距此寺五十余里。县境北至黄河与共和县为界，南至通天河与玉树县为界。县署组织甚简单，县长下仅科长一人，翻译二人，事务员一人，差役四人，每人每月粮八升，收入仅有青稞一百六十桶（每桶二升半）。又有革皮税规定留县三分之一，惟尚未实行。全县属民共十三族，称多、竹节，各其一也。但各族分合无常，其百户强者属民日多，因纳税以百户计，某百户强时，人民多而税自轻，税轻而人民益愿附之，弱者人少税重，而人民逃者益多。如科日多百户最强，人争附之。称多族有一百七十户，九百二十人，与竹节族同一游牧地，其百户名思尕，亦较强也。县城内（实无城墙）有土房三十余户，无学校，城区分上中下三村，每村相隔约二三里，土房共八九十户。有喇嘛寺五所，竹节寺其一也。此地有帐房，据传在四年左右，而建寺仅二百余年。在十五年前，因喇嘛多有番妇，人民不信仰，藏中欲废之，后经数人整顿，驱逐不守清规者，始有今日，现余喇嘛不过百人。县境内牧多耕少，但有许多地方，适于农耕，菜蔬亦有数种甚宜。森林虽少，但可长松柏，足征相宜，并有杨柳。矿产未闻，食盐系囊谦产。有冬虫夏草，冬日为虫，长寸许，夏死头上生草，冬日草枯，又生虫，前得一虫，已送玉树矣。

竹节百户来见专使，献狐皮一张，上附哈达。竹节寺亦送红缎一块，各赏现洋十元。寺中活佛请余与专使晚餐，有羊肉及大米饭，随即布施五十元。宿地海拔四千七百四十公尺。

十日　牛羊遍野　蚊蝇绕面

早八时就道，行山沟中，道甚平，约十余里至休马族牧地。有黑帐房三十余座，可谓一大村庄，牛羊千百成群，在绿野中乱布，远望羊如白石，牛如黑石。自此每数里即见帐房，犬声相闻，帐房前多有经布飘扬，垂空中成人字形。一帐内有鼓声，下马视之，正请一喇嘛在内诵经禳灾病，据云每日报酬二角，有男女小儿甚清秀，上身仅衣短皮衣，下裸。帐外牛犊、羊羔环立，有犬甚猛，余出入时，主人男妇出而抱犬，恐伤客也。

旋经一原，天气甚暖，蚊虫绕面，麾之不尽，但似不吮人血。草原中有一种黑毛虫，长寸许，全身黑毛，头红色，尾有黄点，多足，亦黄色，时见遍地蠕动。愈行气候愈暖，华氏表升至七十六度，棉衣犹热，较若干日来衣裘犹寒者，不啻隔季也。

下午一时许，至卡拉寺，据云为拉卜寺之属院。其地仍属称多县，故李县长早来布置一切，寺中喇嘛，亦鼓号、旗帜欢迎。据云此地为卡拉族，约三百户，寺属黄教，建立仅六十一年，活佛传至二世，名嘉样罗桑，现年四十岁，对经典颇有研究。色休寺亦归渠掌教，本寺二三百人，色休寺约七百人。寺有大经堂，可容三百人，有护法殿及辩经处，全木建，因三站外产松也。

十一日　野有黄花　食多嘉肴

早雷鸣大雨，九时始行，经一小山，循山腹或河谷行，山坡中野花盛开，以黄花为最多，次为蓝花、白花，如球如穗，又有紫花类苜蓿。未几全行河谷，两山之间，一水随流，风景颇佳。下午二时许，已入玉树县境，玉树县朱县长、司令部马营长及仪仗队曾队长等，欢迎于道左，皆自玉树数站外来者。

又约十里，抵歇武寺，为四山围绕中一小平原。寺依山而筑，楼屋上下错列，墙涂红白蓝三色条文，非常美观。据云此寺为萨迦派，其护法神有红白蓝三面，故俗名花教，与红教、黄教对称，三色为其代表，因之墙上亦涂此三色。寺中有喇嘛约百人，活佛一名伦布齐活佛，由西藏萨迦寺派来者。山上有一较小之业中寺为红教，与此相对。余等至寺前时，喇嘛、民众共三四十人，用长号、大鼓欢迎。

余等即宿寺前小草原中，与玉树来欢迎者之帐房相连，星罗棋布，颇为壮观。马营长在帐中设宴，帐为方形如屋，前门可开，时天气甚热，全开帐门，让风吹入。帐顶周围有环与钩，周墙可全去如亭。余等饮食其中甚为凉爽。此地产蘑菇，营长备饭有蘑菇羊肉，曾队长又携来鸡肉、鸡子、鱼肉等，为月余来所未见、未食者，本日饱尝，不啻入都市之大餐馆矣。

此间居民为歇武族，有土房三十余户，据云全歇武族约一百二十户，半为帐房。此地有百长，其家颇有资财，余等至其宅参观，见川茶数百包，堆积如山。有农具犁等甚粗陋简单，犁为一长木，下有木脚，上有短横木，用时短木系两牛角上。但种田甚多，每年收青稞不少，皆人民代为耕种收获，盖百长即小酋长，亦贵族也。闻全歇武族每年纳粮三百一十桶，可知此地农田渐辟矣。

寺屋及百长宅建筑均多木料，且全为松木。据云产数百里外，马站五站，牛站约须半月。其地为大森林，任意采伐，但须运费，每驮运至此地，须运费三元。有四川木工二人在此工作，据云每日工资藏洋一元（约合法币五角），并供饮食。

又闻此地居民，原属拜日马百户管辖，现归札武百户。札武族为玉树二十五族中第二大族，约八百户，四千余人。札武百户名久美，善交际，有权术，遂运动将此族归其管辖，拜日马百户，尚在起诉力争中也。

十二日　风景不亚江南　农田大类内地

早大雨，十时始就道。沿河谷行，一水绕流，两岸壁立，其高与陡，为沿途所未见。且多石崖矗立，与沿途所见之草山平突如乳者不同。其形亦多怪异，或突出如雄狮怒踞，或屹立如剑戟森列，或如慈佛高坐，或如狞鬼俯瞰。又半为碧草平铺，间有杂木，山麓水滨，辟为农田，青稞高尺许，但不除草，黄花高于禾苗，且甚多，实即内地芸苔，花黄时，不知为麦田也。又有"间田"（每隔年一种）全为草者，蓝白花遍地，据云为本年休息之田，盖此地为间年一种。田中每有大石，石上又置许多洁白美观之小石子，不知何意。山谷每有小水流出，自高而下，如瀑布，河流中因多大石，浪翻白色，怒声震耳，马行乱石滩中。水滨时有群鸽飞起，马过时惊飞，旋复集山间。时见寺院、人家，红墙高耸，道中时遇喇嘛、藏妇，负物持杖而行，或在田间石旁烹茶而饮，杂木丛生，草高数尺，沿途景色，大似江南，一切风物，亦类内地。惟大树甚少，约二三十里处，有一水磨，旁有高柳四株，为沿途所未见者。下午三时许至山口，见大河横前，波涛汹涌，至通天河岸矣。早备有木船，余与专使下马即渡，舟子十余人操之，未至岸而水已涨，舟子惊恐。余等抵岸，其他同人不能渡。

十三日　通天河险于黄河　牛皮舟便于木舟

昨晚大雨，水又涨，骡马本拟浮水而过，不意赶入河中后，仅露两耳，口中作声，又返回此岸。不得已仍用木船，但木船仅一只，且每次渡后，须拉至上游，再放下，又水大每次须二三小时，仅渡骡马十头，骡马数百头，何日始可渡完（水小时每日可渡二三十次）。又有一木船，据云在称多拉卜寺，调来亦须时日。皮筏备有九只（系外用四张牛皮缝成，内系柳条，蛋圆形），舟身甚轻，一人可用桨负之而行，渡时亦仅水手一人，数分钟可渡一次，每次可容四五人，但水大甚险。据云囊谦县长上次用皮筏渡河，七人全沉水中，仅二人浮出。又藏方派来欢迎班禅之代表多仁台吉来时，其管家一人并一汉人同沉没，闻之生畏。木船水大时亦险，据云如不能靠岸顺流而下，即无法挽救，因之木船仅渡骡马，全日仅渡四次，同人全在彼岸。通天河渡口较黄河险者，因水为两石山所束，水涨即加深，不若黄河在平原中，水涨即泛滥加宽，而深如故也。

余与专使虽勉强渡过，得插帐宿于河岸。但一切用物全未渡过，洗面无盆，饮食无碗，而同人在彼岸则住无帐房，幸崖间有一石洞，大家挤入，藉避风雨，河宽约一百公尺，对面望之了了。

入晚，水仍涨未落，各藏民云，因中央大员莅此，龙王来朝，故河水大涨，与《西游记》孙行者渡通天河之神话，可后先辉映。宿地海拔四千零六十公尺，温度天晴时升至华氏七十六度。

十四日　札武百户富甲全县　果洛藏民悍逾各族

本日水略小，皮筏可勉强渡物，但皮筏渡数次，湿后须晒干，始可再渡，一日仅渡十余次，大批物品，仍未渡完。河岸距玉树仅六十里，以一河之故，不能即行，非常闷闷。

玉树县长来谈，谓玉树各族，札武最大，其百户亦最富，每年运购川茶二千驮，即四千包，每包以藏洋七十元计，合二十八万元，以三元合法币一元计，亦值九万余元。住玉树城内（实无城），对军政要人来往，固不免酬应，但送某官长狐皮一张，可向人民索二张，不特无损，且得藉口，以故其财富日增也。又谈及果洛族最近发生情形，谓青海省政府欲在果洛游牧地设县，县址拟定白衣寺，近派那团长去筹备，每年暂收草头税若干，该族竟反抗，甚至希望省政府早倒，或不免以武力解决。该族尚食生肉，惯例杀人者不偿命，仅出原枪或马一匹，余由全族赔偿，不啻奖励杀人，故杀人者日多，且以为荣。惟对商人过境，尚为优待，仅按例赠给红布一幅，羊一头，彼即派人护送至邻境，并代请保护云云。兹据调查记果洛概况如下：

（一）部族　果洛分上中下三大部，其东南与西康石渠县相接，西北与青海同德县（黄河岸上之拉加寺）毗连。据清史所载，当宣统元年时，德格县股匪有降白仁青者，曾率领部从至青、康交界处之杂曲卡（鸦砻江上游）作乱，经川滇边县大臣赵尔丰檄令，果洛官民"勿得助逆"，嗣以兵攻杂曲卡，迫果洛边境，复檄谕土官投诚，不准劫掠。宣统二年，德格葛察寺喇嘛往说投诚，至宣统三年果洛官民即往西康石渠县（当时属川边）纳税完粮。民元以来，川局多事，甘肃亦势难兼顾，以致果洛区内匪风甚炽，时有劫掠行人之事。十四年青海镇守使马麒曾出兵三营前往剿抚。十八年青海省府成立后，历马麒、马麟、马步芳诸氏之惨淡经营，果洛番民始逐渐向化。如境内最大最强之康色、康干、阿郡、贡马仓、旺青得巴、红模仓等族，均先后输诚，班禅过果洛时，曾宣化中央德意，首领人民多感动。

果洛在自然区域上言，居于黄河最上游，当大小积石之间，区内人口向无调查，故对该区之人口分布与族别，不易明了。兹将"青海之民族状况"中关于果洛族名驻地之调查，暨青海海南警备司令部关于果洛户口之统计，照录如下，以资参考。

果洛族系驻地调查表

族别	驻牧地
阿郡日模	黄河北岸可合庸河
阿郡工模	黄河北岸噶尔志河
娃西色多	巴颜哈拉山之南麓
讫谦多巴	黄河南岸打自各河
乃目马	积石山之北麓
阿十里	黄河北岸
仁庆现	黄河南岸三海子
打朵	黄河南江云曲河
保吾	黄河南岸

续表

戳尼牙哈	同上
完达	同上
节冷	同上
喀囊	同上
康尔干	黄河南岸谢楚河源
康色尔	黄河南岸谢楚河下游
司可马	黄河南岸江云曲河
汪什得巴	黄河南岸科达河
得浪	黄河南岸
巴札	同上
宗可得马	黄河北岸云曲河带
宗可麦马	同上
则娃	黄河北岸
乾葱	同上
刚车	同上
昆洒	同上
娃当	同上
喀昂	同上
大五麦仓	同上

果洛户口调查表

族别	户数	人口	备注
康尔干	20000	94000	各族统由旧青海同德县管辖
康赛尔	15000	71500	
阿什羌冈麻	10000	45500	
阿什羌女王	8000	37500	
豪高日麻	5000	25000	
长亚哈	1700	8000	
白马本	4800	22000	
巷欠多巴	15000	72000	
果洛斗核桃	4000	21200	
合计	84200	398700	

又据周君调查：果洛分五大族，总土司为挨章贡马仓，居于离郎司十五里之殁井地方。所辖康耕、康纱两土司，颇有势力，因贡马仓骄横自私，罢免总土司之职，曾起战争，奈其余三族帮助，得和解，但贡马仓命令无效矣。余三族土司，一为挨章颇磨仓，居新进东部。一为挨章脚果仓（为果洛最大者），居中部。一为挨章呀者仓（最小者），即郎司地方。其民性悍野，遇不同族过其地者，每害其性命云。

（二）交通　由西康边区之阿坝，至果洛著名之白衣寺为三大马站。此道有两路可走，一经渴卡，二经叶尔津神山之南。路南有小海子七八个，以葛门错海为最大。大道即在神山与海子之间，此两径之风景，极为壮丽。由白衣寺经中果洛之夺巴桑及上果洛之达克多桑，至和尔秋桑族之秋帐房，约十马站。

和尔秋桑族，居于上果洛，属康干大头人管辖，土官所辖仅三百余户，但土地却极宽广，由渠秋帐房沿黄河约行六马站，即至错娃耳噶则山与玉树县之甲尔代卡交界。

错娃耳噶则山，在黄河北岸，介于二大海之间。上为错俄让海子，周围约四百里，黄河即由海东南角通过，下为错甲让海子，周围约三百里，黄河穿海而过。当秋夏之间，海水沉清，色呈碧绿，而黄河水则较为混浊，极似桑叶上卧一春蚕。

交通工具，陆路上运输，全赖牦牛，人行乘马，因其地势高峻，空气稀薄，气喘难行。兼之水多山大雪深，非牛马无法经过。水路惟一之工具为羊皮筏，法用树枝，排如梯形，下束以吹涨之羊皮袋十个，浮于水上，人或物蹲置于木梯之上，由水手二人用短桡相划，浮沉河中，颇多危险。另有木船一种，能容四五十人，既不用桨，且不用竿，当横渡时，将船首系于马尾之上，二马或三马在前浮行，船则随后，水手指挥前进，颇似马车夫。人坐其中，大有太古时代风味。

（三）物产　果洛地旷人稀，植物则五谷不生，森林极少。但康色贡仓旺年得巴一带，似可开垦，又下果洛南麻柯河一带，已种有青稞。动物多牛羊，并多野牲，如野马、野牛、黄羊、狐、熊、兔、鼠、猞猁等。矿产闻甚丰富，但从来无人调查，仅知沿黄河各地，沙金颇多，如拉加寺黄河沿每年淘金者，以十余家计，由初夏至深秋，均可饱载而归。盐产亦富，有大海二，一在黄河之南，错甲让之东，周围里许，惟水分重不易采取。一在黄河南距河约十余里，在错甲让山之东，周围十余里，每年取盐期仅三四月，因六七八月内水量倍增，而九十冬各月又为冰期，不能采取。取盐之法甚简，用铜铁瓢取出，俟干即得。此二海盐，除供三果洛人民食用外，兼供康北各县牧民之需。至畜产羊皮羊毛，亦极丰富。此外药材，如大黄、贝母、虫草、甘草、秦艽、羌活等，亦甚多。

十五日　昼夜江水滔滔　朝夕风雨凄凄

连日候全渡，水声滔滔，震人耳鼓，昼夜不绝，且朝夕风雨，益增愁闷。

惟每日午晴，可以游赏。宿地在河岸田中，系本年休息之地，紫花遍地如苜蓿，亦颇美观。昨晚满天星斗，一轮明月，以为今夕明晨，可免风雨凄凄矣，不意夜三时许又雨，今晨未止，似成定例。惟雨较小，水已稍减，木舟续渡，九时许又晴，亦定例也。

本日水虽稍退，而流仍急，木舟第二次渡时，竟不能至原岸，且飘至路口下，兵夫数十人由崖上以绳挽之，经数小时，仅上尺许，无法救止，令其流下，又行六七里，舟中人急跃水中，幸得上岸，任舟所之。据云不知流若干里，非十余日不易曳来也。

竟日无事，附近有一藏民小儿，甚敏慧，貌亦清秀，略通汉语，询其家庭，谓有父母兄姊，兄二全为喇嘛，欲携渠赴藏不愿，姊二在家操家事，给以班禅所赠之油条，欢跃而去，年十四岁矣。

十六日　金沙江正源　扬子江上游

本日水更减低，骡马仍未全渡，依然不能就道，留通天河岸已四日矣。河幅之宽，仅一百公尺，而一河之隔，不啻二三百里，因河两岸为绝壁巉崖，幅愈狭而流愈急，舟渡更困难也。本日木舟共渡八次，计骡马渡来者八十余头。

查通天河为金沙江之正源，亦即扬子江之上游，发源于巴颜喀拉山即查拉之南麓，东南流折而东北百余里，与西北来之喀齐乌兰木伦河合。又东北三十里，与西南来之拜都河合。又东北百里，左受一小水，又东六十里与南来之阿克达木河合。又北流二十里与北来之托克托乃乌兰木伦河合。以上各河，均可谓金沙江之分源。又北流转东百里，有匝伯辉河自南来会。又北流转东二百里，右受玉树来之二支流。又东南三十里，有那木齐图乌兰木伦河，自西北来会。又南流百里，左受库库乌斯及图哈尔图二支流。又南流折东三百里，右受齐齐尔纳河。又南流转东南四百里，右受隆布来之一小水。又南流经札武族境，折东南流入西康石渠县属旧纳夺土司境，与鸦砻江仅一山之隔。更东流称布累楚河。又东南流经邓柯德格之西，同普之东，东受郎克楚汪布德诸河之水，而至冈沱，是为冈沱河。由德格至昌都必渡此江。南流东受绒松溪之水，至波罗出同普县境。又南流经白玉之西，东纳登龙渠、昌渠河、思渠河诸水，南流经武城之东，受克楚河之水，至巴安之西，乃名金沙江。东南流至牛古渡小巴河，自奔又木西流入之。经小巴冲至巴安县治，会康宁河，自东北来入之。又南流六十里，至竹巴笼泛有渡船，为入藏之大道。东纳喜竹河之水，西纳昂藏阿秋诸河之水。又南流至宁静之东有巴楚河，自东来入，南流至巴安县属之永则、布许二村，入德荣、盐井界，索美河自德荣东北来入之。江卡河自盐井西北来入之。东南流二百里，经茶利大山，入云南阿墩子中甸诸地，经四川盐边，会鸦砻江，复入云南东川后，又入川至宜宾县，合泯江而为扬子江矣。

十七日　过新寨知佛教力量　抵玉树见古代遗风

　　昨日骡马物件，虽未能全渡，但余与专使等骡马，及重要物品，均全渡过。因决定本日先行，余俟全渡后续行。早幸无雨，七时就道，先沿河行，溯上流（溯下流本有一径，道较平坦，又不逾山，惟有一段在山麓河边，路狭而险，架窝难过。并有一段已为水涨入，故决行上道）。约八里后，别河，越一极倾斜之坡。由河谷行，中有一溪，水流甚急，道忽左忽右，马经水若干次。悬崖上有一黄教寺院，名"家拉贡巴"，喇嘛代表执哈达欢迎于道左，内并附银币一元，当系旧礼，收哈达而还银币。其地有二十余户之村落。未几登结古山，坡长数里，但登时尚不陡，至巅后，测为四千九百五十公尺。下山时坡长约十里，且极陡，瞰之生畏。山半为石山，奇石突立，并有白色者，颇美观。下马步行，数步一息，石坡中时有水流足下，益不易行。将至山麓，出山口处，玉树马司令、朱县长、罗参议、周台长等十余人，乘马来迎，略寒暄后，即同乘马，驰至约五六里之新寨。

　　新寨原名甲那摩尼，有二里许之大摩尼堆，为西陲三大摩尼堆之一，故西藏均知其地名。相传玉树寺活佛第一世为汉人，藏语汉人为甲那，故名。据传其活佛初住结古山上，劝新寨地人民堆摩尼石（石块上刻写藏文六字真言即名摩尼石积而成堆），其地必发达，人询堆于何处，彼谓届时天上当落第一石，至某日果有一石落下，众遂堆摩尼石于其地，积若干年遂成大堆，今其地有百余户，大半以刻摩尼石为业（一书嘛呢，实则不仅刻六字真言，并有刻佛像、经文者，大者佛高数尺，字至数百，又有涂色者）。每年收入颇丰，藏民父母或夫妇死时，每以死者值钱之遗物或衣服，付与当地一承揽者，令代售其物，刻经石若干，承揽者又分之各家，至期交石，即堆其地，遂成长数里之大摩石堆。每日有男妇走转祈福免祸，据云健者每日可转三十周。又有神话，谓原有一石为唐僧玄奘取经时晒经石上，经印入石后，人摩刻之，遂成大堆。总之为一佛教上有名之地。

其地在山下为一平原，并有一草坪，马司令架帐房于其地，数亩大之平原，全为高寸许之一种绿草，密如特种，平如用机器甫剪。此种天然草原，较外国公园之草地犹佳，不知为何种草，亦不知此地何故有如此之草坪，真令人羡慕不置。马司令携有肥牛、美酒，饮食于帐中，颇有古风。

饭后又乘马行，未几，西陲宣化使署刘秘书长家驹，康处长福安，及西藏代表多林台吉等数十人，迎于道左，递哈达。二三里后，班禅行辕设帐房备茶点欢迎，余与赵专使下马入帐，少休息。又未几，仪仗队百数十人，列队道左。又未几，班禅行辕军乐队、卫队数百人，列队欢迎。又未几，玉树小学校学生二十余人，及司令部兵士数百人欢迎。至玉树附近，喇嘛在寺中鸣鼓号，仪仗队放礼炮，满街悬党、国旗，民众观者如堵。至行署门口，森且堪布、旺堪布等十余人出迎，并备酒宴五席，想见古代接迎汉使之盛况。

专使行署设于前司令马彪师长之私邸，为玉树第一建筑。二层楼有地板，并有外院甚大，可住卫士，喂骡马。自离湟源以来，三十六日矣。每晚宿帐房，骡马露天，至此人畜均有屋住，行程亦告一段落，同人无不欣慰。惟闻得七七卢沟桥事变消息，又无不痛愤。

藏人喜欢酒，每用碗饮，惟青稞酒不大佳。此次余等携有凤翔酒，班禅行辕康处长、旺堪布等，仍以饮藏酒之法饮之，赵专使又善饮，对饮互劝，席终康、旺均醉，不能下楼。

途中情形，已逐日略记。先行之庄学本君，又每日测有高度，并牛载坤、周子扬等前来玉树时，所测之山脉高度及沿途高度等，一并录之如次：

由湟源至玉树沿途各地高度表（庄学本所测）

地　名	海拔公尺
1．湟源	2840
2．东科尔寺	3200
3．窝药	3330
4．日月山	3800
5．尕海沿	3400
6．恰布恰	3350
7．沙珠玉	3230
8．切吉	3430
9．大河坝	4070
10．大河坝沟	3860
11．札索拉滩	4260
12．札索拉	4570
13．札索拉山	4950
14．羊肠子沟	4750
15．绵羊湾	4210
16．长石头	4825
17．马拉有	4800
18．黄河沿	4620
19．海心山	4620
20．大野马滩	4650

续表

21. 野牛沟	4680
22. 野牛山	4950
23. 查拉坪	4860
24. 查拉山	4900
25. 查拉壑	4880
26. 休马滩	4880
27. 红土冈	4860
28. 竹节沟	4870
29. 竹节寺	4750
30. 卡那寺	4720
31. 歇武寺	4440
32. 通天河	4080
33. 结古山	5000
34. 玉树	4350

玉树二十五族境内各地高度表（牛载坤等所测）

山名	高出海面公尺	合工部尺	实测处
结古	4080	1275000	巴曲河边，在结古南半里处
结古拉	5950	1546875	在结古北五里
札拉	4920	1537500	在札西科脑
巴通	4690	1465625	在结古南五十里

续表

熊拉	5640	1762500	在巴通南熊曲脑巴曲与子曲分水岭
果拉	5370	1678125	在巴通东南苟曲脑巴曲与协曲分水岭
奢拉	5200	1625000	在咱曲上流奢雾脑
竹节寺	4660	1456250	在咱曲河边
加浪拉	4900	1531250	在歇武沟脑
惹拉	4730	1478125	在结古东北十余里通天河边
通天河	4040	1262500	拉布寺曲河口蓝达渡口处
拉布寺	4160	1300000	在拉布曲边
宁朵拉	4950	1546875	在宁朵沟脑拉布曲与称多曲分水岭
称多	4320	1321875	就周均庄测
凯拉	5070	1584375	称多曲与固察曲分水岭
固察	4200	1312500	就尔勒日庄测
东茂拉	5280	1650000	在囊西科脑
隆布交那	4830	1509375	札拉山以西大滩系义曲上流
罔尼拉	5160	1612500	在隆布交那脑
义曲	4260	1331250	在拉吉庄侧距入通天河口数里
阿西拉苟	5260	1643700	结古西南七八里
夏拉	4940	1543720	在顾强云脑为子曲与杂曲分水岭
子曲	4130	1290625	吹灵多多寺前
顾强云	4700	1468750	距夏拉二十里处
热强拉	5120	1600000	在觉拉寺东强知囊脑

续表

杂曲	4460	1393750	觉拉寺西数处
咱辙拉	4880	1525000	东错寺西
柴问达通	4430	1384375	协曲建曲会合处
浪俄拉	5030	1571875	苏尔莽族药曲河脑子曲与杂曲分水岭也
杂曲	4070	1271875	冷周庄渡口
拉马拉	5100	1593750	囊谦东北三十里杂曲与巴儿曲分水岭
囊谦	5650	1453125	
麦娘拉	5000	1562500	囊谦南四十里千宗囊脑
沙俄拉	5360	1675000	囊谦南七十余里系囊谦与类乌齐及巴屑族之分界处也
朵纵拉	5400	1687500	囊谦巴儿曲河脑巴儿曲与解曲分水岭也
公给拉	5150	1609375	更那寺附近解曲杂曲分水岭
瓦里拉	5320	1662500	哨曲河边儿鲁寺对岸
杂曲河	4740	1481250	以鲁寺前渡口
奢里拉	5200	1625000	巴米尔寺西十五里
茶让拉	5390	1684375	跌牙寺西北十余里
拉俄拉	5170	1615625	茶哈马东二十余里

自西宁至玉树沿途各地高度表（牛载坤等所测）

地名	气压表高出海面公尺	合工部尺	实测处
西宁城	2420	756250	
湟源城	1870	896875	

续表

日月山	3758	1174375	
倒淌河边	3500	1093750	察罕城对面
卡不卡	3290	1028125	
阿药云	3170	990625	
页朵淖	3130	978125	
切吉滩	3390	1059375	
倒拉结山	4550	1521875	大河坝与恒霭河分水岭
札索拉	4830	1509375	
马沁雪山	4850	1515625	
豆云	4620	1443750	
黄河渡	4520	1412500	鄂陵海下约三日程
野马滩	4600	1437500	
野牛沟	4710	1471875	
奢拉	5200	1625000	
通天河	4040	1262500	拉布寺曲河口蓝达巴口处
结古	4080	1275000	
熊拉	5640	1762500	在巴适南熊曲脑巴曲与子曲分水岭
子曲	4130	1290625	吹灵多多寺前
夏拉	4940	1543750	在顾强云脑为子曲与杂曲分水岭

续表

杂曲	4460	1393750	觉拉寺西数里处
拉马拉	5100	1593750	囊谦东北三十里杂巴儿曲分水岭
囊谦	4650	1453125	

玉树温度（摄氏表）

月别	平均温度			雨雪变化
	早	午	晚	
正月	零下六度	十三度	零下三度	零下十九度
二月	零下三度	十五度	三度	零下十四度
三月	五度	十六度	八度	零下五度
四月	五度	十八度	九度	零下六度
五月	八度	十九度	十四度	零度
六月	十五度	二十三度	十九度	四度
七月				
八月				
九月				
十月	零下七度	十四度	零下三度	零下十五度
十一月	零下十二度	十二度	零下六度	零下二十六度
十二月	零下九度	九度	零下五度	零下二十六度

七　留居玉树

十八日　藏人爱犬如子　楼梯以绳为栏

早各友来访谈，正午上山全结古寺谒班禅大师，山道崎岖，乘马亦不易行。大师客厅在佛殿内，班禅衣黄袍、黄裤、黄皮靴，系便服，与余等对面坐谈，异常客气。如见藏官、藏民，则高踞佛座矣。

旋下山至玉树警备司令部，皆平屋，惟屋顶可资瞭望。室内四壁张步兵教练图，几上满堆图书。马司令纯臣，年不满三十岁，喜读书阅报，青军官中有希望之人材也。有一营长马子材，为余在甘任教育厅长时训练班之学生，曾委教育局长，尤有干才。

旋又上山访森且堪布、旺堪布、丁杰佛、大卓尼等，皆住三楼，二楼堆物，最下层为马厩。楼梯甚陡，旁有扶木，或仅一皮绳，攀之而登。各堪布各居一楼，一再上下，且梯在屋内，黑暗难行。藏人好犬，各堪布均有小犬一头或二三头，坐卧不离，每在其怀抱，爱之如子。大卓尼有一犬，圆目长舌，尤奇者耳后有毛长尺许，其身高亦仅盈尺，状颇类狮，据云年九龄矣。又谓班禅亦喜犬，去岁丧其爱犬，每为之诵经祈祷。

旋又下山至前藏代表杜林台吉及班禅行辕秘书室同人处，皆系二楼，梯在露天，较宽而平，盖市屋建筑与寺院不同也。杜林夫妇二人，有小犬三头，一黑二白，见渠如小儿见父母，群入怀抱，渠等亦抱之，以脸相偎，如爱儿然。

黑者狮头尤怜爱之，因不特美观，且聪慧，频衔火柴至客前，或人立而拱手。据云来时共携大小犬十一头，现仅余七头，每日皆食肉，所费不赀。并谓此三犬价皆昂，前印度有二犬售价藏洋五千元，且不分售，可知藏人爱犬之一斑矣。

本日为星期日，家家悬党旗国旗，门左右各一，虽大小尺寸颜色与光芒数多奇异，在此边地，亦不易得矣。

结古寺建于明时，其钟上有"宣德六年"数字，为红教萨迦派，故墙上为白红蓝三色，远望颇为美观。第五辈甲那佛，年六十余岁，去岁圆寂。据云该寺尚有一活佛，系后藏萨迦寺加派者，亦新寨人，前辈加那于其一岁时即收养之，现已十余龄云。

十九日　黄蘑白菜皆礼品　吉羊太牢犹古风

本日各方来送礼，马司令送羊二十头，及白菜数十棵。康处长送印度白布一匹，及白菜、黄蘑菇各若干。西藏三大寺代表送牛肉数十斤。玉树白菜甚小，又系单片叶，但为此地惟一之青菜，且本年新试种，为数无多，故视为上品。鲜蘑菇黄色，产于草中，闻产量亦不多，故亦珍之。至羊为玉树大量家畜，而送礼必先者，盖古礼取吉祥之意。考汉族来自西北平原，亦以牧羊为主，视为人生所必需，故"善""美""鲜"等字，凡形容好者皆从羊，相沿成风，此地犹存。赵专使送马司令礼多内地珍品，但亦以羊二头附之，取其吉祥，且因回教尤喜送羊也。至牛则古为太牢，送牛肉数十斤，亦甚隆重，惟此间价廉耳。又内地送礼以白色为忌，康处长福安送白印度布似异，可知藏俗并不忌白。

下午前藏政府代表杜林台吉夫妇二人，亲来送赵专使及余礼品，各递哈达，其礼品为氆氇、红花等较贵重，但皆为西藏土产。旋余与高参军又上山访西藏三大寺代表，仅有二人，其一已赴藏边，为班禅准备一切矣。

二十日　特产多药材　汉商半陕人

上午访商会袁会长，陕西三原人，至此已二十余年，娶藏妇，生二子一女。据谈：玉树市上较大商店，约三十余家，资本大者约十万元，系寺院资本，走前藏拉萨及西康，以茶为主。陕商六家，以世隆昌为较大，亦即汉商中较大者，余多康人。商品有日本货，有印度货，有西藏货，有四川货。日货较西宁犹价廉，盖自印度经西藏来，税甚轻也。日货有妇女首饰及鼻烟壶等，皆专为蒙、藏人制造者。

又谈玉树特产，除畜产、野生皮外，以药材为最多。如虫草、鹿茸、麝香、知母、贝母等，虫草冬实为虫，至夏头上即生草，黑色，稍大分而为二，宜速掘之，稍迟草高二三寸，而虫即内空矣。虫可繁殖，年年采掘而仍多。鹿茸亦宜及时速取，每年冬脱旧角，春生新角，以六月为最宜，过七月则无用，仅可制焦矣。又知母在杂木丛林中，有一种杂木，燃之味香。此种木根旁多有，形如百合。新辟之山中，每有大者，但不易晒干，不便用。又此间大黄亦有大者，但大则多中空，亦不能用。

下午曾队长、孙主任、葛特派员等以鱼翅席宴行署全体同人，月余来草地中之生活，至边鄙之玉树，而有此嘉肴美食，真意外也。

二十一日　队兵打馈鱼肉　班禅赐食燕菜

玉树市外有一河流，产鱼甚多，因藏民不食鱼，鱼亦不畏人，仪仗队兵多江南籍，见而羡之，无钓具即以木棒击之，应手而得。本日送来鲜鱼及干鱼若干尾，余等数月不知鱼味，食之大快，旋闻佛教戒杀，寺中喇嘛不以此举为然，即禁止之。

下午一时，班禅大师宴行署全体同人，余与赵专使、高参军三人在其客室，由班禅亲陪，无酒，但菜皆珍品，有燕窝、鱼翅、海参、银耳、鱼肚等，边地得此，实不易易。土产有黄蘑菇，据班禅云：西藏亦产，与此间同，较蒙古之白蘑菇味香，但多食伤胆，因油太大，不知确否？其他同人由各堪布陪宴。

席间谈及赴藏事，班禅谓由此缓行，两月可至黑河，再前即入藏地，从前归驻藏大臣管辖，迄今头人等，犹戴满清时之顶帽。谈及佛教，班禅谓西藏原无佛教，当藏王五世时，佛经从天而降，当时印度之王不识何物，夜梦神告为佛经，应供奉，始渐传布，至藏王弃宗弄赞娶文成公主后，佛教始盛云云。

饭后行署全体同人为班禅献"曼札"（金银盘中有山形满盛青稞取世界大山归其掌管之意），为最敬礼（每次大洋十二元），班禅赐食油条，并每人赐系丝绳，谓可祛不祥。

二十二日　帐房浴室　屋顶厕所

玉树无澡塘，赵专使备有帐房，专为沐浴之用，圆顶，全部可受日光。张于院中，上垂番布水桶，下掘一坑，桶下有喷水管，并有开闭塞，用时转塞使开水喷出。地坑上置木格板，人立其上，水浇身上，流入坑中，转流帐外，不啻都市之喷水塘也。本日架帐轮浴，一洗途中积垢，日光满照，暖如温室。

余等所居之马氏私宅，建筑为口字形，有楼三层，最下为厂屋，可置杂物，二楼四面屋有廊，第三层仅半面有屋，余为二楼屋之平顶，可以游览，全市在望，山水亦在一览中，风景佳绝，空气新鲜。有二间厂屋，赵专使喜露宿，即置床其地。

屋上土顶，可以种花，有某种黄花及青稞苗若干。又有方木盆，内栽葱及野草数种，其色青青，边地得此，亦不啻屋顶花园也。惟三楼无栏杆，由口字中下望如数丈深穴，令人生畏。

厕所即在二楼屋顶，突出墙外，有板中空，遗矢落于数丈深之地面，下无围墙，观之不雅。幸其地高，冬夏不至蒸发，尚无臭味。普通建筑，多不专设厕所，盖帐房习惯，随地可便溺也。

二十三日　喇嘛不出家　汉藏大联欢

某君来访，谈及本地喇嘛，谓内地和尚，一经入寺，即与家庭脱离关系，断绝往来，甚至不通音信，故谓之出家。康藏喇嘛则大异，名为出家，等于在家。幼时入寺为僧，由家中供给饮食，数年后在寺中分得食物，又分送家中。或有父兄于寺中为建居宅，死后仍由其亲属之为喇嘛者继承之，其他遗产亦然。平日来往家中，照料家事，千百户家中有子弟为喇嘛或活佛者，双方势力愈大，可处理地方人民事务，并交接官长。即西藏之高僧，亦终身不忘家，如此次欢迎班禅之西藏色拉寺代表，为甘肃岷县人，年六十余矣，尚专归故里探其八十余岁之老母，可知康藏喇嘛与人民、寺院与地方关系之密切矣。

本日下午四时，西陲宣化使署全体同人欢宴专使行署全体同人，因宾主共五六十人，玉树既无饭馆，又一处无五六十人之桌椅与餐具，事前到处转借，甚至主方向客方来借，可知结古市情形之一斑。惟席间有印度来之白兰地酒，与西宁来之白干酒，以及鱼翅、海参，而名厨为甘肃人，边地得此，殊为意外，盖皆班禅带来者。是日西藏政府代表及三大寺代表、班禅行署各堪布均到场，可谓汉藏大联欢，饭后摄影，颇极一时之盛。

二十四日　伸舌为敬礼　拾牙当佛骨

本日星期，至市上参观，藏民男妇，以余为中央大员，见者多伸舌或脱帽。询诸藏友，谓伸舌至唇外为最敬礼。藏俗人民谒达赖或班禅等法座时，脱帽合掌，长伸其舌于口外，顶礼三度，垂手并足，谨曲其躬，始行前诣，乃表显三密之意。顶礼曲躬系表身密，伸舌表口密，脱帽者表意密也。

又本署藏文秘书格桑君，谈及佛教信仰偶像事，谓信佛如佛在，并非迷信。述西藏一故事，有一藏人在印度经商，其母信佛，去时谆嘱归时须带一可供奉之佛物，彼不信佛，竟忘其事。归至里门，始悟及，但已无法，忽见地上有一死犬头骨，即取一牙，用锦裹之，归告其母，谓系在印度觅得释迦佛之一牙，其母大喜，虔诚供奉，久之牙竟发光，且得舍利子若干。其子异之，密告一高僧，并究其因，僧谓敬佛在心，不必为真佛像或真佛物也。其言亦颇有理。

格桑又述一佛教故事，谓印度大僧伍错修行时，三年未见佛，欲罢之，见一人以铁棒磨针遂返。又三年仍未见，复欲罢，见山中滴水陷石成凹，又返。再三年仍未见，复欲罢，又见雁翅磨石崖，复返。又三年仍未见佛，决返，途中见一犬有疮甚剧，群蛆集之，既欲救犬，又不愿伤蛆，乃大发慈悲心，以舌去蛆而割股肉以饲之，始见弥勒佛面，但恨其晚。佛谓余时刻在汝左右，惟汝不见耳。最后因汝有慈悲心，故始见之。彼不信，佛令彼负之而行，市中有人见彼负犬者，有人见彼负木者，亦有人见负一人者，彼谓负佛，人皆以为疯，所见各不同，因程度不齐也，彼始信之。此故事更有至理，勉人努力不懈，终必有成，劝人牺牲一己，救生不伤生。佛教理实至深，多比喻，如认为实事，则迷信矣。

因佛教有深理有浅喻，故康、藏一般民众，信仰甚坚，妇人尤甚。刘秘书长家驹之母，年六十余矣，犹乘马由西康巴安来至玉树，欲随班禅入藏，谓虽死途中亦所甘心，此种精神，亦可佩也。

二十五日　巴安文化昔盛　玉树教育今衰

刘秘书长家驹来，谈及巴安文化，谓从前为西康各县第一，因清末赵尔丰时，以巴安为西康首治，曾设学务局，聘四川名儒吴蜀尤主其事，设男女学校及喇嘛职业学校各若干所，强迫青年喇嘛入职业学校，习土木等工程，并筹巨资设工厂，故一时文风甚盛，人材辈出。今日专使行署之藏文秘书、藏文翻译皆巴安人，以及渠在西陲宣化使署任秘书长，格桑泽仁在蒙藏委员会任委员者，皆当时教育之力，可知边地教育之重要，但今不如前矣。

某君在座，亦谈及玉树教育，谓前有豫人张东藩任玉树县长，亦积极提倡教育，强迫藏民学生入学，当时学生甚多，张县长时至学校，随学生唱歌，游河滨遇民众、喇嘛即讲演，当时玉树文化亦大进步，今不如前矣云云。余觉边地教育，为一切建设之本，且事在人为，如二君所述，大如赵边使，小如张县长，努力提倡，均收大效，自应日益进步，乃均今不如前，有地方之责者，应努力之。

下午马司令纯臣设宴，亦为盛馔，多自西宁专为余等运来者。午后甚热，至华氏七十四度，刘秘书长谓巴安可至九十度。

二十六日　犬声夜噪　牛皮朝曝

结古居民，家家养犬，大而且猛，即所谓獒也。每户数头，总计在千头以上，每晚吠声嗷嗷，一倡百和，令人不能成寐。盖藏民习惯，无论帐房或土房，为保护牲畜，均多养犬，富家大户以数十头计。入门问禁，防犬为第一要事，主人闻犬声亦即出视，或抱犬，或斥呵之，始可入。

本日天晴，仍甚暖，见院中曝牛皮无数。盖皮毛为此间特产，此时又为收皮之期，晒干备运西宁也。余等亦拟购若干张包裹箱物，因长途数月，用牦牛驮箱物，或磨石崖，或拖水中，或遇阴雨，无论皮箱木箱，均须用牛皮裹之。闻湿皮干后，滴水不入，撞磨不破，价且甚廉，旅行边地之宝物也。土人往往不用木箱，即以牛皮缝作软箱，有皮带束之，谓之软皮包，装衣物最宜。又有用皮缝小包二个，中以牛皮长带系之，可搭马鞍上，中置零星用物，包上各有细带束之，不至颠出。皮每油为红色，亦颇美观。藏人多用之，余本日以国币十元购得一具。又牦牛尾毛可装马褥垫，长途乘马，非有厚垫不可，马司令劝余缝一件，亦旅行边地之必需品也。

二十七日　藏妇捻线织布　喇嘛转轮数珠

晨赴三楼屋顶散步，见外院中藏妇数人，忙于工作，一人在锥靴，因皮靴底破，用锥与绳缝之也。一在捻羊毛线，用一木棒状物，下尖形，转于一木盘内，捻毛绕其上，尖不出盘而线成矣。一在割羊头上皮，欲得其余肉而食之。一在梳发辫，额间分发为二，又各分辫数十小辫，此虽为偶见之事，实即藏妇每日之工作。又见有以木桶背水者，尤为普通工作。藏俗一切劳动事件，多由妇女担任，每日特别忙碌，而男子反无所事。

喇嘛每日除诵经（或在大经堂或在僧舍）礼佛（点灯叩头）外，多转法轮，即为惟一之要事。法轮之大者有专屋，高数丈，直径丈许，若干人共绕转之，藏名"董果"，意即千人共转之意。小者高数尺，直径尺许，庙中廊下每排列数十，甚至数百，藏名"可洛"，一人或若干人可随意前行依次转之。

最小者高数寸，直径寸许，即为私人所有，随时持而转之，随贫富贵贱，而其质有金银制或铜制者。又有设在水上藉水力转者，藏名"曲果"。或置于楼上借风力转者，藏名"陇果"。其内皆卷有经文，代替口诵。喇嘛之又一工作为数念珠，源于佛教《木槵子经》，为修持佛法之简便法门，无论僧尼，人人携念珠一串，无事即数之，或一面转法轮，一面数念珠，亦随贫富贵贱而其珠之质各异，有珊瑚者，有杂日者（印度某种乔木之一种，色黑发光，大小不一，价亦甚昂），普通为黄杨木制或琉璃。又有用死人头盖骨制者，亦殊珍贵，喇嘛每日亦可谓忙碌，惟与藏妇不同耳。

下午至街上，见藏民妇女有用羊毛编袜者，其法与内地同，亦用两长针，惟袜为直统，不知弯法。又见有藏妇织毛布者，即置机街旁，或大院中，木机甚简单，与内地乡村所用者大致相同，上有数木环如滑车，下用两木棒，以足践之。木梭弓形，一面为铁刃如刀，经纬全为毛线，有全为白色，或仅纬为白色，而经线分红黄蓝各色，织成后为色条毛布，甚细致，亦美观。惟幅宽仅六七寸，仿西藏氆氇，每匹长四丈余，售价每匹藏币十三元，约合国币四元，可以缝衣，可以为毯，价廉物美。或云此种织机，系文成公主所流传，颇近似，因其理法完全与内地相同，惟简单耳。结古藏民甚贫，然能利用其特产之羊毛，捻线、织布、编袜，以维持其生活，实为难能可贵。又家庭中挤奶、制油、烹茶、煮肉，以及看护牛犊、羊羔，亦皆妇女之事，至养育小儿，更为当然。

二十八日　玉树沿革　隆庆争执

玉树沿革，据调查并参考各方记载，所得如下：

玉树二十五族，原隶于藏，明末蒙古亦不剌阿尔秃斯拥众占据西宁，玉树二十五族，遂属于其部。清初，成吉思汗弟哈尔图合萨尔之后裔顾实汗侵入青海，征服番民，玉树二十五族又属之。雍正初年，年羹尧平罗卜藏丹津之乱，渐次招抚，雍正九年西宁总理夷情事务衙门大臣达鼐，奏请川陕派员勘定界址，十年夏西宁派出员外郎武世济、笔贴式齐明、侍卫济尔哈郎、游击宋守华、都司周秉元，四川派出雅州知府张植、游击李文秀，西藏派出主事纳逊额尔赫图、守备和尚，会同勘定，近西宁者归西宁管辖，近西藏者归西藏管辖，由是纳书克等三十九族，暂隶西藏，而阿里瓦等四十族，归西宁管理。达鼐奏定每千户以上之部落，设千户一员，百户以上之部落，设百户一员，具由兵部领给号纸，准其世袭。千户之下，酌设散百长五六名，百户之下酌设散百长三四名，其不及百户之部落，设百长一名，由西宁夷情衙门发给委牌。每十户设一什长，由千百户派充。达鼐又奏定每百户纳马一匹，折银十两，奉旨又减二两。雍正十一年经征起科，每百户贡马一匹，如不足百户者，每户征银八分，总计四十族共八千四百四十二户，三万二千三百九十名。内除喇嘛觉巴拉拉布库克二族七十四户，一递文差，一司济渡，免其贡马外，余三十八族，计八千三百六十九户，共征银六百六十九两五钱二分，除乾隆三年蒙古尔津族被果洛克番抢去番民九户，玉树尼牙木错（即娘磋）、因察称多男兔（一作安图，即安冲）、典巴隆布（即迭达）、下札武族，因地震有全户伤亡及仅有妇孺不堪成户者五十六户，经奏明永免赋外，其余各户征银，完全解赴西宁，交贮西宁道库，充作正饷。原议每年会盟一次，三年后间年会盟一次。乾隆二年西宁总理夷情副都统保祝，奏改间二年差章京一员、守备一员带绿旗兵二十名，蒙古兵五十名前往结古会盟一次。每值会盟之年，岁首由西宁钦差会同镇台派委员弁，前赴结古，召集各族千、百户，行会盟仪式，以便催收马贡，清理积讼。初时委员莅盟，千百户、百长均以时齐集。清末委员到番，唯以诛求为事，远人渐肆，至者不过附近各族。囊谦千户或至或不至，或遣所属散百户代之。娘磋、玉树、格吉等百户，虽召亦不至矣。委员需索既足，亦不之诘也。而番目因缘为利，马贡银两，户出至二钱有余。民国后归甘边宁海镇守使管辖。民国二年，川边经略使尹昌衡委员至囊谦（川名隆庆），迫归四川管辖，千百户畏逼，漫应之，遣人诉于西宁。时马麒为镇守使，电中央力争，中央不知隆庆即囊谦，已准隆庆归川，囊谦归青，由川、甘两省派员划界。初四川派石渠县知事某，西宁派管带某至结古，彼此冲突至用兵。民国二年，四川改委同普县知事李锚，甘肃派边关道尹忠义军统领周务学为勘界大员，三年冬抵结古，四年查明"隆庆"即"囊谦"，仍归甘肃西宁管理，其年即设玉树理事，十八年改县，二十四年又分为设囊谦、称多二县。中国边疆，向为朝野所不注意，以致一地二译，竟有由中央划归二省之奇事，毋怪强邻任意侵占，边地日蹙千里也。

二十九日　教育三县一校　抽税百中四取

某君来谈玉树各机关情形如下：

一、县署　县署组织甚简单，除县长外，仅三科三人，政警十五名，经费每月共二百九十二元，由省府发。田赋每年仅收青稞二千八百五十九筒，折合西宁斗为五十七石一斗八升，由各百户分纳（囊谦县较多，为三千六百筒）。

二、公安局　玉树公安局，为民国十八年县长张东藩创立，每月经费八十元，由玉树出入口山税局支领。二十五年六月，青省府因财政困难，各县一律裁撤公安局，至本年四月始恢复，附设海南警备司令部内，仅局长、巡官、办事员各一人，警士十人而已（警士为司令部士兵兼任，局长系军官兼任）。

三、小学校　玉树全县有小学校一所，系警备司令部附设，亦可谓玉树、囊谦、称多三县仅有此小学一所。闻为十八年县长张东藩时所创设，旋停顿，后县长陈濂、马子材等，继续提倡。初仅有学生二名，且一为回教徒，旋增至二十名，遂由出入口税局拨款三百元，司令部捐二百元，余由各族千、百户出二百元，称为藏文学校，并设体育场于校侧（即今之公共体育场），蒸蒸日上。旋受战时影响，学生逃亡，仅余初入校者二名，次又增加三名，四年后以此五生稍有成绩，送至西宁蒙藏学校肄业。自五生去后，又继续招生，但各族均不愿送子弟入学，旋由司令部强迫，并予以优待，每月每生发青稞三筒（每筒升半合藏币四元），合国币四元，每生每年发夏冬衣服各一套，学生始渐增加，现有学生共十九名，但大多数为军人子弟，非真藏民。以籍贯言：计湖北一人，甘肃三人，西康二人，四川二人，余为青海。以民族言：汉人二，回民五，余为汉回父藏母，仅有一人为藏父藏母，但详询之，父已去世，又因其母嫁作商人（汉人）妇而随之矣。以年级言：一年级七名，二年级四名，三年级六名，四年级二名。课程：除藏文外，同内地，教员，由县署、司令部、税局各职员兼，故时旷课。报酬每时藏币一圆，合国币三角三，办公费每月三十五元。经费一说二十五族每年共出五十秤（每秤六十元），不知确否？

　　四、出入口税局　为省税局，据该局负责人云，每年收入口税约万元，但据某君按该局税章百驮抽四计，仅四、五、六三个月，已征得8480.872元，则全年当在四万元以上。兹觅得该局征收各种货物每驮税额规定如下：

鹿角　二元	铜器　七元	藏糖　三元
冰糖　三元	褐子　一元半	纤器　二元
各种布　八元	各种洋缎　十八元	酥油　二元
藏呢　一元	陈醋　二元	回纸　十八元
麦面　一元	白盐　二元	锡铁　二元
桂子皮　十八元	木头　一元	藏枣　三元
木器　一元	栽绒毯　六元	柿饼　二元
川茶　一元半	粉条　二元	灯草绒　十八元
知母　八元	贝母　十元	烧酒　六元
氆氇　十八元	各种纸　二元	棉花　八元
哈达　六元	各种粗绸　二十元	藏香　三元
洋伞　八元	洋蜡　四元	各种绣子　三十元
杂货　五元	青稞　五角	玻璃　四元
冬虫夏草　二十元	牛尾　二元	牛皮　五元
红枣　二元	鹿皮　十二元	羊皮　一元
葡萄　三元	挂面　一元	狼皮　十二元
白盐　二元	纸烟　四元	火柴　一元
府绸　二元		

此外不以驮计者，麝香每包半元，鹿茸每斤一元，土碱每五驮一元，狐皮每张五角，豹皮每张三元，藏红花每盒一元，猞猁皮每张一元，如上表实际非值百抽四，有轻有重。

三十日　出行避黑月　馈物有红花

班禅决定阴历七月初入藏，但藏俗七月为黑月，不利出行，因定本日先假出行至城外数里处，以避黑月。清晨马司令、朱县长等来送礼物，亦古人送行馈赆之意。马司令礼物送余者为藏红花一盒，狐皮一张，送专使者为藏红花一盒，豹皮一张。朱县长赠余者为麝香一个，冬虫夏草一包，皆土产也。藏红花虽产于藏边，由此间输入内地，不啻土产。

早七时出发，预定至八九里外之草滩（其地藏名作业），完全如就道仪式，班禅乘黄轿，各堪布及各职员乘马随行，专使行署职员亦全体乘马随往。班禅卫队、仪仗队等数百人，皆戎装步行。至其地后，架设帐房，余与专使先至班禅蒙古包内饮奶茶，继至客厅大帐房内，班禅居中高坐，余与赵专使、高参军、马司令四人左右高坐，余各堪布及各职员皆就地坐，前陈油饼、葡萄干、柿饼、糖等食品，班禅并赐食米饭，由堪布以大盘捧入，上覆以锦，口中亦衔一丝巾，似妨嘘气入盘，每人分给少许，或以自携之碗受之，或以手受之，油饼、糖等，亦每人分送若干，可以巾携归，米饭亦可以纸包携归。藏人重视班禅，赐品每携归全家分尝也。此完全为一种仪式，大师退后，余等正式聚餐，大师送银火锅，内多海菜。下午四时始返。

三十一日　听讼多神奇　纳税无定额

朱县长来谈，询藏民诉讼情形，据云来县署者，全年不过一二件，大部皆向百户处诉之，其法仍用旧日番例。又人民对县交纳赋税，仅有少数粮与草，而对百户则纳物甚多，事实上人民仍遵旧规，虽县署成立已数年，而人民与县署关系极少也。据县长所述，并参考各方记载，旧日法律习惯，及纳税情形如下：

按嘉庆十四年西宁办事大臣奏谓：查蒙古青海番子，大约重财轻命，习尚相沿，向来命盗等案，一经罚服，即深仇宿怨，亦皆冰释，如按律惩办，反使两造仇隙相寻，即被害之家，亦以不得罚服，心怀怨望。伏查番子内附之始，雍正十一年，经大学士鄂等会议，令西宁特派办事大臣达鼐，于蒙古例内，摘关于番民易犯之条款，纂成番例，颁发遵行，声明俟五年后再照内地律例办理。嗣经屡请展限，准照番例罚服完结，毋庸再请展限在案。伏思番民等如敢纠众劫掠，扰及内地边民，或肆意抢劫蒙古牲畜，关系边局之案，似应严拿究办，其止于自相戕杀及命盗案，向系罚服完结，应仍照旧例云云。部议番民有犯情节较大之罪，自应严办，不得以罚服之例宽容，其寻常案件，未便妄事更张云云。据此可知玉树藏民所用之唐古特字律，系雍正时由西宁办理夷情衙门从蒙古例内摘出转译者。闻例目共六十八条，按蒙古例罚有十二等，罚牲至九头，罚马至五头，故番例罚牲畜，均不得过九或五之数。又罚服之例，照身份以为赔偿之差别，重者偿百金，轻者半折，交茶包之类外，给马一匹，鸟枪一，刀一而已。或曰轻者罚茶八十包，约值银三百两，重者罚出经卷一百零八帙，约值银六百两，最重者罚出经卷及他物，约值银一千两以上。其不肯偿者，由本村之人共同担任，甲村之人负乙村之债务，甲村有摊赔之责。

千、百户判断诉讼，两造皆有讼费，而被告所出为多。如处断不公，则自相报复，酿成命案者甚多。

又旧日听讼之法，凡盗不招者，令握烧斧以布裹手封之，三日而验，其手烂腐者为真盗，否则冤枉。小窃不服者，则以黑、白二石覆以土，令摸之，得黑则真，白即冤。两造赌誓无所适从者，则令其亲属代赌，有代者则为良民。或令掷骰，得点多者直。但此各法近少用矣。

又人民对千、百户纳税无一定制。有地税，有牧场税（纳马或牛羊），有产量与土司均分者。又有畜税，每牛羊一头，纳银数钱者。又地税、牧场税之外，又有银差岁纳数次者，即支差所费摊之于民者。总之，一切无定额，亦无定期。

八月一日　兵士演京剧　藏女作唐舞

本日赵专使宴班禅行辕卓尼以上职员，及警备司令部少校以上军官，并玉树各机关领袖，以及大师卫队、仪仗队官长，共约百人。同时开联欢大会，故在结古河滩中大张帐房，由仪仗队俱乐部演新、旧剧，为玉树空前未有之盛况。

上午十时许，各来宾已先后莅止，由余报告开会意义后，即开始演剧。新剧演安重根刺伊藤博文，旧剧演坐宫。次由班禅卫队跳舞（后藏式），似俄国跳法。最后由结古藏民少女二三十人跳锅装，各盛服艳装，红绿袖长手外者数尺，外衣袒右臂，队成圆形，各以长袖舞之，手舞足蹈，同时唱歌，节虽简单，甚文雅整齐，歌声悠远，似内地调。据云系唐时文成公主赴藏后所流传，长袖善舞，或可信也。藏民男妇围观者数百人，兵士三机关约千人，惜忽降雨，否则藏民观者当尤众。

下午二时开宴。藏人喜饮酒，赵专使又善酒，小杯之后，继以大杯，藏人本素用大杯，但酒为青稞酒，本日用余等所带之酒，系陕西凤翔太白酒，于是醉者五六人，幸宴罢天晴，数人挟之而归。

二日　玉树商业一斑　英日外货半数

玉树商业，据商会会长所述，及各方调查所得如下：

玉树无专卖商号，多系陕、甘、川、康等处之行商，自各地携货物来售，售罄后将玉树土产运往内地。故均在家中，无一铺面。但玉树贸易全赖此群流动商人之往返，此外为来往西藏之茶商。

玉树出入口货物之价值统计，据出入口税局所得三个月出入口货统计：出口者值36784.3元，入口者值208837.9元。可知玉树虽为边区，交通阻塞，而三个月的入超达十余万元之多，实可惊异。来自川、康、西宁者，以食物、用品为最多，洋货次之，而玉树洋货之入口，大部来自印度，英货约占全年输入品百分之四十，日货约占百分之十，即英、日外货，约占每年入口货二分之一。以边区之玉树，而外货约一半，且结古百物昂贵，惟英、日外货反较内地为廉，实可惧也。

运外货者，大半为茶商，茶产于四川雅州之属，销售西藏及玉树各族，为结古过载货物之大宗。贩茶者多系西康霍尔族（藏人通称霍耳巴，又称霍尔喀奄。按藏语谓地方曰喀，谓数之五曰奄，霍尔喀奄译言霍尔五族地方也，即今章谷、朱倭、甘孜、白利、绒坝擦等处）。其资本皆出自大寺院之喇嘛。茶至康定，始认官课，年共十万八千引（一引为百斤，每引五包，每包四锭，每锭五斤）。纳课一两二钱二分，税银每包三钱，由康定起运，每六包为一驮（二十四锭以生牛皮分捆为二大包）。每驮价银及包税约共十二两上下。雇牛运至结古，每驮脚银及沿途税银共约六两，由结古运至拉萨，每驮脚银四两至五两，每至歇脚地，许给驻在地头人约二分。计每驮茶运至拉萨，成本共值银二十五两，售藏银八十至百两不等（合华银五十至七十两因成色不足）。十万八千引，共九万驮，统计每年运至拉萨者约五万驮以上，其余销于西康及玉树各族。以五万驮计之，共值银一百二十五万两，共获利一百三十万两以上，若运回藏货，其利更大。昌都本为由康定赴西藏之大道，茶商以山路峻险，又艰于雇牛，遂取道结古，以期省便，故结古成为茶商必经之要道。茶商由康定起运后，除甘孜、邓柯两县略征税银外（每八驮收银三两，两县皆然），一至玉树出入口税局照例征收，每百驮藏银四元（即上所谓歇脚地给头人银也）。

兹将玉树三个月（五、六、七）之输出入概况，列表于下：

三月来输出主要货物平均表

物价名称	数量	单位平均价（元）	总价（元）
牛皮	3120 张	1.40	4368.00
狼皮	375 张	5.00	1875.00
沙狐皮	2775 张	2.00	5550.00
金银豹皮	9 张	30.00	270.00

续表

羔皮	16200 张	0.30	4860.00
水獭皮	3 张	20.00	60.00
羊皮	3800 张	0.66	2508.00
狐皮	144 张	7.00	1008.00
马	324 匹	65.00	21060.00
牛	268 头	10.00	2680.00
牛尾	600 个	0.333	199.80
羊	14 头	3.00	42.00
虫草	150 斤	5.00	750.00
麝香	30 个	10.00	300.00
干鹿角	2100 斤	0.83	1743.00
鹿茸	70 斤	60.00	4200.00
虎骨	38 斤	80.00	3040.00
羊毛	1100 斤	0.13	143.00
合计			52987.80

三月来输入主要货物平均表

货物名称	数量	单位平均价（元）	总价（元）
庄斜布	7200 丈	2.00	14400.00
氆氇	162 根	15.00	2430.00
茶	163780 斤	0.68	111370.40
大米	760 斤	0.475	361.00

续表

纸烟	450 条	4.00	1800.00
藏糖	54600 块	0.04	2184.00
青油	200 斤	1.00	200.00
生铜器	2700 斤	0.50	1350.00
白盐	14400 斤	0.02	388.00
烧酒	200 斤	1.00	200.00
冰糖	450 斤	0.08	360.00
粉条	135 斤	1.64	221.40
麦面	21300 斤	0.80	2834.00
青果	4000 斤	1.33	5320.00
颜料	950 斤	1.00	950.00
各种纸	80000 张	0.02	1600.00
铁器	5600 斤	0.40	2240.00
桂子皮	1200 丈	3.00	3600.00
加子呢	1800 丈	6.00	10800.00
鼻烟	8600 把	0.05	430.00
青蓝纸	7200 它	0.26	1872.00
玻璃	150 块	2.00	300.00
藏枣	1440 斤	0.20	288.00
哈达	7800 匹	0.17	1326.00
卡网	350 丈	3.40	1160.00

续表

土碱	85000 斤	0.08	6800.00
甘草	2900 斤	0.40	1160.00
栽绒毯	5 驮	200.00	1000.00
合计			177010.80

以上所列，皆就大者而言，其他输入之零量杂货、玩具、药品等，尚未统计在内。玉树之输出品，以皮毛、药材为大宗，皮类如牛皮、羊毛、羔皮、野生皮等……各族皆产。药材如鹿茸（各族皆产，但以玉树娘磋、格吉为最多）、冬虫草（札武、苏尔莽、昂谦、格吉皆产），大黄、知母、贝母（札武、苏尔莽、格吉、囊谦皆产）等，皆由陕、甘之游动商人输出川、康各地。其输入商品自西藏来者，为氆氇、藏红花、靛、阿味、硇沙、茜草、硼砂、桦木碗、藏枣、乳香、藏香、雪莲、琥珀、珊瑚、铜铁丝、铜铁板及条、铜锅、铜壶、颜料、小刀（直形长约一米达，贵者值百两左右），碱灰（自藏边三十九族来者用以和茶）、皮纸、经典、磁器（华盒锅碗锤杓之类，皆自印度转运来）、斜洋布、洋缎、洋线、鱼油蜡、纸烟（以上六种皆印度货）、帽子皮呢、绒布坎布（系俄货）。自打箭炉来者，有洋布、绸缎、生丝类、哈达、酱菜、磁器、白米、熟牛皮、纸烟、孔雀石（产自陕西）。自西宁、洮州来者，有铜铁锅、铜火锅、锅撑、白米、麦面、大布、挂面、葡萄、干枣、柿饼、粉条、磁碗、辣椒等。其输出以羊毛为大宗，南出康定年约五十万驮（每驮重二百四十斤，值银二十余元），余均由西宁输出。玉树商业，因交通不便，居民往往以实物交易，结古为玉树二十五族走集之地，然商贾多为川、康各番及陕、甘汉人，土人经商者甚少。各族并无常设市场，其交易也，约有一定之时期地点，亦若内地之乡镇集会。兹将各族商人之集会时间地点录之如下：

时间（旧历）	地点
一月十一日至十五日	札武新寨 竹节喀耐寺 送达庄 觉拉寺
二月十二日至十五日	拉布寺 惹尼牙寺
三月二十八日至二十九日	结古寺 歇武寺 朵藏寺
四月七日至十日	称多车周寺
四月十八日至十九日	竹节青错寺
四月二十八日至二十九日	竹节寺
五月七日至八日	拉布寺
五月十四日至十五日	禅怙寺
七月二十八日至二十九日	陇喜寺
八月九日	结古寺
十月七日至十日	班庆寺
十一月十五日	朵藏寺
十二月十三日至十五日	新寨

玉树货币，前均用藏币及印度英币，展转流行于二十五族各地，每元约合内地三钱一分，近已不用。今所用者为康定所铸之仿藏币，原为川元，上有赵尔丰遗像，每元在玉树约合内地国币三角三分余（在康定约合国币五角）。无辅币，前尚以川元二分一、四分一、六分一为畸零之用，今仅用对开或三开之藏币（即将整个藏币剪为对开或三开）。此种剪开之币，出玉树即不大适用。重货物价，则以银若干秤计（每秤五十两合川圆一百六十元）。法币自仪仗队随班禅抵玉树后始通行，惟仅及结古附近数十里。

藏民贸易计算物品，每不以实物之单位为准，而以货币之单位为准。如云藏洋一元，买麻纸共千张，而不云每张麻纸价若干，盖因无辅币不便计算也。又藏人无尺，如卖布以一方论，即按布之宽狭折角等方为一方，价值若干。

量物用桶（青稞一桶约合内地十五斤），称物二十两或二十四两为一斤，不等。计数以念珠为算具，但近来亦渐知用珠算，系汉人所传授。

三日　玉树农业概况　藏民神权社会

玉树为牧业区域，且因地势过高，气候寒冷，不宜五谷。但河谷低原之地，可农耕者亦不少。近年渐渐发达，以青稞为最多。拉卜寺附近，年来有种小麦者。据调查所得，通天河、子曲河等流域，均为可耕之区。

通天河流域，自协曲以下，沿河两岸，及固察、称多、拉卜、歇武、义曲、结古曲诸水滨，皆有农田。

子曲河流域，自吹灵多多寺以下始有田，姜云、药曲、曹曲等水滨，亦有农田。

新曲河流域，自觉拉寺以下有田，以强喜云为最多，田且较腴。

鄂穆曲河流域，自村沙百户属地以下始有田。

兹将玉树各族田地及荒地亩数，据调查所得，列表于下：

族别	田地亩数	荒地亩数
囊谦族	40000	15000
苏尔莽族	5200	9000
札武族	9000	15000
迭达族	14000	3000
普群族	4100	2000
拉达族	445	1500
歇武族	4200	800
称多族	16000	12000
安冲族	4600	100

续表

古刹族	4050	1000
竹节族	1450	400
拉卜族	4000	1000
以上十二族	共田地 120600 亩	共荒地 41800 亩

实际恐不止此，其调查当然未详确也。

藏民量地无亩数，以播种种子之多寡计算，上地下种一斗，收获十倍，中地七八倍，下地四五倍，因地多而硗，且不施肥料，耕地岁易其处，有一易者，再易者，犹古辕田制也。

玉树田多沙砾土壤，掘地数尺皆然。其耕种之法又甚简陋，犁法用一横木束于两犁牛之角，中系长木，引犁惟知用牛头力而不知用肩力，拉卜楞一带及康、藏皆然。耘草者甚少，或仅耘拔一次。

农业以青稞为主，每岁旧历二月末三月初为播种之期，八九月为收获之期。但无论播种收获，均由喇嘛占卜，至期一律播种或收获（某日收东方某日收西方以占卜定），故届时甚忙，喇嘛多请假归家，协力耕种或收获，如内地私塾之忙假。

有风灾、雹灾或旱灾，亦由喇嘛诵经禁雹、风，或祈雨，有牛羊践田禾者，亦由喇嘛禁止或处罚，故收获后纳寺院以粮酬报之。又开地亦占卜，每因占卜不宜，或谓有碍风脉，即不得耕种，任其荒芜。

四日　玉树畜牧　牦牛用途

玉树各藏族，以畜牧为主，不外马、牛、羊三种。牛最多，羊次之，马又次之。牛以种类分之，有牦牛、黄牛、犏牛之别。牦牛为耐寒性之高原动物，牡者力大性暴，冲行雪地、冰地，渡河浮水，均能胜任。牝者较小，多供取乳之用，其乳质所含之脂肪质，较黄牛为高。犏牛限于富户，故产量较少。犏牛为牦牛与黄牛之间生种，故具有两种优点，如能耐寒负重，体躯高大，而又驯服稳健，其乳量较牦牛、黄牛均高，故富户养之。以用途分之，有食牛、耕牛、乳牛之别。食牛谓之菜牛，乳牛专取乳，耕牛兼可运货，且运货者多于耕田，谓之运牛，数百成队，日行五六十里，为重要之运货工具。羊有山羊、绵羊二种，黑山羊价较廉，二三元可购一头。马佳者甚少，上马不及西宁之下马，故上马每匹仅百余元，次者数十元。乳牛价约十元。畜牧副产物甚多，尤以皮毛为最，毛且著名，乳油亦不少。兹据调查所得情形，列表如下：

县别	牦牛数（头）	价值（元）	犏牛数（头）	价值（元）	黄牛数（头）	总价值（元）	马数（匹）	总价值（元）
玉树	100000	880000	25000	300000	205000	410000	26000	1560000
囊谦	80000	640000	11000	240000	190000	380000	15000	900000
称多	75000	600000	1800	216000	183000	366000	14000	840000
合计	265000	2120000	68000	756000	578000	1156000	55000	31200000

又三县每年所产皮、毛、尾等副产物数目如下：

名称	数量	价值（元）
羊毛	2500000 斤	375000
老羊皮	57000 张	757000
牛尾	150000 个	22500
羔皮	25000 张	10500
牛皮	60000 张	320000
马尾	80000 个	
合计共值 885000 元		

以上统计，当然不详确，但大约可知。至畜牧方法甚简单，除结古外，无牛羊圈，不储草，概无兽医，故天然死亡率甚大也。

五日　玉树手工业　印度毛编法

结古工业极不发达,可称为工业者,仅有一裕民工厂,属于玉防警备司令部,系民国二十二年七月马骔任玉树县长时所创设。初仅缝机一架,二十三年增缝机二架,并增设皮工、铁工、鞋工等工人九人(裁缝三人,皮匠二人,铁工二人,鞋工二人)。兼熟兽皮,有熟皮匠二人,职员有主任会计一人,跑街一人。工价较内地约昂五倍,但司令部有工时,按原值五折。又关帝庙中有修械所,专修理司令部之枪械,有简单机器,工人四五人。

此外为手工业。藏民妇女,几人人能之,或捻毛线,或织毛布,或编毛衣及帽袜手套等。据云此毛编手工,最初系某一人自印度学得者,今普遍全玉树矣。价廉物美,毛袜每元可购六双,毛衣裤每套仅五元。至木工原有数人皆川籍。又有一种制牛皮者,系陕西人,虽非新法而近于新法,其制出之皮甚软,为红色,其地点在结古数十里外之某地。闻制法甚复杂,需时亦久,故牛皮在此地价虽极廉,而制出之皮价相当昂贵。至藏民熟皮之法,普通用酥油,以手足揉搓之。

六日　玉树交通概况　康藏往来枢纽

玉树交通,据调查并参考其他记载如下:

(一)邮政　仅有一代办所,附设于陕人商号世隆昌内,通西康邓柯、石渠,而与西宁反不通,因途中无人烟,且须月余,又渡通天河与黄河,经果洛番附近地,邮差数次失踪,遂停止。故青海之函,亦经西康,数日一班,甚至无定期。但班禅大师及余等至玉树后,每周发信一次。

(二)电话　警备司令部有军用电话,通巴塘(系草滩名,其地有驻军与税局)与歇武(亦有驻军与税局)两地,前曾通拉卜寺,现废。

(三)电台　警备司令部内有军用无线电台一所(七十瓦特手摇机),但亦收商电,系中央于民国二十一年发给青海无线电机三架,青当局分运一架设玉树,于二十二年元旦成立。班禅行辕与护送班禅回藏专使行署至后,交通部派有无线电机及人员随行，于是增加无线电台三处，但均为临时者。

（四）道路　玉树为青边、康边、藏边之中心，为青海通康、通藏之要道。但交通仍困难，且多无里数，惟以牛马一日所行为计，马行约八九十里，牛行约五六十里，凡里数不详者，仅知牛站马站而已。

甲、由玉树赴藏大道

结古西南行，牛站一站至哈中达，一站波绿云，西行一站尼马戎夏，一站达木云，一站子云。西南行一站惹知加果，一站沙庆马，一站巴也寺，一站泗页惹瓜，一站瓦里拉，一站可衮云，一站阿拉且马，一站阿哥公茂日。由此西行牛站六站逾朝午拉山，至索潆羊宗（青藏分界处）出境，至夥尔吉卡族（即三十九族中部落）之杂车火地方。又经夥尔尼他马族地，八站至拉雪云（群车族地），又六站至江娘河（咱马族地），又一站出三十九族界，至拉曲喀。

乙、由玉树赴囊谦道（附囊谦至各地道）

结古西南行，六十里滂孔咱，五十里曳吉松多，四十里龙喜寺，二十里落瓜拉瓜，五十里顾云强。南行六十里顾旦寺，七十里炊达，五十里乃鲁。西南行二十五里喀至，西行四十里至囊谦。

由结古西行六十里哈同中达，六十里多拉马果，南行七十里落果拉瓜，与大路会。

由顾强云西行一马站拉觉寺，一马站达浪喀，一站然觉寺。西北行一站马尼朵，西行一站四页惹瓜。

由囊谦一马站至当巴拉拢，一站过尼巴，西行一站巴色果，西北行一站龙喀寺，西行一站更拉寺，一站保吾野永松多，西南行一站穆桑巴吾松多。

由囊谦一马站彼札喀，一站干达寺出界，一站莽达寺，一站交老，一站浪木达。

由囊谦南行二站至改九寺，三站至颖乌齐寺。

丙、由结古赴西宁道（与前述西宁至玉树站数、里数略有出入）

结古东北行四十里瓜拉小洲，六十里歇武寺，再六十里喀耐寺。西北行五十里竹节寺，四十里咱曲河滨。北行七十里休马番帐，六十里奢拉山西麓，五十里哇云滩，八十里野牛沟，七十里野马滩，五十里黄河渡口，二十里马拉有，八十里岛高拉力色薄，七十五里钦科车马，六十里羊肠沟，六十里札梭拉沟，四十里班禅玉池。东北行七十里切吉河脑，北行四十里切吉河口，五十里贡朵淖尔，四十五里窝逊，六十里恰不恰，八十里倒淌河滨，五十里上窝落。东北行逾日月山卡，北行六十里湟源县，四十里镇堡。东行五十里西宁。

丁、由玉树赴西康石渠县道

结古东行一马站至歇武寺，一站至打木多，一站至石渠。每站均约七十里。

戊、由玉树经同普县至昌都道

结古南行五十里班庆寺，一百二十里拿伦多，七十里代隆屯，一百里果得，五十里义五屯，一百里仁达，四十里同普县治，共计程五百三十里。又由同普县折西行九十里卡贡，五十里童山沟，五十里觉雍，八十里拖坝，八十里雅热，七十五里昌都县治。又由昌都西行四站至恩达，又七十里至类乌齐，又由昌都东行五站至札鸦。

由拿隆多西南行，九十里德色提寺，六十里窝纳，一百里金通，四十里昂达贡，五十里昂多，六十里温多，五十里昌都，为结古至昌都捷径。

己、由玉树赴邓柯县道

结古西南行马站一站班庆寺，一站喀沙，一站瞻目，一站至邓柯县治。每站均约七十里。

（五）津渡　通天河歇武寺直布庄南有渡口，宽约二十三丈。札武蓝达庄西有渡口，宽约二十四五丈。固察毛藉庄有渡口，宽约十八九丈。均用皮筏，冬有冰桥。

咱曲河蒙古尔津诣他南有渡口，水小可涉。子西河陇喜寺有渡口，深一尺六七寸许，涨时有二尺五六寸，宽七丈许。子云亦有渡口，均可涉。杂曲河昂谦古特知庄南有渡口，宽约六十丈，深没马腹，水甚清，皆碎石铺底，冬亦不冻。觉拉寺南亦有渡口，巴儿曲河昂谦南有渡口，宽约三十余丈，深尺许。鄂穆曲河昂谦达朵寺东北有渡口。

七日　玉树林矿概况　边地特产一斑

马司令来谈，据述玉树各族矿产、森林及其他特产如下：

甲、矿产　玉树各族境内矿产甚多，但喇嘛迷信多不让开采，且不许调查，故多未发现。据所知者如下：

一、金矿　以娘磋为著，距结古四五站至七八站，全为黪金（非麸金），大有如指头者，但普通为如豆如米之小颗。掘地二三尺即有，开采已若干年，每年五月至十月为采取期，因地未冻也。工人多时约三百余人，每年可采得三四百两，采者多为固察、安冲人，每年结队数十人或百余人往其地掘取，且携武器，因娘磋人……不愿外人开采，以为伤其地脉，人少或无武器不敢往。又黄河沿岸亦有金，拉加寺一带有人开采，惟系沙金，各河流域几皆有。

二、银矿　以安冲为有名，故其地多银匠，结古所有银匠皆安冲人。又布庆小苏莽亦产银，多与铅合，同时可得二矿，某国人前至其地，见之甚惊异。

三、铅矿　如上述在小苏莽与银同产，又札武亦产铅。

四、铜矿　格吉最有名，系天然铜，即露出地面。民国十五年马海山司令至其地，见道旁一大块，用数骡设法驮至结古，藏民以为运去其宝，追之，几冲突，后给与一小块，始持归，今犹供之如神。海山司令将所得之一块制成许多铜器，惜再未设法开采。

五、煤矿　苏莽、格吉、中坝一带同产，惟居民惯用牛粪，无人采取。

六、云母石矿　产于格吉某山，据云遍山皆白，日出时其光照耀，使人目不能开，商人某过其地，曾携来一块，惜地僻无人注意。

七、盐矿　总举族境内有岩盐，远望如雪山，近视为盐，高数十丈，长八九十里，人民随意采取，每驮二大块，价值甚廉。又囊谦、格吉、苏鲁克境有盐池，惟多为红盐，不如青盐之佳。

八、翠玉　格吉杂曲河滨产之。

九、雄黄　产于札武，结古市内某宅内即有，今已建屋其上。闻光绪末年，某商人在距结古数十里之上巴塘内发见雄黄矿，运一箱至成都，得利甚厚。次年以牛皮包运大批至成都，成都商人故低其价，以至亏累，再未采运。

乙、森林　由湟源至结古，树木极少，但玉树各族境内大森林不少，据所知者如下：

一、产地　大小苏莽最著名，延长至三四百里，高者数丈，大者数围，人入其中，不见天日。近者距结古仅三站，但大木多在石山中，道陡而险，不易采运。

二、种类　以松、柏、杉、桦四种为最多。

丙、药材　森林中本多野兽、药材，故各族又有特产如下：

一、鹿茸　各族皆有，玉树、娘磋、格吉各族最多。

二、麝香　各族皆有。

三、冬虫草　格吉、札武、囊谦、苏莽各族最多。

四、贝母　各族皆有，惟以产虫草之上述各族为最多。此外野兽有狐、豹、狼、熊、猞猁、沙狐、猿猴及野牛、野马、野羊等，其皮皆有用。

八日　藏兵请假行乞　眷属负子从军

有商人马芝祥君，在邓柯藏军防地内经商，据谈：其地驻藏兵两营，有二代本，兵士皆征自民间，远戍藏边康境，故大半携眷属同来，每营有眷属三百人以上。今年粮价大涨，每月每兵仅得藏洋四五元，合国币二元许，不足眷属之食，于是多为人工作，惟图糊口，不取工资。甚或呈明长官，出数站外去乞食，但无逃者。乞食时亦仅带刀，并不抢人，因为征兵有所稽也。眷属虽累，但开拔时无需乌拉，并可负物，即幼儿稚子，亦负而行，不另索牛马。其枪皆自英国或印度来，故较青、康军之武器尚佳，且子弹甚多。又谓驻昌都之藏军官索康，曾留印度十五年，故能英语，汉语亦佳，善交际。前康军一连至邓柯时，渠设宴款待，并每兵士赏洋一元及纸烟一筒。藏军多吃纸烟，索康且吸鸦片，对青军亦客气，谓前次冲突，皆某代本所为（现驻德格），渠知后即令退兵云云。

又据马商谈：谓班禅大师初至玉树时，藏方无一人来，自本年四月起，后藏之兵士人民，来拜大师者甚众，但前藏仍无人来云。

九日　玉树宗教情形　结古寺院概况

班禅驻锡之结古寺，虽非二十五族中最大之寺，而为二十五族中较古之寺，且为结古市惟一之寺。据调查所得，其概况如下：

结古寺为萨迦教派，据传第一代宗师为说拿则母，时当元季，设教于后藏萨迦寺，当时掌康、藏教权，极盛一时。至清代黄教勃兴，萨迦教派始渐衰，除西藏外，结古寺实为该教正宗之一支。

寺内组织，由周拉康（即大经堂）、局康（即释迦佛殿）、曲窘拉康（即护法神殿）三部组合而成。每部有罗聂二人（即管家），管理各本部产业及岁出入等事项，任期三年，人选由喇嘛中选举品学兼优者充任之。香佐六人，任期一年。三部合选管聂一人（即管经喇嘛），任期三年。喇嘛共计四五百人，其能穿间应及下母秃（如内地被袈裟者）成为正式喇嘛者，必须留学后藏哦日寺（萨迦教派发源地）若干时，否则不得穿正式服装为正式喇嘛。

结古寺有歇札（即求知院），全寺喇嘛均须至其中学习经典，内有教授六人，皆由格西担任，任期五年。寺中有活佛二人，一为加拿佛，一为汪波佛。该寺为加拿佛所建，在历史上关系颇深，兹录其事迹及系统如下：

加拿佛第一世（藏语谓中国为加那，即支那之转音，故名加拿佛）名多丹强却怕旺，生于昌都，完堂，十二岁为僧，法号为罗桑札巴，初入藏研究经典，继至山西五台山朝拜文殊菩萨，旋返西康，后又赴印度，由印度返玉树后，始在新寨建喇呢经塔堆，并筑结古寺于结古山巅。第二世法号根葛丹巴加参，生于强巴彦（译音）。第三世法号欧旺罗桑加参，生于桑西（译音）。第四世法号根葛强却加参，生于桑西。第五世法号欧旺加样仁青，亦生于桑西，去岁始圆寂，享年六十二岁。

至玉树二十五族之宗教，全为佛教。兹将各族寺院名称、派别、活佛及喇嘛人数等，列表如下：

族分	寺名	教派	活佛人数	喇嘛人数	备考
囊谦	采九寺	白	3	105	
	干达寺	黄	1	60	
	加干寺	白	3	40	
	朵鲁寺	白	1	30	
	觳乜寺	白	1	20	
	兰州寺	白	1	7	
	初义寺	白	2	50	
	宗达寺	红	3	60	
	曲符寺	白	1	10	
	改白寺		1	40	疑即改滚寺白教也
	挞朵寺	白	1	40	
	旦那寺	白	1	60	
	拉庆寺	白	1	50	
	葱巴寺		1	30	疑即仓沙寺白教也
	热拉寺	红	1	20	
	拉浪寺	白	1	10	
	干勃寺	白	1	20	
	东囊拉庆寺	白	1	70	
	东囊拉群寺	白	1	40	
	由迫鲁寺	红	1	40	当作一百一十人
	迭亚寺	白	1	150	

286

续表

	然觉寺	白	1	30	
	白日拉庆寺	红	1	40	
	白日拉群寺	红	1	30	或云无喇嘛
	尼牙寺		1	30	疑即迭亚寺之误
囊谦	夏午寺	白	1	15	
	顾且寺	白	1	60	
	巴乜寺	白	1	70	
	麦野寺	白	2	40	
	宁多寺	白	1	30	
	车里寺	白	1	18	
	结古寺	红	3	450	
	禅姑寺	白	4	300	
	果拉寺	黄	1	200	
	汤陇寺	红	无	150	
札武三族	图登寺	红	无	130	在蓝达庄东即旧图所谓图登贡巴也，番谓寺曰官坝
	班庆寺	白	4	300	
	东果寺	白	1	50	
	东错寺	红	2	200	
	拉午寺	白	2	80	
	多勿寺	红	2	100	
	布隆寺	红	无	20	

287

续表

迭达	惹尼牙寺	黄	4	340	
	邦芑寺	黄	2	160	
	芒勃寺	黄	2	130	
	朵拉寺	黄		120	
	桑周寺	红	无	20	
拉休	龙喜寺	黄	6	800	
	吹灵多多寺	红	2	200	
	荡喀寺	白	1	15	
	车福寺	白	1	50	
	竹巴寺	白	1	40	
	车鲁寺	红	2	60	
	阿运寺	白	1		
固察	邦夏寺	红	1	30	
	色尔寺	红	1	10	
称多	东周寺	红	2	200	
	朵藏寺	红	2	30	
	孔雀寺	红	1	80	
	改琐寺	红	1	20	
	先宗寺	白	3	50	
	札喜寺	白	1	30	
安冲	达吉寺	红	1	50	

续表

安冲	邦贡寺	黄	2	300	
	郎寝寺	红	1	30	
	迺藏寺	白	1	25	
	拉札寺	白		10	
加迭喀桑	竹节寺	白	1	340	其喇嘛百户兼之
	休玛寺	黄	1	50	
	喀耐寺	黄	1	180	
	情磋寺		1	50	
	歇武寺	红	1	200	
	宁宗寺	白	2	120	
	巴干寺	白	1	30	
	革武寺	白	1	50	
	色巴寺	红	1	40	
	色普寺	红	无	20	
苏尔莽	朗结载寺	白	2	500	
	朵登寺	黄	1	150	
	德色提寺	白	2	100	
格吉三族	札西拉贺寺	黄	2	120	
	儿鲁寺	白		40	
	作庆寺	白		50	
	巴乜寺	红		30	

续表

格吉三族	年多寺	白	1	80
	建中寺	白		25
中坝三族	更拉寺	白	无	20
	龙喀寺	白		80
	巴拉寺	白		50
	日瓦班马寺	白		50
	日瓦得马寺	白		50
	日瓦麦马寺			70
玉树四族	冈洒寺	黄	1	350
	夏鲁寺	黄	1	300
	觉让寺	黄	1	280
娘磋族	色航寺	黄	3	340
	巴干寺	黄	1	50
苏鲁克	无			
附	觉拉寺	白	3	230
	拉布寺	黄	5	400

此外因青海军政界多回教徒，结古有清真寺一，每值礼拜日咸集其地，并悬旗。

十日　玉树各族　川甘之争

玉树二十五族，以大小言，囊谦为首，应云囊谦等二十五族。玉树仅二十五族之一，且为小族，推因错误已久，不便更正。迄今玉树不特为各族之首，且似二十五族皆为玉树族，即以专名而为公名矣。又囊谦、玉树皆藏语译音，每因译名而发生误会，如囊谦一译昂欠，一译隆庆，玉树一译由受，皆一名也。

玉树县政府所在之地，藏语为"结古多"。按藏文原意"结"为"生"，"古"为数目"九"字，"多"为"山麓"，即居山麓之九生（即众生）。因其地四面环山，人民筑寨居于山麓，故名。但汉语通称为"结古"，省"多"字，因玉树县在其地，且为旧日会盟之地，或称玉树，故称结古，亦一地也。

玉树二十五族牧地及所属头目一览表

族名	土职	驻牧地界	所属头目	备考
囊谦	千户	横跨杂曲鄂穆曲二河东界苏尔莽南界昌都类乌齐及巴屑多舒琼布噶鲁巴尔札等族北界拉休西界苏鲁克中坝格吉	尖擦百户阿夏百户车巴百户群保百户中巴百户邦撒百户香达百户（旧记百户四名）又有只雅白来尕五保拉巴突义尼奔邛擦卡存撒乩杂杂尼奈卦打那东撒邛倍等百长（旧记百长二十六名）	现属民二千三百户农一牧二
札武	百户	同驻牧通天河南东界西康邓柯南界西康同普西界苏尔莽	有蓝达哈恩巴塘尕拉结古哈蔡歇武等百长（旧记六名无歇武）	属民六百农牧各半
拉达	百户		有杂买阿兆斜尕等百长（旧记仅百长一名）	属民三百户农一牧二
布庆	百户	拉休迭达北界迭达竹节	有江细谦多那卜楞等百长	属民三百户农一牧二
拉休	百户	横跨子曲河东界札武苏尔莽南界囊谦西界格吉北界玉树	有德马苏鲁秋心达马杂尕旺才年结哈他白马拉力白木野麻等百长	属民六百户全牧
迭达	百户	跨据通天河其大部在河西东界称多拉布竹节南界札武拉休西北与札武属地及玉树连界	按迭达一名龙布有上龙布下龙布拉札曲马尼等百长	属民六百户农牧各半

续表

格吉麦马	百户	原为格吉三族即格吉麦马格吉班马格吉得马同驻牧杂曲及子曲河上流东界拉休囊谦南界中坝西北界玉树今格吉得马分为格吉杂赛格吉那仓成格吉四族矣	有毛里百长	属民六百户全牧
格吉班马	百户		无百长	属民二百户牧
格吉杂赛	百户		无百长	属民三百户牧
格吉那仓	百户		无百长	属民三百户牧
中坝得曲	百户	同牧鄂穆曲及阿云当木	旧记各有百长一人	属民五百户牧
中坝麦马	百户（现一人兼）	云之上源东界囊谦苏鲁克		共属民八百户全牧
中坝班马	百户	南界藏边三十九族北界玉树		全牧
固察	百户	在通天河东北岸东界竹节称多北界娘磋西南界安冲		属民二百户农
拉布	百户	似系新增者	有赛巴百长	属民八十户农
玉树总举	百户	同牧通天河上游东与娘磋迭达安冲札武拉休错壤南与各中坝接境西北皆荒寒不毛之地原为总举将赛鸦拉戎模四族今无戎模而有白虎日哇且以下六百长皆独立如百户不归所属可谓玉树十族矣	有那吉百长擦哈百长巴拉百长卜土百长文布百长百思百长各有属民如百户且除文布属民仅二十五户余各百长之属民均有百户名符其实矣	属民四百五十户牧
玉树将赛	百户			属民四百五十户牧
玉树鸦拉	百户			属民三百户牧
玉树白虎日哇	百户			属民三百户牧
安冲	百户	在通天河西南岸东北界固察北界玉树娘磋南界札武	有阿养拉吉野皆洛野藏志等六百长（旧记百长七名）	属民四百五十户农牧各半

续表

苏尔莽	百户	在子曲河下流东界札武南界昌都西界囊谦北界拉休	有吉拉多伦多德曾特拉文等四百长（旧记百长二名）	属民五百户农三牧一
苏鲁克	百户	在鄂穆曲河东北界玉树西界中坝南界琼布巴尔札	有拉中百长	属民三十户全牧
称多	百户	在通天河岸东东北界竹节西北界固察南界拉布迭达	有百长一人	属民三百户农
娘磋得马	百户	北濒星宿海南至通天河东与加迭喀桑果洛为界西南与玉树为界		属民八十户牧
娘磋麦马	百户			属民二百户牧
永夏	百户	旧志永夏与蒙古尔津竹节三族同牧咱曲河流域东界西康石渠县南界札武西界迭达拉布寺称多固察西北界娘磋东北界果洛现无蒙古尔津与竹节而有白日多马白日麦马休马阿尼日哇哈拉等百户盖皆同族分出者	旧记有百长一名	属民八十户牧
白日多马	百户			属民六百户牧
白日麦马	百户			属民二百户牧
休马	百户			属民三百户牧
阿尼日哇	百户			属民三百户牧
哈拉	百户			属民三百户牧
附：觉拉寺		寺在杂曲河边南界玉树北界拉休		

续表

附：拉布寺	寺在通天河东东界竹节南界迭达西界札武北界称多	
附记	按原二十五族，为囊谦、札武、拉达、布庆、拉休、迭达、固察、称多、安冲、娘磋、苏尔莽、苏鲁克、蒙古尔津、永夏、竹节、格吉三族、中坝三族、玉树四族。现增加之族，究系何族分出，尚不大详确，实际分合无定，增多减少，今不止二十五族矣。	

又据他方调查玉树二十五族户口数如下：

族别	户数	人口	族别	户数	人口
1. 囊谦	2190	13200	2. 布庆	606	3700
3. 札武	800	4500	4. 苏鲁克	32	150
5. 鸠拉	200	1600	6. 将赛	670	3100
7. 戎模	800	4200	8. 总举	120	580
9. 娘磋	270	1650	10. 上中坝	260	2150
11. 中中坝	170	820	12. 下中坝	355	2580
13. 格吉麦马	800	2800	14. 格吉班马	250	1700
15. 格吉约藏	280	1480	16. 苏尔莽	550	3400
17. 蒙古尔津	1200	5400	18. 固察	120	730
19. 永夏	400	3500	20. 称多	170	2580
21. 安冲	350	1900	22. 迭达	250	6700
23. 拉休	880	4800	24. 竹节	250	2350
25. 拉达	260	1500	共计	12133 户	71410 口

上列各数，当然仍难确切，因游牧人民，不易调查也。惟结古人数，据玉树公安局本年（二六）六月份调查，门牌共171号，每号有数户，共683户。

以职业分之，计商户59户，共176人；公务员40户，共1580人；住民355户，共625人；佣工48户，共131人；工人163户，共997人；农人9户，共25人；屠行9户，共32人。总计男919人，女1291人，共合男女2267人，比较确实，暂居者在外。

又玉树各族，原为四十族，因多年分合，至清末民初为二十五族，并因囊谦、隆庆译名之不同，而有川、甘之争。经民国三年勘查界务委员周务学之详细勘查，始知玉树各族分合之经过，并玉树即隆庆之事实，详周希武所著之《玉树调查记》，兹不赘。

至玉树全县所属各族户口，据县府调查所得如下：

札武族约610户，男女共3210人；拉休族约550户，男女共2720人；拉达族约120户，男女共630人；布庆族约140户，男女共670人；迭达族约620户，男女共3250人；安冲族550户，男女共2780人；格吉麦马族430户，男女共2050人；格吉班马族140户，男女共701人；格吉得马族130户，男女共690人；玉树将赛族110户，男女共500人；玉树总举族120户，男女共650人；玉树鸦拉族130户，男女共640人；玉树戎模族140户，男女共720人。共计3780户，男女19280人。

十一日　玉树山脉　海南河流

玉树各族境内之山脉河流，不仅与青海南部之地势有关，且与吾国西部甚至全国之山河有关。兹据他方调查所得者，录之如下：

甲、山脉

中国山脉，皆权舆葱岭。自葱岭东下者为昆仑山脉，其正干间隔新、藏，至青海西端，分三大干。北干为祁连、贺兰、阴山诸脉，兹不再述。中干枕玉树娘磋、加迭喀桑之北境，为黄河、通天河分水岭，蒙名巴颜喀喇山，藏名奢拉山。其自黄河源北分者，成大、小积石山。其自黄河南入内地者，为西倾、岷山、鸟鼠、秦岭、伏牛、大别诸脉。其自鸦珑江源东南迤者为素龙山脉。南干横贯中坝、格吉、玉树、拉休、迭达、札武诸族境内，由苏尔莽境出玉树为金沙、澜沧两江之分水岭。盖自当拉岭迂回起峰，一支北走绕出澜沧诸源之北，折而东，称奢午拉山，再东称熊拉山，为宁静、云岭、南岭诸脉。

昆仑中干自玉树西北入境，是为奢拉山。山之南麓有名州曲哥公喀者，通天河北源之所出也。奢拉又东迤分一支南出为州曲河（即通天河北源）及曲马来云河之水岭。奢拉又东迤分一支南出为曲马来云及岗吾曲之分水岭。奢拉又东迤分一支南出为冈吾曲及色勿曲之分水岭。奢拉又东迤入娘磋境分一支南出为蒲通那色公喀山。奢拉又东迤分一支东南出为通天河及咱曲河（即鸦砻江上流）之分水岭，番名加浪拉山，由歇武百长地出境，入西为素龙山脉。奢拉又东迤出加迭喀桑境入果洛番境，南出一支为加迭喀桑及川边石渠县之界山，番名咱冷木拉山。

昆仑南干，自玉树西南入境，经中坝南，番名奢午拉山。山之北麓，通天河南源之所出也。其南麓潞江北源古叉曲之所出也。奢午拉山东迤为当沙买拉山，即当拉岭也。折而北趋贯中坝境，又北入格吉及西境北出一支为当木曲及木哥曲之分水岭。奢午拉山折而东迤，包格吉北境为果瓦拉沙拉山，北出一支为木哥曲及科遣云之分水岭。奢午拉山又东迤为科遣拉山，北出一支为科遣云及业卡曲之分水岭，名奔朵登拉山。奢午拉山又东迤至子让公喀东南出为子叩勒马朵拉山，为东模拉山，为奢乃拉山，为夏拉山，为浪俄拉山，由苏尔莽南境出界，入类乌齐地，乃杂曲河与子曲河之分水岭也。奢午拉山又东迤为子当得拉山，又东至将赛百户南境，北出一支为业卡曲及俄陇水分水岭，名将公脱拉山。奢午拉山又东迤至拉休西北境，北出一支为业卡曲及登俄陇水之分水岭，名将公脱拉山。奢午拉山又东迤至拉休东北境，北出一支名色吾臣忌拉山，为登俄陇水与义曲之分水岭。奢午拉山又东迤至拉休东北境，为朵拉山，北出为札马拉山，为札拉山，乃义曲及结古曲之分水岭也。奢午拉山自朵拉山折东北趋入札武西境，为熊拉山，南出一支为曹曲及子曲之分水岭。奢午拉山自熊拉山东迤横贯札武地为恩札拉山，为果拉山，北出一支为朝午拉山，南出一支为俄拉山。奢午拉山由札武东境出界入川边邓柯县界,折南为云岭山脉。

奢午拉山自当拉岭又分出二支东迤,一为杂曲与鄂穆曲之分水岭。由中坝、格吉之间,东迤为瓦里拉山,为起检吉拉山。又东迤至囊谦西境,为班木结拉山,一为澜沧江与潞江之分水岭。东迤至中坝麦马族南为保哥加勒拉山。又东至囊谦南为貊勃拉山。又东出一支为觉拉山。由囊谦挞朵寺南出境,入类乌齐界,至恩子曲,入澜沧江之交而尽。

山脉高低比较表

山名	气压表高出海面公尺	合工部尺	实测处
结古	4080	1275000	巴曲河边在结古南半里处
结古拉	4950	1546875	在结古北五里
札拉	4920	1537500	在札西科脑
巴通	4690	1465625	在结古南五十里
熊拉	5640	1762500	在巴通南熊曲脑巴曲与子曲分水岭
果拉	5370	1678125	在巴通东南苟曲脑巴曲与协曲分水岭
奢拉	5200	1625000	在咱曲上流奢雯脑
竹节寺	4660	1456250	在咱曲河边
加浪拉	4900	1531250	在歇武沟脑
惹拉	4730	1478125	在结古东北十余里通天河边
通天河	4040	1262500	拉布寺曲河口蓝达渡口处
拉布寺	4160	1300000	在拉布曲边
宁朵拉	4950	1546876	在宁朵沟脑拉布曲与称多曲分水岭
称多	4230	1321875	就周均庄测
凯拉	5070	1584375	称多曲与固察曲分水岭
固察	4200	1312500	就尔勒日庄测

续表

东茂拉	5280	1650000	在囊西科脑
隆布交那	4830	1509375	札拉山以西大滩系义曲上流
罔尼拉	5160	1612500	在隆布交那脑
义曲	4260	1331250	在拉吉庄侧距入通天河口数里
阿西拉苟	5260	1643750	结古西南七八里
夏拉	4940	1543720	在顾强云脑为子曲与杂曲分水岭
子曲	4130	1290625	吹灵多多寺前
顾强云	4700	1468750	距夏拉二十里处
热强拉	5120	1600000	在觉拉寺东强知囊离
杂曲	4460	1393750	觉拉寺西数里处
咱辄拉	4880	1525000	东错寺西
柴问达通	4430	1384375	协曲建曲会合处
浪俄拉	5030	1571875	苏尔莽族药曲河脑子曲与杂曲分水岭也
杂曲	4070	1271875	冷周庄渡口
拉马拉	5100	1593750	囊谦东北三十里杂曲与巴儿曲分水岭
囊谦	4650	1453125	
麦娘拉	5000	1562500	囊谦南四十里干宗囊脑
沙俄拉	5360	1675000	囊谦南七十余里系囊谦与类乌齐及巴屑族之分界处也
朵纵拉	5400	1687500	囊谦巴儿曲河脑巴儿曲与解曲分水岭也
公给拉	5150	1609375	更那寺附近解曲杂曲分水岭
瓦里拉	5320	1662500	哨曲河边儿鲁寺对岸

续表

杂曲河	4740	1481250	以鲁寺前渡口
奢里拉	5200	1625000	巴米尔寺西十五里
茶让拉	5390	1684375	跌牙寺西北十余里
拉俄拉	5170	1615625	茶哈马东二十余里

乙、河流

黄河藏名玛曲，源出巴颜喀拉山北麓蒙古柴达木地，东流娘磋北境，潴为星宿海，又东为札陵、鄂陵二海，出娘磋境，入果洛番地。

鸦砻江上流，藏名哨曲，源出加迭喀桑北境，巴颜喀拉山南麓。东南流经白力登马族牧地，东辟曲水自东南来入之。又东南流至蒙古尔津族牧地，奢云水自东北来入之。又东南流至巢弄通盘，智曲水自西来入之。又东流左受一小水，折而南流，有三水出杂冷木拉山西北麓，自东来入之。又南流右受东果曲、摺曲二水，左受三小水。又南流东模云水自东来入之。又南流至竹节寺东，右受一小水。又东南流至休玛寺西，毛瓦云水自加浪山北流来注之。又东南流，右受喀耐寺、情错寺二水。又东南流至打喀木多出境，入川边石渠县界，有柴陇水出杂冷木拉山东麓，南流来入之。又东经石渠县南，有麻云木水热富喀当拉山南流入之。下流至川南会理县，西入金沙江。

金沙江上流蒙名乌鲁木苏河，藏名州曲，普通名通天河。有南北二源，北源出青海西界勒科尔乌兰达布逊山，东南流千余里，至玉树总举百户牧地西界，南源出青海西南界当拉岭北麓，控引众水，屈曲东北流千余里，与北源合，是为通天河。东流经总举百户牧地，有曲马来云水自北流来入之。又东有当木云水自西南来入之。又东有木哥曲水出辟科札西启瓦地方，自南流来入之。又东至牙各张喀地方，有牙云水自南流来入之。又东有冈吾曲水自北来入之。又东有科遣云水自南来入之。又东经戎模百户牧地，有色物曲水自北来入之。又东至业卡达科，有业卡曲水自南入之。又东经将赛百户牧地，左受受额邦公、东朗公、正朗公、穹朗公四水。又东至觉谦寺南，左受一小水，折东南流至夏鲁寺西南，觉穹朗水自东北来入之。登俄陇水自南来入之。又东流至冈洒寺北，有相木科水出札西南山，自南来入之。又东入娘磋南境，有巴朗水自东北来入之。又东南流，代乃曲水自北来入之。又东南流至固察种毛藉庄，协曲水自北来入之。又折而南流，至卓亥庄西南，固察曲水自东流来入之。又折而东流，义曲水自西来入之。又东至南木达庄北，浪西科水自西南来入之。又东入称多境，称多曲水自东来入之。又折而南流至木领庄西南，又折而东流至增勃庄南。又折而南流至蓝达庄西，汤陇水自西流来入之。拉布寺水自东来经图登贡巴北入通天河。又南流至迭达之旦达庄东，摺西科水自西来入之。又东南流经迭达庄西。又南流芒勃庄西南，折东流，至直布达庄南，歇武沟水自东北来入之。又东南流色科沟水自东北来入之。又东南流，结古水自西来入之。又东南流至夏达庄出境，入西康后，始名为金沙江。

　　澜沧江上流有二源，北曰杂曲河，南曰鄂穆曲河。

　　杂曲河，发源格吉西北境果瓦那沙拉山麓，有南北二源，南源曰杂那云，北源曰杂朵云，二水东流至札西拉贺寺之西相合，名杂朵拉。松多杂朵拉水东南流至阿杂松多，阿云水自西南来入之，是为杂曲河。东南流右受可儿衮云、加戎云二水。又东南至杂蒲多，蒲儿曲水自北来入之，瓦里郎水自南来入之。又东流经儿鲁寺、作庆寺之南，左受六水，右受一水。又东流勃弱水自北来入之。又东南流庆摸云水自东北来入之。朵尼云水自西南来入之。又东南流，群摸水自东北来入之。又东流，班木云水自西南来入之。又东入囊谦境，倒泽云水自南来入之。折东北流，多各觉水自北来入之。又东流经达朗喀庄北，又东果鲁云水自南来入之。又东入觉拉寺境，年曲水自西北来入之。又东流经觉拉寺南，又东南流左受三水，右受三水。又东南，顾且云与觉云水合流，自东北来注之。又东经朵衮云地方南，右受一水。又东仍入囊谦境，喀拉陇水自东北来入之。又东南流至坎达庄西，龙光硖水自东北来入之。又东南，雪陇水自西来入之。又东南经古特知庄南，又东南至宗咱庄东，强龙云水自西来入之。叶浪朵硖水自东来入之。又东经苏尔莽境出界，至昌都之达赖喀庄左，合子曲河。又南流至昌都与鄂穆曲河合，是为澜沧江。

子曲河，发源格吉东北境子叩勒马朵拉山之北麓，名子庆云。东流，子当得郎水自西北来入之。又东，朵种工马水自北来入之。又东至子野墨松多，子辟云水自西南来入之。又东，左受子借木朗水，右受三水。又东，左受子革马水。又东南流，右受一水，入拉休境，简仓曲水自北来入之。又东，达木云水右挟二水，自东北来入之。又东，左右各受一水。又东，曰庆科水自北来入之。又东，右受一水，折东南流，多拉马果水自北来入之。折南流，色拉陇水自西来入之。又南至洛果惹瓜陇曲水，自东来入之。又南流，榜曲水自西来入之。折东流，左受龙牙朗、惹辟朗二水。入苏尔莽境，屈曲东南流，右受将喀郎水。又东南至吹灵多多寺西，咱辄云水自东来入之。又折而南，又折而西至囊结载寺东南，药曲水自西来入之。又折而南流经朵登寺西，左右各受一水。又南，姚那云水自西来入之。又南至多忍多庄东，姜云水自东北来入之。又南出界入川边同普县境，左受改曲河。西南流至昌都之达赖喀庄，入杂曲河。

曹曲水，源出札武境内，有东南二源，西源出恩札拉山，曰建曲，东南流经拉午寺南，又东南至柴问多通与东源会。东源出果拉山曰协曲，南流经东错寺东，又南与西源会，是为曹曲。东南流入苏尔莽属地，经德色提寺东。又南经俄洛达庄东。又南出界入川边同普县境，至曹改松多，与改曲会。又西南入子曲。

鄂木曲，上流名解曲，发源藏边琼布纳鲁木他马族北界，当拉岭东北麓。有东南二源，东曰穆云，西曰桑云，东北流至中坝南境，穆桑巴吾松多合流。又东北流至保吾野永松多，保云水自西北来入之。折东流，左受二水。又东，巴儿俄郎水自北来入之。又东，经更那寺南，右受二水。又东经龙喀寺南，北受一水，邦乃郎水自西南来入之。又折东南流，邦群云水自东北来入之。又东南，钩曲郎、巴那郎二水自西南来入之。又东南至囊谦西南境，姚云水自北来入之，养云水自南来入之。又东南，雅木曲水自南来入之。又东南，桑木曲水自南来入之。自此以下，名鄂木曲。又东南经辄布结朗庄之北，又东至巴色果庄南，友云水自东北来入之。又东南流，有多惹朗、哈冷朗二水，自北来入之。又东南，貂曲水自西南来入之。又东南经挞哈寺北，又东南出境入类乌齐巴屑族地，东流左受一水。又东经改九寺北。又东南流至莽达寺西，巴儿曲水自囊谦来南流入之。又东南流至昌都，与杂曲河会。

巴儿曲水，源出囊谦西境朵纵拉山。南北二源，至拉庆寺合流。东注经各尼巴地方，北受一水，折东南流，玳瑁寺水自东北来入之。又东南名巴云，又折东流，至当巴拉陇，当云水自北来入之。又东流左受一水，折东南流，经囊谦千户所驻巴鲁马庄之西，有小水自东北来入之，折东南入一石碛甚险要，约一里出碛，干宗朗水自西南来入之。又东南流至干达寺西南出境，又南流至昌都之莽达寺西，入鄂穆曲河。

拉休西北境有泊曰仁庆永错，周围二十余里，泊之东北三十余里有小泊曰色错，周围七八里，属玉树将赛族牧地。

十二日　县长留遗爱　百户有威权

班禅行辕解科长等来谈，谓玉树初设县时，张东藩为县长，提倡教育，学生一切官费，且捐廉给奖金，参加唱歌运动，当时男女学生至八十人。并创办图书馆，使学生看地图。又禁止兵士与藏民妇女来往，有一队长夜宿某女家，彼查知之，欲枪毙以警众。队长携有手枪，竟先将张县长击毙，且谋变乱。札武百户闻之，即率民兵围县府，变兵某至屋顶观察，一枪击毙，遂入县府，逼令交出某队长，余缴械释放。故人民对百户甚畏敬之。每至市中，人民见者皆起立致敬。又谓东藩县长为孙连仲主席所委派，曾在国民军服务，颇爱民，且平民化。某次途中遇一老妪负牛粪渡河颇不支，彼即代负粪筐，送之归家，至今人民犹称颂之。

按札武百户，为玉树县最大最有力之百户，亦最富有。经营商业，资本约二十万元。家中有皮鞭，可随意捕人民打之。日前某荡妇与某妇斗殴，彼即派人拘某荡妇至其宅鞭之，可知其威力之一斑矣。据云满清雍正以前，历袭百户六世，一为巴旦夫错，二将才仁保，三巴旦仁保，四札武角拉加，五素昂且周，六仁青曲周。雍正以后共十一世，一为藏巴拉王曲达，二先巴旦才仁保，三仁欠曲漏，四群泽，五巴旦，六曲将，七白漏，八曲合，九甫宗将达，十百麻王特，十一旦赞将错。历次会盟，皆在玉树，札武百户比较重要，故详述之。其次拉休百户，亦大百户之一，专使行署医官曾为其诊病一次，据云屋内侍役六人，屋外尚有数人，俨然一土皇帝。又有一㐂六百户，系由平民新起者，颇聪慧，善伺人意，马司令委为百户，甚亲信之。

十三日　人食马草　薪在牛腹

此间藏民素食牛羊肉，不食菜蔬，亦不知菜蔬。惟有圆根一种，似萝卜，亦种以喂马，人鲜食也。近一二年来，各机关汉人多在院中试种萝卜、白菜等少许，藏民未见人食，仍以为喂牲畜者。因畜牧为主，惟见牛马食青草耳。余等大批员役至结古后，不特蔬菜告罄，即圆根亦根茎全食，且觅购不易。藏民闻为人食，异常惊异，谓中央人员喜食牛马草，殊不可解。前马主席麒曾招待藏民代表以韭菜包子，群亦疑为馒头中包草，同奇闻也。

又玉树无树、无煤，藏民同以牛粪为薪，班禅行辕与专使行署至后，聚增千数百人，不特大米成珠，无法觅购（每元四两），而牛粪亦供不应求，大有薪桂之感。班禅卫队时在郊外截取驮粪者，某次系班禅行辕秘书处同人之定粪，某次系供给仪仗队之粪驮，致起误会，几至冲突。又某次卫队几至断炊，强迫人民送粪，答以尚在牛腹中，亦趣闻也。

旺堪布自邓柯来，谓其地麦面与青稞面每元仅购斤许，大米绝不可得，玉树每元可购面四斤，青稞每桶（十五斤）一元三角，与西康邓柯相比，似尚未至米珠地步也。

十四日　忠武桥大臣树石碣　运动场队士赛篮球

玉树县府旁有一公共运动场，内设篮球、浪桥、平台、木马、秋千等，边地得此，殊不易也。本日仪仗队兵士赛篮球于其中，曾队长邀赵专使及余等参观，健儿身手，竞争颇烈。是日天气和暖似内地，与赛者单衣赤臂、腿，尚见汗流，赛罢至队部便餐，有新钓之鲜鱼，味极佳。

下午偕赵专使游忠武桥，出街东北行，约二里许至桥畔，两水至此合流，势甚猛，木桥横卧其上，长约四丈，两端堆石坝，以木椽次第伸出，中以长木横之，上铺木板，左右有木柜，虽甚简单，颇为便利。桥上有长绳，上垂红黄蓝三色之经布（上印经文）数十块，当系保护此桥者。过桥有一不整齐之石碑，上刻"忠武桥"三大字，下有"民国四年七月特派大臣砌石"数小字。闻此桥为周务学查勘玉树界务时所建，时周为忠武军都统，故名。惟民国而称"大臣"颇异，或以为系袁氏称帝时所立，但周并无此头衔。碑石甚陋，或系后人补立，因藏民只知钦差大臣之名，遂书以特派大臣，亦未可知。旁有经塔四座，又滩中有帐房七八座，近参观之，皆结古寺喇嘛秋季郊居者，每年郊居数十日，内颇整洁。

十五日　箱几绘龙凤　山谷失马骡

上午访旺堪布，居结古寺内一楼屋，室内六面皆木，顶为木椽，椽上细木密列，上涂以泥，泥上铺石板数层，最上又以泥涂平。地板为木板，四壁皆木墙，墙上绘佛教故事。墙隅有木柱与水箱，上绘金色龙凤，室内陈小木几，高尺许，面绘五龙二凤，漆以红色，颇美观。玉茶杯，座及盖皆银制，亦有盘龙纹，为北平制，皆君主时代物也。藏人喇嘛甚尊贵，如旺堪布等，以高级喇嘛而兼高级官吏，故更阔绰，其侍役亦皆革履、呢帽、紫绸面袍，一般职员不及也。

余等此次入藏，公私骡马甚多，抵玉树后，皆放牧山中，不加束缚，令度其天然自由之生活，唯派人照料而已。昨夜大雨，骡马忽惊逸旷野荒郊，四无人烟，下午马夫来告，骡马若干头失踪，迄今未得。内有余红马一头，余途中已失骡二次，今又失马，殊不幸。但同人中有二头全失者，更恼丧。本日雨仍未止，下午温度降至摄氏十一度，夜间犹寒，骡马在露天中受不了寒风苦雨，毋怪其逸。边地牧业，既少马厩，又无积草，不失踪则死亡，急宜加以改良。

十六日　毁容避淫　深藏防盗

藏人除贵族、高僧外，普通平民，无论男妇，向不洗面，故家中无盥具，有洗者以茶碗盛水，用手指沾之，面上有水而已。垢物积久，得水少许，可以指搓去少许，余仍保存。有资者之妇女多以碗儿糖（云南制，凹形如碗，故名）涂面，初涂尚有光润，但隔日灰尘粘后，黑如漆，其无资购糖者，用酥油或牛油，甚至有用牛粪者，外人见之颇奇异。但有一说，谓欲免喇嘛、军士之逼诱，故毁其容以避淫，较内地之冶容诲淫者，尚为愈也。据云昔有藏王恶喇嘛之多犯淫戒，欲使妇女毁容，下令国中，凡妇女均须面涂垢腻，违者重惩，久之遂成习惯，以故自前藏、后藏以至青、康，凡藏民妇女皆涂之。又或谓前西藏红教时代，喇嘛多娶妻，某大喇嘛将有远行，恐其妇为他人诱惑，令涂垢于面，他妇以为美效之，遂成风气。又或谓系"现补哈拉教"之一种教规。此种宗教，不特西藏，中亚细亚一带皆有，其理论甚玄秘。谓妇人两颊如不涂黑，是有意献媚取悦于男子，即为一种罪行，故凡信该教之妇女，无不两颊涂黑云云。由各种传说，均可证明藏民妇女之面部涂物如漆者，除防风外，兼避淫。玉树妇女，大半蓬首垢面者，防僧与兵也。

又结古市中不见一商号门面，皆在民房院内，即入其室，亦不见若干货物。据示资本有十余万者，其货物多藏柜内或他室，深藏若虚，防盗也。前无驻军时多盗，今成习惯矣。

十七日　藏吏仍多腐败　蒙僧不辩语文

康处长福安（前班禅派驻印度代表，后藏人）来访，谈及西藏情形，谓藏中官吏仍多腐败贪污，依然前清内地官吏之旧态。如人民乌拉与驻军送粮，每换乌拉时检验一次，必特别满量，否则总以为不足，令人民补偿之，而多者则归检验吏。至再一站，又复如是，人民不堪其苦。近始更改，将粮袋口加封，每换乌拉时，只验封口而弊始革。又军政长官每召见富户人民，见其项中戴有珊瑚、玛瑙等珍物者，退出时，即示意侍役或卫士，谓长官欲购之，给价不及原值十分之一，如坚不售，数日后必以他法取得之。又官吏出差，由各站人民供给坐垫、灯火等用物，或消耗品，但必多索，可折价给银，故人民痛恨。又藏军驻防兵士，一人每携眷数人，向当地人民需索一切。其他人民每因之乞讨为生。如现在金沙以西及三十九族各地，均属西康，现驻藏军，人民均希望中央力量早日达到。又谓蒙人老实，在西藏各寺研究经典，留藏多年者，每经典甚深，不通世故，藏文甚佳，不懂藏语，且不知古文与今语悬绝甚远，有某蒙僧在拉萨已得格西，某次至乡下用藏文与乡人谈，乡人不解，彼反异之，犹内地之老学究也。

十八日　大师别结古去　委员自西宁来

班禅大师本日离结古返藏，但先至拉休寺诵经约十日，再前行，故专使行署迟数日再进。各机关人员、喇嘛、民众，均送至郊外，军队数百人，喇嘛百余人，各机关数十人，皆乘马，大师乘驮轿，余等亦送至数里外，赠献哈达而还。民众妇女，多向轿叩头，但不如在拉卜楞时之盛。

下午有赈务委员会青海监放委员阎复中君，自西宁来至结古，途中行四十日。据云青海全省赈款共十六万元，玉树二十五族共万元，分配三县，计玉树县四千三百元，囊谦县三千四百余元，称多县二千二百余元，凡贫苦受灾者，每人二元。由各族千百户先行调查造册填票，然后择日按票发放。余觉此款如能修桥改良畜牧，试验农林，效果或大，但恐不得其人。现每人分得二元，使边民知中央德意，其意义亦甚大也。

阎君在东北多年，并曾至库伦，谓此间马、牛、羊均应改良，如马、牛应用蒙古种配合，羊应用海拉尔羊配合。又牧草应夏日割藏以备冬食云云。余虽亦曾至东北及外蒙库伦，但对马、牛、羊种非专家，不知可否，惟夏草冬食，确为必要。

十九日　千户马前银两　代表发间珠玉

玉树县朱县长来谈，据云玉树二十五族，惟囊谦为千户，从前为各族之长，每出巡至各族时，均须送礼，上马一秤银，下马一秤银（每秤五十两）。现在威势大减，银已减为半秤，且不尝出巡，每年最多一次。各族之百户、百长对之亦不尊崇，惟其直属之百户、百长，仍以长官待之耳。又现千户已老，不轻出门，犹前清大员之不易出衙，以保持其尊严。迄今出时，犹有日照伞、旗帜等，完全旧日仪式。现千户坐禅，闭门谢客，即官吏往访亦不接见，每令其子小千户代见。据云不满三年不出门。朱县长就职时，曾来一次，照例至大堂下马，开中门迎入，献豹皮一张，百户亦多来献狐皮一张，称多、囊谦均另成县，不属玉树县，各族之百户本可不来，但从前玉树有理事或县长，故各族仍视玉树县为总县长也。而直属玉树之百户如格吉等，反不来见，因距结古过远，多不服从。前因谒班禅来结古，及归，亦未来见，司令派兵去捕，竟击死兵士一人云云。又谓千户虽尊严，而不如百户或百长之有确实权，百户或百长对人民，可打可罚，办理支差等，固为苦事，但有利可图。如公家索一秤银，彼可向人民索一秤半，多者饱入私囊。又马主席为子完婚，各族送礼，向人民多索豹皮、狐皮或银两归私，而主席之赐物亦归私有，依然满清时代贪官劣绅之积习也。

下午庄学本君，为西藏代表杜林台吉夫妇撮影，因不日即追班禅返藏也。两人咸盛装，杜林之发额及脑后，均分为二，左右辫束红丝绳，结顶上，正顶有一金小盒，高寸许，长方形，上有翡翠，外戴盆式有红缨之礼帽，左耳垂金环，坠长三寸许，上系翠玉，衣黄缎袍圆领，其妻为前藏式，头发至顶成扁状，高四五寸，上缀珍珠，胸前满系珊瑚、珠玉等，长尺许，两鬓垂翠玉之大耳环，紫袍束带，并有条纹之前裙，足式红绣鞋，头似满装，靴类康式。

二十日　结古军备　玉树民团

司令部某君来，谈及玉防司令部情形。据云：民国初年青海之负军事责者为镇守甘肃西宁等处总兵，民国四年，改为宁海镇守使，始玉树设玉防支队司令，驻结古，初建营房，即现在之司令部。现共辖四营，一传令队，每营二连，每连士兵五六十名，传令队五六十名，一二两营驻结古，三营驻囊谦，四营驻巴塘，去年又调来新四营，驻格吉，约五六十人，均骑兵，现正修宁玉公路，将来有事，由西宁派兵甚易也。

又谓去岁因共产党至西康，此间曾组织民团一旅，分为八团，囊谦千户为旅长，固察、札武、龙布、拉休、格吉、麦马、总举、百日、多马、中坝等百户为团长，训练藏民壮丁。有枪马者，各携带枪一支，马一匹，无枪马者，或借马，或荷戈徒步，藏民大半能驰马射枪，各族有快枪十余支至数十支，普通多为鸟枪、来福枪及后膛快枪，一般人民极喜枪，有家资者遇快枪、手枪，不惜以重价购之。如班禅大师卫队合作社，近日售出手枪若干支，每支三百元，子弹仅仅二十发。藏民极勇敢，胜则猛进，惟乌合之众，遇败则不易收拾也。

二十一日　酥油奶茶制法　糖食绿酒来源

班禅大师每日派人与专使送奶油茶，本日又赠赵专使及余酥油数大块。按酥油为藏民之普通食品，惟每不清洁，亦不新鲜，或发褐色，大师所赠者，既洁且鲜，完全如欧美之黄油。闻制法在蒙古数次煮之，可得奶皮，在康、藏则揉之。其法薄暮取奶，即入釜中，煮沸后静置冷处，翌晨饭后，倾于大牛皮袋中，缚其口，吹气入袋中，使膨胀，更缚之，置地下毡上，数人尽力揉搓之，至适当时间，解袋口，倾入釜中，则酥油结团浮起，用两手取油拍成饼状，放木桶冷水中，使其凝固，再由有力者竭力揉压，尽除去其水分即成（原釜中所余者为奶渣子系多量蛋白质与少数杂质）。新鲜者白色，稍置变黄色，可以制茶、燃灯或和炒面食之。至酥油茶之制法，煮茶为汁，加盐与酥油搅之，使为乳浆，即成。搅拌时，有特制之器具，藏名"酪摩"，普通所用者为一高二三尺之圆木桶，另一有长柄之圆木盘，上有四孔，恰入桶内，藏名"梭酪"。用时倾茶汁入桶内，加盐与酥油若干，纳"梭酪"于桶中，手提长柄，尽力抽送，至数十百回，水乳交融，即成。大师所用者为铜制之器，故极清洁。且大师养有乳牛若干头，每日有人取乳制造，故极新鲜。

下午偕赵专使赴西藏代表杜林台吉处，出糖点甚精致，询之系英国制，自印度来者。又出薄荷酒，绿色，询之系法国制者，并饷以咖啡茶，长谈入晚，燃煤汽灯，可知西藏之欧化。又谓西藏兵操时用英语口令，可知英国势力在西藏之一斑。小如糖食、酒类，自英、法来，其他之物品，外货充斥，更不待言。川茶为藏人最嗜之品，贵族多咖啡，亦可知川茶前途之可虑矣。

二十二日　骊歌一首　玉树十多

司令部秘书虎啸风君，川人，能诗歌。据谈渠有《竹枝词》，咏玉树十多，一为市上滥钱多，玉树所用货币皆西康所铸银币，名曰藏洋，但西康所用者尚为整个，至玉树则初切为两半，次切为三块，并将中间一块取去，故人名为滥钱。出玉树即不能用，故市上甚多。二为夜间野狗多。三为女性杨梅多（约十之六七）。四为土人心眼多（多疑）。五为田中野草多（种禾不除草）。六为水边遗臭多（粪多积河边）。七为商人多（川、康、青、藏各地之商人均有）。八为风多（春夏季多）。九为雨多（四五月多、夜尤多）。十为雪多，四季皆有。又因余将入藏，增长歌一首，兹将其原歌并注，录之如下：

> 春华我幸涌流泉（未识公前曾拜读大作多篇），一代文宗领大千。
> 鹤羽行将翔佛地，天心应必重名贤。
> 有教无类风同化（公当年曾主甘教育厅事），为政在人俗自迁。
> 感物群情思鼓舞，因人异教待陶甄。
> 樽前临水青油润，塞外从龙锦帐鲜。
> 经济冰清涵五内，文章风靡化三边。
> 深惭态若营前柳，狂望香同幕下莲。
> 万里能无怀土恨，半生尝作转蓬怜。
> 聊将遇合达忠厚，岂敢穷愁见异迁。
> 回首低徊伤往事，瞻风依切待来年。
> 虚怀凤志干牛斗，明月何时照客船。
> 一曲骊歌无限意，此情默默向谁宣。

二十三日　全市两树一县千里　羊毛蔽墙牛皮包茶

结古市依结古山麓，北高南下，长里许。有中山街及新民街，四山环绕，二水交流，但全市仅关帝庙前一杨一柳，且粗仅盈握，高不及五尺，真可谓玉树矣。实则水边宜柳，山上宜柏，并非不可造林也。

下午赴玉树县署，见大堂前一木联，文为"通弘袤二千里置县，为亭平廿五族设官。"系民国十八年初改县时所书。当时玉树一县，统辖二十五族，全区西至藏边，南至康边，东至果洛及川边，纵横约二千里，故有此联。今虽分设囊谦、称多二县，但玉树占十三族，他二县各六族，玉树全境纵横尚均千里也。

县署大门外堆积羊毛无数，闻玉树羊毛从前入藏，今年全由省收，每年共约五十万斤以上。驮时将羊毛捻作粗如指之毛绳，再数条捻合，有藏妇十余人，正作此项工作。又须晒干，故县署外各墙上，满为羊毛所蔽，为内地不易睹之现象。

又川茶每年运藏，皆用牛皮缝成长二三尺、宽一二尺、高五六寸之大包，每堆积街上空地，待驮运，亦此间特有之景象。

二十四日　玉树有鸡鹅　囊谦多猿猴

藏人不食鸡，故无养鸡者，仅汉商数家有之，鸡子每元五个，且不易购，但山中野鸡则甚多。据虎秘书谈：玉树各地山林之野鸡，可分为二种：一名雪鸡，甚肥，而肉鲜美，蛋上有黑斑。一名马鸡，较大，普通黑色，亦可食，结古附近禅姑寺左右即有。又玉树虽无养鹅者，水中亦有野鹅二种，一名青鹅，一名同鹅，皆可食。又有一种雪鸡，头突项短，羽白灰色，腿部黄色，飞不能远，故易捕，市中有售者，每法币一元，可购一只。

马司令赠赵专使猿猴二头，据云：囊谦盛产猴，每数百成群，至人民田中拔食圆根，人民不堪其扰，又不敢近，登屋顶以石掷之，始拔数根挟逃，但以一根夹腋下，再取第二根时，第一根又落地，结果每猿挟一根而逸。又云藏人喜猿，谓拴马槽旁可避马瘟，西藏杜林代表亦谓藏民马槽上多系猴，甚至无猴者绘一猴图于槽旁，似又为一种习惯，不知究与马瘟有关否。玉树市中有售者，每头仅法币二元，可知其多而易捕。又此间猿猴每日食糌粑，犬每日食肉，随人随地而成习惯矣。

第三编　藏边拉休寺

（自民国二十六年八月至十二月二十八日）

八　由玉树至拉休寺

八月二十五日　满山摩崖　遍地党徽

昨行政院来电，谓抗战期间，可劝班禅暂缓入藏，专使令余先至拉休寺劝止班禅，本日偕高参军、格秘书并卫士十余人前往。早九时就道，西南行，未几，即登山。山下有嘛呢堆，高如墙，每石上皆刻六字真言或经文。山上石崖，多摩平刻六字真言，或长寿经，大者字方尺许，一如内地名山之摩崖，先后百数十处。由山上望见结古，水滨帐房林立，皆喇嘛秋季野居者。又山谷中有小水数道，由山上望之如白练，亦颇美观。将至山巅，大石嶙峋，几无径，从石上行，甚险隘，数人扶一骡过后再牵一骡，有一骡蹶，几不起。未几又一石坡，较可落足，但乱石甚多，颇难行。至山巅俯瞰，牛羊无数，似石子乱立草原。

未几又逾一山，遇大雨，下山后有水草，有帐房，拟即住宿，但所用乌拉，系按站换，至换乌拉处仍须前进。又逾一山，下为大滩，始宿其地。

山中有一异草，平贴地上，尖叶由中心四散如党徽，且为赤色似花瓣，中有心似花蕊，满山无数，颇为美观。叶粘地甚固，如党徽之缝于布上。又有大黄叶大于手掌，花红色，并有某种蓝花，有长尾，奇花异草，惜不识也。

二十六日　山积白雪　野过黄羊

竟夜秋雨连绵,幸用新帐房未漏,余原用者系三角形,甚简单,因长途赴藏,且系观瞻,故在结古新缝一帐,完全如屋,上有屋脊,横一木梁,两柱支之,四角引绳钉地,如屋顶。周围有小铜环,下面以布张围墙,有钩数十,钩合环上,即完全如墙。前有门,天热时去墙留顶蔽太阳,让风四面吹入,如凉棚然,颇有研究,但冷时稍差耳。

晨乌拉未至,十时始行,山上积雪,衣裘犹寒。初行草滩,未几水坑无数,类沮洳地,幸仅里许,即为硬滩,草均不丰,有黄羊十余头,奔驰其间,击之未中。

十二时许,又经一山,并渡水数次,下午五时至拉休寺,在山凹中,西南二面为石山,屹立高耸,似剑戟林立,东北二面为草山,坡平草突似孕妇袒腹,居民仅数户,皆帐房,每帐外有猛犬数头,途中牛羊无数,皆拉族所有也。拉休百户距此间四里,因班禅曾经此地,夹道用石子或泥草块排成行,并有高堆,备燃柏枝。此间有大嘛呢堆,长数十丈,有土房十余间,并塔数座。

至此又换乌拉,为藏民最苦之事,因牛马与人归公使用,自带食物,晚无帐房,途中或代负行李,至后如当地无汤役时,又须拾粪炊食,忤意时或受打骂,故每避之。

二十七日　沿途奇峰回子楚河　夹道翠柏抵拉休寺

早九时行,经一山,道甚险,旋入山谷,沿拉休河行,两面奇峰高耸,石岩嶙峋,颇类华山,半为土崖,绿草如茵,杂木丛生,路随峰转,水沿谷流,山色河声,殊饶兴趣。

距拉休寺十余里处,山上柏树乱生,道经山腹,夹道翠柏成行,为自大河坝以来所仅见者,惟皆丛枝,叶浓密,无一参天之高干,未加人工之故也。闻林中多鹿、獐等野兽,惜未见。下山又行谷中,峰回水转,每疑无路,过湾后又一境界，仍在四山之间，一水绕流，风景颇佳。距寺里许处，有大石屹立，河旁并有一石，高三丈许，突入河中，上刻佛像及经文，约万余藏字。

河流直通寺前，俗称拉休河，因经拉休族地，实即子楚河，宽十余丈，水甚深。寺对面山上有草甚丰，系留为骡马冬食者，今大师骡马放其上，过河时浮而渡之，闻山上有鹿及其他野兽甚多，因在寺前，认为神山，不许捕猎，而野兽益繁殖。

下午一时抵拉休寺，即寓寺中。该寺大喇嘛送来酥油一大块，上附哈达，赏送者国币十元，欢欣而去。酥油分给仪仗队士兵食之。

九　留居拉休寺

二十八日　一妹为尼三兄三喇嘛　数亩堆石千僧千人民

晨起至寺前一游，大门外有二经竿，高七八丈，系数木合之，并数竿接高，外用牛皮绳束之，如前清各省抚署前之旗杆，上垂经布。入门有一大嘛呢堆，全白石块，大数亩，高四五尺，一望皆白。如此伟大之经堆，各寺从未见也。堆中立一木竿，高一二丈，数绳自竿顶斜引堆边，绳上全为小块经布，石上皆刻经文或六字真言，并有动物形者。据云佛教戒杀生，如有杀害虫蛇牛羊者，可将其形刻于经文下，即可免杀生之罪，并因果之报应，故刻者甚多。

见班禅大师，谈中央意，班禅颇谅解，允三大寺代表至后决定。闻西藏三大寺代表极欲班禅早日回藏，欲电三大寺设法欢迎，各堪布甚盼有效，班禅亦不得不静候结果，但各代表由玉树来，尚未抵此也。班禅寓一佛殿内，三面皆佛龛，有小铜佛无数，并有高三四尺之大磁瓶十余个，皆清季名磁。

下午班禅大师送来米面，拉休百户亦牵羊来送。来者为寺中喇嘛，据云为百户之兄，弟兄三人全为喇嘛，有妹二：一为尼，一继承百户。为尼之一妹，闻颇有姿色，欲妻囊谦千户，已提议矣，而千户另娶他女，此女愤而为尼，迄今囊谦千户过拉休境时，不支乌拉，几成世仇。拉休族人口，谓男女共约千人（僧在外），而拉休寺僧亦即千人，为玉树二十五族中各寺喇嘛数最多者（建筑以拉布寺为最壮丽），毋怪三弟兄全为僧也。

二十九日　伟大壁画　轮回图说

偕格桑秘书游览拉休寺，首至旧经堂，长宽各七间，上有小金瓦，殿内可容五六百人，佛像不多，惟两壁绘释迦佛历史，宽十余丈，高数丈，且彩色浓厚，绘工精美，颇有价值。旁为护法殿，陈弓矢刀剑，悬熊皮数张，垂哈达无数，有数喇嘛诵经其中。

次至新经堂，建筑仅十余年，宏壮鲜丽，彩绘油漆尚新，高四五丈，长宽各十三间，可容千余人。门外壁上，绘四大天王及护法神等。室内三面壁上皆绘释迦佛历史，系绘于布上，再张壁间，高一二丈，广二三十丈，较旧殿者尤为伟大，更有价值。柱上屋顶，高垂幡伞，内佛像亦不多，更有四宝塔，高四五尺，满镶珊瑚珠玉，当系历辈最大活佛之尸塔。闻该寺活佛共六七人，一最大者，班禅初由玉树觅得，始学步行。室内悬绢绘佛像数十幅，皆精绝。闻该寺业绘画者五十余人，有名者十余人，毋怪有精美伟大之成绩也。

次至弥勒殿，殿高三层，铜弥勒坐像由下至上亦贯三层，高三丈许，为本寺最大之像。殿外有六道轮回图，圆形，中心为一鸡、一猪、一蛇，据云系代表贪、嗔、痴。外分六道，上为天道，内绘诸神，右为人道，内绘士农工商，左为阿修罗道，内绘诸魔与诸神战，再右为饿鬼道，内绘众鬼饿瘦如柴，再左为畜牲道（亦译兽道），内绘各动物，互相残食，下为地狱道，内绘油锅、刀山、锯解等刑。再外圈分为十二格，绘十二因缘，有盲者、渡舟者、男女抱卧者、妇女裸体生产者等，不大了解，惟知有表示生老病死者，如妇人生产，表示生也。

三十日　世界图说　剑海象征

上午访森且堪布，居寺中，室内有一佛说世界图，即佛经中所记载之世界，以图说明之者也。绘一地球，亦圆形，与科学合。惟分为四大洲，全在大海中，现吾人所居之地球，仅为一洲。中有须弥山，七层银山上，又有山，一面为玻璃白色，一面为宝石蓝色，一面为金黄色，一面为玛瑙赤色，左右为日月，日从蓝宝石照下，反光为蓝色，故现世界之天为蓝色，上有三十三天云。又有一图，下为大海，中有莲花，其上左右有二鸟，各二头，最上为一长剑。据云系西藏王朗达木毁佛时，各寺院门口上所绘之图。相传系当时数大臣所定之符号，对王言系表示凡信教者以剑斩之之意。实则大海表示菩提海，莲花代表莲花祖师，二鸟二头，代表印、藏二种文，长剑代表文殊菩萨，实暗中欲佛教再兴，以示不忘云云。佛教征象多深意，非全迷信也。

下午偕高参军至寺外游览，见东山上柏林甚茂，山腰怒石危立，上有楼房，颇清幽，类兰州五泉山，闻系拉休百户之别墅。山顶又有危楼悬建，闻系尼姑所居，即百户之妹，因未嫁千户而为尼者，居其地，峻岭茂林中高楼静居，清福殊不浅也。

连日各喇嘛送礼，皆为黄油数块，本日有兼送蕨麻者，俗名人参果，紫色，大于豆，稍长形，藏民普通煮而食之，或加大米饭上，且以为吉庆，第一菜多为此，汉人可加稀粥中煮之。

三十一日　迎大员盛燃柏枝　候专使纵谈因果

赵专使本日来此，余与高参军石辅、陈科长文鉴等至野外张帐幕迎候。是日天气清明，日暖风和，草地流连，颇饶兴趣。其地临山滨河，山色河声，怡人耳目。草滩中野鼠无数，体大于猫，时出入穴中，点缀风景。闻此鼠可食，味且鲜美，惟穴甚深，不易捕，土人每以水灌入，鼠即出，然后以衣襟或袖覆穴口即得。

久候未至，数人坐草地上日光中纵谈，谈及善恶报应，谓佛教因果，吾人固难置信，但有许多事实，亦殊不可解。陈君举数例，谓其乡某人杀二富家而得其财，其子竟至乞食。又某家当满清入关时，得不义巨款，置庄田甚多，仅一子，日吃一庄田，亦足一年，不意此子想入非非，将其父所与之银，打许多银叶，以砂涂之成赤色，立高处顺风掷下，谓为"赤凤"，观而乐之，未几家财一空，诚奇闻也。余举余家事，谓余祖父原兄弟二人，清光绪三年，山西大旱时，兄死嫂存，留侄三人，皆由余祖父在陕经商，不仅维持全家生活，且一一为之娶妻。余祖父不特养嫂侄家人，凡邻里亲友至陕逃难者，无不为之设法维持生活。某人欲卖妻，则由商号中借以油、面，令售油饼为生，夫妇得团圆不死。诸如此类，先后活人无算。凶岁过，余大祖母求析居，因彼有子三人，均年长，而余祖父仅余父一人，尚幼，且于荒年中阴置家财，而余祖母等均在陕未知也。余祖父以妯娌不和，暂假分居亦可，一切未争，仅分得破屋三间，薄田数十亩而已。不意余大、二、三各伯父，皆先后早逝，且又分居。大伯父无子。二伯父有子能力田，二十余岁矣，竟被一骡踢死。三伯父有三子，一二十岁亦病死，一与余同岁，年十七时被狼咬死，家均日衰，而余家则家父与余均读书入泮，余祖父年八十余始逝，时余已在省优级师范毕业为教员，且已生子，祖父得见曾孙矣。人皆以为行善之报应。闻者均异之。

专使下午三时始至，喇嘛及各代表迎者数十人，并燃柏枝，为其地未有之盛况。

九月一日　喇嘛自成社会　妇女不许入寺

普通各寺喇嘛除诵经外，多无所事，据闻拉休寺喇嘛则诸事皆作，百工俱备。如铁工、铜工、银工、木工、土泥水工、绘画雕刻工，凡寺院建筑各工，俱由喇嘛分任无论矣，即日常生活，如牧牛、放羊、取乳、背水，普通由人民、妇女工作者，本寺皆喇嘛任之，惟背水不用大木桶，而用直径尺许之扁圆铜壶，并有木架装壶其中，较轻便耳。甚至织布在他处完全为妇女工作者，此间亦由喇嘛工作，完全成一社会。此种现象，他寺实可仿效，免一般人讥喇嘛为不事生产而仅消费之阶级也。

此种情形，或亦有因，该寺左右附近，并无居民，又不许妇女入寺，当系不得已而造成特殊情形。昨刘秘书长之老太太及小女来，无处可宿，费许多周折，始在半山中觅得土屋一间。据云寺中空屋虽多，绝对不许妇女居住，而寺外仅有百户别墅之山腹楼屋，西藏代表杜林台吉已占，无法分居，且年老人上下山太不方便也。并谓过数日庙会期内，即妇女来往亦禁止，寺中成一社会，与外界社会隔绝矣。

二日　两短辫为好汉　一小锅可生活

午出寺游览，遇一青年藏民，头上前面光头无发，脑后有短发两束，丁杰戏弄其两短辫而笑之。余询其故，谓此为好汉，不畏强御之表示，每与人争斗，亦奇俗也。

旋至河滨，见有十余男女，支三小帐于水滨，为人字坡形，前后皆门，距地尺许，以矛为帐竿，极为简单。询之，皆俄洛族人赴拉萨朝佛而归者，途中行两月矣，男女老幼皆步行，且负物，故帐低小，而竿即自卫之武器。时正煮饭，亦极简单，即三石上支一小锅，水沸后入炒面少许，成面汤而已。衣皆无面老羊皮，其衣食住行，可谓简单已极，刻苦精神可佩也。

三日　塔　桥

拉休寺外，南墙附近有塔五座，北墙附近有塔四座，皆方形，三层，上层有小窗紧闭，但内皆实填无门可入。据丁杰佛云，塔内置各种经典，均有一定，故人民多绕塔转行，等于诵经。又下层多实以生活用品，如农牧食住等具。最讲究者，内有金柱。至经堂内所置高五六尺或二三尺之各小塔，金玉其外，珠宝灿烂者，皆活佛或高僧之尸体或骨灰，其价值未可计也。

下午至寺外游览，见河滨僧俗群集，询之，因架桥水急，三人落水漂去矣。玉树二十五族境内，到处河流纵横，但均无桥，骡马每浮而过，人或乘牛马，或用皮筏、木船，有船处亦甚少。拉休寺前拉休河，宽十余丈，原亦无桥，因班禅来此，骡马放对面山上，临时架一木桥，即用"丹"形木架数个，插立水中，上铺木椽，粗细不一，高低不平，惟勉强可行耳。水涨至椽上时，即被冲去，连日大雨水涨，桥遂冲坏，今日修之，又冲去数人。边地交通，实为重要，而最低限度之桥梁，尤应修筑，并宜教以修筑木桥或石桥之简单方法。藏民为宗教而消耗之金钱、人力不知若干，而桥梁则无人过问。如拉休寺寺外高塔九座，寺内石嘛呢堆大数亩，洁白之石，以数十万或数百万计，可筑数十桥而有余，乃寺内石堆年年增高，而河中水涨年年人畜淹死者无数，可慨痛也。

四日　楼屋　经像

拉休寺建筑甚佳，余等所居之室，为寺中大活佛所居。共三层楼口字形，最下层为厨房及藏物室，二楼为大经堂及喇嘛居室。大经堂高二层，直通三楼，内有大铜像。三楼为活佛居室及小经堂，仅西北二面有屋，余为二楼之屋顶，土面，置盆栽草花，等于屋顶花园，可以游览。又外有围墙，口字周围有栏杆，大经堂上亦平顶，有梯可更上一层远眺。凡藏民居室及寺院皆平顶，其用途甚多。余与高参军所居之室为小经堂，东南二面全为玻璃窗，即代墙壁，北面为木墙，上绘各种佛像，下绘护法神，西面为佛龛及藏经之柜，佛龛内有释迦佛、宗喀巴、时轮金刚等铜像（时轮金刚为欢喜佛，男女裸抱，各有四头，男十六臂女八臂），经系藏文，用麻纸印，长二三尺，宽四寸许，每张一页，并不钉连，当系印度古代书册式，上下夹以木板，封面用彩布张之。佛龛下有木板暗柜，外漆为红色，并有金花，内置杂物。赵专使所居之室，原为活佛居屋，南面上半全为玻璃，下为木方板，有枢可开闭如小门，如欲空气流通时开之，冷则关闭。北面木墙满墙为抽屉及暗柜，深而且大，置一切杂物。东西窗，东南依墙有低榻可坐卧，抽屉木柜，面皆彩绘，有地板。室外有夫役室及厕所相连。厕所为小屋，各楼均有厕所。又有走廊，且最下有用水冲粪者，颇类欧式建筑。藏民普通居室多无厕所，活佛居室不特有而且佳。

室内壁画，有龙树、无着及牛头护法神、财神等佛像，牛头护法神男性裸体，一切毕露，全身蓝色，披发，腰间垂许多人头，坐牛背上，牛身下践一裸体少女，旁有小鬼神，面狞恶。财神骑狮。又有极乐金刚，亦欢喜佛，男女裸体，足践人。

五日　西藏政治概况　地方制度一斑

据西藏代表谈述西藏政府之组织情形，并参考各方记载，录之如下：

西藏自清初固始汗灭藏巴汗后，以班禅、达赖分主前后藏，并留其长子鄂尔汗统辖其众，次子达赉巴图尔台吉佐之。两子卒，由达赉之子拉藏汗嗣爵，旋灭第巴桑吉而独操政权，俨为藏王。康熙五十五年准噶尔入藏，执拉藏汗而杀之。五十九年，讨平准噶尔，留蒙兵两千驻藏，使拉藏汗之旧臣贝子康济鼐掌前藏，台吉颇罗鼐掌后藏，复设噶布伦之职，以管理政事。雍正二年，噶布伦等忌康济鼐之权，聚兵害之，乱平，颇罗鼐有功，因诏进为贝子，总藏事，并诏设驻藏大臣之制。颇罗鼐之子珠尔墨特嗣爵，以谋害驻藏大臣被诛，至是即废除王公、贝勒之号，而以噶布伦四人分执政权，总于达赖、班禅及驻藏大臣。然噶布伦等以达赖净修不能留心政事，每假达赖之名，专擅权威，驻藏大臣凡事不与闻，有名无实。乾隆五十九年，平定廓尔喀后，乃谋改革西藏政治，规定凡百事务，均须禀明驻藏大臣办理。当时西藏官制如次：

（甲）中央所设驻藏官吏

（一）驻藏大臣一员。（二）驻藏帮办大臣一员。两人在藏为最高行政长官，掌握大权，与达赖、班禅等。自藏官噶布伦以下，凡事均须秉承办理。（三）员外郎一员，以夷情衙门为办公之所，管理达木蒙古八旗官兵，三十九族民众等事务。（四）前藏粮务一员，管理仓库粮饷，及承办驻藏大臣委审案件。此外尚有游击一员，守备二员，千总二员，把总二员，外委五员，达木八旗固山达八员，佐领八员，骁骑校八员，三十九族总百户一员，百户十三员，百长五十三员。

（乙）西藏地方官吏

（一）噶布伦一员，每当达赖圆寂时，由别蚌、色拉、噶登三大寺喇嘛公举一人摄政，称曰噶布伦。（二）噶伦四员，朱尔墨特时噶伦一人总揽西藏大权，无异藏王，旋因叛变，于乾隆时诏令废除，设四噶伦以分其权，秉承达赖及驻藏大臣，掌理全藏庶政。（三）颇捧二人，管理国税。（四）仓储巴二人，收发钱谷。（五）子捧二人，掌管银库。（六）协尔办二人，执掌刑罚。（七）卓尼尔二人，传布命令。以上各官吏缺出，统由驻藏大臣会同达赖拣选，分别奏补。至于管门、管粮草以下者，则由达赖自行拣补。其后藏之管事喇嘛，除管茶、管柴者外，如商卓特巴、岁琫喇嘛、森琫喇嘛、济仲喇嘛、卓尼尔等，亦如前藏，须由驻藏办事大臣会同班禅拣选，分别奏补。

西藏政府之行政枢纽曰噶厦（即行政院），执行政务时，由噶布伦主持。又有民众会议，三大寺之堪布亦出席，代表僧侣意见。三大寺之权力极大，政务会议常因三大寺不同意而不能执行，盖含有参政院之性质。惟出席代表不由选举，而行政立法之统系，亦不明耳。

民国以来，西藏政治之组织，仍多旧贯。惟自辛亥改革，第十三世达赖藉外力援助，驱逐在藏汉军后，政教大权，集于一身，西藏民众会议，等于虚设。对中央虽于民十三年派代表常川驻京，实则一切军政要务，向少请示中央。前黄专使慕松入藏，始稍亲密，当时西藏地方政府之组织如下：

甲、噶厦（即政务院）方面

职衔	执掌	名额	备考
藏王	军政教一切事宜	1	向由达赖自兼，地位最高，为一品
司伦	政务大臣	1	向为二品
噶伦	庶政一切事宜	5	又名协巴，向例僧一俗三。近因驻康藏军太多，兼为统一政事起见，增加一员，驻昌都，以统一东部军政各权，其级二三品不等
仔捧	军需审计事宜	3	向为三四品
商卓特巴	出纳	4	每一寺庙均设一员，亦可谓大总管，理一寺或一仓之事务，为四品
大中译	文书	4	内一人为中译钦目，等于内地之秘书长。余则如内地之秘书，向例由僧官充任，其品级在满清时为四五六品，今多提高三四品不等
小中译	文书	4	向例僧俗均有，等于内地之二三等秘书或书记官，其品级为四五品不等

续表

卓尼	传达一切事宜	8	内一人为卓尼钦目，即大卓尼，等于内地之副官长，向为四品。余等于内地之副官、承启官，向为五品
郎仔辖	管拉萨市政事宜	1	等于内地之市长，向为四品
协尔帮	管拉萨市外各村	2	等于内地之首县，向为五品
雪得巴	司法	2	等于内地之司法官，向为六七品
叶尔仓巴	管放青稞	2	
达捧	司达赖马厂	2	在达赖游宫罗布林岗，向为六七品
希约第巴	管在布达拉之人民	1	向为六七品
天幕第巴	司天幕事宜		以下均六七品
门户第巴	司门户事宜		
柴米第巴	司柴米事宜		
糌巴第巴	司糌巴事宜		
草束第巴	司草束事宜		
牛羊第巴	司牛羊事宜		

此外财政局，盐业厘金局，布达拉宫业仓，纸币局，农务局，电报局，颇康郎，西康郎，细康（尼泊尔外交官），糌西巴（管糌西收发细康调查报销处账目）。以上各局，各有僧俗官二三员不等。僧官系喇嘛，由僧官收徒弟介绍，俗官原为世袭，给以祖业田地，无论任何差使，无薪饷。僧俗各以一百七十五名为额。

以上为文官。

马基	军事	正副各1员	僧俗各一，其品级为三品
戴本	军务	13	向为四品
如本	军务	28	
甲本	军务	56	
定本	军务	320	

以上为武官。

大缺营官	民事军务	24	等于内地之大县县长
边缺营官	边事	24	等于内地之边区县长
中缺营官	民事军务	42	等于内地之中县县长
小缺营官	民事军务	24	等于内地之小县县长

以上为地方官。

乙、布达拉宫方面

职衔	执掌	名额	备考
岁捧堪布	管达赖宫内饮食盥洗等事	1	为一切仔种官之首领，向为二品。如班禅之罗桑坚赞
却捧堪布	管理诵经供佛等事	1	向为二品，如班禅之旺堪布
森捧堪布	随侍达赖起居	1	向为二品，如班禅之森且堪布
古觉堪布	司随从侍卫事宜	1	二三品不等
奇勒堪布	司交际传达一切事宜	1	二三品不等

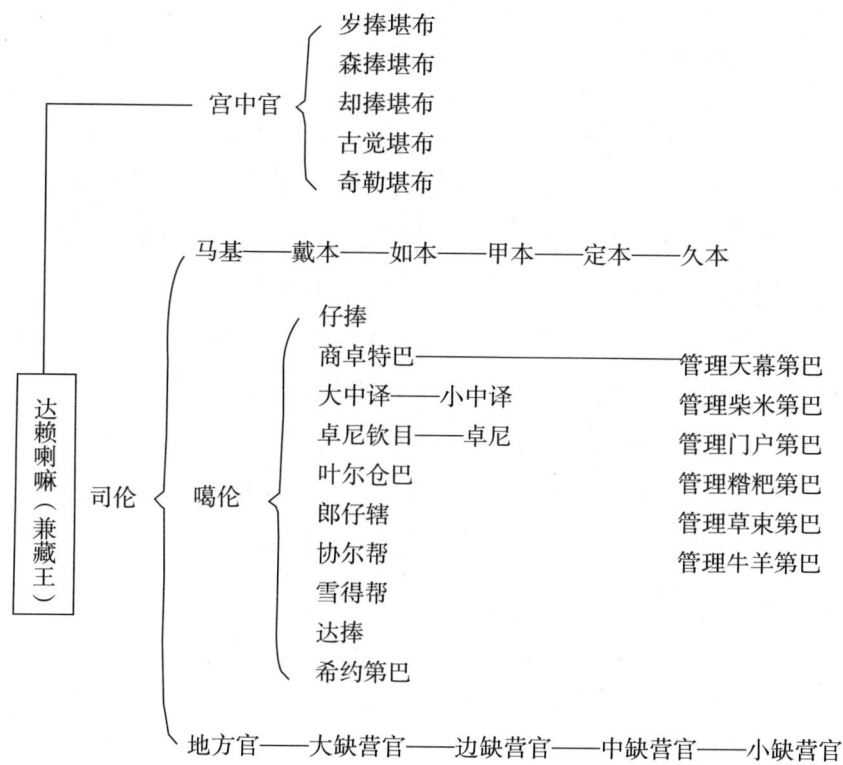

西藏政治组织系统表

至西藏地方制度分设各宗（与内地县相似），从前前藏五十宗，后藏三十七宗，计八十七宗，现全藏共九十三宗。每宗置宗本（略等于内地县长，一译营官）一人或二人，如为二人，向例僧、俗官各一人，以管理全宗事务，执掌地方民治与军事。平时以管理地方收税支出事宜为主，有警则受驻军戴本节制，负召集乌拉（支差意，如牛骡马）民兵、供给民食之责。其一宗各村镇，择其冲要之地，建筑碉楼，为长官驻在地，称之为营。营有边营、大营、中营、小营之别，边营皆系在边境各宗，置边缺营官一员，如后藏定日、济龙，前藏帕里等宗，负捍卫边疆之责。大中小营者，按地方之大小，收入之多寡，如内地分各县为上中下三缺。大营置大缺营官，如拉理、江达、江孜等宗是。小营置小缺营官，如桑鸢各宗是。营官之下有振可尔（书记）、君勒尔（管仓库）各二人，帮助办理该宗事宜。数村一团之长曰却奔，一村之长曰新奔，村内之组长曰家奔。

六日　西藏军备概况　兵士病民一斑

据某君谈西藏军备，并参考各方记载，得西藏军事情形如下：

一、兵士　西藏兵额原为五千一百六十五名，但兵民不分，军官平日无兵可管，战时始由各寨抽派，毫无训练。清乾隆五十七年，福康安征尼泊尔后，任驻藏大臣时，始奏准从新编制。额定数目，计前藏拉萨一千名，后藏日喀则一千名，江孜、定日各五百名。每代本辖兵五百名，计六代本共三千名，外如帕里、卓木各地，增加三百二十名，共计定额三千三百二十名。各军官由驻藏办事大臣会同前后藏长官选派，由清廷之驻防将军，督率管束。自民元川军在拉萨哗变，达赖于宣统二年返藏，对中央携贰后，由虾札噶伦计划，增兵一万五千名，因三大寺反对，仅增加约四千名，共七千余人。全藏现有代本十三员，在西康境内有代本七员，在后藏有代本二员，拉萨有代本四员。惟拉萨驻军代本所辖士兵，实超过五百名定额，为一千名。如外驻昌都贞阁噶伦卫队有二百名，合地方民兵实计约一万名。其兵士来源，仍为征兵制度，对人民实行三丁抽一、五丁抽二办法，但喇嘛在外。每兵每月工饷，仅发给青稞二斗以维伙食，战时加发糌粑一斤，以资鼓励。每兵入伍后，其家属不支乌拉，同系福安康时所规定。又预备兵役，平时不能召集训练，惟现备兵役受损失时，方可补充。不特预备兵毫无训练，即现役兵入伍后，亦仅有三个月训练，普通至班教练为止，自无战斗知识。惟藏地多山，人习狩猎，故爬山、驰马，为其所长，而射击亦甚准确。至士兵纪律实等于零，不惟行动自由，夜间亦不归营，尤奇者，卫兵在守卫时间，将枪悬于门上，自由回家，或远游，每至一二时始回岗位。

二、军官　西藏军官，除马基为最高军事领袖外，其军队编制，以代本为最大单位，每代本辖兵五百名（亦有增至千名者）。代本之下为如本，每代本辖如本二员，即每如本辖兵二百五十名。如本之下为甲本，每如本辖甲本二员。甲本之下为定本，每甲本辖定本五员。定本之下为久本，每定本辖久本三员，每久本辖兵士八名至九名。兹将西藏重要军官之姓名、驻地列表如下：

职别	姓名	现在地	原驻地	现在兵额	兵籍	备考
马基	僧丹巴加让俗江稚					西藏最高军事机关称马基康，马基译称总兵，康译称官署，设马基二员，僧俗各一。
天字代本	如妥公子	拉萨罗卜林卡		1000	前藏后藏各半	天字代本称给宋代本，给宋译称禁卫，内分常备、预备兵各一半，三年一换。
地字代本	湄林公子	拉萨	宁静	1000	前藏	拉萨宁静各驻兵五百名
玄字代本	机普崔科杜仲桑林	金沙江西岸冈拖长达一带		1000	后藏	
黄字代本	卡白胜巳	拉萨	乍了贡觉	500	江孜	现兵分驻乍了贡觉，其代本现居拉萨
宇字代本	拉丁公子	日喀则		500	定日	
宙字代本	罗镇郎巴	宁静		500	后藏	系炮兵原有炮三尊，现仅有一尊
洪字代本	所岗	类乌齐春科丁青等处		500	后藏	
荒字代本	旺堆卜罗	贡觉		500	山南	
日字代本	向噶哇	拉萨		500	拉萨	此代本之兵皆散布拉萨之四郊，有事时始集中成军

续表

月字代本	哑奔	西康拉托	500	后藏	
盈字代本	定结	拉萨	400	后藏	此四百名均系警察，现由定结代理代本系兴哇帮办驻拉萨维持治安
昃字代本	无				
辰字代本	无				
宿字代本	泽仁公子	札什城	400	后藏	系机关枪部队，其机枪三座原有兵一千名，均系上等人户。达赖逝后多有遗散，现额四百名，内分常备、预备各一半，一年一换

至各军官程度，多系东科尔出身，或与现噶伦有关系之亲戚子弟充之。藏中既无军事学校，即偶有少数军官，留学印度或英国，但年限短，所学有限，多半恃历代带兵官之经验，互相传授而已。

三、武器　西藏有一兵工厂，在拉萨市北札什城，系前清驻汉军之地。厂址甚小，该厂于民国五年成立，当时仅有木制机器一部，每日所出子弹甚少，迨由印度购入新机后，每日可制出子弹三千粒，每工人半年始可出步枪一支，每年所产极微。西藏所有武器之来源，概系由英、俄订购，及川军败退时缴纳之枪弹。现在西藏官民所有枪支，难有三四万，但因不善修理，保存不良，可用者甚少。且枪之口径不同，子弹补充甚难。例如川军败退被缴枪械及由俄购来枪弹，现等于废物，所可用者为虾扎噶伦于民七、十三两次所得，共一万五千支而已。兹列表如下：

种类	来源	名称	数量	备考
步枪	购自俄国	五子枪	一千支	光绪三十年英军入藏占领拉萨，达赖逃入内蒙向俄订购
步枪	同	五子枪	五千支	宣统元年川军入藏，俗僧力谋抵抗，特购之
杂色枪	旧存	杂色枪	约一千支	
步枪	收缴川军械	五子枪	一百八十支	
大炮	同	格林炮	三门	
大炮	同	机关枪	四门	
大炮	同	威远炮	四门	
马枪	同	五子马枪	约一千支	森姆拉会议后虾噶伦向英订购者，原为一万支，仅交到五千支
步枪	购自英国	五子枪	五千支	
大炮	同	过山炮	二门	
机关枪	同	水压机关	四架	
大炮	同	格林山炮	四门	
杂色步枪	同	五子枪	五千支	民六藏兵侵康，达赖向印订购
大炮	收缴川军械	过山炮	二门	
步枪	同	五子枪	约二千支	民二边军失败被缴之枪
杂色枪	零星购买	五子枪	约二千支	外商入藏，零星卖于喇嘛商民
步枪	购自印度	五子枪	约五千支	民十九年购

又西康某杂志中，有集白君记《藏兵病民之一斑》一文，兹照录如下：

藏兵系由民间征调，数家征一家，一家征数兵，视当时之需要而定。大昭以东，人民贱视征兵，每遇征调，辄雇兵以替，岁费藏洋一百七八十元或二三百元不等。受雇之初须给百余元，每岁又需衣履费约二百元。大昭以西之原有藏地，雇一兵只需二百五十元，不给衣履等费，月饷由被雇者承领。

士兵骑马，得自由购买，有无听之，不肖士兵，以有马即能循例催草，恒以劣马充数，希图催草渔利。每年由腊月廿五日起，至来年四月十五日止，为草枯时代，不能牧放，每马日领草费半元，由人民供应，借马冒领者有之。故时至夏季草费一停，人民仅支打役，专司牧放军马，则马匹实数大减于前，以其无利可图也。

伙食向无组合，每兵单独自爨者多，柴有定额，取给于民，不给分文，每日之柴，除燃烧外，可出卖三分之一，如以上月余柴作下月燃料，则下月柴费可迳向民间折价。

乌拉一项，原有定例，如本支马六，甲本支马三，定本支马二，久本支马一，驼牛数则倍之。此不分平时战时，军行即照例支应，不给脚价，马牌由拉萨噶厦令发，以昭郑重，以杜流弊。但军兴以来，旧制荡然，每遇开拔，则选精壮士兵，一任支马，漫无限制，有自马者，即向人民折价，已成定例，尚不足怪，竟有代商人滥催，或军官随行本无多兵，本无多驮，而骑驼数目，仍须照规定之额照催，人民如实以马牛支应，又不见允，必照数折价乃已。且所需草，及招待费，亦应照阶级、时间计算，一一折取，不稍宽假。故军官恒无事到各地游览，意图侵牟。上年白大（白利大金寺事件）军事发生，龙片代本之兵已赴康北作战，其本人绕道江卡，手持噶厦马牌，所至之处，即照代本全部士兵应需骑驮折价，计日需银十秤（合藏洋一千六百元），约计每一代本出发，除折支外，实际犹需牛一千数百头，马三百余匹，真苛政也。

他如对妇女任意淫污，马料必索取当地所无，甲本以上之官长，所至须用门帘、天篷、壁布，卧榻应有一厚褥、一红毡、一藏褥，人民如先为设备，而各军官均皆自有，不用一物，只照折钱。如果不先虚设，而官到即遭重斥，一一折费外，又当言罚也。此其病民之重且大者。其他琐细，不胜枚举。总之，西藏过去为贵族世袭制度，封建遗毒甚深，视人民为其所征服者，其政治依然满清时代之黑暗也。

七日　西藏财政概况　政府收入一斑

西藏财政收入支出，因政教大权，操于达赖一人之手，公私用款向无精确之统计，兹述其概况于下：

一、收入方面

（一）粮赋　以青稞为主，每年收入一百五十万斗，每斗按现时价值合内地大洋八角，约值大洋一百廿万元，每年西藏地方政府，将本年收入所得贷之于民，明年即可增加一倍，约值二百四十万元。

（二）杂货税　帕里亚东关等处，年收金银宝石、红花杂货等税，约合大洋廿五万元至五十万元。

（三）羊毛税　每年约十万至廿万元，据印度年鉴，每年由西藏输出印度之羊毛，约三百万至五百万斤，每百斤一驮，收一元五角，年约收五六万元，再加运入他地之羊毛，共约收十余万元。

（四）川茶税　由玉树运往黑水入藏者，每十驮抽税一驮，年约一万驮，抽税千驮，每驮值六十元，收税约六万元。由康入藏者，约五千驮，收税约三万元。由玉树分运康、藏边境约八千驮，收税约四五万元。由印度运往后藏噶大克等地（大半系砖茶），约七八万驮，收税约四十万元。共计年收茶税约六十万元左右。此款向归三大寺及小、大召等寺院之开支，政府仅作经手人而已。

（五）羊头税　游牧人民有牛羊群者，每牛二头或羊十六只，每年纳藏银一元，西藏北部、东部多半游牧，虽无精确统计，据闻前藏年约廿万元，向归达赖布达拉宫及个人之开支，后藏每年约收廿万元，现在亦归前藏。

（六）米税　不丹米进藏，每包向例纳税收米一碗，每年可收二百数十包，每石合卢比十二三元左右，收入仅有五六千元。此外尼泊尔米进藏，只易藏盐，收入甚微。

（七）户口税　全藏一百七十五宗之户口，全以现金缴纳，每户年收七角，全藏三万余村镇，每年收入亦不少。

（八）土地税　即除前述青稞之大宗收入外，尚有豆油、牛奶之收入。

（九）钱币局收入　西藏发行纸币，由政府派人管理，只发纸票，不设兑现银行，人民可以币互相交易货物，每年印出多少，又无限制与统计。西藏大宗收入，以此为最，将此余款，留作购买军火之用。

总计全藏收入，每年不过二三百万元。

二、支出方面

（一）政府支出　西藏僧俗文武官员，薪俸甚微，如噶伦年俸每年仅三十秤藏银（每秤藏银合国币十二元五角），四品官每年八秤，外由政府指定庄田一份（古之食邑制度），以补食用。该职如被革或请辞后，该庄田即交还政府。五品至七品每年仅供食用，无薪俸。至军官方面，马基每年十八秤，代本每年十二秤，庄田一份，如本、定本每年薪俸极微，士兵每月青稞二斗，战时每日加糌粑一斤，无薪饷之可言。因官吏薪俸甚薄，故贪污者多，而支出较多之数，为扩张军备。统计全藏各官，除额官三百五十外，其他公务员约四百至六百人，共计官员约千人，官兵约万人，每年政府正当支出约百万到百三十万左右。

（二）寺院支出　三大寺及密宗院、大小召等，由政府指定茶税及指拨田庄外，每年修缮、熬茶等费，约五十万元。

（三）财政现状　西藏政府，因逊清年有补助之规定，收支足可相抵。自达赖携贰以来，昔之中藏交通，已渐阻滞，政府所需物品，多仰给印度，外货愈畅，政府愈穷，益以年来军火运输多，为免收支相差过甚起见，仍设法印行空头纸票，人民因印度政府无力反对，然实忍痛使用，将来日趋困难也。

八日　西藏经济概况　商工农牧情形

西藏经济尚未发展，产业均落后，兹分农牧商工，述之如下：

甲、商业

西藏商业，以拉萨、札什伦布、江孜、昌都（原属西康现被藏军占据）、定日、帕里亚东关、卓木一带为繁盛，尤以江孜、亚东为重心。盖因康、藏交通不便，年来战事时起，内地货物，多改由海道入藏，因之无论印度、英、日及中国内地各货物，大半由亚东关进口，经江孜分转各地。

西藏输出货物：为羊毛、牦牛尾、山羊柔（山羊粗毛下之软细毛）、麝香、鹿茸、藏獭、藏香、氆氇、熊胆、硼砂、盐、豹皮、狐皮、砂金、藏红花等。牦牛尾运至印度或德国制蝇拂等物，山羊柔可制轻绸，印度人肩巾用之。红花每年在后藏出产甚少，大多由西班牙运来，转售西康及内地各省。至输入货物，由印度运入者，以棉织品为大宗。次为毛织品、五金、珊瑚、宝石、火柴、针线、肥皂等，多由尼泊尔人经营。由内地青海输入者，以骡、马、醋、酒为大宗。由西康输入者，以砖茶为大宗。由云南输入者，以火腿、沱茶为主。由北平、南京输入者，以绸缎、马鞍为主。

乙、农牧

西藏面积约二百五十余万方里，因四面多山，可耕之地甚少。且藏人信佛甚深，不肯随便开垦。可耕之地，不及八分之一，且多间年一种，第二年休息，第三年再种，名曰还债，希望加倍收获也。农产以大麦、青稞为最多，小麦、豌豆次之，每年足供藏人食用。菜蔬有萝卜、白菜、番薯等，且萝卜、白菜甚大，每个至三四十斤，足征土宜。其他草地平原，多为牧场，每年牛羊所产，除食用外，售出印度，据印度年鉴统计一百廿万卢比，青海、云南、西康尚未统计，故牧场事业，在西藏人民方面言之，占收入一大部分。

丙、工业

西藏机器工业，有兵工厂、造币厂、电灯厂等，至普通工业为氆氇、毛毡，几成为家家之家庭手工业，氆氇系用羊毛线，织成毯状之厚布。以种类言，有花氆氇、紫氆氇、绿氆氇之分。以质言，有粗细厚薄之别，康、藏人用以缝衣，可御寒，亦可作雨衣用。内地人每作床毯、椅垫之用。毛毯可铺床铺地，及帐房内或寺中坐垫之需，用途甚广。惟氆氇之幅太窄，内地用之种种不宜，如能逐渐改良，将来工业中，羊毛织品当占重要位置也。

又有特别工业，如洛隆宗之磁器，后藏宅老拉张洛丁，前藏猪根巴等地之铜制或泥制各种佛像，以及波密之刀枪，均有名，此外藏香亦行销青、康及内地。

九日　西藏货币复杂　康商交易不便

集白君述西藏货币情形，谓藏中通行之货币，因与廓尔喀相距其近，交易往还甚多，故虽属藏地，仍多用廓尔喀银钱。乾隆五十六年，以廓尔喀新铸银钱，一以抵二，发生事端，清廷乃令禁用廓尔喀钱。又以藏中距内地过远，运输不便，暂准在藏开铸制钱。但藏地购铜不易，须远到滇省采运，且向未通用制钱，即使铸成，行使亦感不便。五十七年乃准由商上暂铸银钱，每枚重一钱五分，每银一两换银钱六枚，以多出一钱为铸钱工本费，并另铸重一钱之银钱，每银一两换九枚，重五分之银钱，每银一两换十八枚。其有巴勒布旧钱与商上旧钱，酌令每一两换八枚，以示区别。铸银钱由驻藏大臣派员督同噶布伦等监造，正面铸乾隆宝藏汉字，背面四字，则系藏字，正面中间逐年铸出造币年份，如有掺铜情弊，可按年查出，将监造之员及该管之噶布伦铸钱之仔琫济仲并匠役严究。五十八年令每银一两，换一钱重新钱九枚，五分重新钱十八枚，惟一钱、五分重新钱，实形停积，嗣后无庸再铸，庶商上成本有盈无亏，源源接济，永远遵行，前廓尔喀新钱一两只易六枚。藏币在清初固无疵可指，官民两利也。

清末外侮日亟，藏局日非，改革后，汉军之戍拉萨者，已被逐出境，银钱上遂无一汉字，而以七世达赖之名代之。更另铸铜质辅币，民二始铸金币及行使纸币，纯由拉萨铸币处鼓铸金币，以折水过高，铸二三年即停止，铜币则无限增加，充斥市面矣。在原来规定：

金币一枚，重三钱，形如川铸藏洋，每枚换银廿两。

银币一枚，仍重一钱五分，甚薄，小于藏洋，与制钱之大相类。上有藏文，三银币始换一川铸藏洋，百十三枚乃换一金币。此种银币，名曰藏嘎，正背面均有字，正面八字为"嘎登蒲藏乔里南雅"，意为"快乐无往不利"。并正背面均有八莲瓣，此币可切为四种小块用之。一为肖刚，等藏嘎三分之二；次且嘎，等二分之一；次喀马杠，等三分之一；次喀杠，等六分之一，皆等相当之铜币。其形为ↄDoo，后有银币一枚定重为三两者，实际与重量相去甚远。内地银币，由青、康输入亦多，尤以有孙总理像及袁世凯像者，为人民所欢迎。

铜币一枚，抵银五分，或抵银一钱，有肖刚、且嘎、喀马杠、喀杠等名。肖刚为纯铜，余为合金，正面背面皆有注明。

恶货币驱逐良货币，为中外定律。西藏以铜代银，无限膨胀，收支多以铜币、纸币折抵，增至金币一枚，抵银百五十两，银币一枚，抵银四钱，即折抵铜币十枚，而一金币则抵铜币一千五百枚也。人民对铜币深恶重恨，假铜币亦因而发见，十年来商家因此倒闭者无数。近则须以二两银币或二十枚铜币，始得抵重三钱二分之川铸藏洋也。如以英币折算，当以铜币五十枚，始得抵英币一枚，故铜币、纸币，价格日益低落，人民生活日益困难。商印度者概用英币，到康市茶者，用川铸藏洋，藏辖区域能用银币铜币，纸币则仅拉萨用之，其余藏地均不用也。

藏币紊乱至此，已无法挽救，康商尤为病之。凡所贩卖，概系以铜币、纸币，相互折抵，既不能携带出境，又难以转购他货，故以物易物之原始交易，乃盛行于西藏也。

十日　西藏司法概况　清季刑法一斑

西藏管司法者，名曰"若你青波"，凡民刑诉讼及细故纠纷，均由"若你青波"审讯。办理一切公文案件者，则有"织宗"和"仲锅"，各一百零五人，"织宗"系精通文墨之喇嘛充任，"仲锅"系世家后裔，富有学问之俗人充当。

名虽五百，缺额甚多，其职务亦同内地军政各界之分门别类，办理公务，遇有疑难案件，负司法责任之织宗及仲锅等，相聚讨论议决后，请示"若你青波"转请噶厦核夺后，开庭审讯，宣布判决。其采取刑法，约分死、徒、流、笞、罚金、没产数种，以前尚有死刑及割残等刑。兹一并记之如下：

（一）死刑　早年曾采用之，凡有危害宗教、政府及公共利益之重大案件，而又拥有势力之贵族，则处死刑。处死之法，系将罪犯缝以牛皮，使四肢不能活动，投诸河流，以毙其命。

（二）徒刑　分有期、无期二种，仍戴枷锁，可释放出外，任其居家或贸易，但不得离城。

（三）流刑　途程仅数百里，到达该地时，则交当地监禁。仍无自由，可以称为流徒兼施。

（四）笞刑　系用皮革制成之鞭，痛打罪犯，施刑处设有石桩二处，每处为二，距离与人身长度略同，桩上洞穿一孔，处刑时将罪犯手足缚于桩上，身体使仆于地，司刑者左右各一，互笞罪犯，自颈至膝之间，皆为受刑部分。

（五）罚金　则视犯罪之轻重而定多寡。没收其财产，非犯重大案件不用。且没产以后，本身及家属均定徒刑，此为内地所无者。

（六）挖目割耳刑　挖目系将犯人两目挖去，灌以热油，防其腐烂，割耳系割去其耳。

（七）断手足刑　系将犯人两手足或一手足断去，亦涂以热油。

（八）枷锁示众　系将所枷罪犯，押至示众场，供众参观，并用纸书罪犯姓名及所犯罪名于枷上，俾参观者明了。锁镣示众者，则于示众场墙壁上张贴罪状，或于项上悬一罪状牌，每日午后则仍押回看守所禁闭。

以上各刑，第（一）及第（六）、（七）三种，因太惨酷，且违反佛教慈悲之意，自达赖由印度返藏后即已废止，现徒刑最多。

又西藏监狱分两种，一名"郎子匣"，一名"则叙"。"郎子匣"系禁重要罪犯，及无期徒刑者，"则叙"如内地之看守所。"郎子匣"之建筑，极为坚固，高于平地数丈，并于内部挖掘深井，然后造室，无门户可通，罪犯出入监狱时,悉搭木梯于墙之内外以为交通。监内更无窗牖,仅开一孔于户顶,阳光异常缺乏,室内暗无天日,俨如地狱。监内虽有囚粮,为数甚少,食不得饱。如有乐善好施僧俗,欲往布施时,则先告知卡差,登梯上屋顶,从天窗口呼唤,投以钱物。亦有诵经之家,将糌粑携往监狱布施者。较轻罪犯之禁闭"则叙"者,于朔、望两日,可沿街行乞,补助生活,行人怜其痛苦,亦乐于施给,比较富有而能自给之罪犯,则不屑为,悉由家庭送食。

监狱寄禁,苟经过长时日,罪犯以金钱托人求情,因而脱法者有之。或罪犯素广交游,与当地长官相识,因而释放或蒙报病故者有之。如前西康宣慰使"诺拉"在藏犯罪,发交某地监禁,当地长官与渠素识,即擅行释放,蒙报病故,并已葬竣,拉萨有司,亦疏于调查,竟为所欺。

西藏贵贱阶级之分,异常严重,凡下级平民,遭遇不肖军人之讹诈者,自知无力即不敢诉于法庭。因藏军官佐之充任系承袭制,贵者永贵,贱者永贱,一般军人平日供养三宝甚恭,对待喇嘛亦甚礼貌,稍有智识之辈,皆削发为僧,其余多为无知之愚民,唯有受其压迫而已。即有控至法庭者,政府数月不理,亦无批示揭晓之例,因疑于贵族不能捕检,竟成悬案,控告者既无结果,而反迁怒有势力之军阀,报复仇杀之事不免,故遇不平之事,惟有忍受。

十一日　西藏交通概况　拉萨邮电情形

西藏东西相距约二千六百里,南北长一千二百余里,面积约二百五十余万方里。在此面积中,高山大河甚多,交通极为不便。且铁道、公路既未建筑,飞机航线亦未筹办,其交通工具仍为原始之畜力。在拉萨有汽车二辆,系十三世达赖时其大觉堪布金塞宫之喇嘛,由印度购来,专供达赖自布达拉宫至其罗布林岗游宫一段之乘坐,可谓公路仅此一段。至江孜至帕里一段,虽亦可通汽车,因藏人宗教迷信,认此汽车路有伤山神地脉,在民国八年曾集合数人卧于江孜、帕里道旁,反对开路,行车因而中止。兹将西藏交通,分为邮电、道路二项,述之于下:

甲、邮电　西藏邮政,成立于民国元年。在光绪三十年与英订立不平等条约后，即将江孜辟为商埠。由印度到江孜，英国按现在交通建设，设立邮政局、电报局于各班格庐（印度语，旅馆之意，每站距离八九十里不等），并均设立电话，互通消息。自此西藏当局与英交涉，由江孜至拉萨、江达一带，邮电归藏管理，邮票仅适用藏境，过江孜以南，即贴用英国邮票。

至电报、电话，可谓英人为便利其商业及易通藏情而设，江孜以北至拉萨属藏人范围，江孜、帕里至东关归英人经营。黄专使入藏后，始留设无线电台一所通中央，并留有无线电收音机，中央广播电台消息，可达拉萨。

乙、道路　西藏四面环山，道路半属山地，崎岖难行，间有平坦地，亦乱石阻道。西藏当局又无专管建设道路机关，故西藏道路，较新疆、青海各省尤为不便。兹将各路线分述如下：

一、通川道　由成都经康定、甘孜、德格渡金沙江入昌都赴拉萨，此路山少，人烟亦稀，地方尚安静，所谓北道是也。附表（一）（二）（三）。

（一）由成都至康定站程表

站名	里数（华里）	备考
新津	90	人烟稠密
卭州	90	同上
百丈	90	同上
雅安	85	同上
荥经	95	人烟较少
清溪县	90	同上
泥头驿	70	同上
化林坪	65	人烟较多
泸定县	80	同上
瓦司沟	85	同上
康定	65	同上
总计11站	905	

（二）由康定至冈拖河边站程表

站名	里数	备考
折多塘	40	有民房十余所
水桥子	70	有民房三四所
长坝村	50	有民房三四家
钟古喇嘛寺	50	喇嘛寺一所
泰宁	60	附近有民房百余家
官寨子	50	露宿，有官寨子一所，现已毁坏
道孚县	90	有民房一百五十余家
大寨	40	民房三十余所
将军梁子	50	有街房八九所，金矿颇多，居民以企淘为生
炉霍县	80	有街房一百余家
纳柳村	60	民房三四家
朱倭	40	民房五十余所
甘孜县	70	民房三百余家，有温泉二处，可供沐浴
绒坝岔	80	有民房三十余家，附近有温泉可沐浴
松林口	90	露宿
玉隆官寨	90	有民房二三所，该官寨系驻军队用
东山根子	60	露宿
西山根子	60	露宿，是日过崔耳山
柯鹿	40	露宿，附近有民房十余所
德格县	60	有民房约一百余所
冈拖河	60	即金沙江，过河为藏军驻地，有民房十余所
总计21站	1029	

（三）由冈拖河至拉萨路程表

站名	里数（英里）	备考
倭多	30	人烟稀少，多山地
绒松	48	同上
隆达	40	同上
格里	50	同上
九绒	60	同上
托浪	60	同上
惹了	65	人烟较多
察木多（昌都）	55	同上
浪达	50	同上
拉麦	40	同上
贡达	30	同上
瓦河	70	
马里	35	
下野松	25	
洛隆宗	55	
则墨	55	
肖墨	50	
抓里	50	
拉则	50	
大宗	60	

续表

五结打木达	50	
拉木结孔	50	
温坐克瓦	55	
哈拉木	30	
加贡	35	
屠土	50	
察袄卡	50	
拉里	50	约有五十户,为通三十九族之通道
秧长	30	同上
舌里	55	同上
炸麦	35	同上
浪久	40	同上
江达	45	人烟甚多,约二百户
经大	40	人烟较稠,五十户
龙马里	45	约三四十户
错木拉	60	约五六十户
河斯力蒋	50	约有三四十户
钦仁里	50	约有四十户
墨竹贡卡	55	约有八九户
拉木	35	约有五十户
得庆	60	约有二三十户

续表

地名	里数	备考
拉萨	40	约有八九千户，连喇嘛寺约有五万人
总计42站	1973	由冈拖河西至拉萨经大小山29座，行旅如不事先准备，则衣食住行，较感困难。

又由成都经康定、巴安、理化到昌都，入拉萨，逊清钦差大臣入藏，多取此道，所谓南道是也。此路山较多，人烟稍稠密，但人民强悍，匪风甚炽。附表（四）。（康定以前，昌都以后，同上。）

（四）由康定经南道至昌都

地名	里数	日程	备考
康定	50	1	自此以后，即全恃乌拉（牲口）驮载。
折多	85	1	
安民	55	1	
东俄洛	75	1	
卧龙	120	2	
雅江	130	2	雅江即昔之河口，又名中渡。
西俄洛	110	2	
大竹卡	50	1	
理化	50	1	理化即昔之理塘，为西康西地，气候寒。
头塘	150	2	大批人员改二日行，途中须支帐棚寄宿，人少可兼程。
喇嘛了	110	2	
三坝塘	100	2	

续表

大朔塘	130	2	大批人员改二日行，途中须支帐棚寄宿，人少可兼程。
小仲巴	50	1	
巴安	50	1	巴安即昔之巴塘，无城墙，土地肥美，气候温和。
竹巴笼	130	2	大批人员改二日行，途中须支帐棚寄宿，人少可兼程。
莽里	120	2	同上
古树	100	2	同上
江卡	110	2	同上
黎树	110	2	同上
石板沟	80	1	
陪足塘	100	2	大批人员改二日行，途中须支帐棚寄宿，人少可兼程。
洛加宗	80	1	
察雅	95	1	
昂地	90	1	
王卡	50	1	
巴贡	100	2	起早日行，一日可赶到，惟大批人员，势必改二日。
色敦至昌都	150	2	
总计28站	2670	43	限于大批人员行进之估定。

二、通青海道　由西宁经塔里木黄河发源地，越当拉岭到旁多城，入拉萨，逊清康熙五十七年，噶勒弼征讨准噶尔之乱，即由此道。沿途草木繁茂，山川纵列，人烟稀少，所谓草地是也。北平、甘肃商人多取道于此。又有一道，经玉树至西宁，人烟较少。附表（五）（六）。

（五）前藏至玉树结古，计程二千二百一十七里，三十八站，列表于下：

站名	里数	备考
噶啦坝	30	
彭多	30	
墨隆堡	30	
节仲	30	
松竹宋	30	
勒甘多	30	
彭多	30	
俊门	30	
纳地	70	
巴布龙	80	
桑多	30	
江足卡	80	
哈拉乌苏	90	
色尔龙	30	
噶色尔楮卡	60	
江古郎	60	
温江松多	40	
多塞尔	80	
格雅尔卡	50	
汤消	50	

续表

江清巴那卡	80	
会顶让	40	
纳喜塘	50	
春科塘	90	
甲里刚多	40	
先布松多	40	
东多松多	60	
兴东	60	
毕洛腮	100	
察桑纳	60	
曲齿松多	60	
晒多	70	
噶顺	120	
噶喜	50	
魁清	100	
纳马蛮	100	
江沟八纳巴	100	
玉树	100	

（六）由拉萨经木鲁乌苏至西宁城，计程三千七百里，共计六十八站，列表于下：

站名	里数	备考
郎拉	40	
门都	30	
群科尔	70	
沙拉	60	有水，田产茬草子
达隆	40	
夹藏坝	40	过铁索桥
羊拉	60	
达木东边	60	
克屯西立克	70	
什保诺尔	60	
噶欠	60	
哈拉乌苏西边	60	
郭隆	50	
楚木拉	50	自门都站至此站，水草均有，惟柴粪困难。
绰尔果尔西边	70	
蒙古西里克	60	
蒙咱西里克东边	40	
沙克因果尔	40	
泡河老	60	
巴木汉	50	
索河东边	60	

续表

伊克诺木罕乌巴什	50	
吉利布拉克	60	
因达木	40	
阿木达河	40	
哈拉河洛	40	
布哈赛勒	50	自绰尔果尔至此站，俱有水草，柴粪俱缺。
多伦都尔	50	系藏青交界处
呼浪河	60	
赛柯蚌	50	
清河察汉哈达	80	
察汉额尔吉	80	以上四站，俱有水草牛粪，惟无柴草。
库库可达	50	
库柯诺尔	50	
库柯沟	40	
木鲁苏西河	50	
哈拉河洛	70	
巴罕拜彦	70	
乌河诺尔	30	
乌河那峡	60	
巴彦哈拉	40	以上九站，俱有水草，牛粪甚少。

349

续表

喇嘛托罗海川口	50	
党塞尔河	80	
哈拉河	60	
哈马尔厄勒泰	40	
且克诺尔	40	
索诺木	90	
墨脱尔达班	70	
毕留图河口	70	
毕留图	40	
垤里布拉克	50	
多伦诺尔	50	
哈伦乌苏	60	
登努尔台	50	
依马图川	40	
依麻图	30	
沙拉图	70	
木呼尔	70	
哈套口	80	
察汗鄂博图	30	
堪布滩	50	
阿什汉水	50	

续表

地名	里数	备考
那拉萨拉图	40	
骆驼颔头	40	即土尔根,自巴颜哈拉至此站,有水草,无柴烧,牛粪微少。
湟源县	60	旧名丹噶尔,一译东科尔
西宁城	90	

三、通云南道　由昆明经丽江、中甸、阿敦子,过宁静到昌都,入拉萨。西藏云南商人多取道于此。由昆明至阿敦子共二千五百里,计由昆明至楚雄四百四十里,须行六日,楚雄至下关五百三十里,须行六日,下关至大理三十里,大理至丽江四百里,行五日,丽江至维西四百五十里,行六日,维西到叶枝二百五十里,须行三日,叶枝至阿敦子四百里,须行五日,共须行二十八日。由阿敦子至昌都约一千五百五十里,计阿敦子至江卡五百里,行七日,江卡至札鸦六百里,须行八日,札鸦至昌都四百五十里,须行六日,共二十一日。由昌都至拉萨则与康定至拉萨经昌都路线同。

四、通印度道有二:(一)由拉萨经江孜、帕里至亚东,越龙头山(即喜马拉雅山腰),至噶伦堡,计程廿一站。此山最高点高度为一万五千七百尺,路险山陡。但由噶伦堡即有汽车道至札西札,再乘火车,经喜里古里至印度京城加尔各达。附表(七)。

(七)由拉萨经帕里至噶伦堡站程,列表如下:

地名	里数	备考
业党	80	往后藏越噶巴拉(拉即山意)后,即沿湖向西南行
曲水	90	此地为一小站
札马绒	50	为较大之一宗
北地	60	

续表

纳噶孜	60	
杂拉	75	
春堆	60	
谷喜	50	
江孜	60	此地为英藏之一大商埠,商保卫军驻扎于此,前设有行邮电局。
司马达	50	此地时常大风,住户不多。
帕里竟	50	
帕热	80	翻郎绕山路难行
竹莫	45	已到喜马拉雅山下腰,有印藏客店数户。
客若	60	已越喜马拉雅山,此地客商如前。
则路	45	
春邞	40	印度、哲孟雄商户甚多
北洞	40	
噶伦堡至加尔各达		噶伦堡商户林立,乃印藏之大商埠,由此乘汽车至札西札,再乘火车经喜里古里至加尔各达。

又由拉萨经亚东关到冈拖,与上线前十七站同,所异者,此道须经沟屋、亚东、昌谷、冈拖,惟山之高度较低,在冬季行之较便而已。

(二)由拉萨、江孜、帕里,越纳都岭昌谷,到哲孟雄都城江都,山陡而平,英人在山脚中下已筑有汽车路,为印藏交通往来之孔道。但在阴历正二三四四个月,大雪封山,不易通行。

五、通不丹道 由拉萨、帕里趣米咱里山八尼境至布拉克哈,长四百二十六里,为西藏第一坦途。

六、通尼泊尔道　由拉萨到江孜、札什伦布，定日、聂拉木，至尼泊尔都加岛曼图（由拉良至尼泊尔沿途险要，渡河十五次）。

七、通新疆道有二：（一）由拉萨经隆马绒、那克、藏萨里巴喀尔至新疆于阗、和阗。（二）由拉萨经隆马绒公占翁波干喀尔古鲁克至新疆于阗、和阗（由拉萨至迪化长三千五百余里，牛行七十余日可达）。

八、西藏内地交通

（一）前藏至纳克塞卡伦，计程一千五百十里，共二十四站，沿途具有瘴气，水草牛粪均感困难，事先须充分准备方可，至避瘴气办法，普通用烟酒解毒，兹将站程列表于下：

站名	里数	备考
甲普	30	
浪孜	40	
拉咱尔	60	
粗布	50	以上四站，有人户柴草。
阿里	70	过大雪山，有柴草，无人户。
甲仲	80	
泥木根举	70	
日贡	60	
八角	70	以上四站有人户，柴草少。
大雪根山	50	
林卡宗	90	
兰卡	50	以上三站，无人户柴草。
热党	80	有人户柴草。
甲错	60	柴草甚少，牛粪沿途均有。

续表

站名	里数	备考
垫登	60	
鱼骨柏	40	此二站柴草甚少，牛粪不感困难。
噶拉	120	
贺洛	50	
察党粗固	70	
日镫	70	
木庆	90	
拍木坝	80	以上柴草人户俱无。
按烈	80	
纳克产	50	有人户牛粪，柴草缺。

（二）由前藏至奔卡力马，计程一千五百里，共二十六站，列表于下：

站名	里数	备考
克噶拉俱	30	
蒙至	50	
义里场未	40	
口虫	40	
拉未	60	
彭多	80	
呼整	30	俗名热正
察木桑	50	
巴达	40	

续表

站名	里数	备考
撲娘库	70	
三坝	30	
多罗得巴	70	
哈拉乌苏	70	
胖米麻	60	
阿木多	80	
投顺纳瓦	60	
厦木纳热瓦	50	
图尔郡	50	
热麻拉撒	70	
巴恩拉木期	80	
白果东马	80	
布呼江	60	
遮隆	70	
楚隆	80	
彭卡	60	
奔卡力马尔	50	

（三）由前藏至生根物角，计程一千五百里，共二十二站，沿途柴粪均缺，山多高峻，列表于下：

站名	里数	备考
腾格尔诺尔	400	

续表

哈隆	70	过大雪山
省雅	30	
错隆角	60	
奇马多隆	20	
木海子	50	过二山
白纳辛	40	
白噶哈力水	60	
吉都列路	70	
拉卡尔工多	60	
巴拉	50	过山
察郎哈	40	过山
郎哈	60	过二山
盐池	90	过大河
卡尔哈	30	过山
西甘工布	40	
哈甘布	50	过山
达甘俄所	50	过山
恩达哈	40	
星干哈岗	60	过山
色尔松多	80	过三山
生根物角	50	过山

（四）由前藏杨八井至噶尔藏骨察，计程八百四十里，共十五站，沿途柴粪甚易，惟间有山，平均高度在万三千尺以上，列表于下：

站名	里数	备考
峡布	40	
业则	70	
楮定马奔	50	
桑吉定马	40	
喇定初多	50	
胜格尔诺尔界	50	大海子边
郎错	50	又名族隆角
过中	60	有大山，山顶有海子
章错	80	
海子头	40	
卓得尔	60	
邦塘	50	
巴叶丫	50	
冻错	70	
噶尔藏骨察	70	

（五）由前藏拉萨至布鲁克巴，计程一千八百四十里，共十七站，再行二日，地名平汤，即逊清第巴诺彦林亲王住处，惟西木多、札希曲宗，夏日稍凉，故多至此避暑，其地产稻谷、麦豆、黍稷、各种瓜果菜蔬、鸡鸭鹅猪等物，英人谓此地为动植物园，非无因也，站程列表于下：

站名	里数	备考
业党	70	
札什采	60	
曲水	80	
白地	100	
浪噶孜	70	
勒隆	100	人少无柴，有牛粪
列隆	70	有人户土官，牛粪甚多。
沙玛达	50	有人户田地
噶拉	60	有人户田地
遐拉	50	有人户田地
怕尔	60	即怕克里，有人户田地，有草无柴。
香浪	40	有人户，系土墙版棚碉房，有柴草水田，出稻谷、竹木，与内地同。
仁进步	70	
东噶拉	30	二站尽属香浪宗
喇嘛隆	40	有人户寺院，余皆不及香浪宗（宗即寨意，略等内地之县）
西木多	50	有人户柴草
札希曲宗	30	有人户、柴、大寺院，乃诺彦林亲王避暑处。

（六）由札什伦布经咱党小路至前藏拉萨，计程八百四十里，共十二站，列表于下：

站名	里数	备考
落窥	40	
色木多	100	
年木胡达	120	
能木宗	50	
沙楮卡	80	
咱党	70	
白地	70	
巴则	120	
曲水	50	
能工巴	40	
登龙冈	40	
拉萨	30	

（七）由札什伦布至聂拉木，计行程十一日，列表于下：

站名	打尖地	备考
刚坚喇嘛寺	拉尔塘	由札什伦布南行至拉尔塘，又转北至刚坚喇嘛寺，路平。
花寨子		自刚坚喇嘛寺南行，过三坝桥转西北行，至花寨子。
彭错岭	札希刚	由花寨子过纳雅山至札希刚，又过大山至白达寨，又过峻岭。

续表

拉孜	札塘	彭错岭由山后下岭，至札塘，经下载至铁索桥。
札普	白佳纪岗	由拉孜上山，至白佳纪岗，一路多山溪，越甲错大山，下山至札普。
罗罗	拉古龙古	自札普迤里崇山峻岭，下山至拉古龙古经热水塘，至罗罗。
协噶尔		由罗罗塘越小山，过罗桑桥，又过山梁，过协曲桥至协噶尔。
眉木	咱果尔	由协噶尔越子曰山，下山渡蚌楚河至咱果尔光，又上山至眉木。
定日		由眉目山后绕下至定楮桥，上山至定日。一名定哩浪古。
巴都尔	郎古	由定日渡普楚河至浪古，越大山，寒风凛烈。
聂拉木	达尔结岭	由巴都尔依山越岭，至坎达结岭，至帕甲巅，经噶卡至聂拉木。

（八）由聂拉木至宗喀，计行程四日，列表于下：

站名	打尖地	备考
俄拉喇嘛寺		自巴都尔越连岗层岭，至俄拉喇嘛寺。
白孜	辖咙	自俄拉喇嘛寺越甲纳大山，至辖咙，无人户，又过小山，至白孜为帐房。
撒喜	达楮	自白孜平川绕行至达楮，其北有纳错，每至撒喜为黔帐房。
宗喀		自撒喜越贡倘拉大山，又绕宗喀山后，至宗喀有石堡。

（九）由宗喀至济咙，计程三日，列表如下：

站名	备考
让达	宗喀绕折漫山，渡鹿马河，又越山至济达，有碉房。
卓党	自让达越山岭，有大所寺，过鹿马桥檫木卡，极险峻，下山至卓党。
济咙	由济咙过怕巴喇嘛寺，通廓尔喀汤布城大路。

（十）由宗喀至萨迦寺，计程十日，列表如下：

站名	打尖地	备考
胡林		由宗喀经群喀寺越工倘拉大山，其西南有植泥海至胡林。
强谷		由胡林绕山至萨喜登撒拉山，下山经平川至强谷黑帐房。
勒龙	阿拉寺	由强谷西渡河，绕北行至阿拉寺，又绕至勒隆山，山顶有大寺。
达增	藏楮	由勒隆绕山麓，过藏楮河，经工龙寺，至达增，有人户碉房。
汤谷	巴马	由汤谷越四小山，至拉丫尔寺，又绕山麓，至常桑里帐房。
常桑	拉丫	由达增谷越小山梁，至巴马，路平坦，越江纳大山，下山渡河，即到站。
于咙札	拉汤	由常桑过常桑山，下山渡河，至拉汤，又绕山麓即到站。
噶喀	热龙	由于咙札绕山经热水塘，至热龙，沿加木海过噶山后，即到站。
星克宗	浪错	由噶喀越拉喀大山，至浪错，沿郭拉海岸至星克宗，有民房。
咱普	琼喀	由星木宗越琼喀山，有拉子山支路，又越山渡河，过木桥即到站。
萨迦喇嘛寺	萨堆	由咱普越山至萨堆，又绕山至萨加呼图克图寺，其教有家室，为红教。

（十一）由后藏至前藏拉萨，计行程十日，列表于下：

宿营地	打尖地	备考
札什伦布		由札什伦往转尔桥，路平，至生多喇嘛寺在山顶，有碉房树木。
生多喇嘛寺	鹿古洞	由生多喇嘛寺登山，达竹渡河，至鹿古洞，其南有鹿古寺，又绕山至尼姑寺，即到站。
密咬纳噶	达拉山	由密咬纳噶经黑帐房。
昔喀	拉热	由昔喀下山，渡吴于桥，越日蚌大山，至拉热，又越山梁至务庸纵党山顶。
务庸纵党	山根	由务庸纵党，过作木桥，至拉古咙古山，又越山，即到站。
塔木墩	布勒	由塔木墩，经麻尔江，渡河上山，至布勒，越硕布大山，至硕布巴拉。
硕布巴拉		由硕布巴拉渡河，至杨八井喇嘛寺，在山麓，有河绕其前。
杨八井		由杨八井经热水塘，依山绕路，过佳桑桥至德庆。
德庆		由德庆绕小山，至咙巴桥，有初普寺，至浪孜，有碉房、树木、田地。
浪孜	甲普	浪孜至甲普有碉房树木，由甲普至洞噶尔关，其南名兴桑桥，通聂党赴后藏。

（十二）由江孜至札什伦布，计程三日，列表如下：

站名	里数	备考
白浪	55	
甘霸	60	有第巴人房柴草（第巴系西藏官名）
札什伦布	100	由甘坝70里，至葱堆，再行40里，至札什伦布。普通人分二站行进。

（十三）由前藏拉萨至腾格尔诺尔，计程四百一十里，列表于下：

站名	里数	备考
甲普	30	
浪孜	40	
奔里	40	
德庆	40	
杨八井	50	
卞孜	40	
乾海子	40	
桑托罗海	40	
楮登力马尔	50	
那根袖多	40	即腾格尔诺尔

十二日　西藏教育概况　英印留学居多

西藏教育，据藏人某君谈，现仅有拉萨之学校三处，及留学印度、英国者若干人，简述如下：

一、柴岗学校　设于大昭寺内，学生五十余人，系贵族子弟，六年毕业。所授功课为习字、算术、藏文等科，略如内地旧时之私塾。

二、布达拉宫学校　有学生三四百人，系僧官"仔仲"之养成所，每日功课有习字、经文、问世学、藏文等。五年毕业后，可任僧官。

三、药历学校　系研究药学、历算等，期定十二年，前六年学藏文习字，普医历常识，后六年则学治病、历算等较深之学。学生六七十人，分医、历二班。

四、留学印度者　（一）杜林代本，系虾札噶伦子，前擦戎藏军总司令之姊弟，本为哲孟雄人，在印留学五年，现充代本。（二）定甲，前充拉萨郎仔辖（市长），现充代本。留印五年，擅交际。（三）杜林台吉，前充代本，因与擦戎同党，被达赖喇嘛革职留任，现充欢迎班禅大师回藏代表，任台吉官。据云留印前后十八年，其他留学印度者尚有若干人，如擦戎之子等，以未任显职从略。

五、留学英国者　最著名者为楚噶代本，现年五十岁，留学伦敦二次，善战骁勇，波密之战，受伤后尚能继续作战，为藏军有名人物。廿一年与青军作战，受伤后，藏军一蹶不振。次为孟仲、稽卜、仁岗等四人，孟仲僧官习矿学，仁岗习电气，稽卜习军事，其他一人已死。现稽卜任代本，孟仲任拉萨宗本，仁岗任四品官。其中以孟仲思想最新，对现在西藏环境，亦极认识。

十三日　西藏历算　中国输入

拉萨三大寺代表，对西藏历书颇有研究，据所谈述，并参考各记载如下：

西藏历书，来自中国。盖西藏强盛以藏王松赞干布时代为最，时为唐代，与中国往来甚密。唐曾两次将公主下嫁，两公主入藏，均先后将中国文化，带入西藏，除《四书》《五经》、佛像佛书、法政艺术等外，尤于历数贡献最大。相传文成公主通占星学，发现西藏如女魔仰卧，故改建寺于寺之手腕腿足上。又据《西藏考》，谓"藏人不识天干，以地支鼠牛兔纪年，以金木水火土记日，亦能测日蚀月蚀、推算占验，皆唐之公主流传"。又据英人贝尔著《西藏之过去与现在》，谓"松赞干布后，又从汉籍中翻译天文学、占星学、药学等类若干种"。由上各记载，可知历书来自中国无疑，而松赞干布实为规定历书之创始人，其历书与吾国阴历相同之点甚多，亦稍有异点于下：

甲、相异之点

（一）削除凶日　藏人以佛教色彩浓厚，故其历书内遇有大凶之日，造历书时已先削去，别于其日之前后选一较吉者为复日。如以九月廿二日为凶日，削去不用，以廿三日为吉日，连过两日。

（二）喜闰吉月　藏人闰月时，加于吉祥月后，如七、八月为藏人最愉快之月，故其闰月亦以七、八两月为最多。如民国九年藏历闰八月，拉萨地方，每年八月初旬例为雨季，甚有益于当地之农作物，该年适值雨季，延长至闰八月内，以致丰收，一般农人皆以为系闰月之功。

（三）编次稍异 藏历排次序，与阴历略有不同，系三月在前，余则依次排下，一月、二月均在历书之后，如明年之一月、二月，系在本年之历书后面，而本年之一月、二月，则在去年历书后面，或系中国古代建子、建寅改变之故。

乙、相同之点

（一）用阴历 藏历创于唐时，故亦用阴历编制，以月球盈亏一周为一月，十二月为一年，各月亦有大建小建之分。

（二）干支纪年 中国历书，自黄帝命大挠选甲子造历，直至现在，历法虽已变更，但以干支纪年，迄今未改。藏历亦系以干支纪年，内地阴历以六十年为一甲子，藏历亦系六十年为一转。

（三）干支次序相同 查藏历不仅以干支纪年，与阴历同，即干支次序，亦同内地。兹将民国以来内地阴历与藏历之干支纪年，作一比较表于下：

民国年别	元二三四五六七八九十十十十十十十十十十廿廿廿廿廿 　　　　　　　　一二三四五六七八九　一二三四五
阴历干支	壬癸甲乙丙丁戊己庚辛壬癸甲乙丙丁戊己庚辛壬癸甲乙丙 子丑寅卯辰巳午未申酉戌亥子丑寅卯辰巳午未申酉戌亥子
藏历五行 生属 汉译	水水木木火火土土金金水水木木火火土土金金水水木木火 鼠牛虎兔龙蛇马羊猴鸡犬猪鼠牛虎兔龙蛇马羊猴鸡犬猪鼠

（四）干支上亦有二十八宿，阴历日干上，除系干支、五行及建满平收等黄黑道日外，尚有角、亢、氐、房、心等二十八宿，藏历亦然，次序先后亦同。

（五）以寅月为岁首。阴历以寅月为岁首（马端临《文献通考》：颛顼高阳氏命重行治神人，以寅月为历元天干），惟以地支属于纪年，亦十二月为一岁，其支属纪年为鼠年、牛年、兔年，纪月以寅为正月。

盛绳祖《卫藏识略》，记有西藏历法一段，附录于下：

番人不识天干，惟以地支属相纪年，亦以十二月为一岁。其支属纪年，如鼠年、牛年、兔年，纪月以寅为正月，亦有闰月，但不同时耳。如雍正十年壬子闰五月，其地闰正，雍正十三年乙卯闰四月，其地先于甲寅年闰七月。更有闰日之异，如闰初一则无初二，即至初三日，或于月内摘去一二日，即不呼此一二日，如摘去二十七日，次日即呼二十八矣。每月无小建，必有朔望晦日。称正月为端郭，余月仍依次数之。纪日惟以金木水火土五行配，与时宪书无异。惟日蚀月蚀，亦纤毫不爽云。惟推算占验，皆唐公主所流传。

十四日　喇嘛教发生源流　宗喀巴改革经过

西藏宗教，影响于政治、社会及其他各方面甚大，故研究西藏者，不可不研究其宗教。兹参考日本西藏研究会所述，将西藏喇嘛教之起源及其发达之经过，分述如下：

喇嘛教为西藏特有之佛教，依多神教之印度教形式，而加以变化者。喇嘛二字在藏语为优胜无上之义，其适当意义，应用于僧院或高级之僧侣，久之凡僧侣均尊称为喇嘛矣。甚至称西藏佛教为喇嘛教，已成普通习惯。今从俗即称为喇嘛教，其起源与发达之经过，可分为六个时期。

第一期起源　在西历六百三十八年至四十一年之间，自唐及尼泊尔国嫁二皇女至西藏时，释迦佛之名始传入，是时释迦佛寂灭后已一千数百年。当时之国王为弃宗弄赞，以安慰二妃之目的，由三个佛教地输入佛书，聘请教师，又投莫大之费用，于拉萨建立壮丽之宫，以奉安二皇女所持参之佛像。派遣留学生于印度，使研究经典，兼巡拜灵地，吸收佛教精神。此种留学生归国时，携带多数典籍及礼拜器具，并以所学之梵语，造成西藏文字，以西藏语翻译许多经典，是为喇嘛教发达之第一期。

第二期巴特玛伞巴干　然新来之宗教，受其国原来存在之幽鬼崇拜者激烈之反对，一百年间进步极迟。新旧两宗旨间，时有冲突，互相憎恶。佛教宗旨，静稳柔和，故能辟易有害之幽鬼派，一扫其牺牲之恐怖心，使之全失势力。

如此状态继续一百年，佛教始一跃而得人民之信仰，传播国中。然幽鬼派亦奋然兴起，力为抗争，惟大势所趋，无可奈何。渐次佛教反对幽鬼派之态度，一变为吸收幽鬼派而同化之，遂别成一新面目。故西藏佛教严格言之，非纯质之佛教，乃于混合印度教之上，更加以西藏固有之幽鬼崇拜分子，而成今日之所谓喇嘛教。在此喇嘛教发生之第二期，研究上兴味颇多。欲考其原因，不可不先知在西藏国与佛菩萨齐名之巴特玛伞巴干师（Padma-Sa-pharo）之事绩。师为住居克什米尔（Kashmir）境上有名之印度学者，受聘于西藏国王，于西历七百四十七年至西藏。因其大名早轰传于西藏，故其国民特别注意。西藏国王，即依此学者之策画，以图振兴佛教之势力。师以卓越之才识，注全力于佛教之发展，曾巡全国，用美装以眩惑愚民，唱咒言以征服幽鬼。关于此种之奇谈甚多，兹录当时神话如下，虽属荒诞，亦足以推想当日之状态。

> 师之标榜幽鬼征服而行走，一幽鬼顽固抵抗，欲于两山之间杀师，师用高飞之手段，始得免于危险。又有幽鬼，以金刚（即降魔杵之武器）由雪中掷来，师融解积雪为湖水，幽鬼欲逃。自逃于湖水中，师又使湖水沸腾，幽鬼骨肉糜烂，鬼尚不出，师又投金刚以刺幽鬼之眼，幽鬼忽出湖水，而生命犹存。又一日精灵欲苦师，化为大白牦牛，乘此圣人，忽此圣人独飘然登天，牦牛恍惚自缚其鼻头与脚而不能动。师又变为缠白绢布之美少年，而申告其生命之存在。

巴特玛伞巴干师遍巡中国，演如此奇迹，大现自在力，故其周围或来无数之弟子，群集请教。师以为拒斥幽鬼派而扑灭之，未免过激，不无逆于人心，不如利用而同化之，以撒其壁垒，乃为手段之最妙者。师乃救助幽鬼派僧侣之生命，藉以沾恩，而不损其感情，使彼等自知采用佛教之有利，从而使人民归依之。此等妙计妙策，着着奏效，一方保存几千百年间固着人心之信仰，一方发展根基未固之新来佛教。彼在西藏仅二年，整理喇嘛僧侣之秩序，建设僧院。其寺院在拉萨府东南约三十哩之撒母亚斯（Samvas），其寺院当时建筑物之一部，经一千五百年，至今尚存。其建筑物在国内所有建筑物中为最旧，现由政府特别保管，堂内多数之佛像及神圣之器具，皆黄金造成。西藏政府，视此寺院为一种金银而保藏。由巴特玛伞巴干势力所遗珍贵物品之保存此寺，可知其人民信仰之根深蒂固。

巴特玛伞巴干有弟子二十五人，与教佛法外，兼教授各种事物，以扶持国王，一时多数事业勃兴。师于西藏成功后，欲更得同样之胜利，乃向他国而去。

由此基础，喇嘛教由渐次盛大强固后，许多学生及学者由四方负笈而游学西藏。此虽由于国王之奖励，然不能不归功于巴特玛伞巴干师尽力之成效。自是印度书籍多被翻译成为梵语与西藏语之字书而出版。然幽鬼派代表者之僧侣，恨喇嘛夺取其地位与权力，仍时有不平之反动。又由中国输入之纯粹释教徒，立于调和佛法与魔法之西藏佛教外，而维持其孤垒。其间凡一百五十年为喇嘛教发达之第二期。

第三期朗达摩王之破毁佛教　第三期为西纪八百九十九年以来，为西藏破毁佛教时代。当时国王之兄弟朗达摩弑王而篡其位。朗达摩王恶喇嘛教最甚，欲根底歼灭之，三年间尽毁国内之殿堂寺院，并焚弃经典，然被佛教徒暗杀而殒其命。一夜有一身扮蹈舞者之喇嘛，跨黑马，着黑衣，而来拉萨宫城门前，下马蹈舞，因其蹈舞巧妙，国王朗达摩召前赐谒，蹈舞者突跃出，夺王之佩剑而杀之。乘宫中上下骚乱之际，遂逃出殿中，乘前放之骏马，鞭驰而遁，驰至最近河流，洗去以烟煤涂黑之马，于是渡河后黑马变为白马，又翻衣而穿，以白里为面，宛如他人，乃得乱追骑之目，巧为逃去。喇嘛教徒，以暗杀者为宗门救济之慈善者，视为圣人，佛教遂得回复已失之势力，而再见宗门之繁盛，是为喇嘛教史之第三期。

第四期阿其撒之宗教改革　其后经过百年，僧侣之数增加，其资财亦丰富，因而寺院之建立到处勃兴，佛教日益繁盛，然西藏国民固有之骠悍气质，完全消失，一变而成卑屈忍辱，生活超于奢侈，人民亦流于游惰，社会及僧侣之道德，次第衰弱，佛教亦渐不振，于是促成宗教改革之机会。此宗教改革，实为西藏剧场之第四幕。

第五期忽必烈大倡喇嘛教　元时忽必烈继承成吉思汗，更合并中国，跨欧亚两洲之绝大版图，忽必烈为统御其大帝国之多数人民，而感宗教之必要，欲得一适当之宗教，而利用之。据传当时忽必烈就多数信徒中，选拔代表者而召集之，以孔子之儒教，固有之回回教、天主教、西藏西南之萨斯迦寺院有学识之喇嘛，共会于一堂，忽必烈就各代表中，较量其得失而决定喇嘛教。于是忽必烈钦定喇嘛教为该大帝国之国教，封萨斯迦喇嘛为喇嘛教总管长，兼外藩西藏之领主。由是喇嘛教一跃而得蒙古中国大部分之信仰。其时忽必烈最信任之喇嘛，为有名之帕克斯巴，得受大元帝师之尊号，始创定蒙古文字，忽必烈于蒙古地方，建立多数寺院。又于北京建立一大寺院，由是其后嗣各帝，亦深信喇嘛教，于是喇嘛教之势力，始达于极顶，是为喇嘛教发达之第五阶段。

第六期宗喀巴之改革　宗喀巴为喇嘛教第二次之改革者，而更改良阿其撒之改革宗教者也。盖因阿其撒殁后，经年渐久，僧侣风仪，次第衰颓，颇与阿其撒之理想相远。于是宗喀巴召集当时僧侣中最热心者，训以应守之二百三十五戒，使僧侣宿泊寺院，而施以严格之训练，使僧侣惟得携带托钵碗与祈祷用物，及印度托钵僧所用之其他附属品。宗喀巴又新设宗教仪式，以唤起人人之注意。斯时该僧院长以旭日之势，压倒腐败之红衣派喇嘛，遂振起黄教派之新派。此为喇嘛教历史中之第六期。

十五日　班禅产生由来　达赖隔阂原因

达赖、班禅为西藏之两大领袖，因二人隔阂，而使西藏问题益感困难。据西藏代表所述，并参考各方记载，得达赖与班禅各种情形如下：

一、达赖、班禅之由来　宗喀巴为黄教始祖，其第一高足弟子为克主结宗喀巴，圆寂后，克继法会，克示寂后，转世名温萨巴，再转生即第一代班禅善慧法幢大师。达赖第一代为根敦主包，为宗喀巴弟子中年最幼者。宗圆寂时，遗嘱其二弟子达赖、班禅喇嘛，世世以呼毕勒罕转生，演大乘教。其时尚未受封于明，国人无从知之。及清兴于东土，其弟子达赖、班禅各遣使绕塞外数万里赴沈阳，自此朝贡不绝，世受封号。迄青海固实汗以兵逐红帽、花帽诸法王后，复以前、后藏地分居达赖、班禅，其教益盛。达赖第一世根敦主包原依慧狮大师，为其弟子中之杰出者，曾随慧狮至后藏，慧狮圆寂后，根敦主包遂领导学众建札什伦布寺，广弘正法。根敦主包示寂后，转世为僧海大师，札什伦布寺众僧迎为寺主，后延往前藏各大寺任住持。第三代福海大师，在前藏接任藏王，又往蒙古等处弘法，在青海宗喀巴生地建塔尔寺，即圆寂于青海。第四代德海大师，仍往前藏。第五代则威权普遍前、后藏。第一代班禅善慧法幢大师，法幢再世善慧智大师，复为第五代达赖弟子，再后为班禅吉祥智大师，为第七代达赖弟子，圆寂于北平黄寺，各代互为师弟。

二、达赖、班禅之地位　达赖、班禅之地位高下，言者颇不一致，兹就清时待遇达赖、班禅之异同，分别如次：

1. 裁撤呼毕勒罕之手续相同。

2. 印册之质相同。

3. 护印相同。

4. 为哲布尊丹巴呼图克图之呼毕勒罕传法相同。

5. 各间二年，遣使朝贡相同。

6. 支搭黄布城之特殊待遇相同。

7. 与驻藏大臣平行相同。

8. 金册之文不同。封达赖册，用满、蒙、汉、唐古忒四体字，班禅册用满、汉、唐古忒三体字。

9. 赏赉不同。达赖、班禅遣使朝贡回藏时，赏赉达赖重六十两镀金银茶筒一，镀金银瓶一，银钟一，蟒缎二匹，妆缎二匹，片金二匹，闪缎四匹，字缎四匹，大卷八丝缎十四匹，大哈达五个，小哈达四十个，五色哈达十个。赏班禅重三十两银茶筒一，银瓶一，银钟一，各色大缎二十匹，大、小哈达各十个。

10. 来使应用马匹数目不同。达赖一百六十头，班禅一百二十头。

以上就清代待遇观之，班禅地位略次于达赖。又就在藏宗教地位上言之，虽同为藏蒙寺院所宗崇，但无论康、藏、甘、青、蒙古各寺院，俱归达赖管辖。以政治上地位言之，达赖兼藏王，为西藏统治者，班禅除吉祥智大师在第七代达赖圆寂后，曾代理教事，并第九世班禅，因第十三世达赖被革，曾代理若干日外，向不过问西藏政治。

三、达赖、班禅之交恶　查达赖、班禅，均为黄教祖师宗喀巴之二大弟子，转生西藏，世世互为师弟，已历五百余年，感情甚洽。传至十三世达赖吐登嘉错与第九世班禅洛桑曲金尼马时，以权位问题，加以左右挑拨，遂致恶感日深。根据事实，参照各种西藏记载，其交恶起因，可分为以下数种：

甲、班禅击鼓受罚　清光绪二十八年春，班禅往朝达赖，由布达拉宫前击鼓而过，鼓为佛前之仪仗，达赖怒为班禅过师门而击鼓，为大不敬，遂罚银一百五十两，自此左右互相诮构，嫌隙日深（见朱绣著《西藏六十年大事记》）。

乙、左右离间达赖　光绪三十年五月，英军由帕克里进捣江孜，是年六月，达赖惶急，即以印授噶登寺大堪布，率新信徒数十人，北走青海，八月英军抵拉萨。驻藏大臣以达赖事前不遵约束，临时复夤夜潜逃，遂奏参多款，奉旨暂行革去达赖名号，以示惩儆，并谕班禅暂行兼管西藏。班禅坚辞未就，而达赖左右力图离间，达赖卒为所惑。嗣英军在布达拉逼订英藏条约，由代达赖商上及噶伦三大寺签字。九月十二日，英人复以兵威胁，令班禅赴印谒见英储，十二月十五日班禅于加尔各答得日领之调停，由印度回札什伦布（见《西藏六十年大事记》）。达赖则由嘉峪关入蒙古至库伦，清德宗敦促回藏。宣统元年达赖回藏，班禅亲由札什伦布至黑水迎迓，相见甚欢。达赖即痛斥前藏内阁迎驾官兵，意在遇难时不见汝等随往，今回原地，何必来迎，于是左右更嫉班禅。

又查西藏定例，凡达赖旅行后藏，必派列新一人随侍，专司招待事宜。班禅旅行前藏亦如之。此时达、班俱驻锡黑水，相距咫尺，达赖亲临班禅帐中，见设备甚简，立即将前藏所派列新巴黑茹甲娃，罪以招待不周，立予革职查办，以谢班禅。而班禅复代为申辩乞求，得复原职。于是达赖属僚，恐班、达交好，于彼等不利，故日以班禅通汉、亲英为词，从事挑拨，以致双方误会愈深。

丙、达赖对班禅遣使入京之误会　达赖逃至青海后，班禅命札萨克品错康赛到江孜偕张使荫棠献氆氇、铜佛等物，并称达赖所用非人，侵削班禅权利，班禅岁不给，达赖亦不周恤，语次有自为藏王之意。前藏臣僚闻之，又力予破坏，卒无结果（见何藻翔所著《藏语》）。斯时札什伦布又遣降养巴丹至内地欢迎达赖回藏，主持一切，并向清廷请示班禅入觐事宜。而达赖方面即疑班禅有不利于达赖之请，及离间中藏情感之行动（见《三大寺宣言》）。

丁、达、班争先吁请陛见　光绪三十年十二月二十五日，班禅函张使荫棠，称"沾沐天恩，第三辈班禅于乾隆四十五年吁请陛见，仰蒙召见，钦颁敕书有案。今班禅于光绪三十年七月奉旨暂行兼管两藏事务，恩纶下贲，曷敢推诿，因英人以兵威胁，令赴印度，札什伦布人心惶惶，公事又恐疏虞，未敢分身，不得不请驻藏大臣转奏，叩恳辞退，只得昼夜防范英人，苦守寺院，勤诵经典，幸保无虞，实朝廷福泽所庇佑。班禅现年二十五岁，开春后拟即赴北京，援案吁请陛见，跪聆圣训，为皇太后、皇上虔诵万寿经典，一俟奉到谕旨，即当由北路入都，恳代奏等情"。此事为前藏商上所知，即召集会议讨论数日，三十一年四月十七日禀称众议今达赖由西宁吁请陛见，务在班禅未到之先抵京等语。于是互相猜疑，隔阂日深（见《藏语》）。

戊、达赖被革班禅继任中之误会　宣统二年，因政府派川军入藏，前队抵拉萨，联钦差派卫队欢迎，归途鸣枪示威，伤大昭寺济仲喇嘛，达赖恐遭危险，即于正月初三夜逃往印度。达赖本意拟便道至札什伦布，约班禅同往，讵料葛伦虾渣力阻之，遂径入印度。其后达赖屡调不回，清廷即革去达赖喇嘛名号，联豫又请班禅来拉萨代理达赖掌管藏政，班禅为维持目前治安计，只得遵命到拉萨，并函知达赖，请示机宜。达赖即请班禅仍回札什伦布城，班禅不久即离拉萨而去。而前藏官吏即在达赖方面，称班禅运动江孜马监督入拉萨，结纳联大臣及锺颖，声言达赖喇嘛被革，畀班禅以政教全权等语。于是班禅窃登宝座，僭居日光殿云云（见西藏《三大寺宣言》）。此为班、达交恶最大之原因。

己、班禅接济汉军　民国元年因驻藏川军暴动，杀统领罗长椅、何光燮等，推联豫为元帅，汉军向商上勒索饷银，掳掠妇女，抢劫商贾，焚毁寺庙。因此前藏驻兵围攻，川军大败，寺僧乘势攻陷札什城，招募士兵，以谢国梁为统领，日与锺颖酣战，并用达赖名义，通告全藏之营官、僧众，攻击各地汉军。然后藏不肯出兵排汉，联豫避居哲蚌寺，以印信交锺颖，锺即代理驻藏大臣之职，势甚危急，遂求援于班禅，班禅暗令哲蚌寺、丁吉岭寺助之，并私济粮、弹，激战数月，终不能支，遂被缴械。达赖独立后，即将丁吉岭寺产完全没收，驱杀寺僧，并火其庙。又痛惩哲蚌寺，重要人员多遭非刑，而达、班之恶感因此更深一层矣（参照《六十年大事记》及《后藏同乡宣言》）。

庚、后藏人民抗不应差　查后藏人民所应差徭税务，素为班禅及札什伦布香火赡养之资，其后达赖独立，统一全藏，派员至后藏调查田产，勒令今后粮食、矿商等税，牛、羊、马、力役，供入前藏政府，人民抗不应命。达赖以为系班禅所驱使，即将紫霞堪布、卓毅堪布、秘戈长地绕结三人，拘至拉萨，监禁三年。班禅拟亲身赴拉萨申明并保释所拘堪布，达赖覆函称勿庸来此，免令我为难云云。班禅即知达赖被左右包围矣。

辛、罚款过巨班禅离藏　达赖复迫令班禅饬缴垫款饷银五万秤，军粮十万克（藏制量名），否则意欲诉诸武力，并派人请班禅到拉萨会议合作，实则密谋陷阱。班禅知事不谐，始于民国十二年十一月十八日藉沐浴坐静之名，取道向阳，逃入内地。临行函致达赖，告以此次拟往青、蒙、康各地化缘缴纳垫款，且避免阁臣虾札等之谗害，将来必借入和解人回藏，以免失去班、达数百年之关系。达赖闻之，即遣咨本龙虾率带三十九族骑兵追之，不料追兵屡为风雪所阻，班禅卒脱于难，达赖即迁怒于其侄公古学邓珠玉嘉等数十人，而幽囚之，并将财产完全充没，变卖归库。

壬、达赖代表反对中央加封班禅　班禅由藏入京后，于民国十三年经段执政嘉其诚心内附，册封宣诚济世班禅额尔德尼，每年给年俸一万二千元。其后张作霖、吴佩孚亦援案优加，达赖并未反对。国民政府奠都南京，准班禅在各边省设立办公处以资联络，民国二十年中央召集国民会议，班禅来京参加，中央又于国务会议，通过册封班禅为护国宣化广慧大师。其后又特任为西陲宣化使，每月支给年俸及办事费四万元。二十一年六月，达赖驻京总代表贡觉仲尼、阿旺坚赞、阿旺孔巴等，呈请国民政府行政院，及蒙藏委员会，要求取消班禅封号及年俸，没收班禅枪械，撤消印度通讯及各地班禅办公处，并附呈三大寺宣言等。班禅驻京办事处，亦呈请政府明令讨伐达赖，并陈述其十大罪状。后藏同乡代表王罗皆等，又发出宣言，反驳三大寺宣言。双方感情，愈趋愈劣。

如上所述，达、班感情，虽日趋恶劣，实在两人根本并无甚大恶感。闻达赖在圆寂前，屡有请班禅回藏之表示。惟左右不愿实现，不意达赖圆寂，益感困难矣。

十六日　西藏黄教四寺　封民痛苦一斑

西藏宗教，叮由黄教之四大寺窥知概要，据三大寺代表所述，四人寺之喇嘛人数、功课及其组织等如下：

甲、哲蚌寺

哲蚌寺（哲米意，蚌堆意，译为米堆之意，在初建者之意，欲建一寺如米堆形，故名曰哲蚌寺）为三大寺中最大寺院，在逊清时喇嘛定额为七千七百人。该寺为宗喀巴八大弟子嘉样曲吉一人所经营，创立于纪元一千四百一十六年，距今已达五百二十余年，为达赖喇嘛第二、三、四辈坐床之地。喇嘛众多，建筑壮丽，为西藏任何寺院所不及（大殿有立柱一百二十，可容九千人）。至内部组织，在纵的方面言之，最高为大经堂会议，内堪布六人，铁棒喇嘛二人，破张得巴一人（系政府所派任管达赖财产），习苏二人（公共管理之人）。其次为札仓，现有四所，计罗塞令札仓（想觉意）、果芒札仓（多门意）、德刚札仓（极乐意）、呀巴札仓（密法意），共有堪布六人。四札仓中以罗塞令札仓势力最大，有喇嘛四千余人，其力量雄厚原因，以该札仓为合并三札仓为一札仓之故。果芒札仓，有喇嘛一千余人，至德刚、呀巴二札仓共有喇嘛一千余人。据民国二十三年黄专使在三大寺布施点名发款之实际人数，共六千五百二十余人。札仓之下为康村（康为房屋意，村为聚合意，译为集合群居之意），康村之下为密村（密人民意，译为以人民部落集合而与内地同乡会相似），密村以下为喇嘛（三年以上者）。喇嘛以下为初入寺之喇嘛，曰撒巴，凡经堂倒茶扫地均应负责，在三年期满后，由其考第一名之学长领导到拉萨募化，向贵族商人求布施，向有定例，募化后回至该寺经堂，要求堪布、铁棒喇嘛聚餐，类似内地学校举行毕业式，以后即可戴帽直入，随坐经堂坐位。至堪布任期六年，连选得连任，有任期十二年者。铁棒喇嘛向例任期一年。该寺康村甚多，如蒙古人住所曰桑罗康村，青海人住所曰东康村，西康昌都人住所曰罗巴康村，乍雅人住所曰拉日康村，巴安人住所曰帕然康村，后藏人住所曰藏巴康村，前藏人住所曰棍布康村，或曰结巴康村。至密村更多，亦有康村下无密村者，视人数多少而定。

在横的方面的，分为教学、教仪、教务、杂务四部，皆归大寺正统辖，向例由六堪布中选出。至四部内容如下：

（一）教学部　分为研钻与兼修显、密两种。内有四大学院，三为显教，一为密教，收容一切学僧。学年普通十五年方可毕业。至考格西学位，须俟毕业后，研究四五年后方可考试，迨考得格西学位后，始可入上下小召密宗院，益加深造。

（二）教仪部　司显、密二教仪式之事务。因宗教对于仪式，极为注意，必须采用种种仪式，全力实习，故设此部以养成喇嘛之人才。

（三）教务部　司寺内行政、司法等等。如每寺每年由喇嘛中选出铁棒喇嘛，大经堂二人，札仓一人，康村一人，由盖根（师傅意）管理寺内喇嘛之行为，及喇嘛出外念经交涉事项。

（四）杂务部　司一切庶务，指挥归寺辖地方人民及处理寺院财产之出纳事项，并有权向各部推选壮丁，组织僧兵团，为政府机构兵。民国二年，川军一部受地方革命影响，在拉萨哗变，色拉寺出兵帮助政府，夹击川军，即其例也。

又哲蚌寺功课分为五部如下：

（一）辩论学部　即研究黄教学理，注意婆罗门经，讲大乘成佛学理。

所谓大乘者，系求众生脱离苦海之学问。

（二）唯心学　其中学派甚多，研究认真，以凡事均有真理，如一事无理可解释时，即不成为学理。故真正佛学，事事有理，并非迷信。如一涉迷信，即失佛学之旨。其中与外教争论经过之事为多。

（三）引宗教　即本普提心修练成佛之道。

（四）戒律　红教之所以衰者，多因失戒律。宗喀巴起即注重戒律，如比丘有二百五十戒，二十岁后，即可受戒，沙弥有三十戒，十六岁后可受戒。

（五）小乘教之研究　凡世界旧物，均在研究认识之范围，所谓小乘，即谋个人脱离苦海。

至其受课时间，早课每日上午八时至十一时，中课自十二时至下午三时，晚课自下午七时至十时。故喇嘛无暇涉及外事，喇嘛入寺至少须三四年后，始可回家一次。

研究经典，除诵读外，以辩论为最要。哲蚌寺每年阴历二月初三至初七日为辩论期间，凡寺僧不许远出，每日分三时，同年级者互相考问。

乙、色拉寺

色拉寺（色拉二字系物品名，译为将许多繁杂物品堆积一处），寺址平坦，房屋清净，确为修行之佳寺。喇嘛人数少于哲蚌寺，为四大寺中第二大寺，前清时定额五千五百人。建此寺者为宗喀巴八大弟子之香生西吉（法宝意），创立于纪元一千四百一十九年，距今五百一十余年。该寺组织与哲蚌寺同，惟仅有堪布四人。札仓三所，为几札仓（上意）、牙巴札仓（密宗意）、灭札仓（下意），其中以几札仓力量最大，有显教院二，密教院一，喇嘛实数有五千一百二十四人。该寺喇嘛与县政府关系密切，现当局如热振呼图克图，及西藏驻京代表贡觉仲尼阿旺坚赞，多系该寺出身喇嘛。近西藏政府地方会议，该寺堪布发言主张较多。至康村、密村及四大部功课，与哲蚌寺、噶登寺、札什伦布寺大致相同。

丙、噶登寺

噶登寺（噶登为卅三天界上最高之界，用此名取其极乐之世界，此界为弥勒佛传教之处），距拉萨约八十余里，建于俄克山上，高度一万二千余尺，地势高敞，屋宇栉比，规模较小于哲蚌、色拉两寺，而教规之严，佛学研究之深，闻较该两寺为优。此寺创于黄教始祖宗喀巴之手，建立于纪元一千四百零九年，距今已五百三十余年。喇嘛人数，清例额定三千三百人，实际仅有二千九百六十八人。历代有宗喀巴两大弟子甲错、凯珠承受其教，约分香资（北山意）、下资（东山意）二札仓，下资札仓有喇嘛一千六百余人，香资札仓有喇嘛一千三百余人。有显、密二院，其组织均同哲蚌、色拉二寺，惟此寺为宗氏圆寂之地，圣迹甚多。寺内有黄教学问最高之噶登尺巴主持，名望较为人民所崇拜。

丁、札什伦布寺

札什伦布寺（札什吉祥意，伦布山名，该寺旁有山名吉祥，以山名寺，取吉祥之意），在后藏日喀则宗内，距拉萨七马站，距江孜三马站。该寺为班禅额尔德尼坐床之地，建立于纪元一千四百八十五年，距今四百五十三年，为第一辈达赖所创立，寺内分四札仓，有敌果札仓（时轮金刚意）、居巴札仓（密宗意）、村立札仓（辩论意）、巴札仓（愿意），各札仓喇嘛有三千余人，组织与上述三大寺相同。

其他有名寺院

（一）大召寺，藏名觉康（觉为释迦牟尼，康为屋堂意）。译为释迦佛经堂。其像系文成公主携往者，每年正月初二日起至廿五日止，为黄教喇嘛在大召寺举行国民大祈祷之期，是时三大寺等喇嘛同集，约三万人。此期内拉萨市秩序由哲蚌寺僧官维持，市长亦职权由该僧官行使，并收大宗地税，因此期内贸易极盛也。

（二）布达拉宫（布达为普陀之转音，系观音大士坐座之地），即达赖所居之宫。

（三）桑那寺，为红教发源之寺院，系唐时藏王迟松达尊，延请莲花大士坐座之地。规模虽小于上述四大寺，但精彩过之。经堂屋分三层，第一层中国式，二层印度式，三层西藏式。寺内喇嘛有二百四十人。教规逊于内地。

（四）上下召寺，上小召、下小召为研究密宗寺院，系唐文成公主所建。寺在拉萨之东，有喇嘛约五百人，多苦修行，昼夜不卧，念经多在露天中，讲经多在柳林中。其资格须于每年传召时考取在十八大格西学士内，始可入此寺研究密宗。喇嘛学问最高者，选充香孜堪布，为期三年，再考取时得充密宗院主持堪布（等于内地方丈），为期六年，不仅对于佛学研究甚深，且须擅长辩学，以便外教、本教之随时质问。

西藏多僧之原因，固为宗教势力之雄大，但逃差亦为原因之一，凡藏民均须为政府服役，尤其封民制度，如某地为某王公贵族之封地，其境内人民均为其奴隶，男仆女婢，随意征用，一切差役，均须供应，惟为僧可免，故男为僧，女为尼，冀免差役，更有逃往西康者，皆封建制度之遗毒也。

英籍所记西藏佛教组织表

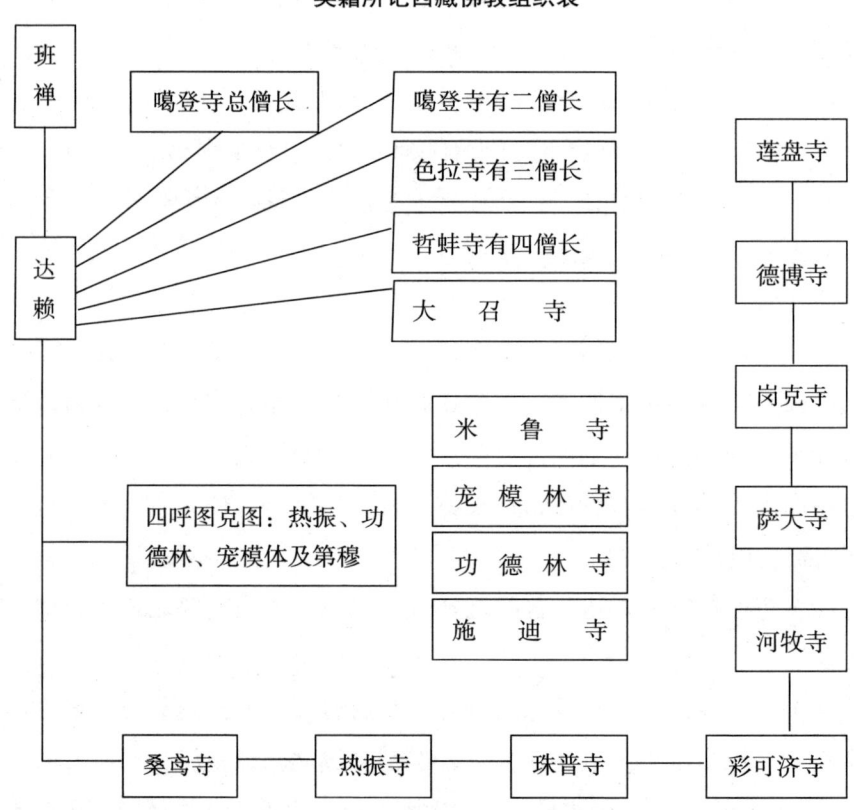

十七日　拔牙择日　理发有时

班禅大师牙痛，电召专使行署巫医官前来诊治，须拔去一牙，拟即拔取。但堪布等以昨非吉日，坚持不可，定于今日五时拔牙。盖藏人尤其喇嘛，迷信吉凶，凡事每择日时，其历书与内地旧历书及《玉匣记》相似，有种种避忌，故一切行动，多选择吉日避凶日。如班禅沐浴理发皆择日，且理发每年有一定时日。前在玉树见班禅发长未剪，某堪布谓尚未至时，今始剪矣。甚至某年某月某日过凶时历书上即缺此一日，吉日则重复之。如本月（阴历八月）有两初五日，本年十一月有两初四日（阴历），而少十二日。

除择日外，藏民对大小事，多凭术者打卦占卜。有用骰子八卦者，有用青稞或念珠者，有验水烧骨者，通此术者多喇嘛、老尼。班禅遇事亦每自卜，堪布等信仰之。

十八日　权贵亲英谋革命　僧民思汉求安宁

西藏某君来谈，据述西藏亲英派两次谋革命失败之经过如下：

西藏自民国以来，有亲英派首领，以藏军总司令或兼首席噶伦之权威，图谋革命失败者二次，一为擦戎，一为隆厦。擦戎出身甚微，原系罗布林岗达赖游宫之外侍者，达赖见其聪明伶俐，调入内侍。民元川军入藏，追达赖于曲水，渡河时，擦戎率领僧侣十五六人在渡河山头遥击川军，使达赖得脱险逃印，由是为达赖所宠幸，在印交涉事项，多委伊办理。民国二年达谋倒川军，派伊入拉萨运动，在拉川军哗变，伊遂擢升藏军总司令，兼首席噶伦。贡江罗敬戴本、所岗戴本、楚葛戴本及台吉杜林四品官深珠品江，四品官定直，均属该党之重要人物。时噶伦政权在握，兼领全藏军权，以此西藏高级军官代本、如本等，几全属亲英派，而政界中亦有一部分潜势力。迄民国十年，擦戎及其党羽图谋革命，欲割分政、教两权，使达赖喇嘛专掌教权，政权仍依旧制，恢复藏王制度，由藏王掌之，并拟自为藏王。事未举即被发觉，达赖喇嘛遂革去擦戎首席噶伦及军职，而给以闲散之札萨克职。至其重要党羽如所岗、楚葛各戴本，均革去戴本职，而降为五品官。贡江罗敬、杜林亦降为五品官。因其与革命有关，对英亦不如从前之密切。此亦贡觉仲尼入藏接洽易于成功之主因也。

擦戎失败后，亲英派势力稍杀，然犹能树一帜，继擦戎首领藏军总司令者为隆厦。达赖圆寂后，中央决定遣大员入藏致祭，司伦、噶厦来电表示欢迎，实有意解决中藏问题。隆厦自知大员到藏，亲汉派必将抬头，本人为反对班禅、反汉最力之人，必不见容于大员，故该党徒僧俗官员百余人，拟于中央大员未到藏前，谋杀热振司伦。泽墨噶伦发觉，搜获该党名单一纸，计诱隆厦至布达拉宫逮捕之，挖去双目，同时按照该党名单，将其党中重要人物逮捕，计有四品僧官葛擦巴一人，五品俗官罗敬等九人，后并经会议议决将隆厦永远监禁，其子革去世袭，永不叙用，其妻流刑，财产悉数查封充公。其他重要分子，分别流窜边远别宗（即边远之县），但财产保留。此外附和之一百余官员，免予查究。

经两次阴谋失败后，西藏亲英派势力大减，在社会有力之三大寺，尤向为拥护中央，其惟一目的，在能维持其宗教，对于政权则愿服从中央。彼等以英人种族不同，风俗、宗教各异，反视中央，不惟种族、宗教相同，并往昔在藏之汉人，有许多代为谋福利之事实，因而有思汉之意，愿恢复中藏原有关系。民国廿一年，三大寺反对康、藏再起战争，要求停战，其明证也。而一班僧官，对中央亦极表好感，其中四品以下之僧官，所谓"仔重"者之意见，尤为坚决。黄专使离藏时，十一月十九日最后四噶伦到行署，挽留再议中藏问题，实彼等纵恿热振，有以致之也。至其他俗官，在西藏规定，非世家子弟，不能充官吏，故普通俗官，大抵由东科尔出身（东科尔者即世家子弟之意）。此种东科尔为其自身利害起见，对于中央不无怀疑，以为中央对藏关系，一经恢复，西藏政治，势必改为民主（此中有人挑拨），则其世袭权利，如庄田、官俸，行将不能保守，故思维持西藏现状。但西藏人民以自达赖对中央隔阂以来，战争频仍，负担太重，年来人口减少，生计维艰，均因与中央失和之关系。希望中央对藏关系，早日恢复，以期战争停息，政治改良。又因西藏地方政府官吏薪俸甚微，如一噶伦每年仅卅秤藏银，每秤五十两，共仅一千五百两，中币每元合藏银四两，仅中币三百八十元耳。其他中下官员薪俸更薄，于是官吏不免剥削人民，人民因多思念汉官云。

十九日　藏民生活　拉萨习俗

西藏某君来谈，据述西藏风俗习惯，并参考其他记载，略录如下：

一、服饰　藏人衣冠，随阶级大小而异。其最高级者为达赖、班禅，二人之冬帽以氆氇及毛织品制之，其式上尖下阔，色尚黄，夏帽如竹笠形，以金色皮为之。衣服普通喇嘛装，便服多金丝缎制，足着绵鞋，与大喇嘛大致相同，惟表里细粗优劣有别耳。此外司伦、噶伦以及四品官以上者，具头戴圆形黄色红缨帽，以顶子分其等级，顶子俱以珊瑚或宝玉为之，其色有红蓝二种，沿满清制度，惟四品官以下者，均戴黄绒圆形帽。左耳垂耳环（僧官无），长约二三寸，多用金玉或宝石。平民男子左耳亦戴耳环，惟多用银环，粗如箸，有圆形、长形两种，长形曰呵龙，圆形曰甬静。四品级以下之官，则穿大领红呢外衣，内穿褐色缎长衣，四品级以上之官，则穿黄色缎袍。但司伦及诸噶伦等皆穿黄色团龙缎袍。此外平民俱穿氆氇制成之衣，视贫富而分优劣。其帽亦然，惟腰中均束一褐色缎带。女子已出嫁后，则扎前围裙，两分其发，互交脑后。并戴一三角形之木胎架，其上密缀珍珠及珊瑚等类。珊瑚之大有如算盘子珠者，亦有如玉米粒者，因贫富之不同而大小亦异，并加假发，挂于木胎两旁，直拖于两肩，其形亦甚美观。三角架上珠宝之价值，在民国二十年藏政府规定，最高级官吏之家，不得超过藏银二百秤，合法币约三千元，七品官以上之家，不得超过一百五十秤，合法币二千余元，超过者充公。双耳有耳环，以大为贵，每大如手镯。手镯以多为贵，每多至四五副，戒指亦然。耳环、戒指，又多嵌珊瑚、宝石。胸前悬挂金质或银质八角之盒，内有小佛，藏名"告乌"，作护身之用，无论老幼、男女、富贫，皆不离身，富贵者价值至数千百元。上述之发木胎，满缀珍珠、珊瑚等，亦有价值至万元者。未嫁少女，于脑后仅束一辫。藏方妇女，无论贫富、老幼，出门时均以褐色土研成细质，涂于两腮及额上，以保护其皮肤。男女普通均不着裤，足着长靴。

二、饮食　藏人日常饮食，以糌粑、酥油及牛羊乳、肉等为主，而糌粑、羊肉及酥油尤为重要之普通食品。盖西藏气候严寒，五谷难成，农业只产青稞，为糌粑之原料，牧业多牛羊，为乳肉之所出。但糌粑与牛羊乳、肉性腻，一日无茶则病，故藏人无论贵贱，对茶为绝不可少之物。其煮茶之法，系将茶熬成红色，然后投入酥油及盐而饮之。惟饮食无定，以饥为转移，普通人民，食不用箸，只盛以木碗，其用手掏而食之，食毕以舌舔之，亦不用水洗碗。藏人又喜饮酒，其酒之制法，系以青稞酿造，其味淡而微酸，藏人曰"沧"，每日必饮一次，其饮量甚强，以醉为度，醉后每沿街笑唱为乐。普通不食蔬菜，不食鱼，但拉萨蔬菜种类甚多。

三、居住　藏地房屋，俱以乱石砌之，有三四层不等，墙厚三四尺，坚固异常，名曰"碉房"。惟普通窗户不多，光线极少，室内多不洁，但富者明窗净几，官吏、贵族或大喇嘛，尤为美洁。至其乡民，房屋多依山水，以便樵汲。其他以游牧为业者，用牛毛黑帐房，即用牛毛织成布，缝为帐，以木支之，逐水草而居，搬移不定。又西藏建屋多无厕所，无论男女老幼，多于街道便溺，惟便溺时，必觅一弧形地势，使便溺流通，大便亦然。藏地气候寒冷，无疫症流行。据云拉萨约五六万人，除富家有厕所外，平民皆于街道便溺。

四、婚姻　西藏有多夫制，在四十年前此风极盛，迄今乡村犹多，城中较少。但亦有多妻制，更多赘婿。又恋爱甚自由，而人口稀少，亦一因也。

至婚姻习惯，最重阶级，贵族绝不与平民结婚。

又平民与平民亦择门户与男女才能，男以识字者为佳，女以善贸易、识物价、能理家务者为佳。其定婚亦以媒为证，如男欲娶某女，则托戚友持哈达呈女家通意，彼此合意者，即约期说合。届时女家遍招戚友，媒人则携男家之酒并哈达至女家，叙其子弟之人品、学识、年龄，如女家亲友及其父母同意，则饮酒受哈达，否则酒与哈达均不受。若经女家应许，亦有聘礼，是时媒人即将定聘之礼物（金银、绿松石及珊瑚等物），戴于女首，女家亦答以相当之礼物。迎亲时男、女两家必先筵客，客亦以衣裙等物赠送，父母以土产陪嫁（牛羊、衣食等物）。出嫁时，女家在户外搭棚，内铺坐褥，以待戚友，并以青稞撒地为花，扶女坐其上，父母坐两旁，戚友则雁行坐，用小桌陈列果食、糖枣等物。又以茶酒粥给女食，食毕，由二家亲友，扶女步行，远则乘马。是时各亲友将青稞、豆、米等物，撒及新人，女家以哈达赠送各亲友为礼。送至男家，扶女与婿并坐，饮酒食肉，逾时即分坐，戚友各将哈达送与新夫妇为礼，长者戴于颈，平辈置于怀，或堆积坐前，然后各亲友饮食，食毕，并各携肉而回。至次日新夫妇之父母及亲友俱穿华服，头戴哈达，拥新夫妇往朝大召寺，朝毕，即绕街而行。游毕则归饮茶、酒。斯时男女饮酒团团围坐，唱藏歌为乐，如是者三日方止。又西藏亦有离婚之风，但甚平等，如非女所愿而男离女时，必照原妆奁价值归还，并付女十二金屑（合九十卢布）。如女离男而非男愿者，须按娶时古财礼，加倍赔偿。

五、丧葬　藏俗凡人死，皆以绳缚之，令其膝口相连，两手交插腿中，并将平日所衣之衣裹其尸，盛于袋中，请喇嘛念经，以酥油送往寺院供佛点灯，并将死者所有之物，以一半施于寺院，一半为熬茶及一切施舍之费。其葬法有数种：以死者之尸喂鸟者名为天葬，藏人以天葬为最普通。以尸弃于河内或湖沼者谓之水葬，多为贫民或有恶病或孕妇及不生子女之妇。此外如喇嘛死时即将尸置于港内，以火焚之，谓之火葬。又藏人死后，亦有亲友吊丧，贫者以哈达慰问，富者助以金钱，并送茶及孝服等物。孝子穿孝服，去装饰，普通七七四十九日，多至百日为满。富者时请喇嘛念经，至一年方止。

六、礼仪　藏人相见，以揖为普通礼，如见谒官员及拜亲友时，须以"哈达"为礼，即古人以帛为贽之意。哈达原料，系以丝线或麻纱等织成，长约五尺或二三尺，见面、敬神、迎送、吊庆皆用之，甚至赠馈置于物上，寄信封于函内。又藏平民，如途中遇官长时，即脱帽整立于旁，以吐舌为礼，并曲腰不敢正视，现出畏惧之状，方为合礼。

七、娱乐　藏人最喜闲游散步，春冬两季，气候严寒，山野寂寞，人民多匿家不出。至夏秋两季气候温和，是时无论男女老幼，往附近柳林中游览，即名曰玩柳林子，如内地之游公园然。但不仅如游公园之一览而归，每架帐房、携酒肉流连数日，甚至若干日。拉萨城外里许有柳林，藏人名曰零岗，有资、中、冠、秀四处。其侧有乌苏江，无论僧俗，皆于此江沐浴。但僧家如过七月十五日后，即不准游戏其地。因此时俗家多至此游玩。在此时期，拉萨一般人民，自朝至暮，老幼男女，接踵游于零岗，有步行者，有乘马者，有携琴弦歌唱于此者。尤如官家或贵族，俱携全家并随带差役，撑帐棚，请歌女于此歌舞为乐，名曰"跳歌庄"（藏人善歌，无论工作、行路，每互相歌咏唱和，普通妇女皆能歌舞，而专跳歌庄者尤为擅长。歌时多盛装长袖，据云为唐公主所传）。此外拉萨之男女小儿游戏，则有放风筝，踢毛毽，吹小笛，拍小球等。最多者为放风筝，余次之。

拉萨每日黄昏时，有许多男女及喇嘛沿街而坐，手持念珠，口中喃喃不已，系诵各种经咒，并拍掌为板，似内地和尚之击木鱼然。又拉萨为佛教圣地，人民迷信尤深，每日黄昏时男女老幼成群往大召寺绕三匝而归，其次序皆由左向右而行，固为消灾免罪，亦似为一种运动娱乐。入晚三五成群，高歌低唱者络绎不绝。

西藏各寺院，每年多有跳神之举，如演剧然。但亦有一种戏剧，系直讨汤汤结布所创，相传前修加桑曲阿目桥因经费不足，工程停顿，直讨汤汤结布乃首创化装演剧，至各地募捐，完成桥工以后，遂流传演变而成藏剧。至今演剧时，场中必供老翁泥像，即直讨汤汤结布也。藏剧多为宗教传说，或历史故事，如释迦佛修行，文成公主入藏等，化装古人，且歌且舞，惟乐具仅有一鼓一钵，演剧团体名曰"阿姐拉母娃"。剧场即在平霸或柳林中张天幕就地表演，以八月中为最多，因此时为玩柳林之期也。

二十日　讲神权咒能止雪　过中秋云微蔽月

本日为阴历中秋节，赵专使在野外架帐房，请班禅行辕各堪布便餐并赏月。谈及现在天气已冷，恐途中多雪，骡马难行。旺堪布谓按时令现在已应落雪，惟藏历今年闰十月，雪或稍迟。又以普通言之，途中恐多雪，但大师离藏来内地时，亦在此时，令喇嘛念密宗止雪咒，沿途并未遇雪，抵玉树后始有雪。此次回藏途中亦随有喇嘛，仍可令其诵经念原咒，当不至有雪云云。

入晚天尚晴，未几月由东山巅冉冉而出，初现一弯，继露全面，甚庞大，渐升渐小，而光亦渐明。是时仪仗队兵士，或吹口琴，或唱短歌，余等品茗赏月，亦觉边塞野原中别有乐趣，但一念及华北及上海战事，不禁生悲愤戚。八九时微云蔽月，益令人不快，兴尽而返。

藏历本日为八月十六日，与内地阴历相差一日，因藏历八月有两五日也。

二十一日　每字大逾三尺　一号价值五百

晨起，见山腰屋上，经布招扬，浓烟飘渺，询悉为刘秘书长家驹之妻患病，其母信佛，为之焚香禳灾。下午至河滩散步，又见刘君偕其母女，在滩中草地上，用石子排成藏文真言六字，每字大三四尺。

晚寺中吹大号，其声呜呜，据云寺中有大号，为银制，长丈许，一号值银五百两，按时价当更昂矣。

二十二日　西藏酷刑　喇嘛苦行

偕格秘书，访西藏代表杜林，据云后藏新来一人，系班禅之亲戚，原职为仁巴喜巴（四品官，简称仁喜）。当班禅出奔时，被前藏逮捕，用径五六分之铁绳，缚其足，又令裸体，以长丈余之皮鞭鞭其背。每鞭肉裂入骨，如欲其死时，数鞭即可击毙，渠虽未折骨，两腿至今尚痛，行路不便。又谓前藏军总司令隆厦，挖出双目，至今犹在狱中。挖目时每以石压头，目睛自出，有一种铁具，一转而目睛落下。但此刑在第十三世达赖末年已少用，去隆厦目时，因无熟手，又无器具，用手指乱挖，隆厦颇受苦痛。隆厦现在狱中，尚有求卜筮者，但尊严犹存，傲气未减，凡求者必以尊称称之。又谓断手足、十指下竹签等刑，迄今尚存，惟少用。

杜林代表居半山中，去时须登一石坡，翠柏夹道，山谷中溪水绕流，地颇清幽。其上又有一楼，山益深，林益密，闻为某活佛潜居之所，不愿见人。

拉休寺对面山腹中，远望有屋数间，据云为喇嘛苦修者三人所居，终年静坐，不出屋门，饮食由人送入，如一人坐化后，再补一人入坐，始终为三人。

二十三日　西藏文化　中印融合

西藏文化虽然落后，但由印度与中国内地传入者甚多。由印度传入者，以佛学为最著，各种经典无论矣，即以五明言之：（一）内明，研究哲理，即哲学之一部分，亦可谓为现代政治哲学与民生哲学的化合体。（二）因明，研究辩论，即现在之论理学。（三）工巧明，研究工巧，即现在物质科学之一种。（四）生明，研究文词，即现在之文学。（五）医明，研究医理，即现在之医学。不得全视为宗教。至由中国输入者，以唐、清两代为最多。上至天文历算，下至耕织歌舞，大如政治法律，小如衣食住行，见诸史乘，证之事实者，不可胜纪，融合而成西藏之文化，有许多特别进步者。兹据藏人某君所谈，并参考法为法师所记，仅就文学、美术、建筑三项，述之如下：

一、文学　西藏文艺作品，无论诗歌小说，内容多以佛教为中心，而形式组织，多仿印度或中国。如有韵之诗歌，每句多用"伊"韵或"乌"韵，或上句末字与下句首字相同，或上句顺读，下句逆（倒）读，或前二句与后二句一顺一逆，或初颂与次颂顺逆，或一句中半顺半逆。甚至周围轮转横竖皆可读，且成有意义有韵之诗句，如中国回文体诗者。至歌词更普遍流行，男子老幼，几人人能唱，并能编歌，无处不有里巷歌谣之作，十之九为咏佛事。次为情歌，又其次为咏地方情形。又有一种戏曲，可歌唱，亦可拼演，如内地之鼓词。剧本内容，亦以佛教为主，如演释迦佛苦行菩萨道时舍身喂虎，并布施一切所有——如国土、王位、娇妻、爱子、以及自身之头脑等事迹。小说内容，亦为佛理，佛事，有名之格萨王战斗野史，为一般藏民所喜读者，系描写该王为兴佛法而立志扫荡西藏各地不信佛法之土酋等情形。其他小说，多用譬喻以警惕迷而不悟之大众。如郎勤挠绛之兔与沙弥喻，巴主之金蜂玉蜂喻，以及甘孜郎孜之黄雀喻、王臣喻等，颇类中国庄周、孟轲等譬喻之文。

二、美术　西藏美术，随佛教而发达，无论雕刻、绘画、印铸等等，均以佛像、佛具为主，而甚精绝。以雕刻言之：大如丈余高之旃坛佛像，小如麦粒之物，上刻西方三圣，无不惟妙惟肖。最著名者如噶登寺内宗喀巴高足弟子克主结所刻之集密金刚曼陀罗。此座曼陀罗之直径约五尺余，上刻宫殿，内有佛像三十余尊。四门外有四牌楼，各十一级。其上并有小鹿，鹿上有法轮。牌楼两旁有二宝瓶，瓶中有如意树，树皆七枝。上有转轮圣王御世之七宝。宫墙悬众宝、璎珞，下垂极小之铃拂。墙上有堵垛，皆作莲瓣形。垛内周围有十六瓶，瓶中插八幡及八尊胜幢。殿顶有一经阁，内供集密根本教典，阁上以莲瓶珠为顶。真可谓精巧绝伦。至铸造更为特长，各大寺内，无不有铜佛铜塔，并有唐宋时代所铸者。如桑耶寺、萨迦寺、日俄迦寺、止公寺，皆唐宋时所建古寺，内古铜铸甚多。哲蚌寺大殿楼上，亦有二三百尊之多，热振寺尤多。又佛像铜印铸，雕刻亦精。如达赖所用之度母印，宗喀巴印，阿底峡印，其重量不逾三分。又大威德印，弥勒菩萨印，观音菩萨印，其重量不逾五分。而各佛之眉目衣纹，无不清晰。尤如大威德像，有九面三十四臂十六足，每足下各践一不同之生物，并八大天神。每手中皆持不同之标帜，如枪剑等。各面上皆有三月，九面上且有喜怒沉默之别。亦可谓叹观止矣。以绘画言之：各大寺中有数十丈长之壁画，数丈高、数尺高之绘像，形状惟妙惟肖，颜色经久如新，尺码皆能如法相称。故西藏有名之绘像，每一幅价值千金。此外如酥油手工，亦特别精致，即每年正月十五夜之油灯，每年在三个月前用五彩酥油作成，有亭台楼阁、山水人物、草木鸟兽及大小佛像，无不妙肖，可谓绝技。余于西宁塔尔寺及甘孜寺均见之。

三、建筑　西藏建筑亦多伟大壮丽，合中国与印度之优长而成。如达赖所居之布达拉宫，依山而筑，最下石基高数丈，上为层层叠叠之宫殿，直至山巅。真所谓五步一楼，十步一阁，上上下下，曲曲折折，不知有若干殿屋。著名者如旃坛观音殿，及装第五代达赖大金塔之五层楼。虽前殿之有名，以其像有种种神话（谓系印度某山中天然生成，并达赖足肿时像足亦肿，消时亦消等）。后楼之有名，以塔为赤金包皮，并上嵌无数珠宝，内装达赖尸身与经典、舍利子等关系（闻当时之藏王名佛海，凡知某处有珠宝，皆以力取得，装入塔中，但新建之第十三世达赖金塔更高尺许，所嵌珠宝更多，有真珠一圈，每粒皆大如黄豆）。但其建筑亦甚壮丽。次如哲蚌寺，其建筑甚为伟大。仅以大佛殿论，内有大柱百余，可容六七千人，墙厚丈余，高七八丈。并有二楼，居各执事，正面楼屋皆供佛像。入大殿后，前三排柱上为平顶，再进即通殿，顶中有天窗，故殿虽大而光线尚能充足。殿前有一宽大平坦之石坪，可坐三四千人，前面用石砌成为高十余丈之石壁。此外又有四大殿，每殿内皆有八九十柱，大者可容三四千人诵经。其他各僧院中均有一殿，约七八十座，大小不等，大者亦可容千人。至各僧舍亦多为三楼。总计全寺大小房屋，约在万间以上。又次如后藏之札什伦布寺，为西藏最华丽之大寺，金瓦十余处，较前藏之三大寺尤为壮美。第九世班禅大师，即现今班禅，发愿在寺内建一慈尊大殿，高九层，每层高约一丈二三尺。慈尊铜像直通九层，高十丈余，鼻孔中可容一人，肩上可架一小帐房，仅佛头高约二丈，全贴赤金。其庄严伟大，可想而知矣。

二十四日　佛教法器　西藏经典

与西藏三大寺代表谈西藏佛教经典及寺院诵经所用各种法器，并参考他方记载，分述如下：

西藏佛教经典，分二大部。一曰甘珠尔（犹言戒藏），凡显、密经法、戒律、仪轨皆入之。二曰丹珠尔，凡解释文义各种皆入之。甘珠尔中复分七类，一佛顶，二般若，三宝积，四涅槃，五戒律，六密乘仪轨，七咀特罗。丹珠尔中分二类，一经，二咀特罗。凡经典文字，以藏文为主，密兼真言，则兼用梵字。其流通者有写本、刊本二种，式则俱仿印度贝叶经体。

佛教法器，其式均仿自印度，可分为五类。（一）礼敬用者，如挂珠（有菩提子、金刚子、莲子、水晶、珍珠、珊瑚、琥珀、玛瑙、琉璃、青金、白金、木槵子、人头骨等类，作法时挂于项）、哈达、袈裟（与内地不同，着时缠身而露右肩）等。（二）称赞用者，如钟（大小各式）、铎（金舌、木舌二种）、鼓（有大鼓、腰鼓、羯鼓、铜鼓等）、铃（大小种种）、铙钹（大为铙，小为钹）、筚篥（式同笛）、骨笛（人骨为之）等。（三）供养用者，如香炉、灯台、水盂（藏名丁瓮，质分铜玉金银，每套七个，大者如面盆，小者如酒杯，中盛净水，名曰"云巧"。因传佛祖以敬佛在诚不在质，净水最佳，人人处处易得也）、供献器（如盘碗瓶钵杯等）、幢（有羽毛、宝金、丝绢诸种，式如旌节）、幡（长短大小各种，式如船用风旗）、华盖（式有种种）、璎珞（在头曰璎，在身曰络，珠宝为之）、花鬘（长圆圈条诸种花宝为之）、花笼（金银竹木等为之，用以盛花）等。（四）持验用者，如曼陀罗（坛也，分方、圆、三角三种形式，随法而异）、念珠（较挂珠小，且有百零八粒及千八十粒二种，诵经时用以记数）、手铃（铜制，诵经作法时，右手执而摇之）、金刚杵（铜制，诵经时左手摇之，相传为莲花祖师收服巫鬼时之法宝）、者吉罗（轮也，有多种式）、鼓（有大鼓、鸡娄二种）、引磬木鱼、灌顶壶等。（五）劝导用者，如摩尼轮（形如桶，中贯轴，手柱而旋转之，上有六字明）、祈祷筒（式如摩尼轮而体大，用风或木或器械转之）、祈祷壁（金木板上刻六字明，悬于壁）、祈祷幢（幢六字明，以竿揭之屋顶）、祈祷石（石上刻六字明，置山顶、山麓或途中，每成堆如坟如堵）等。

又有用人骨、人皮为法器者，有数种，如下：

一、人骨净水碗　系用人头盖制成，诵经时用此碗盛水供佛前，用久者黄色光滑，似老象牙，新者有腥气。

二、人骨号　系取人之臂骨摩去一端，他端于俗所谓螺丝拐部之中央，凿一孔，诵经时用口吹之，其声呜呜，甚刚戾。据喇嘛云，此物皆死者生前发愿所施。

三、人皮鼓　系取人头骨之二半球形，以背相连粘合而成，中为细腰，上系短带，以便手握。两面绷人皮为鼓面，再以绳系小球二枚，用时手持系带，左右摇摆，则球击鼓面，其声咚咚，诵经时例持此物摇之。诵经毕，即纳此鼓于皮囊中，甚珍贵之。藏语名此鼓曰"拿日"，汉人呼为布郎鼓，以似乡下买布者所用之手摇鼓也（普通所用之大法鼓，为牛皮面）。

二十五日　西藏多干果　囊谦产纸盐

拉休百户，送来西藏干果一袋，内有枣、杏等，枣长形，全干，表面皱纹，味甚甘，杏半干，味稍酸。又有一种似杏之果核，极圆，而味如枣，不知其名。西藏代表敬客时亦用此果，以蒲筐盛之。

客有自囊谦来者，谈及囊谦物产，谓囊谦产红盐，有数池，白察罕为最大者，面积约及百亩，距噶达寺七十里，销昌都一带，其色红，系杂有土质，加制造可白。闻西藏亦有红盐，系不丹产，普通名为藏盐，因不丹原属藏也。又囊谦产纸，其质为一种草根，制法先取其皮，次打烂煮之，再打成浆状，用一木框，底为纱布（毛织者），放入冷水中，然后用手将纸浆摊其上，置日光中晒干，揭下即成。如在纱布上用手细涂成薄纸，可写字，或印经用。如粗摊成厚纸，仅可作包物或手纸用。可谓当地藏民进步之一种手工。其他各族，未之闻也。即织毛布之手工，亦较他族为细密。囊谦农产亦较发达，有青稞、小麦、豌豆、山芋等，但所收获者，除纳粮外，所余无几。人民食炒面者仍少。其他产芫根（似内地之萝卜），人民多煮而食之，或少加青稞面与盐少许，然亦可谓为进步之食物。如玉树一带，虽亦有芫根，只知喂牲口而不知人食也。农民约占十分之一，皆土房，高二三层楼屋。又囊谦多山，山谷中森林亦茂，惟山顶甚高，现已积雪五六寸，但土人尚赤足行之。囊谦千户已传六十八代，想千数百年矣。现老千户不见客，其子小千户，年二十余岁，代理一切，千户威权犹存，派差甚重，刑罚亦严，有牢狱为地下室，甚潮湿，且有水，真可谓地狱也云云。

二十六日　降神　护符

西藏有降神之风，本佛教之邪派，降神者藏语曰"决凶"，多系僧俗男子，间亦有妇女者。谓某神可附其体，随时降临，以示吉凶。欲问某事时，降神者先着神衣，戴高帽，默坐台上，旁有喇嘛，诵请神咒，焚香鸣鼓，降神者身颤不已，表示神将来矣。其旁之喇嘛，用哈达紧束其喉，俟而神色大变，乃将所询占事诵之，细声答复，未几倒地，表示神去，又复原状矣。此其当然不可靠，但西藏一般人民信之（西藏每村庄有一人），即喇嘛高僧，信者亦不少。惟聪明而有进步思想之高僧，并不信之，如随班禅之丁杰活佛，即其一也。

　　本日与丁杰谈及此事，丁谓完全假装，举数例，颇有趣。谓第七世达赖转生西康时，六个降神者均不承认为真达赖，独一降神者承认之。后此一人召诸降神者辩之，先设六座垫，其下密书各神之姓名，故乱次序，令六降神者各按其神之坐垫就位，结果全错，遂谓诸降神者皆非真神，而决定达赖为真。实则此一降神者，如密书一名令其就本垫坐，亦未可得也。又西藏某代本（团长）之女病，询营中有能降神者否，一兵士假充冒应，效降神者之状，先责其近日对神不敬，女母急叩头求恕罪，彼不禁欲笑，即伪为神笑，谓病不久可愈。彼归后恐女死受责，匿居不敢见人，不意女病竟轻，代本以牛肉谢之，闻者多信仰。其邻家一女病，坚请渠降神，渠不得不应，先至屋顶焚香净手，见其家土神堂前有一死鸦，彼假装神来后，谓汝家土神降临，因有死鸦不洁，神怪之，应速除去云云。家人查之，果有死鸦，除去后，女病亦轻愈，远近益信之。可知完全虚伪云云。闻之颇堪发噱。

　　又藏民男女，项中多戴护身符，大半为外银质方盒，四周刻有花纹，中为方孔，嵌以薄镜，内装大喇嘛所赐之丹药或古佛、小塔，或丝绢符结等物。每远行或临阵时无不戴之，谓可避免枪弹，故有价值数百元甚至千元者。大者高七八寸，宽四五寸，乘马上以带负腰间。

　　妇女小儿之护身符，名曰"松轲"，多系《陀罗经》一张，叠成方形，五色线缚成十字花纹，以皮或布帛包裹，随身佩带，谓能驱魔逃邪，并可免犬豹咬伤。

二十七日　藏人笑话　藏语笑话

　　晚赵专使备茶点，约西藏代表杜林台吉及丁杰佛、刘秘书长家驹等夜会，纵谈一切，杜等述藏人笑话及藏语笑话，颇有趣。兹录之如下：

（一）藏例每年正月召集兵（约四千人）民，由贵族讲话一次，为若干年来之古制。兵士皆古装，仪式甚隆重，讲词亦系写旧日之老文，宣读一遍。但贵族子弟中有不识字者，轮及时，须预为默诵，惟登台后，因听众甚多，每至失措而遗忘。某次一不识字者捧而读之，仅读一句，下全忘，手颤不止，众大哄笑，无法下台。某次一贵族子亦不识字，且恂恂如女子，登台后尤羞缩，但甚聪明，用极细之声，随意乱读，众亦莫辨其是否读原文也。某年轮及杜林时，虽识字，亦恐有失，在家中先召集亲友、仆人演习一月，始免众笑。

（二）寺中开经会时，铁棒喇嘛须读秩序单，某喇嘛不识字，亦预读之，当场假作读状，尚无错误，但将秩序单倒卷，当场倒开，且开且读，人皆笑之。又某次某喇嘛当场遗忘，读不出，将一串珊瑚念珠引断，珠落满地，彼尚未觉，群大笑之。

（三）西藏打牌之风亦盛，政府人员尤多嗜之。某次噶厦一秘书打牌竟夜，翌晨至噶厦，噶仑询某事，误以"四六金"（牌名）答之，传为笑柄。后打牌时，群对"四六金"牌，即以某秘书之名名之。又某大喇嘛之侍役，因竟夜打牌，次日在大喇嘛旁捧茶，喇嘛正诵经，彼捧茶碗立而待之，竟朦胧睡去，梦打牌得胜大喜，而茶碗坠地矣。

（四）藏文字母无F音，故读政府为政铺，飞机为灰鸡，房子为胖子，读之亦每令人误解失笑。

（五）藏人称尺寸分厘毫等，用各实物表示，如最小者为日中尘，次为虮、为虱、为米、为肘、为弓等，惟虮虱二字，细思之不免失笑，至有人谓为藏人多虮虱之谑。

（六）拉萨语为西藏官话，极客气，西康语则音重而粗，如言吃茶几似叱人，令人一惊。

以上各条虽为笑话，可以知西藏政教文化社会之各种情形矣。

二十八日　世界高原第一　全年夜温冰点

西藏地势及气候情形，据藏人所述，并参考各记载，分述如下：

一、山脉　西藏为世界第一高原，平均高出海面约一万五千呎，全境层峦耸峙，西近帕米尔高原，北踞昆仑山脉，南有喜马拉雅山脉，中亘冈底斯山脉，地势高峻，为全国冠。帕米尔高原，高出海面一万三千呎至二万五千呎，亚洲诸大山系，俱发脉于是。在西藏境内之北南中三大山，皆其支脉也。昆仑山脉平均高一万五千呎至一万六千呎，为西藏与新疆之分界，北支曰托古兹达坂，东延为祁连山脉，中支曰巴颜喀喇山，南曰唐古拉山（即当拉山），南下为横断山脉。"喜马拉雅"，藏语"雪"意，故一名雪山，因其高峰多达雪点以上，终古积雪，故名。其脉自帕米尔高原起，东南至雅鲁藏布江大曲折处止，长约一千五百哩，广平均二百哩，为西藏与印度之分界，平均高出海面一万八千呎，其高达雪线以上者数以百计，最著名之埃佛勒斯峰，拔海二万九千零二十二呎，昔称为世界第一高峰，近以大洋洲新几内亚之诺斯山脉中发现一黑儿姑儿斯峰，高出海面三万二千七百八十六呎，埃佛勒斯峰遂降为世界第二矣。"冈底斯"，唐古特语"众山根"意，其山广八十哩至百哩，高出海面二万余呎，其最高峰较埃佛勒斯仅低四五千呎。

二、河流　西藏河流，以雅鲁藏布江为最大，全长凡四千零四十哩，发源于冈底斯山东麓，东流为横断山脉所阻，东南流入印度阿萨密境，会合恒河，注入孟加拉湾。其支流在西藏者，多自东而西，与干流相反而行，其最著者曰年楚河与拉萨河。年楚河经江孜与日喀则二地，拉萨河经拉萨。雅鲁藏布江在拉萨以东，可以通航者数百哩，及入印度阿萨密境，水势急湍，航行为难。然在高出海面一万五千呎之地而能通航者，世界惟此河也。雅鲁藏布江流域，为西藏精华所在，人口亦最繁密。次于雅鲁藏布江者为印度河，长约二千哩，其水西行，上源有三，皆出冈底斯山西麓，会于札锡冈，西北流入印度喀什米尔，是为印度河。又次于印度河者为怒江，长约一千七百五十哩。一曰潞江上源，"哈喇乌苏河"，蒙语"黑水"意，故一说即《禹贡》之所谓黑水，源出前藏之布喀池，东流而入西康，有卫楚、敖楚河等名。南流入云南。又南经缅甸入海。

三、湖泊　西藏境内湖泊，不可胜数，多在冈底斯山之北，可分为三群。一为中部湖群，以腾格里湖及唐格拉攸穆湖为最著。腾格里湖，在拉萨西北，拔海一万五千呎，东西长一百五十里，南北广六十里。"腾格里"者，蒙语"天"意，又名纳木错。"纳木"者，藏语"天"意，以其水色青青，与天相似。又因藏人视此湖为灵地，神圣如天也。藏民男女，每年专来湖滨膜拜祈祷者，不绝于途，谓可见各人前生。又达赖、班禅等活佛降生之地，亦每于此湖觇之。唐格拉攸穆湖，在后藏之中部，面积略小于腾格里，两端广而中央狭。又有布喀池，在腾格里之东北角。二为南部湖群，以羊卓雍湖与马品木达赖池为最著。羊卓雍一作牙木鲁克，又作白地，在拉萨西南。湖形如球，半岛突出其间，上有寺院曰多尔济拔母宫。马品木达赖池（一作马那萨罗天池），系蒙语名，在阿里之东南，印藏人民太古神话，称为阿耨达池，与其旁之冈底斯山，同视为惟一之灵迹。其东有公珠池，西有郎噶池，三池之水地下相通。三为西北湖群，以班公湖及伊克池为最著，班公湖（一作潘光）当阿里与拉达克之交界处，由数湖连贯而成，长达百里，拔海一万四千呎。伊克池在其东，西以一水与巴哈池相通，两池间小湖罗列，如星宿海，惟伊克池近已干涸。又有诺和湖，在班公湖之东南，旁有小城，即名诺和。

四、气候　西藏因为世界第一高原，故虽居温带，而气候特别寒冷，冬季尤甚（拉萨温度平均最高度，六月为二十三度，七月为二十一度）。又因有冈底斯山脉绵亘之故，气候可分为东南、西北二部。西北部地势高峻，复以冈底斯山脉之隔绝，信风被阻，因而空气干燥，雨水稀少，草木不生，全年夜间温度皆在冰点以下。东南部雅鲁藏布江流域，受印度洋季风之影响，气候较佳，雨量亦多。在一万二千呎以下之洼地，如帕里宗、亚东等处，气候舒适，宜于卫生。西藏高原，空气稀薄，仅及海平面之半，故人初至其地者，感觉困疲，稍一动作，即喘息异常。又以其沸点甚低，食物不易烹熟，消化亦感痛苦。秋冬春三季暴风甚多，几无日无之，日中午后尤甚。故旅行其地者，多于清晨就道。至雨量与印度大异，印度大吉岭一带，每年均在八十吋至二百五十吋，一至西藏亚东，距大吉岭仅八十哩，而每年平均雨量仅有八吋。江孜雨量最少为四吋半，最多为十二吋，而十二吋时，即有水患之虞。中部雨量稍增，拉萨每年平均为十四吋，而北部极为缺少，观其雪点之高，即可知其少雨之故。如喜马拉雅山雪线，南麓印度约高一万六千呎，北麓西藏即达二万呎。

二十九日　藏族其说不一　人口记载各异

西藏民族，亦称图伯特族，人种由来，其说不一。据藏中神话，谓人类原始父系猿猴，母系岩精，其后子孙蕃衍，由西渐东，遍延全藏，或谓即中国古代之羌族。据旧说相传，羌原与苗同祖，今藏境深山断岩中，往往发现苗族遗址，如石棺、石器及古代营寨、城垒等是，又足征藏、苗之混合。

西藏境内，除藏族外，尚有言语与藏族同系之唐古特人，多住于东北部。特洛古人、奢克巴人，同住于后藏中部。奢母巴人，多住于诺和东方。汉巴人多住于中部大湖地方。参巴人多住于汉巴东部。索克人多住于后藏东北。蒙古人多住于拉萨附近各寺院。又有语言与回（土耳其）同系之黑黑子，多住于西北方面。霍尔巴人，多住于后藏西部。尼泊尔人、不丹人、克什米尔人等，多住拉萨及其他都市，从事工商，尤以尼泊尔人业商业者最多。

又有汉人约近千户（内奉回教者约三百八十余户），多居都市，系满清时代之官吏、兵商流落于其地者，以云南、青海人为较多。革命后多遇杀害，二三十年来，行动均被监视，甚至离拉萨百里外之地，即须先报藏政府注册，否则即以潜逃论。

至西藏人口，言人人殊。据民国十七年内政部各省市户口调查统计报告，估计西藏人口在当时为三百七十二万二千零十一人。英文书籍所载，则谓五百万人，当系合青、康各藏族全体而言，因英人所著书籍中之西藏图，每将西康、青海并甘肃一部，凡有藏人聚居之地，一律划入西藏境内也。二十三年出版之《申报》年鉴，谓西藏人口为一百零五万，前随黄慕松赴藏之林东海君，则谓约七八十万人。各种记载，当然均系约略估计之数，但悬绝甚大，莫衷一是。又据乾隆二年理藩院造册称："达赖喇嘛所辖寺院三千百有五十余所，喇嘛三十万二千五百有奇，百姓十有二万千四百三十八户。班禅所辖寺庙三百二十七所，喇嘛万有三千七百有奇，百姓六千七百五十二户。"达赖、班禅所辖之喇嘛百姓，可认为全西藏之总人口（青、康寺院喇嘛虽有归达赖管者但为数较少）。如是每户以五人计，共百姓六十四万零九百五十人，加喇嘛三十一万六千二百人，共人口为九十五万七千余人，或较近似，证以《申报》年鉴所载之一百零五万，前与赴藏之林东海君所谓之约七八十万，亦为折中之数。

三十日　信僧叩头入藏　乞丐歌舞乞食

偕赵传使至寺前子楚河滨（即拉休河，藏名子楚曲，源出格吉，入杂楚河）游览，见一小帐房，长宽各仅三四尺，高四五尺，用细绳张之，中仅一细竿，内坐一喇嘛，详询颠末，知为西康瞻化人，叩长头来此，已经一年零四个月矣。欲叩头入藏，尚需一年有半。身傍有两木板，以铁为边，后有皮带，叩头时套于手上，身直立，两手持板高举，自顶至胸，拱揖三次，然后匍匐而下，身手直伸，平伏地上，以板画线为记，起后足践线上，再如前叩首，俗谓之长头，即佛法中五体投地之意。拱揖三次者，即以身、口、意皈依佛法僧三宝也。遇河流不能直叩时，渡后尚按其宽度补之，其事可笑，其行可佩。身傍又有一骨碗，据云为死人头盖骨所制，白而略带黄色。又有经卷等物，有一女尼，年三四十岁，据云为其胞妹，渠叩头时，帐房、经卷等物，即由其妹负行。帐房甚小，即一人亦不能卧，想两人昼夜共坐也。手举哈达，向余等乞物，与以炒面酥油等，点首示谢。

又见一贫民，手持假面具，用毡与皮制成，眼、口有孔，顶有羊毛为白发，两旁垂红线、绿黄绸条等。见余等即戴面具，跳跃而前，且歌且舞，衣破羊裘，未着裤，腿黑如漆。询之知为乞食者，与藏洋一元，欢跃而去。

又遇藏妇数人围坐，皆衣无面老羊裘，或上身全裸，头上有黄琥珀三五个，食糌粑，以舌舔之，与喇嘛谈话，想皆其家人也。

十月一日　燃指代灯　击背粘衣

格桑秘书，曾在拉萨为僧若干年，据云藏人信佛之精神，非内地人想像所及。如内地人初为佛徒受戒者，以艾烧头上，每不堪痛，西藏人民有对佛许愿燃指者，即将中指缠之以布，浸之以油，燃而代灯，至骨肉燃尽始止，毫不为痛，其精神作用甚异也。又谓西藏寺院，对讲经辩论，课责甚严，由铁棒喇嘛主持其事，下有执法者十余人，开大会辩论时，如某僧错误，即由执法者用径三四寸、长六七尺之木棒击其头或背，每至背肿甚，或血出粘衣，无法脱下，较旧日内地私塾之老师，尤为严厉。

下午一时许，巨雷震鸣，若有骤雨，未几大雹，草地全白，但十余分钟后，又红日高照。日来午后或夜间时有雷雨，但皆顷刻又晴，高原气候，变化迅速，在此时期尤为剧烈。

二日　藏人耐寒　佛教轻死

早降雪，天气骤冷，华氏寒暑表降至四十余度，衣裘犹寒。班禅行辕陈科长来访，谈及天气渐冷，将来赴藏途中不免困难。彼谓藏人耐寒，绝不考虑及此，且不畏寒，已成习惯。如班禅前离藏时为冬季，数年前赴阿拉善旗时为阴历十二月，去岁来玉树时为阴历十一月。至途中冻死者固不乏人，但藏人因信佛教，视人死为极平常事，毫不介意。前在内地由南京赴北平时，火车中因不耐热死一人，即以尸交站长，不顾而去。由宁夏赴兰州时，途中死一职员，即欲弃尸河中，汉人职员劝其交区长购棺土葬，藏人认为麻烦。盖佛教有轮回之说，谓死后即转生，故视死甚轻，与儒教思想不同也。

又谓喇嘛死后，如有亲属为喇嘛在其侧时，遗物可归之，否则归公。日前班禅行辕死一高级喇嘛，因无亲属，即派一职员主持，将其遗物拍卖归公，以为诵经祈祷之需。

三日　藏商荷枪横剑　土匪抢马劫牛

因明日为拉休寺正式庙会之期，各地商人成群结队，浩浩荡荡而来。各乘骏马，腰横长剑，背负叉枪，驮货物之牦牛，以数十计，数犬随之，想见古代情形。又有一骑牛者，亦用锦鞍，尤为有趣。商人半为喇嘛，黄帽红衣，间有随乌拉之妇女，红袖紫袍，点缀其间，颇为奇观。牛驮上除货物外，有居住用之帐竿，饮食用之肉、面，至则支帐于野，悬肉于竿，置枪剑于后帐，放牛马于山间，系猛犬于帐，陈货物于帐内。货物中以茶叶为最多，次为布匹，再次为杂货。有日本货（磁器、纸烟、棉线、妇女饰物等），有印度货（布匹、喇嘛用物等），又有一种红牛皮，系距结古六十里之喀拉地方所制，闻技师为一陕西人，择地于喀拉者，因其地多森林，可采燃料也。

商人之剑长者三尺许，短者尺许，多系西康德格县制，或西藏制，柄上或鞘上多镶珠宝、珊瑚。叉枪长五尺许，多为新式枪，但上有旧式叉，木制，瞄准时可插叉于地，与蒙人同。藏人喜枪、剑，一枪一剑，价值每四五百元至数千元。

藏商之荷枪佩剑，固多为习惯，或为美观，但草地之多抢劫，亦实需要剑、枪也。本日有玉树来人云，前送余等物品之乌拉牛，先后二批，共二三百头，归时行至某地，全被抢劫，乌拉娃身上之物，亦被掠去。又闻年来青海当局，因防共征藏民为兵，自携枪、马，归时亦多被劫。数百里无人烟，无政治法律，无文化教育，民情强悍，而生活困难，宜抢案之迭出而无法防卫也。

商场外有收税者，各货皆有税，多以羊毛、羊皮、酥油等抵之。玉树各族所产之羊毛，其质最佳（毛长而软），产量亦丰（每羊每年可剪毛二三斤），为输出大宗。近年统制，全归义源祥收买，去年定价每担（百斤）十元，今年增至十五元，如运至西宁，每担发价六元，西宁输出价值无定，高时可至七八十元。拉休族年产羊毛约二万五千斤，玉树二十五族年产羊毛约十万斤。据马司令谈，玉树每年输出约二三百万元，以羊毛为最多，牛皮、野兽皮、药材等次之。输入约二百余万元，按收税统计而得，因每年收税约二万余元，值千抽三也。

又闻同时收草头税，每年一只羊五分，牛、马一头各二角五分，但均以皮毛代税，其折价较收买之价为廉。藏民多以物易物，不用货币，故收税亦以物抵币，畜牧之民纳羊毛，犹之农纳粮赋也。

四日　怪面鬼神跳舞　铁棒喇嘛庄严

本日为阴历八月二十九日，系拉休寺跳神第一日，余与赵专使等往观，在旧经堂院内，左廊下有活佛座位。音乐队有大鼓二，直径六尺许，长号二，约八尺余，小鼓、小号、铜钹、铜锣等数十件。场中跳舞，首一法神状坐场中，戴笠形帽，上有高二尺许之扇形孔雀翎及雕物，后垂白绸。次有鸟头面具者二人，持羽毛舞。次有鹿头面具者二人，执弓矢跳舞。时法神下，场中有糌粑制之魔鬼。鹿头者，以矢加魔身，并跪地用小刀将魔鬼割切之，然后掷刀起，用长鹿角将地下之哈达，挑起而归。次怪面四女鬼，披发垂乳，出而跳舞，将前已宰割魔鬼之残体，掷于盘外。次抬一酥油制成之骷髅，头下有三角状物，长五六尺，左右有旗帜十余（色纸制）围绕之，置场中。次有二人白面具，头戴满人红缨帽，身着红衣，佩长剑，慢步绕场四周，口述佛教史，并加唱诗歌，且行且语。次作法师装者十六人出，皆戴笠形高帽，着宽袖长袍，袍有红、黄、蓝、白、黑、绿、紫等色，腰垂璎珞，项披绸云肩，胸垂铜法轮，有持鼓者，有持钹者，相间而列，且转且鸣，鼓钹步伐与音节相应。次二喇嘛戴骷髅面具，着骷髅衣，抬一筐出，筐内有魔鬼身，置场中地上，舞之。次前鹿头假面者二人，又出跳舞，仍以鹿角抬哈达，将筐内魔鬼掷外。次黑鹰假面者一人出舞。最后如法师装者二十八人，手持人头盖骨与铜杵，先总舞，然后四人或五人为一组分舞，再全体围集于前置之三角骷髅头旁，以旗帜鼓乐将骷髅远送而告终。其意除魔送鬼，以禳不祥也。

跳神为寺中大典，有铁棒喇嘛司纠察，极为庄严。头戴黄鸡冠形高帽，内着厚硬坎肩，使肩宽三尺，如剧中之判官，裸两臂，外披百褶氆氇斗篷状衣，背垂金色长带，上有方形太极图，手持长四五尺方二寸之铁棒，上垂五色绸带，身材魁伟，面貌严肃，各喇嘛皆敬畏之。

五日　七宝贝　五财神

本日为拉休寺跳神第二日，余与赵专使等仍往参观。首由大铁棒喇嘛绕场，讲述佛教历史及黄教经过，以及拉休寺由来，与本庙会之规则，约一小时许始毕，即开始跳舞，第一场为幼童装骷髅者四人跳舞。第二场一罗汉出，有二鹿及一孔雀随之，鹿四足着地，系二人在内装之，孔雀一人，以布为身，均极肖。昨二白假面具者又出，口咏六世达赖诗或对唱，似为蒙古歌。第三场四人，满清武官装、红缨帽、开叉袍，持矛舞之。询一喇嘛，谓此系仿演汉人戏。第四场一大头贵妇人，衣蟒袍，女八人随之，手持金釜，皆衣彩服。据云系表示施主，有一白象，高五尺许，二人在内架之，背披锦绣，有一真马，一人牵之，穿前清窄袖蟒袍。又有一皇后，一大臣，一武士装者随之。皇后、大臣衣盛服，武士带弓矢，并有喇嘛数人持盘，盘内有法轮、高塔、铜镜等宝物，据云象马、皇后、大臣、武士、法轮、塔、镜等为七宝贝，皆皇帝不可缺之物。次由前二白假面具者唱歌，每唱一曲，一宝物退，最后各女亦退。第五场为五女，皆假面具，垂长耳环，手各持物，或圆镜，或法螺，或宝盒，一红面者貌凶恶，头上有人头骨，余为蓝面或白面，皆大袍垂络。据云为五路财神。出场时有鼓乐与香迎之。最后有一黑面者出舞，归后告终。本日所演似内地戏剧，非跳神也。

六日　喇嘛大游行　跳舞大团结

晨拉休寺喇嘛大游行，至寺外近郊一周。首为黄衣冠之大喇嘛数人领导，次为旗帜者数十人前列，旗有红、黄、蓝、白等色，方、长方等形，高撑空中，亦颇美观。次为音乐队，吹长号者十余人，击钹鼓、小锣者数十人，钹鼓有大小及种种形式之别。又有奏细乐者（如笛、螺等，螺大如拳，上镶金银）数十人，前后数队，中有戴假面具及其他化装之喇嘛，并象、马、孔雀等随行，又有活佛十余人，有黄盖，内大活佛三人，戴宗喀巴帽。最后用小轿抬宗喀巴铜佛，全体约千人（据云喇嘛之野外大游行，系送魔鬼于野，代表魔鬼者，即糌粑所制之狰狞鬼面，在长三角形之木架上，昨置于场中者）。旋返至经堂前，置轿于场，活佛上坐，各喇嘛围立场周，鼓乐齐鸣，中有大喇嘛数人，指挥全体诵经，约一时许始退。

本日跳舞总结束，首为前清装束戴面具之武士四人，略舞而归。次青面鬼四人，红发短服，表示裸体，双方对舞。次执弓矢之怪面武士八人，头戴高盔，并插三角高旗，身着宽袍，分两队舞。次有一野人状，紫面白发，身披兽皮，佩剑出舞。据云表示佛教感化野人。次有一绿面猿，穿短衣持棍舞者，似内地之孙悟空，亦翻觔斗，演武术。次有大小二狮出舞，想系太师少师之意，用羊毛制成头皮，较内地用麻制者尤为酷肖。一人引之，如内地舞状，亦登桌。次四白发老者对舞。次一护法神出舞，有二法师如内地僧装，二红发鬼及老者、二骷髅并二狮头者随之，且舞且念经。次又有鸟头者出舞。最后牛头护法神出，此为黄教最大最尊之护法神，故甚尊严，欲出而入者再，旋牛头神之妻出舞（亦怪面）若干时，门口大号三声，牛头护法神始出，随者有护法神数十人（皆宽袖锦蟒袍，头有骷髅、腰有骨络），武士数人，并象、猿等。又有一大头金面者（面方二尺许全为黄金色），及前场各人，共五十人，围绕作大团结之最后舞，颇为堂皇，盖表示护法最后胜利也。

数日来观者男女数百人，妇女头上或背多有黄琥珀数个，富者，琥珀之下又有绿玉并红珊瑚成串，或许多琥珀成串，耳环大如手镯。衣多红黑二色，富者有水獭边缘，皆长袍，腰束绸带或皮带，并有铁带者。此种大跳舞，为寺院每年之大典，演习甚久，亦为藏民惟一之娱乐，远近毕至，少长咸集。内地之社火与戏剧，想多由宗教仪式而来，而寺院之跳神，或又仿内地之社火戏剧，未可知也。

七日　外货抬头　土产裹足

本日偕赵专使游览庙会商场，在寺外旷野间，皆插布帐，约三四十家。

据云往年在百家以上，凡草地畜牧之藏民，皆携狩猎所得之鹿茸、麝香、兽皮以及畜产之羊皮、牛皮、酥油等，不远数千里而来，出卖各物后，买茶叶及日用品而归，即昌都、西藏商人，亦多携藏货氆氇、藏香、红花等来售。今年多未来，其原因或云因某地大水，或云因去岁抽税较重，或云因本年流通法币，想均为原因之一，亦未可知。故各商号均有减色，每年售物可得三十秤银者，今年仅得二十三秤，且每年收买各贵重物品，今年亦无法购买，总计今年不及去年十分之一云云。

遍览各商品，以布匹、茶叶、妇女装饰品、喇嘛用品等为最多，多为印度货或日本货。土货仅有红盐，囊谦所产。又陶器仅茶壶一种，土红色，极粗陋，据云产两站外某地。又有烟叶，系四川产，藏民多买若干片，携回后研捣为末（用布包裹置石上以石或木棒击之），和白土、香料等，即成鼻烟，装入牛角或鼻烟壶中。牛角尖端有小孔，用时倾于大指上，以鼻吸之。商人大半自结古来，各庙会时间不同，彼等每年赶各庙会，日中为市，以物易物，犹有古风存焉。

十　由拉休寺返玉树

八日　天地一色　泥雪载道

早大雪，满山皆白，十时离拉休寺返结古，旺堪布等送于野。途中雪纷纷降，深至数寸，半积半消化，泥泞满道。至拉休附近，全为积雪，一望皆白，天地山野，全为一色，不可分辨。盖漫天为纯色之白云，而遍地又为白雪掩盖，可谓雪山连云云连天，风景颇为奇特，内地恐不易睹，因内地多村落树木，不能全为白色也。余因未备墨镜，不敢直视久望，约六十里至"多拉"，即宿其地。"多拉"藏语石围墙之意，拨雪得片地，插帐而居，山坡野原，雪深五六寸，马无草可食，仅饲以豆。

九日　赤身雪地　金银世界

晨起大风，寒暑表降至摄氏零度下（华氏三十度），同人来拉休寺时，携衣甚少，无不战栗。九时就道，逾山后至多鲁马库，为一小平原，有随乌拉之一藏民青年，年二十许，上下身全裸，仅中部缠布尺许，不觉寒冷，藏民之体格与习惯，真堪惊佩，特为摄一小影。又沿途所见藏民男女，大半赤身着一氆氇长袍，闻冬日亦仅一皮袍，下不着裤，上身时裸，半为习惯，半为经济困难。但妇女有金钱购琥珀等装饰品，而不制衣，实亦不良习惯之深也。

未几，又逾一岭，始至巴塘大平原，藏语"巴塘"，即"平原"意也。

但仍在四山围绕中，其地积雪渐浅，气候亦较暖（华氏四十八度）。经沮洳地，下午四时至宿地，因天已半晴，且地势已低，积雪全消，又见绿草，马始得食矣。牦牛较有经验，途中见牦牛数千，均在雪地拨草觅食，闻冬日即在山坡或谷地放牧，边地畜类之习惯，亦可惊异。但因冻饿而毙者，当亦不少，急宜改良牧法，夏日积草，冬日备厩。

日落时，光射残雪，为黄金色，与对面山上之白雪相映，有如金银世界，异常美观。边地奇景，有时非内地想像所及，且雪后乍晴，异常光明，近落日之残云，并有作淡红色者，风景之佳，不禁令人叫绝。

十日　雪光伤目风力破面　马鬃当镜草泥为桌

早起，同人王办事员、路副官、邓调查员等，目皆赤肿，痛不可启，勤务四人，仪仗队兵士九人，亦目痛流泪。盖昨日下午天晴，雪色、日光，特别刺目，各员役既无色眼镜，又无经验，皆张目直视，以致伤目。如藏文秘书格桑悦希，西康人，颇有经验，用一绿绸布遮目，毫无受伤。余亦因曾行外蒙，素知此事，虽无色镜，两目直视地下，日光未射，亦毫不觉痛。至本地土人，及青海兵士，则经验尤富，当时皆以黑马鬃若干条束于目上，系耳后，不啻黑镜。余昨见一人如此，怪之，今日始知其故。又土人男女出外时，面上多涂以糖，黑丑不雅观，但可以防风。本日同人面多红肿，吴秘书抱平，面皮将裂，尤痛。盖因昨日风力日力过烈，今晨又冷也。

九时就道，绕山行，全为平原草滩，马司令来迎，驰马滩中，渡水数次，水出山中，名禅姑水。行约二十五里，马司令、曾队长等张幕其地，以草泥为桌为凳，盖野中无桌椅，用铁铣将草滩皮切为方块，移帐中堆数尺高，而成桌成凳，上铺马褥或毡，可谓别开生面。渠等备有手抓羊肉、馒头等，饮食其上，亦颇有趣。谈及同人目肿腮破事，马司令谓途中过冷时，尤宜注意。渠前来玉树至休马滩时极冷，皆下马步行，惟吴县长、樊秘书体弱未下马，足趾冻脱。去岁十一月渠带兵士数人回西宁时，亦有两人足趾全脱云。饭后，即宿滩中。

十一日　草滩驶马　山巅猎兔

早九时就道，左转入山，据云直下为下巴塘，尚有数十里平原（巴塘滩共长七十余里），辟有飞机场，又有温泉在山后。余等虽向山中前进，道甚平坦，未几即入山谷，有禅姑水沿流，蜿蜒如带如羊肠，因道平，且多草滩，故余等策马奔驰，颇觉畅快。山中有兔、鹰，青军兵士以长枪击之，得数头，系于鞍后，血染马腹，变白马为赤马矣。未几，山狭益隘，两岸壁立，一水绕流，水滨崖麓，杂木丛生，青青之叶，已半黄赤。山中有电线杆，闻通下巴塘军营。

至禅姑寺，豁然开朗，寺在对面山坡，僧屋栉比，红白墙高耸。墙头屋顶，积青稞甚多，据云一带农田十之七八为庙产。由此至玉树，沿途山麓，皆为农田，已收获。至结古附近，田中有帐房十余座，旁积青稞，据云皆百户所有，人民为之耕种，并为之看守。未几抵结古，入藏又暂无望，两年来迭生障碍，较游历全世界尤难也。

十一　重留玉树

十二日　委员放赈款　农工索赏金

上午中央放赈委员阎君在玉树县政府发放玉树赈款，约赵专使及余参加。赈款共四千三百元，每贫民一人发款二元，多在数站甚至十余站外，故由各族之百户或百长代领，到者十人，多衣布面皮袍，拖长辫，但观其面目，知甚聪明。阶上置桌，满堆银币，各百长立阶下。首由阎委员报告，继赵专使讲话，继余讲话，略谓：中央念边民贫困，无衣无食，故派委员不远万里而来放赈，但各位藏胞，不过一时略得衣食。如欲得好衣好食，并永久有好衣好食，应改良农牧，振兴工业，并宜注意卫生，始得生存。又人之异于禽兽者，不仅生存，并宜受教育，有知识，故又宜送子弟入学校云云。

委员放赈系先发汉藏文印票，再携票领款，领后各百户或百长在总报告上盖章，各有铜章，大半为圆形，内系花纹，或藏字，多用墨色。据阎君云藏民较蒙民心细，须由译者读钱数并领款后，始盖章。又谓在囊谦县发款时，有某族数人不敢来领，以为中央向未与人民钱，且官吏只有向人索钱，焉有给钱与民之理，故怀疑恐有祸，可知对边民"德"与"信"并需要也。

下午偕赵专使及格桑秘书夫妇等游河滨，望见田野中许多帐房，皆系看守青稞、小麦，或打青稞、小麦者。有数帐房，为余等居室之主人，格太太谓彼曾至其帐数次，每次打麦或看守者，皆向之索赏钱，以为晚间酒肉之资，此为康、藏习惯。如有人建造房屋，凡亲友至其家者，木工必索赏钱。又康、藏一带土屋第一层楼下皆为马厩，遇扫除马粪之日，亲友至家者，粪夫亦索赏钱，似为恶习，但细思在此封建社会之边地，此类工人，皆终日劳苦工作，不得一饱，有产阶级之亲友，与以微资，使得丰其夜餐，亦可谓合情合理也。

十三日　藏民打麦　营长种菜

此间收获青稞、小麦，已二三十日矣，但因每日阴雨，多积屋顶或田中，尚未打藏。本日天晴且甚暖（早摄氏七度午十度），许多藏民，即在屋外空地中打青稞，其工具为一长木竿，一端有一可转之物，长尺许，宽三四寸，内系木条，外为牛皮，持竿转而击之，亦系内地传入者。打时男女对打，且工作，且唱歌。打后用一长三尺宽二尺许之皮底木筐（皮底有小孔），将青稞粒漏下，再用木箕或洗面盆乘风扬之。又有在田野中打者，余亦前往参观，即在帐房旁，辟地为场，先将麦穗割下，再打。其取穗之法，立一木架，高约四尺，与人手齐，上有相并之横长木二，各钉长尺许之铁钉七八根甚密，旁又有一镰刀，钩状，两人持青稞置铁钉中拉之，穗即落于他侧，不落者即由一人取出在镰刀上割下，其法均甚笨，应由当局指导改良。

下午马营长子才在营部专设盛饭宴余，因余任甘肃教育厅长时，曾委彼为导河县教育局长，又曾在省受训，余亲授课，迄今不忘。在此任营长数年，新自囊谦防区回结古，对余特别亲密。席间各菜，有萝卜、白菜、芹菜、山芋等，皆结古不易得之珍品，讶而询之，谓皆渠在囊谦自种而长成者，并谓渠在营部后辟地种菜，有七种以上。除上述者外，又有葱、韭、莴笋、莲花白、圆根（似萝卜）、刀豆等，兼种有花，将来拟辟为公园，文人而为军官，究不同也。惟据云囊谦气候、土宜，均较玉树为佳，故农田较多，而农产物如小麦、豌豆、芸苔（油菜）等经彼试验，均可收获。但除小麦外，种者甚少耳。闻新寨附近，有水磨，系一川人创办，现由寺院出银三秤租之，如种芸苔，可磨得植物油，因劝其竭力提倡。

马君又谓玉树一带，均宜小麦，但较青稞迟熟若干日，而此间全为宗教社会，农产收获时，由喇嘛占卜吉日，某日收东地，某日收西田，不论熟否，一律收获，小麦与青稞同时收获，多青而未黄，遂谓小麦不宜，实则低凹之地，均可种植。现在囊谦县署所在之地，比较囊谦千户所在之地为平原，且为通昌都之大道，故农田比较发达，小麦亦多。实验宜农之地尚多，每因迷信不让辟种，可惜也。

十四日　割尸葬鸟腹　诵经治梅毒

本日有天葬者，余偕行署同人往观，在东南山麓，其地立木竿二，上垂经布，又有毛绳数条，在地下系木橛上，每隔数尺，有木橛一，绳上系羊毛无数，不知何意。余等至时，尸已由一人负至场中，置于地上。有喇嘛五人在旁诵经。尸身屈曲，用毛毯盖之。时有大鸟（土人名为鹘叉，不知究系何鸟）数十，翱翔空中，或止山坡，高二尺许。两翅展时，宽三尺许，灰色黑尾白腹，望之可畏。诵经约十余分钟后，去毛毯，将尸头系钉地之木钉上，招鹘鸟来食……。前后经二三小时，不如在拉卜楞所见之顷刻食尽。据知者云，死者为一喇嘛，西康人，来此经商，有资财数万，染梅毒，不知延医诊治，惟请喇嘛若干人在家诵经，一次费四百元，终至无救而死。同人有距尸近者，谓其身已变黑色，鼻亦烂，鸟之不食，或即因此……

十五日　重女轻男　贵畜贱人

商会会长来，谈及藏民风俗。谓藏民重女轻男，重少轻老，家中一切劳动，全为女子，而经济权亦在妇女手中……又家庭或社会事，概由少年人主持，凡老至六十岁以上者，即视为废物，各事不令闻问。有客至，则老者避至帐外，由少年、壮年人招待。无论衣食，老者均较少者、壮者为劣。又因藏民大半为畜牧生活，牲畜为其生命，故贵畜而贱人，如杀人者仅偿以命价，不必以人偿命，而抢窃牲畜者，则必以牛偿牛，以马偿马，即若干年后破获者亦然。冬日牛犊、羊羔，必居帐内，而人因拥挤时，可卧帐外……又藏民畜牧，各族有一定牧地，必留一向阳山坡之草，备冬日牛羊食之，各自私地，惟亲戚可以通融，他人不得侵牧。夏日藏人畏抢掠，帐房距离须呼唤相闻，冬日因冰结水宽，抢掠不易，各就其所留私草之附近帐居。每因侵牧争草而酿成人命，未有因争食而斗者，亦贵畜贱人之一证也。

十六日　供食当地租　拾穗抵工资

赴常会长处访谈，询及农业情形。据云，玉树二十五族之农业，以县言，囊谦垦地最多（每年收粮三千余桶），玉树次之（每年收粮二千九百余桶），称多最少。玉树县中以族言，歇武、蓝达二族占四分之三（札武族共有农田七八百桶，札武百户私人地约八九十桶）。各族土地已开者，半为寺院所有，未垦者皆属百户所有。人民愿开垦耕种时，向百户请领，并不出价，三年后纳租（寺有年纳租约五分之二，民有者约五分之三）。如归私有后，可以买卖，寺有之田，多系人民父母死后供献者，仍令人民耕种，寺中每年为亡者诵经一日，是日由种田者供给喇嘛之茶肉、酥油、糌粑等。种田多者名大会首，支应全体喇嘛之饮食一日，约费国币二百四十元。次者二等会首，供应一部分喇嘛一日之饮食，约费一百三十元。再次者为三等会首，供应少数喇嘛一日之饮食，约费五六十元。大会首种地每年约三十桶（间年种）。又种田者，只须种植。种后凡防牛马践踏、防人偷盗、防风雹旱涝等等，皆喇嘛之责。寺中雇儿童数人巡守，有牛马入农田践食者，罚针十枚，羊入者罚针三枚，均归看守之儿童以为报酬，儿童多以针易大黄杆（酸味）食之。防雹有喇嘛五人负责，田下种后即戒荤、素食，每日有三人或二人值日，如遇降雹，一人即吹角号，群来诵经，一般藏民，信其确有效验，谓虽降雹，必在地外，田中无之。至秋收后任务完毕，始食肉，派二人至各农家收粮，随意与之，不计多寡。但人民因信仰故，收粮亦不少也。又青稞每年阴历二月下种，阴八月收获，农田每年犁三次（种前半月、播子后、收获后），除草一次（草开花后），上牛粪或灰一次，以人粪秽污不用，且大半不施肥，不除草，耕犁亦甚粗也。收打青稞时，用人甚多，但不给工资，即以田中所遗之穗准其拾取，另行打之，每人每年可得十桶左右。因割麦之日，由喇嘛卜定，某处某日，均有一定，玉树共分六处十二日，过其日即自由，但因日久过熟，每不能割，故多遗落田中，拾之较易。至割麦亦有雇人者，付青稞若干，并供给饮食，每日六次，晚间一次有肉块或青稞稀饭中加肉。百户之农田收打时，由本村各户均派一人为之工作，仅每日供食糌粑数次，不食者可携归。每年寺中喇嘛，亦每于此时为人民工作，求增加其收入，或图一饱。结古寺前活佛以喇嘛当专事敬佛诵经，不宜农作，曾捐款一万元生息，专用以救济贫苦喇嘛，不许为农民作工，以保持喇嘛之尊严。余觉喇嘛全年不事生产，每年农忙时工作若干日，于己于人，均有益也。

十七日　农夫一席话　耕者不得食

赴野外参观打麦者，与某藏民闲谈。据云：此间青稞，每年下种后，再不加任何人力，即有十倍收成之希望（即种一桶收十桶，歉收年亦可得六桶）。本年更丰收，约有二十倍之望，当因中央大员莅临与人民带来福气也。照收成言，玉树一年耕可得三年之食，但实际人民非全能食糌粑（青稞面）。土房农民中约三分之二食糌粑，帐房牧民中每三分之一食糌粑，有许多藏民，终身不知糌粑为何味。一因藏民习惯，可全肉食，一因自民国二十一年抵御藏军，开来骑兵二千余人，人马均食青稞，于是不特无三年之余，且耕者亦每不得食糌粑。玉树各族所产之青稞，除向县政府纳粮外，大半供营买粮之需，每兵每月须青稞二桶，而每马每月即须六桶。正式田赋，玉树年约三四千桶，而营买马料，即需万桶（合西宁四十余石）。玉树全县每年打粮约五六万桶，合西宁斗一千余石。营买粮外，又有营买草，司令部原定三百匹马，县长四十匹马，现县长马三匹，而草仍万余斤。且各族负担不平均，如玉树县所属之玉树、总举二族，因距县署甚远，且枪多，可召集民团三千人抗纳粮草，他族负担更重。又玉树在前清时，赋税甚轻，每三年一贡马，共值二千余元，自民国四年画界设理事后，始有草头税等，增加数倍。但当时商业甚盛，有二百余家，经济活动，现仅五十余家，经济异常复杂云云。余告以赋税增加为当然事，因前清对人民一切不管，现在交通教育，一一皆渐进步，县长苟为人民作事，多取之而不为虐。询人民对百户、百户对千户纳款情形，谓人民对百户纳款甚微，百户对千户照例年纳狐皮一张，獾皮一张，狐皮折价八角，獾皮二角，每族共一元，二十五族仅二十五元耳。由此一席话，可知人民对百户之信仰，甚于县长，对前清之观念，优于现在，有边政之责者，不可不注意也。

十八日　怪事百出　诵经万能

本日系阴历九月十五日，为佛教萨迦派始祖之诞日，上午结古寺全体喇嘛数百人，整队至野外游行，并有旗帜、音乐。晚间点酥油灯数百盏，从屋顶望之，成一光线。

此间为佛教社会，喇嘛有权干涉一切。如农垦，喇嘛认某地不宜动土时，即不得开垦。打猎开矿，喇嘛认某山为神山时，即一律禁止。又农田由喇嘛看守，藏人习惯不除草，或至草开花时始除一次，且不许他人采拔，普通麦田中有油菜，开园时始拔除，某次一汉商在未开花前采食若干，喇嘛见之，罚布二匹。

行署某君受中央研究院托，测量各民族体格，曾摄藏妇数人裸体像，寺中喇嘛闻之，适天降雹，谓系渎神致怒，欲处被摄影之妇女以非刑，并激动民怒。司令部知之，急责各妇以鞭，始免挖目断手足之刑。

又喇嘛与民众，认诵经为万能，止雹降雨无论矣，凡人畜有一切疾病灾患，俱以诵经禳除之，日前因花柳病而延僧诵经之事，已属奇异……

十九日　狩猎早晚有时　畜牧冬夏易地

本日班禅大师自拉休寺重返玉树，余偕赵专使、马司令等迎于野。因时间尚早，坐帐房中茶话。马司令善猎，首谈及打猎事，谓黄羊奔驰最速，非上手不易打得，青羊较慢，比较易打，雪鸡飞不及远，且每在雪中觅食，如将一地之积雪除去，彼将群入其地，打之最易。故日昨出猎，打得青羊二头，雪鸡四只，黄羊群虽遇而未打得一头。又猎有谚语，为"早獐午兔晚鹿子"，因獐早出觅食，兔午睡，鹿晚出游，乘其时较易得也。又谓雌獐之麝佳，雄为草麝，不能用。

又谈及玉树畜牧情形，谓玉树各族从事牧业者，百分之九十以上，其种类为马、牛、羊，牛最多，羊次之，马又次之。牛分二种：一为牦牛，体伟毛长，面凶恶；一为犏牛，尾小体壮，腹无长毛，亦称犍牛。马只一种，小于新疆马，而大于四川马，耐寒任重，冬季身上雪压寸许，仍不冻。羊体高大角长，与内地绵羊不同，俗名番羊，生羔时择雄壮者为种羊（羝羊），余皆阉成羯羊，供肉食，牝羊供繁殖。放牧地冬夏易地，夏在山坡或较高处，冬季多在山凹、山阳坡、或平原有河流处。每族每村冬夏俱有一定区域，因夏不积草，故必留一冬草区域，夏季绝不放牧其地。至管理方法，昼则放牧，夜则收集帐房附近，以防野兽及窃盗。因游牧迁移无定，故虽有可耕之地，亦不兼营农业。牛价最佳者藏洋六十元（约合法币二十元），马最佳者银二十秤，次者藏洋六十元，羊价数年前每头仅一元余，现在三四岁者须三元余，官价定二元，但仅可得二岁者。羊寿约十年，每家牛马至多者不过三百余头，札武族每年共产羊毛约万余斤，每羊每年产毛约一斤，可知札武族有羊万余头也。

二十日　百户愿受教育　县长提倡卫生

班禅行辕黄举安君来谈，谓此间藏民渐渐觉悟，即贵族亦多愿受教育，如拉休百户，虽为喇嘛，欲识汉字，刘秘书长家驹居拉休寺时，该百户欲识汉字而不便前往，每日派一喇嘛至刘寓学数汉字，归而转教，其热心求学可知。又囊谦族之蒙沙百户，年二十余岁，求学更切，闻南京有蒙藏学校，收藏民学生，欢喜欲狂，更为贵族中有进步思想之青年。仪仗队在新寨演新剧时，该百户曾登台讲演，如能赴内地受相当教育，归后必能改进一切也。又谓玉树小学，现虽仅十余人，从前最盛时至八十余人。时张东藩任县长，对学生特别优待，学生冬夏季均发两套制服，成绩佳者有奖金，如某生唱歌好即奖一元，又将地图悬街中，教人民识图，有能记一地名者，立奖一元，故人乐于入校。后因军事拔学生数人为兵丁，遂相戒不令子弟入学矣。又张县长并提倡卫生，因藏民随意便溺，曾立官厕六处，今尚存二处。当时县长有权有钱，故作事亦易。可知边地政治，全在得人，尤须有学识、有计划、有勇气之特殊人材，并宜优其待遇，丰其经费，久于其任，与以便宜行事之权，则边疆之进步，亦甚速也。

二十一日　西康土民强悍　巴安军人懦怯

某君来谈，谓西康藏民强悍，故自前清以来，时发生变乱，不易镇慑。据述一事，有某村藏民仅六七户，在山凹中，某地驻兵一营，向该村预征二年之粮，未付，某军派若干人赴村中捕人，彼等以妇女与之周旋，壮丁六人，各携一枪逃山上，兵士觉之，入山中觅捕，反被击毙。营长闻讯，开全营往剿，来至山谷路口，六人在四面放枪，击毙百数十人。有兵士四人入村中，将各户锅物等掠去驮出，山上六人中之一人，伺于隘口，击死驮物之三人，将各物又夺回。全营不敢出口，经某喇嘛调停，六人让开谷口，兵士始得全出。又前邦达昌之某子（西康人，为西藏第一大商），因受西藏压迫逃出，集若干人，将昌都藏兵千人缴械，并得大炮三门，急报巴安驻军，请其前来，谓一举可收复昌都，并可运回藏兵前所得汉军之枪械。巴安驻军不敢往，某无法，将藏军解决后，解散其兵士，余三百余人，巴安驻军闻得实情始往，得大炮三尊，一尊现在康定，其二尊竟又售与藏军，每尊得价三千余元。又因迟往，藏军复开来若干，昌都终为藏据，甚可惜也。康民之强悍，于此二事，可见一斑。

二十二日　大收圆根　禁采特产

本日为寺院喇嘛占定收获圆根（萝卜类蔬菜）之日，有三处同时收获，专使行署附近即有一处，约百数十亩，据云三十来家藏民分种。早起即闻人声鼎沸，余偕同人往观，见有男女百数十人，在地拔取，牦牛数十头，往来驮运。因地多小石块，且草高于苗，因之圆根甚小，间有大者如盘。其与萝卜不同者，即萝卜为长形，此则扁状。多为红色，每露地面，浅者一拔可得，深者用镰如新月钩状。拔取后堆积地上，装入毛袋中以牛运，或盛筐中，两人抬归。有就地卖者，法币二元购一堆，不论斤两，妇女、小儿有就地食者，闻前仅饲牛马，近人渐知食矣。藏民蔬菜，惟此一种，即现在除玉树附近及囊谦外，多视为马草，不知为蔬菜也。

与某君谈及玉树二十五族之特产，据述如下：

一、鹿茸　各族皆有，惟玉树娘磋、格吉等族最多。

二、麝香　各族皆有。

三、冬虫草　札武、苏莽、囊谦、格吉等族较多。

四、贝母　同上。

五、野兽皮　各族皆产，有虎、豹、熊、狐、猞猁、鹿、野牛、野羊（有黄羊、青羊二种）等皮，但多不让采猎。

二十三日　按年朝山水　随佛有素荤

班禅行辕本日设宴，席间谈及藏情，谓藏俗朝山拜湖，均有一定之年，如马年朝喜马拉雅山，猴年朝冈底斯山，羊年朝腾格里海，以此三年为最热闹。又谓西藏佛教徒，均虽食肉，但菩萨佛中有食素者。如观音普通素食，而千手观音则荤食，金刚中普通荤食，而有一种为素食。又印度佛教有一派食素者，中国内地和尚食素，或原为印度之素食派。又谓中国内地各名山，多因佛而著名，如五台山为文殊菩萨胜地，普陀为观音胜地，峨眉为普贤胜地，九华为地藏菩萨胜地，但五台喇嘛虽全食肉，而普陀则绝对食素云云。

席终余兴，每人一技，多唱藏歌或汉歌，轮及余，素不能歌，说一笑话。谓今日席中客有汉、有回、有藏，俱为中华民族组成之一份子。中华五大民族，汉、满、蒙、回、藏，汉、满二字水旁，蒙、藏二字草头，回禄为火，回字形且似牛粪。余等旅行草地，水草、牛粪、火，三者缺一不可，犹之中华民族，汉、满、蒙、回、藏，五者缺一不可云云。由刘秘书长家驹译为藏语，闻者无不点头一笑。

又据康福安云，前赴藏之第一批牛马、人员，已抵朝午拉山，雪深与帐房齐高，即玉树、朝午拉中间之地，亦雪深没胫，今年实不易归藏也。

二十四日　康名由来　藏城举要

有人自昌都来，谈及该地情形，参考旧日各种记载，得察木多概况及西藏各名城如次：

和泰庵《藏赋注》云：察木多三藏之一，西至类伍齐二百二十里，南至结党，北至隆庆（即囊谦），昔属阐教呼图克图，康熙五十八年，颁给帕克巴拉呼图克图那门汗之印文，曰"阐教诺黄教额尔德尼第巴诺门汗之印"。其二呼图克图，号锡瓦拉，三呼图克图，号甲喇克，大小寺院五十座，喇嘛四千五百名，土民七千六百户。其俗崇信浮屠，生子半为喇嘛，其地则层峦叠嶂，怪岫奇峰，乃西藏之门户。古所云"康"云"喀木"者，即此。合前、后、卫藏为三藏，俗名昌都。

《察木多通志》云：察木多在乍雅西北，即古康地，古称前藏，一名喀木。界通川、滇，其北河有四川桥，南河有云南桥。江巴林寺，系江心濯结所建。寺北水名昌河，寺右水名都河，故又名昌都。

自察木多以西皆达赖遣官管理，部落大者曰类伍齐，一作类乌齐，在察木多西北，为草地入藏经道。次曰洛隆宗，一作罗隆宗，其地有嘉裕桥，为藏、炉通津。怒江在其城东北六十里，蒙名喀剌乌苏，土名鄂宜尔楚，其下流为怒江。又有迎楚河，在其城东北一百六十里，其下流为澜沧江。次曰硕般多，一作说板多，一作苏班多，一作舒班多，在洛隆宗西，乃通青海之捷径也。筑土砌石为城，枕山临河。次曰达隆宗，在硕般多南，即边霸，又名宾巴，有沙工剌山在其西，崇峻上下八十里，相连鲁工喇山，平衍八十余里。《通志》云：二山冬春每积雪难逾。《卫藏通志》作鲁贡拉山，谓：峭臂摩空，一小沟蜿蜒上下，夏则泥滑，冬则冰雪，行人拄杖鱼贯而进。又有丹达山，上有雪城，路径奇险，在鲁工拉山东十五里。

《一统志》载：前藏三十一城，拉萨城在打箭炉西北三千四百八十里，札什伦城在拉萨南七百里，得泰城在拉萨东南三十八里，奈布东城在拉萨东南二百二十里，桑里城在拉萨东南二百五十一里，垂佳普郎在拉萨东南二百六十里，野而古城在拉萨东南三百一十里，达克迎城在拉萨东南三百三十七里，则库城在拉萨东南三百四十里，满撮纳城在拉萨东南四百四十里，拉巴随城在拉萨东南五百四十里，达拉马宗城在拉萨东南五百六十里，古鲁纳木吉于城在拉萨东南六百二十里，硕噶城在拉萨东南六百四十里，朱大宗城在拉萨东南七百五十里，东顺城在拉萨东南七百七十里，则布拉刚城在拉萨东南八百七十里，纳城在拉萨东南九百六十里，吉尼城在拉萨东南九百八十里，日噶牛在拉萨西南三十里，楚舒尔城在拉萨西南一百十五里，日噶尔公喀尔城在拉萨西南一百四十里（有人口二万余家，为卫地最大之城），岳吉牙来杂城在拉萨西南三百三十里，地巴达克匦城在拉萨东北九十二里，伦卡卜宗城在拉萨东北一百二十里，蓬安城在拉萨东北一百七十里。

二十五日　禅姑为白教　藏军抢实物

本日高参军石辅及格桑悦希等入藏，余与葛耕南、史觉民等送至禅姑寺附近，因往游该寺。渡禅姑水，有木桥甚宽整，据云赴西康邓柯县时，即由此道，夏日水大不易渡，故筑此桥（冬日水小可沿水而上）。再行登山，道旁有三高塔，方形，山口有长绳垂经布，由此山头至彼山头，长约一二十丈。未几至寺，先参观大经堂，中有该寺第七世尺赖活佛之尸塔，上镶珊瑚、琥珀、绿玉、宝石等甚多。两旁有铜佛，大者三尊，小者数十尊，皆甚新。据云民国二十一年藏军犯结古时，有三代本（团长）居此寺，旧有之佛像、宝物，均被掠去，故多新者。旋入后殿，有泥塑像若干尊，颇类内地之神像，且神像与靠壁垂有泥塑之鸟兽人物，无不毕肖，谓皆本寺喇嘛所塑。又有大小尸塔十余座，皆宝石累累，俱系本寺历辈各活佛之遗体。据云寺中有三活佛，一为禅姑，二为苏列，均传至十三辈。三为尺赖，传至第七辈，现为寺主。旋又登山至一小经堂，建筑尚新，楼上藏经，有丹珠、甘珠各经楼。下有铜佛数尊，门外左右有楼廊，为参观跳神之所。前有小广场，为跳神之地，每年五月十三日大会并跳神，喇嘛共约三百人，但去过西藏而为正式僧者仅二百人（正式僧始可衣袈裟）。

禅姑寺为白教，衣同黄教而帽异，其帽红色，顶为软布，可折于内，其形如舟。据云白教始祖为格马巴错，本寺喇嘛赴藏者，即至拉萨德乃作巴寺（白教寺院）。又谓白教护法神有二：一名巴达拉，一名贡布波拉吉。寺中墙涂红色、白色，或红、白二色，当即二护法神之面色也。寺附近多农田，屋顶皆堆未打之青稞，据云农田多属札武，本寺甚穷，全恃札武与布庆二百户布施。札武百户，每年与全寺喇嘛每人青稞一小斗，十月青稞收后，为之诵经一日，祝秋收也。又耕种收获，均由寺定日期，本年三月十九及二十两日为播种期，八月九日为收获期云。

二十六日　耕田随便　结婚自由

拔圆根之地，昨、今两日，次第耕犁，犁具非常简单，即一立木，下有犁尖，上有扶手，中一长木，左右各一牛，再以一横木棒缚于两牛之四角上，木棒中有孔，以绳系于犁中之一长木上，一人在后扶犁，一妇女或喇嘛在前牵两牛之鼻环绳，每犁沟仅相连，而中有余脊，入土亦浅，其耕田可谓随便，闻县署屡劝改用牛背之力而不听。

据先后来结古十七次之马队长谈：藏民婚姻异常自由，坐谈相契，即成夫妇，父母毫不干涉。或女嫁男，或男赘女，均须出金钱或牛羊若干。如男弃女或女逐男，均须付对方原聘礼之半。聘礼多者银一二秤或牛羊数十头，最少者羊一头。除百户等贵族外，鲜有行婚礼者。结合离异，非常自由，今日此男，明日彼男者，父母亦不禁止，生子不问父，无所谓私生子，兄弟数人，共娶一妻，如有一人愿外赘者，其他一人或数人与外赘者以相当之金钱或货物。生子无姓，家庭名称，仅有祖、父、兄弟、姊妹、子等数种，祖以上皆称祖（藏语阿尼），子以下皆名子。家庭财产，女不出嫁者，子女平分，又无子女而绝后者，其房地不得自由出售，由百户代觅一人为其义子或另觅一户承继其房地，即承继其差使，户可绝而差不能断也。但人绝后，除房地外，财产多布施寺院。

二十七日　玉树骡食马　西藏草易粪

玉树冬日草料甚贵，每骡马月需草费国币二十元，西陲宣化使署某职员有一骡一马，每月薪水甚微，不堪担负骡马之喂费，每思非骡食马，即马食骡，最后决定售马存骡，即以售马之价供养骡之需，友人不见其马，询马何往，谓骡食之矣。班禅闻而怜之，凡署中养骡马者，每头每月津贴四元。但据丁杰佛云，西藏乡村养骡马，每头每月仅需藏币一元，而大洋一元，在此地可换藏币三十元，是大洋一元可养骡马三十头矣。何以如是之廉，因乡下需粪而草多，意在以草易粪，即藏币一元尚争而代喂也。

二十八日　姑妄听之　未之见也

晚，赴刘秘书长家驹寓，谈及藏人身上所带之"告乌"（护身盒）。据云：内有装佛像者，有装药丸者，有装"加沙"者（泥印，扁圆状，一面佛像一面龙形）。无论何种，皆曾经高僧诵经，而"加沙"尤宝贵（班禅曾赠余一枚，谓内有前代班禅尸上之血水，且曾经数代班禅诵经者），认"告乌"能避枪弹，故藏民出门远行，必戴"告乌"，异常珍视，有费千金买得者。刘君并出示所藏之各种药丸，多系红教喇嘛及班禅大师所赠，有一种紫色小丸，谓食七粒在本日内可免枪刀伤身。有一种名"母子丹"，经数月可生若干粒。"加沙"并可治病，渠前昏倒时，取少许入水食之即愈。又出示"舍利子"，白色，大如黄米，据云为高僧精气神凝结而成，如数粒同包、内有雌雄者，经若干日后可生一粒或数粒。相传释迦佛骨灰中得许多。又闻西藏某寺某佛像中，生舍利子，寺僧置许多净水碗，闭户而出，舍利子即入碗中。又西康盐井县有贡康活佛，颇神奇，从头上用手一拂，即可得舍利子若干粒。又该活佛不畏枪刀，民国十八年时，藏军欲得盐井，贿通测绘员杜某，宴贡康活佛，设伏欲捕杀之（因贡康助汉兵拒藏军）。贡康至后，见渠等在桌上用茶水写字代语，疑之，即托故下楼逃走，渠等自后从窗中发枪击之，两面伏兵亦出而夹击，衣满中弹而身未受伤。又巴安有喇嘛名"康拉"者，亦神奇，驻军数人欲试验之，至彼寓灭烛，由彼诵经，并吹人骨乐器，忽有若干人声，细辨之皆曾战死之某兵士或某军官，人益奇之。又藏军来攻时，彼曾取藏军之弹，诵经后藏军枪弹均无效（传藏军攻玉树时，结古寺加那活佛曾取藏军一弹置神座下，诵经后藏军发八十余弹，未伤一人）。又十八年邦达昌（西康人，西藏巨商）变乱时，"康拉"率数人书敌人姓名于人头盖骨上，欲埋地下咒之，对方闻知，以枪击之，同谋之数人全死而彼独存。归时子弹全在衣中，未及其身，藏民益信仰之。后竟抗官军杀汉人，以枪炮击之，不能及其身，放枪炮者反被击毙。终因淫乱，阴买其卫士以斧砍其头始毙云。

二十九日　助猎　饮血

赵专使与马司令出猎，约余同去，因乘兴偕往。沿结古水行约十余里，入北山中，循谷行，经水数次，牛马无数，皆食枯草，水两岸已结冰，谷中有黑帐房十余座，皆牧民也。因山中石便，多以石筑围墙，高三四尺，以圈牛马。旋登山道甚陡，至高四千七百公尺处，马司令预设帐房于其地，即下马步行登山，至后十余人分散各方。山有石峰，无一树。据云青羊多在石山，黄羊多在草原，鹿多在森林中，故此山青羊多而鹿少。旋有青羊三四十头，自山顶而下，数人追击，中二羊，回教阿訇就地诵经宰之，闻青羊血可补人血，饮后登山不喘，约余等共饮之。宰时庄学本君首先用手掬饮热血。又一羊负伤后，由山坡滚下，马司令等追至山谷，遇雪鸡一群，击中二只。据云：雪鸡围击甚易，如两人在对山，彼此对击，鸡来往奔飞，即疲惫而伏地上，一击可得。如山中有雪更易击得，因鸡落雪中，远望可见，且拨雪草出，鸡每群集也。又据云：打雪鸡须中其头或翅即不能飞，如中腹尚可远翱。本日有一中腹者，即不知飞往何处。又羊中弹后如伤不重，尚可远奔，如母羊可追及以手捕之，公羊力大不易以手捕得。余等至山巅高五千零五十公尺，较结古高七百五十公尺。旋归至帐中，烹食新猎得之鸡、羊肉，并摄影，然后驰马而归。途中遇微雪。

三十日　汉人佛像　印文石刻

本日偕赵专使、刘秘书长家驹等十余人，赴下巴塘山中，观唐代石刻之汉衣冠像。黎明即乘马行，过禅姑寺桥，登山坡长五六里，至山巅甚平，全为草原。有水一渠，在草滩中蜿蜒如游龙盘旋，如回肠百转，其土黑色，如种青稞，当可丰收，惟草甚短，已黄枯，有牛羊无数啮草其间。其地藏名"蒙可"，为经名，即石上所刻之经。"可"为山峡，或即指山峡中唐代之石刻。又约十五六里抵其地，在山谷中，两面石峰对峙，一水中流，有口如石门，出口即为下巴塘。像就石山雕成，有类云岗、龙门，但仅一处。正中为坐像，高丈许，据云为文成公主之像，一云文成公主时所刻，全为古代汉人衣冠，戴宝冠，发为髻，束以红绳，耳垂长环，肩披云肩，项圆领，上翻如西服翻领，红绣花衣，似为唐代汉人装。项有珠串，胸前垂长珠串，天足厚底靴。左右上下四侍女，像高如真人，皆高髻，前冠似凤冠，长袍翻领，袍下部绣花如蟒袍水波状，满身许多云形花，宽袖，或棒莲花一枝，或似鸡冠花一枝，或持瓶，或捧剑。长袍仅露足，着白薄底履，如近年男子所着之鱼嘴鞋，前有花形。袖口亦有绣花，披云肩，有戴耳环者，有无者，侍女像较正像尤为秀丽。正像座下有兽似麒麟，康、藏佛像皆印度装，独此像为汉人衣冠。中座下有藏文字，译之为"郎巴郎则"，不知究系何神，抑即文成公主。欲询寺僧，此寺属禅姑寺，并无主持，仅见喇嘛一人，尼姑数人，询像之由来，均不能答。一云据闻系唐文成公主行至此地时，思念其父唐王，特刻其像，但正像似为女装，而左右又皆侍女，当以文成公主像之说较为可信。像前建楼，像直达二层，登楼可睹头部，雕刻甚精，惜新加彩色，反不易见真状。庙外半里许有一石，据云文成公主离长安时所携之释迦佛像，曾在该石上放置一次，固属附会不经之谈，但此像与文成公主有关可知。又庙外石峰耸立，摩而成壁，上刻高数丈、长数千字之经文，刘秘书长再三视之，实非藏文，似为古印度文，对面又有藏文及佛像塔状等石刻。

其地风景极佳，两峰壁立，一水奔流，山上下青柏耸秀，柏枝上，多以羊毛线绳垂小石，或置石于枝叉，据云为敬神之意。余等参石像，游山水，并坐草滩石上饮茶食生肉（刘秘书长家驹所带系生牛肉在空中风干者，食之无腥味且类肉松），别有风味。下午四时许，兴尽而返。

三十一日　兵士藏妇两利　兄弟男女均产

马子材来谈，谓此间兵士多有临时藏妇，每贻人讥，不知此间实有特殊情形。前司令部曾一次禁止，而百户反来要求开禁，谓如禁止此事，各种粮草人民即不愿缴纳，颇为奇异。询其理由，百户谓兵士如人人以民女为妻，则所得之饷，仍大半送于人民，人民所纳之税，亦可出而复入，否则人民不堪困苦云云。盖兵士如恋有藏民妇女，其衣食全由兵士供给，不患冻馁，而兵士远戍边地，生活上气候上感受种种苦痛，如无藏妇之系恋，则人思北归，亦不易维持也，可谓两利……

又父母死后所有遗产，除供诵经费用外，兄弟姊妹均分，即兄弟共妻或同居，而财产则必平分。如兄用弟财，必正式告借，将来照偿，颇有欧美风。女如赘婿，亦分一份财产，男女可谓平等，亦甚自由，并无压制虐待之事，内地反不及也。

又兵士喜某妇女而妇女不愿时，兵士可强拉之，如拉夫然，各机关长官喜某妇女者，可召至机关内，如支差然。此为满清以来川军驻扎时之恶习，百户居民，并不以为怪，但现在司令部禁止强迫。

十一月一日　僧俗自由　贫富悬绝

某君来谈，谓此间藏民男子除喇嘛外，十之三四通西藏文，多由寺院学习者，大半幼为喇嘛，长而还俗。寺院有一种规定，纳若干银，即可归家还俗。故此地习惯，男子幼时大半入寺为僧，及长赴拉萨一次，名为朝佛，实则经商，归后每以所得之利缴纳寺院而还俗，藏文已有相当程度矣。百户家需要识藏文，而其家每有数人为喇嘛，随时归家教其弟兄习藏文。又百户之弟兄，虽为喇嘛，亦较有权威，且每同称为百户，或称大百户、二百户，往往当喇嘛者管庙事，在家者管民事。康、藏一带僧每管俗事并管家事，与内地出家之和尚绝对不同，且家中无人承继时，即还俗娶妻，甚自由也。

藏人之大商富贾，非寺院喇嘛，即贵族千百户，彼等有钱有权，既贵且富，故生活特别优裕，物质享受，不亚内地，而一般人民之生活，则特别低劣。帐房牧民，有终身未能一尝糌粑者，百户一切由人民供给，劳工由人民服役，久之富者愈富，贫者愈贫，人民如牛马，百户如帝王，喇嘛如神圣矣。

二曰　世世复仇　人人皆兵

某君来谈，谓藏民性情慓悍，每因两族夙仇或争夺某地发生斗争，双方率众支持经年，由第三族出而调解，将双方死伤人数，互相抵销。如甲方多死五人，乙方须赔偿五人命价，每人命价由三四十两至二三百两不等，以势力之强弱及财产多寡为标准。又如甲族人民向乙部落抢劫牛马被杀时，乙方亦须赔偿命价，惟由全部落分认，不由凶手一人赔偿。又如非乙方杀人而为他人嫁祸，或实为乙方所杀而狡赖不承认时，则用盟誓法，由神决定。其法或用油锅煮斧头令犯人以赤手入取之，如出而手未大伤则直，如伤烂则曲。或置黑白石于土中或水中，令争者蔽目以手取之，得白则直，黑则曲。又藏民习俗，以能抢人、敢杀人为能事，全族人亦称赞之、奖励之，因遇事可为全族人牺牲性命，勇敢抵御也。以故互斗仇杀之事，层出不穷，累世不休，子孙继之，认为贤肖。一人被他族所杀，全族有复仇之义务，依然为无法律、无文化时代之幼稚行为。

又藏民因有仇杀斗争之习惯，几家家有枪、马，人人能骑、击，且勇敢不畏死，故组织民团甚便而易。民国二十年藏军二千余人犯结古时，玉防司令马彪率四百余人固守，所有大小苏莽、囊谦及通天河北界歇武、拉布等地，均被藏军占据，青省府急调马骕旅长及喇平福团长至玉树增援，然人数均不多，结古终未失陷，并卒能克复各地者，实以民众武力之功居多……闻西藏军队前亦如此，即有事征集民兵，毫无训练，可胜不可败，今则虽仍民间征兵，但须训练数月，且枪皆新式，较之青、康之藏民民团，自进步多矣。

三日　男尚披发女小辫　昔为红帽今欧冠

此间藏民，衣饰甚简单，男女均着右衽之长袍，腰束以带，妇女因不着裤，袍皆拖地，男子则提高，下与膝齐，上则成包，可装杂物于怀，袖长及足，操作不便，故每袒右臂，甚至上身全裸，男女皆然……上身亦有着衬衣者，女多红色，男多白色。袍料夏日富者多用氆氇（西藏毛织品），普通用本地毛织之褐布，秋冬春皆衣羊裘，多无面，妇女则以宽三四寸之红、黑布为边缘，富者有哔叽面或布面，且多有獭皮为边缘，宽四五寸。帽多毡帽或西式帽（普通中折之呢帽）或皮帽。夏秋多无帽，妇女尤非出外不着帽。从前此地红教盛，多戴红帽或毡帽，上有红缨，故西宁人旧称玉树为红帽国，今此帽少见矣。足着皮靴，普通男女赤足。女子未婚者额前留发一束，已嫁者编小辫至百数十条，至背后合而为一。普通发上无他装饰，如盛装时，头上背后有黄琥珀、绿松石、红珊瑚等，并有耳环、手镯、项串。男子尚系满头，玉树多束一辫，其他囊谦、拉休等族，多披发如巫，甚至全掩面部，望之生畏。男子出外多佩剑，腰间时垂火镰、小刀等例。女子盛装时，腰间有许多垂物。

四日　怕雨不怕雪　怕水不怕冰

近青军有归西宁者，余觉天气已寒，途中必种种不便。彼谓此时反较夏秋时为便。余询其故，谓此时有雪无雨，行李不至湿重，路途不至泥泞，牛粪不至难炊，又不必携带帐棚。夏日雨多非帐房不可，而雨大时，帐房湿重，牛驮不动，种种困难。冬日不携帐房，免种种麻烦（冬日如携帐房且有困难，如地冻橛不能入、或晚插入而晨行时不易拔），即牧民非旅行者，亦每宿帐外成习惯，因藏民帐小人多，且男左女右，如在帐外男女随便，故每卧雪中，全身雪覆仅见口鼻。又谓冬日登途尤其一便，即凡河流皆结冰，可步冰桥而过，如夏日水大无船时，每候多日，或乘牛、马而过，每至没项，故藏民远行多在冬日。如商人赴拉萨，及运送羊毛至西宁，皆在此时。如班禅赴西康，亦拟俟本月阴历十三日通天河结冰桥后再行，因现仅有木船一只，运行李及人，非十日不能全渡，而千余骡马尚须浮水而过，难免危险，如结冰桥，则人马俱便矣。又闻冰桥可用人工使其早结，即用长绳系树枝等物，由此岸达彼岸张之，水中冰块随而结合，成一段之冰桥，人畜可行。惟冬日远行，有一困难处，即途中牛马不得食，每至饿毙。

五日　见月封斋　以肉易羊

本月为阴历十月，回教徒封斋一月，自阴历一日晚见月起封斋（玉树本年虽阴未见月，但西宁见月），至下月见月（阴历十一月三日）开斋。在此期间，日出后即水亦不能入口，甚至吃药亦禁，耳亦不能取垢，在七窍不能入一物也。至日入后始可饮食，每三年易一个月，如后年即以阴历九月为封斋之月。余觉此似含有军事训练性质，因春夏秋冬均可养成昼间不饮食之习惯，有军事时可忍耐、能吃苦。至开斋之日，凡回教家家盛馔，如过新年。

前日马司令送专使行署羊二十头，尚未杀食，本日班禅派刘秘书长来，谓闻行署有羊，拟放生以肉易之。余觉佛教戒杀，固为美德，因蒙、藏喇嘛尽食肉，而又提倡放生，颇奇异。又既欲放生，而又以肉易之，其肉非生羊之肉乎，亦不可解。惟其肉不自杀，殆见其生不忍见其死之意欤。行署当然照办。闻放生后，即将羊身上系以红布条，或作其他记号，放之山上，只许剪毛，不得宰食，死而后已。又闻本日放生之举，因班禅急病，全体喇嘛为之诵经，且大放生，故有以肉易羊之请求。不无理由，且对专使行署特别客气也。

六日　风雨雹雪　地震温度

商会会长来访，谈及此间气候情形，谓五六月雨最多。每西北风起即降雨，年年雨潦，旱灾极少。每年阴历十月起至次年四月止，每日有风，大半为西北风。每年阴历八月间降雪霜，次年三四月止。结冰期间略同。通天河冰桥，每年阴历十月中旬结成，次年二月中旬开冰。结成后三日牛马即可通行。每年降雹多在阴历五六月中。地震亦有，据近三十年来所经，前清宣统初年一次较大，人民均避至草滩。民国六年又震一次，房屋略动。民国八年及二十一年又各一次，均甚微。去年九月又一次，白昼黄沙蔽天，晚即地震。藏民谓中央将有大员来，今年专使等至，藏民以为果验云。

至结古温度，据前牛载坤等所测（正、二、三、四、五、六及十、十一、十二各月见前），及此次余等所测（七、八、九三月均以阴历计）如下（均按摄氏表计）：

正月：早 –6°，午 13°，晚 –3°，雨雪时 –19°。

二月：早 –3°，午 15°，晚 –3°，雨雪时 –14°。

三月：早 –5°，午 16°，晚 3°，雨雪时 –13°。

四月：早 3°，午 18°，晚 9°，雨雪时 –6°。

五月：早 8°，午 19°，晚 14°。

六月：早 15°，午 23°，晚 19°。

七月：早 13°，午 26°，晚 12°。

八月：早 5°，午 20°，晚 8°，雨雪时 0°。

九月：早 5°，午 19°，晚 7°，雨雪时 –4°。

十月：早 –7°，午 14°，晚 –8°，雨雪时 –15°。

十一月：早 –12°，午 12°，晚 –6°，雨雪时 –26°。

十二月：早 –9°，午 9°，晚 –5°，雨雪时 –22°。

七日　画片烟盒胜银元　羊毛牛粪若檀香

边地交通不便，生活简单，知识缺乏，见闻鄙陋，不特世界物质文化，毫未输入，即内地新奇物品，亦所罕睹，故遇未曾见闻之物，表面美观者，即视为珍异而宝贵之。若干年前，绥远蒙人有以羊数头易葱数茎之事，已为奇闻。不意青南藏民，亦有种种趣事。曾队长来谈，谓去岁玉树来过果洛野番境时，空纸烟铁盒，每二个可易羊一头，又罐头外所印五彩之纸皮（上印牛羊果品等），每张可易牛奶若干，付以银元，反不愿受，纸币更视同废纸，因烟盒画片素未见过，且不易得，故视为新奇而珍贵之。银币易得，纸币从未用过，又不华美，不知其有价值也。

又藏民敬神，凡日常用物，均以供佛。如鄂博或寺前树枝上多系羊毛，日前赴禅姑寺时，见过桥处有一石堆神龛内置羊毛、青稞秆等物，尤奇者有牛粪少许，盖藏民以牛粪为燃料，亦用物之一，不觉其秽。其知识幼稚，可见一斑。

本日上山视班禅病，谓系火症，喇嘛全体诵经祷之，问须医生诊视否，谓现食藏药，需时再请，盖左右拒绝汉医西药，固系宗教迷信，亦系知识缺乏。

八日　井室误厕所　新剧当便谈

藏民生活，迄今尚一切利用天然，皆滨水而居，就便取饮料，从无凿井者。即甘肃之拉卜楞，青海之玉树，今尚依然，西康各地，更无论矣。晚，刘家驹（西康巴安人）来谈，谓藏民向依河流而居，不用井水，未至内地者，不知井为何物。有巴安县数人，初至康定，住某旅社，欲大便，知旅馆有专厕所，至一室，见内有一穴，以为厕所无疑，即踞而大小便焉。惟见墙上供有神位，谓汉人厕所亦敬神，较藏人尤信佛耶？出遇同行者，告以厕所所在，此第二人入后，旅馆主人知之，大哗，令其多住一日，将井水取净始放行。

又谓藏民在边地，除见跳神外，仅闻内地有戏剧，配音乐，衣古装，与跳神同。巴安青年某某至南京入学校，初至，在一剧场外窃观，适为新剧，既无音乐，又为时装，只见男女二人在台上谈话，以为开戏尚早，不知此即戏也。

又谓藏人某由拉萨赴上海，康福安君介绍一大旅馆，至后许多旅社接客，彼即高举某旅馆之名片，果来招待，备汽车，设盛馔，彼意康氏在沪有如此力量。按藏俗不敢多食，以示谦敬，出门虽不欲乘汽车过扰，但又觉汽车已唤来，却之不恭，特别感激，赠以藏红花、氆氇等礼品。不意赴南京时，旅馆开一账单，为数甚巨，始大惊异。

九日　食虫　放蛊

罗参议等来谈，谓倮倮族非常猛悍，有一种毒药红色，以竹木为矢，携毒物于腰间，遇猛兽或敌人，即以矢头沾毒药射之，兽中者必死，人中者如立将受毒之处割去，尚不至死。又该族每将虫类入铁筒中置火上，烧而食之，如蚊蝇等落其身，亦即捕而食之。又有放蛊之说，或谓系将毒蛇、蝎子等毒虫入一器中，令其互食，最后余者为最毒，即谓之蛊，遇仇敌则以其汁入茶中，饮之必死。又或谓中蛊者必求人放之，如不得仇敌，即亲友亦必施之，以手指尖入茶中，饮者即中。又明马君（哲孟雄人）谓哲孟雄亦有一种毒药入茶中，人饮之即死。班禅之一弟，即中此毒而死……

十日　三千羊放生　一斤金购枪

王翻译来，谈及班禅放生事，谓闻札武百户前馈班禅羊三千头，以供其放生，但仍由该百户觅人牧之，不杀不卖，惟羊死时肉归该百户用。又谓此间藏民最喜新式手枪，不惜以重价购之，如在内地七八十元之手枪，在玉树可售三四百元。日前班禅行署卫队合作社售此种枪数十支，每支三百元。又六轮或毛瑟枪在内地三四十元者，此间二百元左右。闻藏民某首领购机关枪一架，代价真金一斤即十六两，合国币二三千元矣。子弹内地六分一粒者，此间售六角至一元，藏民不知利用现代之物质文明，以改进其生活，独对于新式武器特别珍视……闻现各百户均有新式枪数十支。

十一日　人民困苦　百户复杂

热达百长来访，衣青缎袍，拖长发辫，年仅二十一岁。据谈，渠为拉休族人，与热达百户为亲戚，该族前百户死无子，遂以渠继承为嗣而承袭其百户。热达族约一百八十余户，农少牧多，农田每斗可收获四斗，年纳粮一百八十石，约余十分之二，为人民食糌粑之需。牧民年纳草头税一千三百元，近年又加收买羊毛、牛皮，全族年产羊毛二三千斤，今年收买逾此数，无法觅足。

玉树二十五族，年来分合无定，即县长亦分别不清。如玉树（一译右首）四族原各有百户一人，即将赛、总举、牙拉、戎模四百户，现据司令部云，戎模降为百长，而百长口哇升为百户（名罗藏）。又有六个独立百长，为茶卡百长，巴什群巴拉百长，藏拉榜土日百长，旦塞卜吉百长，那莫下喜百长，才却戎模百长（戒旦）。至将赛百户名才日旁师，总举百户名玉存多吉，牙拉百户名日加又格吉，增设百户即上格吉。河南北各有一百户，系弟兄，一为纳藏百户名布加，一为札色百户名收鲁。中格吉班马百户名却将，下格吉麦马百户名王千公保。又现布庆百户（一译普群）兼文保百户，文保不在二十五族内，有藏民一二百户，原由德格千户派一头目名洞阔尔者驻其地收税，二十一年击败藏军，收回管理权，新成立一百户，由布庆百户兼之。

十二日　康地多矿产　藏人有奇药

刘家驹来谈，谓西康矿产甚多，如武城某山之琉璜，露出崖外，喇嘛认为主兵灾不祥，举火焚之，月余始熄。又某次宿山麓，在地上支石煮饭，忽觉足下热烫，燃火视之，始知地下有锡被烧熔而流至足下。又赴甘孜途中，某山有黑崖数十里，似炭，但不能燃，不知为何矿。又盐井县产盐，以木椽为架，取崖下之井水曝于架上，流下者成盐柱，在上干者第一层白色最佳，次层稍有色，下层红色。至金矿遍地皆是。

又谓西藏医生亦有佳者，前有一人治病甚验，渠得偏风症，该医令用羊颔下毛和自己小便擦之即愈。陈科长文鉴牙痛，与药少许，立止。在察、绥时，德王之母病，用飞机请其往治，卒愈。彼诊病亦验小便，颇合科学。

十三日　礼品牛羊　古物明印

早偕朱县长等赴布庆寺，值庙会，并跳神，其地距结古约四五十里。上午十二时就道，下午四时抵寺。布庆百户、热达百户及寺院代表数十人迎于巴塘，距寺五里处。巴塘为平原草滩，一水绕流，似宜农垦，但依然牧场。寺在山凹，至山口始望见，抵寺时，喇嘛数十人以旗帜、大号迎于寺前，百户为余牵马，即下榻于活佛之室。窗临跳神场，即观最后一场之跳舞，由牛头护法神引各护法神共五十余人，皆戴怪面具，衣彩缎袍，手持法器，先成一大圈，后分为两小圈，舞后而散。又专为余等重行舞狮一次。旋寺院活佛及两百户送来活牛一头，活羊二只，及酥油、青稞等各若干。尕里百户又送来米面、羊肉等，余各赠国币二十元。又购茶叶一大皮包，值国币二十四元，赠该寺活佛。

活佛来谈，谓该寺有三百余年历史，现有喇嘛二百余人。二十一年藏军犯结古时，在此寺住月余，财产完全损失。询今年庙会何以零落，谓此间有牛瘟，自去年十月至现在未止，死牛无数，故人不敢以牛运货物来售。询寺中古物，取出一象牙印，方寸许，四篆字为"坚修□律"（第三字不大清）。背上有二行小字，系汉文楷字，一面为"宣德二年月日"，一面为"赐喇嘛锦敦钻竹"。又有一黄缎上书蒙、藏文，亦为宣德年赐，又谓前有大铜号值八百元，今失矣。

十四日　武器陈枪剑　乐器用人骨

早访布庆寺活佛，为余备高椅，并陈油食、藏枣等。据谈，该寺财政及负担困难情形，希望代请蒋委员长设法救济云云。边地寺僧，尚知蒋委员长，殊不易也。旋派人引导参观该寺，首至大经堂，满垂幡伞，皆彩缎制。后殿有塑像，像座后墙上塑花鸟，类内地庙中塑品。有大铜塔二，据云系本寺第一二世活佛尸塔，现为第六世。次至护法神殿，在楼上，中为牛头护法神，高丈许，手足有爪，足践二魔，身上满人头，左手中持人头盖骨，大如盆，青面狰狞。左右又有二护法神，赤面乘马，大如真马，手中各捧人心，或持人头骨，马上垂人之肝肺手足及许多人头，红血淋淋，望之生畏。像甚新，据云前三年始塑成，塑像工人，今尚在寺。柱上二人形，头手为泥塑，衣真衣，面皆凶恶。右面有枪剑弓矢等武器，共百余件，据云皆犯法而收没者。如以剑伤人或在禁地打猎等，即收没其武器。又有念珠、火镰等，据云系人民贡献者。又有人骨乐器，据云系人腿骨，一面二孔，一面一孔，吹之发音，共八九个，其端镶金或镶银，皆真人骨，故甚珍视。

旋活佛派人来请将昨日所赠之牛羊放生，以肉易之，余还其牛羊而不受肉。佛教对牛羊慈悲，而护法殿内人骨累累，武器森严，殊不可解。

十五日　贵族结婚　藏民盛装

本日布庆百户却桑结婚，新妇为札武百户之侄女，两方皆玉树有力之贵族，故行最隆重之婚礼。布庆百户之住宅，距布庆寺仅五里许，余偕县长等往贺，并参观藏民之结婚仪式。其住宅为土房三楼，楼下为厩，二三层为居室及经堂。屋后张有大黑帐房，可容百数十人，为仅见者。札武百户在结古，故派人至结古用余之驮轿去迎。

新妇未至前，有男女歌舞者二十余人，俱盛服艳装。男帽如欧美大礼帽而无缘，红缨垂周围，可谓为盆式礼帽。宽袍长袖，束带佩剑。女皆处女，额均留发一撮，头顶系一大琥珀。衣粉红色缎袍，有水獭皮缘边，宽五六寸。腰束皮带或银带，上镶珊瑚并垂银练、荷包等物。衬衣为红、黄或白色之绸衫，袖长及足，袒右臂，右面衬衣全露。男女皆革履，舞时分二队，女队舞势俯首屈腰，身前后转，袖左右扬，足向地捶，极为文雅。男子则高跃数尺，手亦乱舞，颇激烈。且歌且舞。

新妇将至时，在大门外铺毡，并于其上用青稞、豆等撒作太极图及卍字形。又置狐、豹等皮数张于地。有盛装之男子三人，头戴与歌舞男子相同之红缨大礼帽，身衣蟒袍，袖宽尺许，束玉带，带上垂银絮长二三尺，并腰横长剑，剑套上镶红珊瑚、绿玉石。眼戴墨镜，项系大如枣之红珊瑚串二串，亦袒右臂，内衣白绸衬衣，加黄背心，直如演戏，真古代人也。三人皆准备对女家来人致词者，一人立大门外，二人立距大门数十步处。又有妇女盛装者二人，或持酒壶，或捧酒杯，壶嘴杯口皆有酥油少许。

新娘至时，有八人乘马在前，三人为男家往迎者，五人为女家来送者，皆戴红缨盆式礼帽，衣黄色或蓝色蟒袍，腰佩长剑，项垂珊瑚串。至距大门数十步处时，由原二盛装之男子向女家来送者乘马之五人，依次一一致词，并由执壶者依次一一进酒，女家送者在马上一一答词，并以指染酒，弹于空中。

又次第互递哈达，始次第至大门外。再由预备致词之盛装男子，备述男家光荣历史及现在光荣事件，如余往贺，亦特别述及，中央大员来贺，认为无上光荣。致词约达一小时之久，由女家执新妇驮轿马缰，乘马盛装之一人答词，新妇始下轿。入大门，至二门时，又有喇嘛数人念经，女整立而听，俟诵毕再入二门，登楼至其室。室分内外间，内仅有高尺许形如筐之木床，外间有低桌及坐垫，女家来宾同入内，在外间饮茶。

新郎、新妇登楼后，至经堂拜佛，由喇嘛诵经，然后至屋顶露天中燃柏枝，新郎执铜镜，新妇捧藏香，同绕柏枝三匝，礼始告成。新郎装束亦盆式红缨礼帽，佩长剑。新妇黑袍紫边，水獭皮缘，宽七八寸。头上五大黄琥珀，发间二珊瑚枝，长四五寸。腰束银带，垂练数条，背后纵横珠珞，项系珊瑚串数串。足着皮靴。计全身装饰价值在万元以上。

本日并未设宴，招待来宾在院外帐房中，余专占一帐，其他来宾一帐，就地备坐垫，前陈小几，上置冰糖、红枣、柿饼、葡萄干等，全自远方来者。后又赠余狐皮二张，狼皮一张，赠司令部营长及县长等各狐皮二张。

至札武百户家送女情形，据在结古目睹者谈之如下：

札武百户在距结古十余里之野外架帐数座，婚期前一日，约下午三时许，礼帽蟒袍之男子三人来迎新妇，乘马至帐前，女家预有盛装之女六人、男三人，俟迎者至帐房数十步前时，先由三女如唱歌状，详述女子之才德，并进以酒，由迎者答之，并询酒是否清洁，每一人答后始放行。将至帐前时，又有女三人持酒，述酒如何清洁，杯如何干净，三人一一答之，始放行。至帐门时，又有礼帽、礼服之男子三人，备述女家历史及光荣事迹，始让下马入帐，款以酒肉。贺客亦在他帐招待，新妇亦出见客，次晨始行。

新郎名却桑，其父名尕六，系西康德格县人，原在布庆百户家服务，前布庆百户为囊谦千户之甥，死后无嗣，囊谦千户欲以其女继之，赘格吉百户之子为婿。司令部以尕六精明强干，在布庆百户家甚久，特呈请青海省府委为布庆百户，为打破世袭制之第一人。囊谦千户，曾极力反对，省府始终坚持。后又委尕六兼文保百户，而委其子却桑为布庆百户，结婚时，特将马代主席子香之委状张之于壁，以示光荣。文保百户系新设者，亦为委任之百户。

十六日　喜事变忧事　汉人作印人

晨九时离布庆寺返结古，寺中又以大号之乐队及喇嘛若干人欢送之。途中询乌拉夫藏俗结婚第一晚情形，谓送女之男女第一夜即在新郎屋宿，甚至数日不归，在此数夜，新郎不能与新妇同室，亦奇俗也。道经文成公主庙之山口，黎摄影师等因上次未去，欲一摄影，便绕道去参观。由山口入，口外有一白塔，附近又有山洞，据云其地原为大寺，清季某次蒙军攻入时，毁其寺，喇嘛以宝器法物藏洞下窖中，若干年前有人以绳坠人下视之，尚见各物，不知确否。入谷后，风景甚佳，两山错综，几疑无径，循水而行，忽又开朗。复至庙前，遇一老僧，询石像原委，据云本有记载，前藏军至时全毁灭，相传其像为文成公主过此时以指画成，为释迦佛少年时之像云云。询释迦佛何以为汉人衣冠，则又不能答。又谓石崖上似藏文非藏文之经文，系文成公主所书，不知文成公主至藏后数年始有藏文，且此时尚未至藏，何能书藏文，未免可笑。旁有他僧谓确系文成公主之像，但亦无确证。

下午三时归至行署，忽巴塘来电话（布庆寺附近有税局、有驻军，与结古通电话），托司令部代请本署巫医官，谓布庆百户却桑因酒醉击伤其腿，子弹未出，请速往医治云云。新婚之夜，自伤其腿，可谓喜事变忧事矣。新婚佩剑而手枪仍不离身，亦为奇闻，尕六百户出身微贱，非世袭贵族，惟与司令部接近，思想陈腐之千户、百户多嫉恶之。此次结婚仪式之盛，中央及军政人员往贺者之多，益引起其他百户之不快，故闻新郎受伤，反有称快者。

十七日　备牛肉兼备羊肉　知燃料不知肥料

余等所居之楼，外为大院落，日来见院中及屋顶满晒牛皮，廊下悬许多牛肉、羊肉。询悉是月为宰牛羊之期，因牛羊在此时最肥，过此时又缺乏食草，故家家宰牛杀羊，羊肉垂于廊下，使其风干，皮曝于日中，以备省府收买。肉须备足食至明年三四月之需，皮须交足省府欲收之数。风干之肉，可以生食，余曾尝之，并无腥味。又有包之牛皮中，置于屋内者，藏人亦每生食此包中肉，余等则不能视，不能嗅，更不能食也。至省府收皮，闻本年玉树二十五族，令交牛皮五千七百余张，以抵草头税，每张定价川洋四元，合法币约一元三角，运至西宁后，每张可售法币七八元。

下午偕赵专使沿河滨游览，见有畜粪、人粪，堆积河滨。又有马、骡尸业已臭腐，而旁即有许多藏民妇女用桶背水以为饮料，殊觉有碍卫生。桥旁闲眺，有背篓之妇女与背桶之妇女杂行，桶中为水，篓中为粪，一为饮料，一为燃料，俱藏民之日用必需品。但藏民只知利用牛粪为燃料，而不知利用人粪、畜粪为肥料，以致饮水不洁，而农田不沃。幸其地终年寒冷，现更为冬季，否则牲尸与人粪之气味难堪也。

十八日　盗骡被释　抢煤受责

朱县长来谈，述及前主席马麒、现主席马麟及代主席马步芳之趣事，足使汉人及回教徒感激而服从者，非他人所能及也。（一）现主席马麟之爱骡，去岁被盗窃去，经河州警备司令马眉山捕获原盗犯，询之亦回教徒也。执而解送西宁，勋臣主席亲审，谓尔竟敢盗余之骡，对老百姓将如何。盗答百姓之骡不敢盗，因百姓失骡无以为生，主席洪福，不在一骡，余无以为生，故盗主席之骡以维生活。问骡安在，答已售出易粮矣。主席笑而释之，并令以后节俭谋生，盗甚感激，人民亦服其量。（二）前马麒任主席时，西宁师范学校购煤，被军队途中抢去，学生不能举火，密函主席诉其事。主席急派人捕原军士十余人，打而押之。一面用主席之车将主席所存之煤，运送学校，学生无不感激。

十九日　无度有量　小斗大秤

玉树藏民无尺度，买布或绸缎以方论，即随幅之宽狭折角与幅等长者为一方，商人定价每方若干，但有桶有秤，种青稞以桶计，每桶约合内地十余，亦可谓之升，而卖青稞或糌粑又每以袋计，不许量或秤。买米面，每以箱计，木箱牛皮捆包多自西宁或西康驮来，不许开视。秤有十六两与二十四两二种，普通用大秤，人民纳草或交羊毛多用之，甚至兵士、夫役上下其手，有三四千斤草或羊毛仅称得千斤者，藏民谓汉人秤大。但藏民亦多狡者，售金多论包，即有秤亦分为若干小包称之，每次低若干，每两实不足一两。现每两金价六十元，实际如足一两，合百元矣。银以秤计，每秤约合川洋一百六十元。又售草每以编计，即将青草或干草编为长粗之编售之，羊毛亦每编为绳状，因便于驮运。酒、油每以碗计，即每碗价洋若干。汉商多用十六两秤，如称虫草、酥油等。藏民知识简单，用度量衡不易分辨，恐人欺，故多用不变之整物如箱袋等，且社会文化未进步，度量衡亦不完全。

本日雨雪，温度降低，午后又大风。

二十日　用斧不用锯　知负不知挑

玉树各族，林业以苏莽为最盛，其种多为桦与松柏，大者三抱，高十余丈，面积达一二百里。土人伐木，不知用锯，惟用大斧砍劈，近年结古始有用锯解木者。结古所见多为二三抱之木，用牛从苏莽驮来，每牛可驮二根，七八日始到，马站四日可达。每木二根价值一元，闻其地数年前亦烧木炭，当时机关、商人火盆中多用之。后因有洋铁桶炉，用牛粪或木材燃之，反火大而方便，购木炭者遂较少。且因木炭亦用牛驮，途中颠动多粉碎成小块，售者、用者均觉损失太大，故现在用者极少。又藏民习惯，知背负而不知肩挑，无论搬运何物，除牛马驮外，即由人用桶或篓负之，如木炭能如内地由人肩挑，则免粉碎，而用者多矣。藏民背负皆为妇女，家庭工作已繁，不能远行，故无负炭者。惟藏民自幼学习背负，颇有经验，如妇女以木桶负水，重数十斤，由梯登二三层楼，而水不溢出，可谓绝技。普通幼女自十一二岁即习背水，初用小桶，继渐加大，每日由河滨取水往往数十人鱼贯而行。又闻布庆族境内，即有森林，距结古约三站。

二十一日　甥妗母同居　表兄妹防闲

商会会长来谈，谓藏民恋爱自由，同居自由，无尊卑贵贱之分……余思此种乱婚情形，各民族古代皆有，汉族至周代礼已大备，而春秋战国时，尚多乱伦之事，如楚之父纳子妻，齐之兄妹恋爱，即今之内地亦不免蒸淫之事，不能以此事而惊怪并鄙视边民也。

又藏民家族称呼，上仅有祖父及父二种，下仅有子一种，孙与子侄同一称呼。又凡亲戚长辈皆称舅，晚辈皆称甥，或亦因赘婿关系。但藏民对血统有时亦极重视，如表兄妹绝不结婚，且防闲甚严，比较内地汉人为佳。或因女多赘婿，姊妹之子犹侄也。

又藏民承嗣之习惯，可谓男女平等。无子或子为僧时，以女承继，赘婿生子或私生子，皆以为孙，无男孙或男孙为僧时，女孙亦可承嗣。无子女及甥时，财产输之寺院。

二十二日　回藏联姻　犬狐为敌

据来玉树十七次之马队长谈，回教兵士来玉树者十九有藏妇，固多临时结合，但带回西宁而成永久夫妇者亦甚多。渠有二藏妇，皆携回故里。某次返西宁同行兵士，携回藏妇者十七人，时主席为马阁臣，闻其事，全体召见，各赠衣物，并面谕各兵士，对藏妇应特别亲爱，不得有虐待情事，与各藏妇以极良好之印象，多愿为兵士妇返西宁，而各兵士亦甚愿娶藏妇，因不用聘礼，不行婚仪，即可得妻，而生活简单，性情诚实，且能吃苦耐劳，兵士贫民，娶之最宜，回藏联姻，可谓一举而两利。

又谓囊谦多狐，此时正为猎狐之时，因狐毛正佳，且地有雪，可按足迹而知所在。猎多用犬，犬见狐即尽力奔追，而狐见犬亦尽力逃避，知遇敌也。如犬追狐入穴，可以毒狐之药熏之，即可获得。他如熊、豹、猞猁等，亦多于此时猎取，因皮毛最丰而寻觅较易也。猞猁称多一带均产，昨称多县长赠赵专使猞猁二头，养行署中，其形似猫而大，类虎而小，见人大吼，望之生畏。

据云喜食牛奶、羊肉，如至内地，不易喂养。马司令又赠专使狐一头，跳驰不止。行署有犬、有马、有猿猴，今又加猞猁及狐，可以开动物园矣。

二十三日　班禅有疾忌医拒客　宗教治病诵经放生

班禅大师病，堪布等甚焦急。电西藏三大寺及内地塔尔寺、拉卜楞寺等处，诵经祈祷一月或数十日，此间各寺亦全体诵经，并汇拨诵经费于各地寺院，据云已汇出十五万元矣。一面大举放生，十余日来，放生之羊达数千头（此种羊，藏民名曰"才保"，不剪毛、不杀，听其自死，汉人购羊不愿售者，每藉口才保以拒之）。前马司令送行署之羊，亦求放生，以肉易之，但始终未电各处请医，即专使行署之医官，亦未召诊，且拒绝生人入其居所，谓恐带来恶魔，增加病势。

仪仗队一兵携械潜逃，藏民获之，送班禅大师处，大师派人送至行署，为诵经放生期内，万不可严处，因兽尚放生，而况人乎。

班禅大师，奉中央命，抗战期内暂缓入藏，拟移居西康境内，已电西康建省委员会，惟西康乌拉（牛马）定有官价，无论何人，均须出费，对班禅行辕所需牛马数，特别按半价计，约需万元，堪布等甚觉难堪，欲完全免费，盖以大师在内地十余年，到处火车、汽车均系招待免费，即元、明、清以来对高僧有路牌，到处供给一切，视为上差，故堪布等认出费为不尊崇。诵经可费数万元至数十万元，而交通费与请医费，虽少视为不当也。

二十四日　藏妇生产随便　藏儿养育简单

常会长来谈，谓此间藏妇产儿、育儿，非常简便。怀孕足月将生产时，揉一羊皮，备裹儿，随身携之，操作如故。如在山中放牧牛羊，即就草地生产，用腰中之小刀割断脐带，以揉软之羊皮抱之而归，明日出外操作如常。亦不洗儿，间有数日后请僧诵经洗儿者，亦仅以诵经后之净水洒头上少许而已。母乳普通甚多，如乳少或母出外工作时，即取牛乳喂之，用牛角一端凿小孔，外插软皮中，实牛毛若干，入温乳于其中，以尖端软皮入小儿口中吸之，儿亦肥胖。至一岁许妇出帐工作时，即在帐内地下钉一木桩，将小儿用绳系其上，以防爬近灶火，但仍往往因桩倒或绳断爬至灶旁，烂额烧手者。至种痘事，以前绝无，数年前始有用物吹入小儿鼻中种痘者，近年结古附近，亦渐用新法种痘。

藏妇视生产为寻常事，而身体亦强壮有抵抗力。班禅来玉树时，刘秘书长家驹之夫人怀孕登途，冬日乘马行冰雪中，数十日将至玉树，产儿于帐房中，仅休息一日。第三日又乘马行，母子均无恙。

据载西藏产儿不浴，母以舌舐之，至三朝以黄油涂其全身，曝日中，不满月之小儿，即用炒面喂之，以女为贵，产女后二日，产男后三日，亲友持哈达庆贺，以一哈达缠于儿头，次及两亲，然后宴会跳舞云云。询之藏人，舐儿之浴未闻，僻壤或有云云。

二十五日　牛羊自由牧育　骡鼠天然食品

某君来访，谈及此间藏民畜牧事，谓大半利用天然，非常简单。故居者无论冬夏，皆昼间放牧草地，夜间收在帐外，玉树附近之土房，有晚间收喂屋中者。冬季气候寒冷，草被雪覆，往往冻死饿死。有病不知医治，亦不知隔离，往往传染远近，惨死无数。交配不知选种，牛羊任其自由交合，如母牛自由交媾，未受孕者，始由人将母牛系一地，令公牛交合之。马则专有儿马为马种，由人令其交合，故马虽小而尚强（玉树之马，身低蹄小，但能耐劳吃苦，不必饲料，不必钉蹄掌）。马仅一种，牛大半为牦牛，因价廉适用，每头价约三十元，如犏牛每头即需四五十元，而耕田时仍需二头，因藏民用牛角力也。藏民养牛，以公牛耕田或运输，而母牛为取乳之用，每年此时杀食者皆母牛或公牛之老者。羊大半为绵羊，间有羖羏（山羊），据其经验，谓每羊群须有山羊数头始顺利，故每群中必有羖羏若干头。

玉树各族之食品，以牛羊肉、奶渣为主，炒面惟土房少数农民加食之。更有牛羊肉亦不易得，食野鼠、野骡者，如鸦拉族牛羊甚少，而野骡甚多，为其地主要食品。更有贫民不得肉、乳，以食野鼠生活者，其鼠藏名"他那"，大于内地之家鼠，草滩中甚多，遍地皆穴。

二十六日　称多县宜农林　拉卜寺有杨柳

称多县李县长来谈，谓称多境内种青稞者已不少，惟今年迟种者，多发生黄疸病，但每桶地尚可收六桶半，如无病，则每桶地可收一二十桶，可知其土地之沃。现在全县农民，占牧民十之二三。该县所属之族，原系六族（永夏、蒙古尔津、竹节、娘磋、称多、固察），今则十二族矣。因蒙古尔津分为白力得马、白麦马二族。竹节族之休马、阿尼日瓦、巴日瓦三百长，各独立或成百户。娘磋分上、下二族。又新成文保一族，已委百户，其族之人民与称多族杂居。如某村称多族数家，文保族数家，文保共约六十余户，人口占称多人口之半，而支差按四分之一，因以前不支差也。文保全为农民，每年纳粮二百桶，合拉卜百户（拉卜寺所属人民）又为二族。且歇武族近属札武归玉树，否则更多（玉树县名为十三族，今实际已多至十九族）。各族全支差，但百户有常不来县，不易见面者。如休马百户，司令部屡令来见而终未一至。据商人云：休马老百户死时，诫其子云："中原人狡诈，差可支，面绝不可见。"故屡召不至。日前营长去买羊，亦不给。又上娘磋百户，因老百户率一部分人民拔帐移居西康，仅余数十户，另委一百户管之。近老百户死，其子率若干人返至格吉族境内居之。

又拉卜寺为玉树最有名之寺院，其建筑与清季历朝皇帝所赐宝物，均为第一。属民百户（原更多，马炳臣为司令时将数村拨归他族），由一喇嘛为百户管理之，一切等于一族。据云该寺活佛曾居兰州甚久，故甚开通，一切内地化。居民皆业农，并种有蔬菜，养有犏牛，又有园林，广栽杨柳，已数把矣。称多全县仅此地有杨柳，可知非土地不相宜，无人提倡栽种耳。并闻其地农田甚密，凡可耕种之地，无论大小，皆耕种，甚至不常走之道路，亦辟为农田，俨然内地景象。可知其地宜于农垦，惟土人守旧耳。

称多县署，组织甚简单，而县署经费，县长月薪及杂支，共仅二百零八元（玉树二百九十余元）。一切建设，亦无法进行。

二十七日　佛忌辰灯光普照　人死后发爪犹生

本日为阴历十月二十五日，系黄教祖师宗喀巴圆寂之日。入晚，凡信仰黄教者，室内外皆点灯纪念，以多为贵，尤以楼屋之檐前为最多。班禅大师所居之寺，点灯数千盏，檐下排列成行，望如大都市纪念日之电灯牌坊。西藏代表杜林台吉，及刘秘书长家驹之住宅，亦各有灯数百盏。西康商人之在结古者，各有灯数十盏。据刘家驹君云，西藏各地，凡黄教寺院区域，在本晚每寺喇嘛诵经，点灯无数，每家居民檐前亦点灯三四排，儿童欢乐，如内地之正月元宵。磁灯不足时，则以芫根（似萝卜）代之，即将圆根取空，内盛酥油点之，贫家大半如此，故汉人称之为圆根会。又据藏人康福安君云：西藏各地，在本晚更为热闹，无论寺内、家中皆点灯诵经，因大半皆奉黄教也。并谓宗喀巴之尸身，在噶丹寺尸塔中，准噶尔入藏时，毁其塔，见肉身发长披肩，指甲亦长尺许，惧其神威，复将塔修好，较前更为壮丽。前十三世达赖时又重修之，当时见尸发与指甲更长云云，言之凿凿。余非佛教徒，未尝亲睹，不敢置信，然亦非科学家，不知人死后肉身保存，发爪究尚能继续增长否？宗教家每故为神奇之说，以坚群众之信仰，犹之帝制时代对皇帝之生死，亦每有神异之传说，以期人民之服从尊重，其理一也。

二十八日　屈膝而卧木筐为床　操刀而割指舌代箸

此间藏民生活情形，有可述者如下：

一、藏民除极少数贵族外，概无衾枕，寝时即将腰带解开，屈膝入皮衣中，脱靴为枕，无靴者曲肱而枕之，就地而卧。富室、贵族则有高尺许之低床，四面又有高数寸之板，如木筐然，长四尺许，亦屈膝而卧，惟下有铺毡毯者。前见布庆百户新夫妇之床即如此……

二、藏人无论贫富，食物概不用箸，每人有一小刀，无论食生肉、熟肉，以刀割之。食糌粑时，则以手指拌捏而入口，食将尽时，以舌舐之，如汤面亦用手或舌。所谓手抓羊肉者，即半生之大块羊肉，用手不用刀，惟现亦渐用刀矣。

三、藏民除贵族、高僧外，饭后即以袍袖拭口，而两手之油污，即擦襟上，卧时亦每就地，并不铺物，甚至泥中、雪中，故白皮之袍，每变为黑漆，即红黄色之绸袍、料衣，亦每油渍斑斑，但非至破烂，概不洗涤。

四、藏民每人一碗，即藏怀中，至他人家饮茶或食糌粑时，多出己碗，似较卫生。但多不洗涤，每以衣襟拭之，甚至用干牛粪拭擦。

五、藏民每人多有一块厚布或氆氇藏怀中，为拭唾、涕之用，唾后入怀，似较卫生。但概不洗涤，唾涕污积，更觉不洁。

二十九日　钦差天上日　虫草山神虱

称多县长来谈，谓民国三年中央特派忠武军周务学来玉树勘界时，此间藏民，仍以前清之钦差大臣视之，甚为尊敬。周对藏民亦颇和气，且由囊谦运来木料，建忠武桥，以便交通，藏民至今感之，每比周为天上之日。可知藏民非不知感恩怀德，论者每以为藏民只知畏威而不怀德，误矣。惟据谈：藏民迷信太深，致许多富源不能开发，特产不能采取，如称多境内虫草甚多，藏民谓系山神之虱，掘之山神必怒，于牛羊不利，故禁止采掘。又知母、贝母之药品亦不让采，前有人采得一大知母，状如人心，藏民遂认为山神之心，非常怨恐，以致货弃于地，甚可惜也。

又谓渠任事以来，将及一年，未尝接一诉讼案件，因藏民争端，多按旧例由百户、百长解决，不知新法律之公平而合理，甚至不知县长可解决纠纷，伸雪冤抑也。百户百长处理诉讼，旧日亦有番例，但不平等，随人之地位身份而异。如盗普通人之牛，以一罚三，如系百户、百长或喇嘛之牛，须罚九倍。杀人者亦然，按被杀人之身份地位而罚有等差，完全封建时代之律例，而藏民视为当然也。

阅《玉树调查记》，载前清钦差来结古会盟时，人马需用，概由藏民支给，每人十日，支糌粑五斤，牛羊肉折支藏银一元（合内地三钱二分），茶折支藏银一元，酥油、牛粪各折支藏银若干，青稞及草均支实物。帐内铺垫由百户租赁，按阶级而定数之多寡，亦每折银。清末时委员多例外诛求，有所谓支锅头者，每锅一头月支银五十两，委员一人占锅一头至三头，哨官每人一头，幕友及差官每三人一头，什长四人一头，兵士五人一头，伙夫六人一头。又有所谓汤役（司粪水之役），由藏民妇女执役，结古附近札武等族，均派人来轮流服务，远者不来，事毕一切供给平均摊派，均取之于民。民国初年，四川兵来结古，诛求益甚，人民苦之。又有所谓乌拉差（支牛马为运物骑乘之用），更为苦痛。民国三年周特派员务学来结古时，除草粪、汤役仍由人民支给外，所有例支陋规，全行裁免，用物平价购买，租屋给值，乌拉每头给银半圆，又将各族所欠贡马折银四千余两，准予减免，故藏民感之，比为太阳。此次专使行署护送班禅来结古，一切不让人民支给，即柴草亦给价购买，劳役之事用有勤务士兵，汤役亦免，人民因之得利者甚多。故对中央亦深感激，且惟恐余等早离也。

三十日　杀牲不用刀　歌舞先献剑

半月来藏民杀牛羊甚多，其杀法与内地异，即不用刀而用绳缚牛羊之鼻口，使其闷死，然后再以刀剥其皮而割其肉，不知有何用意。或谓此种杀法，其肉较佳，或谓系宗教关系，不出血即非杀生，得免罪过，未知孰是。

马营长子才来谈，谓囊谦县藏民欢迎内地官员时，每集男女若干人歌舞，先献一剑，上覆哈达，然后歌舞，不知是何用意。并谓其地歌舞时，每人携一胡琴，似为藏俗，因青、康一带藏民歌舞时，多无乐器也。据《玉树调查记》载："每值令节，童男女数辈至委员寓所歌舞，提马铃为节奏，亦有夫妇二人挈手提胡琴立而歌者。"马铃系马项之铃，仍非乐器，提胡琴者，或囊谦俗。

十二月一日　班禅归天　经杆落地

班禅大师自拉休寺归玉树后，因种种感触，心中不快，竟罹病。初仅乳下疼痛，继而腿足浮肿，照宗教例，忌生人往视，仅诵经而不医治，以故病势如何，外人莫知。日前赵专使以责任所关，强求一视，并偕巫医官往诊，始知为肺癌，治疗非易。急电刘委员长文辉、戴院长季陶，延询名医，不意竟于本日上午二时五十分圆寂。四时许刘秘书长扣门来报，余随即代表专使行署至班禅行辕往吊，堪布等以绝气时神志清明，认为魂未离体，仍由丁杰诵经而不让他人往视，余即留一哈达，未入其室。询圆寂时情形，据云：遗嘱政务由札萨喇嘛代理，惟札萨喇嘛系罗桑坚赞，不在此间，暂由丁杰佛代理。至宗教地位，不能有人代理云云。

班禅圆寂为大丧，藏民无论僧俗，如丧考妣，照例有数种表示如下：

一、寺屋之金顶除去。寺院殿屋上多有金顶，即日除去。

二、经杆落倒。藏民寺院前或家中多有高杆，如内地旗竿，上以绳垂印经之布，藏名"觉热"，制自四川邛崃等地，上印八字真言及观音经等，即日起，将经杆落倒。

三、马去缨。藏俗，乘马按阶级，马项下垂红缨，如简任二缨，荐任一缨，平民无缨，阶级愈高者，其缨愈大而长，即日起，去其饰缨。

四、人去装饰。妇女不着红绿衣，去耳环及头饰，男子有官职者去顶戴，不穿马褂。又男子披发，女子解散总辫，为最重礼。

二日　坐尸俟自倒　披发齐诵经

班禅为佛教领袖，照佛教例，无论何时，只可盘足倚坐，不能挺身长卧。故班禅平日夜间亦坐，病时依然盘坐，惟背有靠垫，圆寂后尸体尚端坐。本日仍诵经，不令人近前祭奠。据云藏例须俟尸体自倒，始许人至尸前致敬。自倒之期，一二日或四五日或八九日不定，如由人推倒，死者必入地狱云云。

又班禅遗体，拟保存肉身，将来制塔入其中，置于后藏之札什伦布寺，永为纪念。保存肉身之法，照藏例依经典中所述之法，用盐水加香料等，每日早晚涂之，夏日四个月可成，冬日须五个月。余等欲早日完成此举，拟电内地请西医用防腐新法，堪布等闻之，期期以为不可，谓大师肉体上绝不能用一针一刀，余等亦未敢勉强。活佛系转世，今生来生无别，而重视肉身如此，殊不可解。

班禅圆寂后，札武百户令结古藏民照重丧守制。凡妇女不冠、不栉、不沐，去佩饰（照例妇女非本丈夫死不去头饰，班禅圆寂为特别），男子亦不栉不佩，并每户一人每日至班禅所居之山下摩尼堆前诵观音经，一人领导，不能诵者假诵。据云每年有痘灾时亦如此，集合诵经，照例须诵至七七四十九日，但现因处变，拟早日移灵西康，故仅诵数日。又照例班禅圆寂，全西藏各寺及中国内地各大寺院皆诵经，闻已电各地，诵经费需数十万元云。

三日　造币　挖眼

县长来谈，谓此间百户尚有挖眼等刑，日前札武百户即对一私造银币之犯用之。闻其人素在西藏经商，因亏本无法弥补，乃在藏私铸银币，为藏当局侦知，急逃归，藏政府来文向札武百户索逃犯，札武百户捕而讯之，谓以后不再私造，并具结，如再犯时，愿受挖双目之处分，乃击之以鞭，并监禁数月，向藏政府覆文担保渠不再犯，免予解藏处分。不意此人出狱后，又在结古附近之巴塘私造银币，近始发觉，遂挖去其双目，此人有妻有子，现尚居巴塘云。

四日　回教赠羊　藏人馈豚

本日（阴历十一月二日）为回教徒开斋之日，回教之一节（宰牲之"日德"节为大节，开斋节为小节），凡回教徒是日无不美食（有种种油炸面食）。且如元旦互送食品，其食品普通为油炸面食或羊肉，马司令本日亦送余等羊肉、油食若干，且群集礼拜寺诵经。一地人多礼拜寺不能容者，则择一适当之地，如西宁在大教场，此地在河滩，今年因军队多开出，人数不多，即在礼拜寺内。寺楼上垂三角形旗，阿訇诵经。据云封斋之月，每三年提前一月，如本年为阴历十月，后年即为九月，余以为此系锻炼不饮食之习惯，其法甚妙。又清晨礼拜，可练习早起，跪拜亦一种运动，故回教徒皆体健耐劳苦。

班禅行辕本日送来整猪二只，已去毛甚肥。据刘秘书长云，系昌都西藏军官索康赠班禅大师者，为云南猪，冬日杀后肉冻可以远运，班禅已逝世，特赠赵专使及余云云。余等来玉树，三月不知豚肉味，诚珍品也。因玉树藏民习惯，不食猪肉，而军政界又皆回教徒，故玉树无养猪及售猪肉者。本日司令部送羊肉，班禅行辕送猪肉，余等口福不浅。但在回教开斋之日，班禅行辕适送猪肉，回教徒闻之或不快也。

五日　腿肉尚软　供食如故

班禅圆寂后已五日矣，但尚未自倒，不能入殓。据堪布等云，第十三世达赖死后一日即倒，数日之后且腐，是修道不深之故。今班禅不第尸未倾倒，且腿肉尚软，以指按之可起，又心口尚温，颜色如生，藏俗认为心仍未死，神志尚清。故每日诵经，不许生人入见，一切饮食照常供给。卫士见厨夫每日进食如故，疑班禅未死。惟衣服已脱，仅披一黄缎袈裟，故肉体外露，不倾不倒，恐系一生静坐之功。除丧之期定十七日，藏俗普通最多为四十九日，活佛欲其早日转生，故除丧之期较短。前达赖为十八日，此次班禅更少一日，与儒教愈尊亲者丧期愈长之理相反。

六日　班史概述　治丧筹备

本日因赵专使病，行署纪念周，由余主席报告，略述班禅一生如下：本周最不幸而最痛心之事，为余等两年来跋涉数千里负责护送之班禅大师，不特未能回藏，且中道圆寂，实国家之不幸，亦佛教之不幸。就政治方面说：班禅为蒙藏委员会委员，国民政府委员，且曾在西藏代理达赖，主持藏政，对于西藏问题之解决，与汉、藏民族团结之实现，均关系甚大。且本世班禅最倾向中央，有政治眼光，他一生可说是备尝艰险。他于前清光绪九年，生于西康，光绪十四年入后藏，光绪十八年至札什伦布寺坐床，光绪三十一年随英人某至印度，宣统二年至拉萨。民国十三年至内地，游历南北，参加各种会议，接洽各方要人，故明了中央政策，增加政治知识，极力拥护中央，如能回藏，必能恢复中央与西藏已往的一切关系。就宗教方面说：班禅为黄教三大领袖之一，今外蒙哲布尊丹巴早圆寂，不再转生，达赖圆寂数年，尚未转生，今班禅又圆寂，不知何时转生，于黄教关系甚大，且本世班禅宣扬黄教最力，结缘最广。如前清时由后藏而前藏，民国十三年至内地，十四年至北平，十六年至东北，二十年至南京，二十一年在北平开时轮金刚法会，二十二年赴百灵庙、锡林郭勒盟、乌兰察布盟各地宣教，二十三年至杭州开时轮金刚法会，秋又至绥远之伊克昭盟，宁夏之阿拉善各蒙旗宣教。二十四年经宁夏、兰州至青海之塔尔寺，二十五年至甘肃之拉卜楞寺，开时轮金刚法会，二十六年至青、康交界之玉树。凡中国东西南北各边地，几无不遍历，如能回藏，必能光大佛教。不幸中道圆寂，政、教均大受影响，不仅本署之不幸已也云云。

下午开班禅大师治丧处筹备会，由余主席，决定由班禅行辕、专使行署合推十二人为委员，组织班禅大师治丧委员会，以余为召集人，下分总务、文书、招待、经事四科，各设正副主任及干事若干人。

七日　翁媳可共碗　妇女禁登楼

商会会长来谈，据云藏民习俗，每人有一饭碗，不能随意共用。但夫妇可共碗，所生子女可共父母之碗……可谓共枕者始可共碗，子女可共枕也。惟此当为极少之事……

又据云，藏民行结婚礼时，男家预请二女子执壶，俟新妇至家门时，此二女与送女者马上之男子互谈互唱，但日前尕里百户为子结婚时，执壶者为二男子，非妇女。据云按定例凡百户家之楼上，除亲戚外，妇女不许登楼入室，即朋友之妻女，亦不能往，当系因此而改用男子，以便登楼入室。又当日歌舞及参观之妇女，均在二门外，想亦因禁登楼而不得入二门欤。余觉此种禁例，原来或有深意，因百户有权威，视人民皆奴隶，人民之妇女，百户自可随意唤来，而百户皆居楼上，有此禁例，可限制一部分不正当之自由，不知然否。

八日　取血制像　护身必佛

班禅本日头已倾倒，堪布等认为即系自倒。据云拟将冰片、红花、水银等由口中灌入，排泄肠内腹中一切秽物，每日用浓盐水涂尸体数次，涂后并撒盐粉，然后以帛裹之。尸体每起小泡，破皮时，有血水流出，用此血水含泥，可制成圆饼，内印佛像或法图，藏民用作护身佛，谓可避灾免祸，枪刀不入，故异常珍视，每设法请求而不易得真者。即班禅行辕职员请领时，亦须向保管者纳国币七十元，或可领得真者。前班禅赠余二枚，闻者羡之。同时班禅赠余一印度铸造之铜佛像，系引路佛像，余宝藏之，而藏人认为铜佛虽亦可贵，尚不如佛血制成之佛，尤可珍也。

又不特佛身之血水可贵，即班禅生前所服之破衣碎片，亦视为神物，每置入护身佛盒内，谓同样可避刀弹，如整件衣更为珍贵。班禅行辕之刘秘书长家驹，纳班禅侍者国币五元，始得其旧背心一件，认为无上荣幸。

护身佛之盒，藏名"告乌"。其式有方有圆，方者为男子远行时肩上所负，圆者为妇女项下所佩。其质有金制、银制或铜制者，其内藏物或为铜、泥佛像，或为经文绸片，或为舍利子，或为药丸，或为孔雀尾毛。又有所谓"松扣"者，内置高僧或活佛所赠纸印之陀罗尼经文。

又本日为藏历五日，闻藏历本月有两四日，少一十二日。

九日　预言耶　乱语乎

刘家驹君来访，据谈本世班禅，原为一贫家子，其母又聋又哑，相传第八世班禅之母最有权威，喜干预政教各事，每至偾事，但八世班禅以系其亲母故，虽不赞成而不愿忤其意，每以为苦，遂有来世愿为聋哑母亲之子之预言。第九世（即本世）班禅之母，果为聋哑云云。余意必因有此预言，而故觅聋哑母亲之子。但刘谓其母生班禅后第二日始聋哑，余觉未可置信，因哑由于聋，如原非聋，中途不至哑也。

刘又谓佛家有修行者，均可自定其死，自知其死。班禅此次回藏，被藏方来电拒绝，异常痛心，且觉诸堪布之措施，多有未当。回玉树后，某次开会时，曾面谕各堪布，谓"尔等如能善体我意，和衷共济，则一年内我可无虞，否则我惟有离开你们"。又病时曾谓"前藏不愿我一人乎，我可不去"。病重时，又谓"余之轿宜速修理，余将去矣"。又谓"余见有二白衣童子持花入内，何以又不见，现往何处"。又谓"余见有五色鸟来，何以又不见，你们看在屋外否"。最后谓"轿已修好，余去矣"。似佛心清明，预知将死云云。果病中乱语耶？抑预言耶？

十日　各界公祭　尸身缩小

本日为各界公祭班禅大师之第一日，灵堂设在大师平日会客之经堂内。各界人员入门后，由左向右，鱼贯而行，至大师灵前时三鞠躬，献哈达而出。正午首由赵专使代表中央，次专使行署同人，次玉防司令部马司令等，次罗参议代表西康建省委员会，次玉树县朱县长及小学校学生，次商会各团体，次仪仗队、班禅行辕卫队数百人，次民众千余人。下午二时，始完毕，甚为简单。灵前正中安大师遗体，衣法衣，戴扇式帽，面用黄绫包裹，正襟而坐，尸身缩小三分之一，面部更小。据云凡有道行之喇嘛，死后尸身均缩小，有缩至二尺许者，不知确否。又谓大师尸身甚软，面尚如生，惜因黄绫包裹未见真面，因依藏例须蔽面也，黎摄影师请求去绫一摄遗容，亦未许。灵前仅点酥油灯，供献糌粑，无其他物。又藏俗对丧事衣服去顶戴、不穿马褂，故本日班禅行辕各堪布等，全不穿马褂，而内地以穿马褂为礼，故专使行署同人皆穿马褂，恰相反也。

余等送班禅回藏，经二三年，未能返至拉萨，而中途死别，异常痛心。余至灵前时，不禁堕泪，民众亦多泣下沾巾。至平日侍侧之堪布、侍役等，更无不珠泪盈眶，甚为凄惨云。

十一日　拜活佛献银万两　祭班禅有僧千人

本日为公祭班禅大师之第二日，除马司令代表行政院致祭外，余为玉树民众暨附近各寺院之喇嘛，约千余人，有痛哭失声者。但此地藏民、喇嘛，对班禅之尊崇，不如蒙古之热烈，一因此间各寺大半为红教，二因距西藏近，见达赖、班禅较易。据闻班禅在蒙古各地时，蒙民每不远千里而来拜，平均每五人中即有一人献元宝银者（每元宝五十两），至少每人平均国币一元，某王公一人，即献银万两。每次放头，元宝银元，以大袋盛而负之。至阿拉善后，即多为铜元，以后更少。如青海之塔尔寺，甘肃之拉卜楞寺，虽为黄教有名之寺院，举行法会时，藏民来者虽亦甚众，但献元宝、银元者不多。一因两地迭经变乱，元宝、银元缺乏，一因两寺喇嘛，多至拉萨留学，曾见达赖、班禅者较多，至玉树则更不无两地之盛矣。

顷接拉萨一电，系藏历丁丑闰十月，是藏历本年之干支，与内地阴历同，惟月日稍异。如本年藏历闰十月，而内地阴历则否，藏历前十月二十九日，为内地阴历二月一日。又本月藏历两四日，而无十二日。

十二日　轮转咒祸　牙痛主凶

丁杰佛来谈，谓已接宣化使署印信，遵班禅大师遗嘱，本应早接印信，因须择吉日，故迟至今日云云。又报告一事，谓前藏欲中央有灾难，在数年前，曾由青海某寺请一研究密宗之喇嘛，能诵经咒降人祸灾者，至拉萨诵此经咒，并将此种经咒，制一转轮，密树于康、藏交界之某山上，风吹轮转，等于诵经，并派兵看守，防止毁除。故中国若干年来，非有内乱，即有外患。现在日本侵略中国，非将此经轮毁除，祸患未已。闻近已无人看守，拟派人伪为乞丐至其地将此经轮盗回。又欲免除灾祸，尚须用已诵消解经之牛奶，将原轮洗若干次，并另易一经轮立其地始可云云。其事之确否为另一问题，而丁杰爱国之忱可佩也。

又谓西藏前恨英人时，亦曾树一经轮于边界，专咒英国，故上次欧战起时，最初英人失利，后英人要求西藏出兵，始除去此轮，始得最后胜利，似佛力真万能也。

又谓有一种咒能咒人死，或将仇人之生年月日写明，置于靴底，诵经咒之，即可使仇人凶死。前西藏某大寺（四大林之一）献达赖皮靴一双，因不合，命靴匠修理，见靴底皮中夹有达赖生年月日之纸条，即捕该寺活佛审问，谓完全不知其事，乃囚禁狱中。又捕其管家某，将其腹皮割开，使心脏肺肝等，完全外露，舁游街上，示众数日始死。其活佛不久亦饿死狱中，或谓因某寺过富，藏政府故造此罪以收没其财富宝物，而其寺由此遂亡。今四林仅存其三矣。

又谓彼每次牙痛主凶。数年前痛时丧其师，日前又痛，班禅大师竟圆寂云云。神权时代，视一切祸福皆天定或神降，欲祈福免祸，必敬神求佛，各宗教固无不皆然，而佛教尤甚。丁杰虽极聪明，最开明，然受此种教育数十年，毋怪其信仰之深也。

十三日　佛教禁用宝物　乡民不识粮票

班禅大师圆寂后，旺堪布送赵专使宝物二件，以为纪念。一系印度铜佛，一系大师生前所用之珊瑚念珠一串，计红珊球一百零八颗，并有小金环二短串，共十枚，数珠时每一金环当十数，非常精致。据云，此系大师在私寓所用之物，因佛教重苦行，禁用有价值之宝物，故遇正式诵经或集会时，即班禅大师亦用普通念珠。又班禅有一金碗，亦每年阴历正月初一二三日一用之，普通用木碗。又坐垫原规定甚薄，即仅氆氇垫一层，但无论平时或集会，多为大师备甚厚之坐垫，惟最上必铺氆氇薄垫。衣服亦然，平日着黄缎金丝缎料，而大会时必衣法服，可知佛教定例，原有深意，久之仅存具文矣。

刘秘书长家驹，谈及康民教育事，谓西康藏民，多视受教育为无用，以为既不能作汉官，又每惹是非，故认入学校为当差。近年渠与格桑泽仁等俱在中央机关服务，始知官吏非全汉人，藏民受教育后，亦可为汉官。但尚不明教育真正之需要，即不作官亦应受教育。渠每举一事劝之，如巴安已为农业区域，种地者年必纳粮，纳粮后县政府与一票据为证，但因藏民不识汉字，而收粮者又多为县长之亲戚，遂多欺骗，或纳粮已足而票上均书一半，甚或并非粮票，乡民仅见纸条上有黑字与红印，即持而归，迨继任县长查催欠粮，彼谓业已纳足，但验票时所记实不足数，或并非纳粮票据，始知受欺，而无法辩明。类此之事尚多，可知受教育之必要，不限于作官。但藏人迷而不悟，受欺后只知对汉官怨恨，而仍不令子弟求学，可笑亦可怜也。

十四日　往雨来雪　先兵后礼

班禅行辕前站蒋诚敦君（前《蒙藏旬刊》社藏文翻译），自朝午拉回。据云渠系藏历五月间去，途中往返，各行一月，居青、藏边界者三阅月，其地九月已有大雪，深及马腹，异常寒冷。藏境对于大师途中所用之乌拉、燃粪等，全未准备，且距朝午拉山青、藏交界处，驻有代本二员，带兵士七十余人，谓系欢迎大师，实系抵御。因二代本由昌都专来，且距离四站处尚有藏兵多名，其用意可想而知。去时雨大水深，路难行，河难渡，来时雪大冰结，渡水较易，但草甚缺乏。沿途皆帐房，人烟稀少，一切困难云云。

按朝午拉山，为唐古拉山脉之支岭，唐古拉山一称当拉岭，系昆仑南支。起自勒科尔乌兰达布逊山之南端，东南绵亘青藏界上，曰固尔班布罗齐山，曰巴萨通拉木山，长江正源出焉。沿江北而东走者，为柱沙拉山，朝午拉山，巴吾臣山，却拉山，达克木山，色布当拉山等。经札武、布庆寺、苏尔莽各地，入西康境地，为宁静山脉。沿江南而东走者，果瓦拉沙山，灰拉克山，拉岗木马山，阿克达木山，瓦勒山，拉马俄拉山等。经囊谦苏鲁克地入西康境，为他念他翁山脉。

又西藏政府及军官，甚有政治手腕，如一方在藏境布兵，拒绝班禅回藏，待班禅决定暂不返藏后，索康又派人送整猪等礼物。高长柱赴藏，行至距昌都四十里处，以兵阻止，迄高返居囊谦后，又派人送礼，可谓先兵而后礼也。

十五日　不喜黄金爱琥珀　甘以骏马易红花

常会长来谈，谓玉树二十五族多产金，但藏民不喜黄金而喜琥珀，故琥珀之价与黄金等，即同为每两七十元，而实际视琥珀尤珍于黄金，因藏民妇女喜以琥珀为头上装饰品，多者头上发辫上以数十计，少则两大枚，除琥珀外，红珊瑚亦珍视，每鬟插珊瑚小枝，或项垂珊瑚长串。至黄金反鲜有用为装饰品者。

此地藏红花甚多，皆由印度转西藏，至玉树，但真者甚少。据云真者在印度购，每盒即需四十元，此间普通每盒仅售十余元至二十元，约有四成真，或有用过再染色者。真者入水黄色，直立而下，假者曲行，且带红色。又真者有清香味，无甜味，然非有经验者亦不易试出也。青南、康北气候寒冷，冬日又无草可放牧，开仪仗队赴甘孜途中，马冻饿而死者大半，余有骡马三头，不日首途，颇以为虑。今既暂缓入藏，决定售去一头，但买者甚少，如易红花尚可。昨有藏民欲以红花五盒易余青马，全非真者，每盒以十八元计，仅九十元耳。余未允。本日又有欲以红花三盒加国币三十六元来易者，虽仍合九十元，但红花较少，余不得已易之。

十六日　结古寺喇嘛生活　萨迦派法神面容

结古寺汉人陈君来谈，谓渠系湖北人，前随大勇法师入藏未果，即留居结古寺，习藏文已六年矣，对结古寺内容甚详，据云：结古寺为萨迦派，此派护法神藏名"节都巴"，三头之意。因有三面，一为白色，一黑色，一红色，故寺院外墙皆涂此三色，因而俗名为花教。结古寺并有一专护法神，名"巴工歇哇"。建有专殿祀之，寺内经堂有四，最大者可容七百余人，全寺喇嘛亦共约七百人，已受戒者约五百人。凡受戒须至后藏萨迦寺，每年五六七各月前往，次年归寺，受比丘戒者有二百五十三条，受菩萨戒者四十八条，赴藏时家庭供给路费，或与牛马，或与以资本经商，归时为缝袈裟以为荣（未受戒者不得服正式袈裟）。家中亦每为之建居屋，或购或租，并供给生活费。

但正式受戒后，收入渐多，因每逢诵经，施主布施时，受戒者得全份，未受戒者得半份，每年每人约得藏洋百元（即川铸银币，合国币约四十元）。如施主多时，可供给父母若干，惟已受戒者不得宿家中。寺中有一学校，受戒者始得入，共三十余人，老师二人，一为"格得嘉错"，一为"额格"，每日上午八九时诵经，下午一二时讲经，次日复讲。老师每年得藏洋八十元，青稞三十桶，学生减半，皆由寺付（寺中收入：一牧业，有牛约千头，由人民代牧，每年平分牛奶。二农田，由人民代耕平分青稞。三商业，派人经营）。结古寺有活佛二，一为"甲那"，汉人意，因第五世为汉人故。现传至十一世，已故。一为"汪博"，现二十余岁，新寨人，系后藏萨迦寺之活佛居此寺者。

十七日　除丧　拈球

本日班禅丧期已满，因欲其早日转生，故十七日即除丧。班禅行辕举行除丧仪式，照生前谒见礼，先将班禅生前衣冠及遗物，置大师座位上，如在其上，并照生前迎大师仪式，持香吹号，由大卓尼引导，然后依次进谒，皆复顶戴，穿马褂，向大师座上献哈达。群睹衣物，不见大师，益增感触，多堕泪。

又班禅圆寂后，各大寺须一律诵经若干日，由班禅行辕供给茶费，拟派人赴西藏与各大寺散茶资，其人选由拉玛仓（堪布会议厅）预选二人，将其姓名书纸上，封于糌粑球内，至班禅灵前拈之，康福安当选，决定携大师之名马数百头至拉萨后，售之可得数万元，以为各寺诵经之熬茶费。

十八日　分区诵经　挨户募款

此数日结古市藏民男女，分四区诵经，或在摩尼堆旁，或在某家大院中，四区各举女代表偕行到各户募款，以为诵经之资。专使行署付国币十元。闻同时持斋。康、藏与拉卜楞，多在阴历四月佛诞之月，双日持斋，单日则否。持斋之日，不饮食，不言语，每日除随喇嘛诵经外，余惟缄口默诵六字明经，或于佛前顶礼膜拜，直至单日晨供佛、诵经毕，始进饮食。惟至中午一餐后，又复修持如前。普通持斋在会首家中或寺院佛堂内，设坛供佛，请喇嘛数人倡首诵经,持斋者列坐和诵。单日午后,并由诵经喇嘛为之传戒。此种仪式,即汉译佛典中之"八关斋戒",康、藏名曰"黝勒",汉人仅见其不食不言,即名为哑巴斋。四月中康、藏各地均举行,因释迦佛诞于四月十五日,"汉历八日",故称此月为"奔龚大哇",译音十万倍之月,在此月作善事一件,诵佛一声,均可得十万倍之功德。反之,作恶事一件,谤佛一句,亦可获十万倍之罪孽,故均于此月虔修诵经,转摩尼,持斋,有一月或十余日者,结古则每年在此数日举行。

十九日　犯人罚钱　公主建寺

某寺活佛来访,据云该寺仅有喇嘛二百五十人,所属人民不过十户,种田约百桶之谱。民国二十年以来,供给青、藏、康驻军之需索,计银三千余两,粮二千余桶。本年较轻,纳粮一百二十桶。前年因某军医被杀,疑本寺人所为,罚寺中银二秤,罚某嫌疑犯二秤,总计一杀人疑案,出银七秤,负担太重,痛苦不堪云云。

又据云,囊谦有郎巴庙,系唐文成公主所建,文成公主自长安至西藏,沿途共建寺一百零八处,惟囊谦者最大,三年始成,并刻奔经(十万倍意)一百零八处。邓柯、石渠、江卡、属南墩均有,皆汉衣冠,原有汉字,但藏人仍以为印度之佛。侍者八人,或以为弥勒佛,或以为普贤,或以为无垢佛,实则均不合。又所刻奔经之字,系大行马(神名,不在此地球上)字,非印文亦非藏文云云。按余与赵专使、刘秘书长家驹等前赴巴塘山中所参观之石刻佛像,侍女数人,皆汉人衣冠,相传为文成公主建,石壁所刻经文,非印非藏,当系所述之一处云。

二十日　莫非王土耕田当差　渐为寺产有地无粮

某君来谈,谓结古附近之土地,除寺有者约一千桶外,其余皆属札武百户所有。寺有者由寺交人民代耕,百户所有者人民欲种时,可无代价,向百户请求领得,惟将来纳差时,按地之多寡分配。但非札武族人不得请领。领后可招外人佃种，平均分粮，每桶地（即用种子一桶者，玉树每桶为二升六合，每升小麦约重五六斤，青稞较轻）丰年可打十桶，歉时亦五六桶，旱时极少。但多雹或早霜，通天河沿岸因地势较低，每年霜迟，故年年丰收，因多不施肥料，不除草，大半间年一种。百户一家有田甚多，皆人民代耕，且先公后私。商业觅人民有经验者代为经营，且约定三年须赚利一倍，有余归百户，不足赔之。寺院亦多大商，觅喇嘛或人民经营。又寺院土地大半系人民死后所奉纳以求福者，但赋税仍由人民交纳，故寺田有地无粮。

二十一日　全市一庙圣神共　各商分帮陕甘多

结古商业，除西康甘孜人外，以陕、甘为较多。有一奉祀公所，系商界所建，犹各地之关帝庙。惟此地因市面甚小，仅此一庙，各神祀于一室，除关帝外，尚有孔子、财神、火神、马王等，可谓文武一堂，圣神合室，故曰奉祀公所。内有一木匾，系民国十四年结古商人所悬，据其上所书各商号名称，计甘肃十三家，陕西九家，四川五家，山西仅汾阳德盛魁一家，河南一家，可以知十年前玉树商业情形与商号籍贯之一斑。

闻清末民初，有山、陕商三十余家，后因负担太重，并种种压迫，多赔累不堪。山西原仅一家，资本数万元，归时至路费亦不足。现陕商仅三四家，业麝香。康商三十余家，即所谓河霸商（甘孜一带霍尔五土司地俗统名河霸）。资本雄厚，骡帮常数百成群。每年来往一次，或常住，但无一定，有资本即来，三年期满，或又暂停。汉商势力，虽仅占三分之一，但皆数十年或十余年者。又因大金寺变乱，河霸商大减少云。

二十二日　羊毛由印度输出　外货经西藏输入

本日见大批牛队，据云系运羊毛赴西藏者。数年来，此间羊毛俱由西宁之义源祥商号收买，运往天津出口，本年因日本占领平、津，此间所收之羊毛，除一部已运西宁外，大半又售于本地康商，运往西藏，至印度出口。

又本地商人，由西藏购货者，亦于此数日次第返玉。所有货物，实际多非藏货，有日本货，如洋线、玩具、装饰品等，有英、意货，如呢绒、布匹等，有德国货，如刀、锅、金属器等。所谓藏红花者，亦由印度来，甚至有印度鸦片（并有云南烟土由西康来），结古不特为羊毛输出之口，又成为外货输入之口。故有在内地为普通物品，而此地异常缺乏，然又有许多特殊物品，内地不易觅得，而此地甚普遍者。交通不便之结古，反成为中外交通之枢纽矣。

二十三日　囊谦多盐池　各族有荒地

某君自囊谦来，谓囊谦有白坫卡盐井，每月可产盐五万余斤，每藏洋一元半，可购盐一驮（不计斤数尽驮），每法币一元可购二百余斤，多运往昌都销售，每年收入约值法币三千元。其地有居民四十余户，盐井工人约百人，皆本地居民。又囊谦县城附近亦有盐井数处，每五驮收税藏洋一元（每九百斤收税法币一元），每驮平均约六十斤，年收税约合法币七百元。又苏莽亦产盐，运售北方。囊谦县税卡有四：（一）囊谦，（二）决拉，（三）苏莽，（四）白坫，皆以盐税为主。其余为牲畜买卖，但无定章，如售马先讲税。

又据调查，玉树各族之已垦农田及荒地如下：

囊谦族农田四千亩，荒地一万五千亩。苏莽族田五千余亩，荒地九千余亩。札武族九千余亩，荒地五千余亩。迭达族田一万四千亩，荒地三千余亩。普群族田四万一千亩，荒地二千余亩。拉达族田四万四千五十亩，荒地一千五百亩。歇武族田四千二百亩，荒地八百亩。称多族田一万六千亩，荒地三千余亩。安冲族田千六百余亩，荒地百亩。固察族田四千五百亩，荒地约千亩。竹节族田一千五百亩，荒地四百亩。拉卜族田四千亩，荒地约千亩。计十二族共田一百一十余万亩，荒地约四万二千亩，恐此数不大确也。

二十四日　朝朝打虱　年年运牛

每日天明，闻打物之声，以为打青稞，或击衣物上之灰尘。顷据县长来云，系打衣服上之虱，因此间土人衣服上身，经年不洗，且十九无衬衣，故衣内生虱甚多，每至冬季晚间，将衣置于院中，虱即冻僵，清晨以木棒击之，纷纷落地，可知其多矣。

此间商人近日多自西藏返玉树，闻去时运茶，来时运外货。西康商人来玉树时驮茶，归时买牛皮、虫草、知母、狐皮等。西宁商人来时驮杂货，雇牛每驮五元，返西宁时运牛皮、羊毛，买牦牛一头，价约五元，至西宁后牛每头可售十五元，而牛皮、牛鞍更为纯利。故每年一次，获利甚大，谓为运牛皮，亦可谓为运牛也。

二十五日　大师生离死别　寺僧前倨后恭

本日班禅大师遗体离玉树赴西康，喇嘛民众送行者甚众，无不有悲伤之感。班禅离玉树数次矣，第一次假出行，第二次赴拉休寺入藏，以为真离矣。不意抗战发生，甫至拉休寺，即奉中央电令暂缓入藏，而重返结古。又不意竟圆寂于此而遗榇离玉，前次可谓生离，此次则死别矣。抗战之发生与班禅之逝世，均可谓不测风云。

又班禅自拉休寺返结古时，结古寺僧因不满意一二堪布之故，不为各堪布布置房屋，大有拒绝之意。班禅闻知，心中亦非常难过，此次遗体离玉树，寺僧送行者甚多，且远送至十余里外，可谓前倨而后恭矣。

二十六日　牛愆期　虎赠诗

此次班禅行辕暨专使行署同时离玉赴康，共需乌拉约二千头，由结古附近数族支应，本极困难，决定分批前进，第一、二批迟五六日始行。昨又将专使行署之乌拉，完全让于班禅行辕，大师遗榇，始得勉强成行。尚余行李三百余驮，及专使行署行李百数十驮，本定今日可至，不意乌拉牛又未来，改期三次矣，边地交通真不便。

司令部秘书虎啸风君，前赠余长歌一首，本日又送来赠别诗五律四章如下：

其 一

避荒同作客,香火结前因;酬唱感知己,风流岂异人。
衔寒催驿马,踏雪过边尘;独此天涯雁,哀哀顾影频。

其 二

可怜离合地,客里独关情;行计今偏促,骊歌唱更清。
前途风力健,入夜水声明;祖帐惭虚设,阳关曲奏惊。

其 三

陇头云欲散,流涕满征鞭;朋友交称道,风云会有缘。
乡关悲地异,形影吊天边;遇合咸如此,功名应惘然。

其 四

文章憎薄命,惆怅动兴咨;造物原多嫉,客心只自悲。
斯行虽有意,临别岂无辞;马前情切切,顾影正纷驰。

余依原韵和之如下:

其 一

廿年游海内,到处结缘因;塞外多奇士,阳关有故人。
两京悲劫火,三侠识风尘;救国期异日,叮咛不厌频。

其 二

国破家何在,忧焚乱我情;中原今板荡,天下谁澄清。
玉树留鸿影,金沙踏雪明;濒行相共勉,异日一鸣惊。

其 三

山河忧破碎，谁着祖生鞭；驱虏惭无计，识韩幸有缘。
武穆期报国，博望志开边；相见恨时晚，别离更怆然。

其 四

救国岂无计，新亭休泣咨；贾生空太息，屈子徒哀悲。
慷慨感君意，殷勤赠我辞；天涯知己少，策马又分驰。

二十七日　疾病戒易地　离合亦诵经

藏民迷信，有病时不许移地，普庆百户之子却桑，结婚后手枪失火，弹入腿中，本一月前事。巫医官曾去诊治，劝其移去，以便朝夕看护，乃以移地为不祥，始终未至。询之谓已渐愈，不意近日疮内生脓，不得已始于昨晚以驮轿接来，今日行手术，迷信误事，不知凡几。

又佛教凡事诵经，疾病婚丧无不皆然。回教迷信较少，但阅《新疆游记》，缠回结婚时亦诵经后，礼始告成。布鲁特缠回夫妻反目时，亦延阿訇诵经以调和之。可知凡宗教均有迷信，使人在心理上得有安慰也。

二十八日　真别玉树　又向西康

余等自七月中来玉树，曾一度离玉赴拉休寺，旋复转至玉树，至今约半年矣。现定明日就道赴西康，可谓真别玉树。本日乌拉牛马，大部到市，余等行李，准备上驮。玉树军、政、商、学各界，及寺院喇嘛等，又准备盛大欢送。余护送班禅，自二十四年离南京，经豫、陕，留甘、青，忽忽两年有余，今又向西康新地前进，再于冰天雪地中，登荒漠崎岖之途，游神秘奇异之境，当能更得西陲之真象与藏民之实情。同人或觉苦痛，而余则极感兴趣也。